Wolfgang Pehnt
Die Erfindung der Geschichte

Wolfgang Pehnt

Die Erfindung
der Geschichte

Aufsätze und Gespräche
zur Architektur unseres Jahrhunderts

Prestel-Verlag

© Prestel-Verlag, München, 1989
Fotonachweis Seite 256

Auf dem Umschlag:
J. Stirling, M. Wilford, Portal in der Rotunde
der Staatsgalerie Stuttgart, 1977-82
(Foto von Waltraud Krase)
Frontispiz: S. Calatrava, B. Reichlin, F. Reinhard,
Tor des Verteilzentrums D-Coesfeld in Lette,
1983-84 (Foto von W. Klein)

CIP-Kurztitelaufnahme der Deutschen Bibliothek:

Pehnt, Wolfgang : Die Erfindung der Geschichte.
Aufsätze und Gespräche zur Architektur
unseres Jahrhunderts. / Wolfgang Pehnt
München : Prestel, 1989

Reproduktionen: Repro Karl Dörfel GmbH, München
Satz, Druck und Bindung: Passavia Druckerei GmbH, Passau
Printed in the Federal Republic of Germany
ISBN 3-7913-0839-4

Inhalt

Einleitung

Daß Menschen die Geschichte erfinden, ist keine Neuigkeit. *Die* Geschichte ist ihnen immer zu *ihrer* Geschichte, zu *ihren* Geschichten geworden. Auch wo sie sich der größtmöglichen Objektivität befleißigten, haben der notwendigerweise beschränkte Blick und die eigenen Interessen sie zu Erfindern ihrer eigenen Geschichte gemacht. Man sieht die Geschichte, wie man sie sehen will oder muß. Als Schiller in seiner Antrittsvorlesung die Frage ›Was heißt und zu welchem Ende studiert man Universalgeschichte?‹ beantwortete, ging er so weit, die gesamten Zeitläufte auf den Augenblick dieser Jenaer Veranstaltung hin zu konstruieren. »Die ganze Weltgeschichte würde wenigstens nöthig seyn, dieses einzige Moment zu erklären.« Der erreichte Grad von Nationalkultur, der Anstand der Sitten und das Maß von Gewissensfreiheit, die seinen Vortrag erst möglich machten, setzten in seinen Augen sämtliche früheren Weltbegebenheiten voraus. Die Unwissenheit roher Völkerstämme, die zivilisierende Kraft des Christentums, die Überwindung des geistlichen Despotismus, alles, alles war erforderlich gewesen, um diese eine akademische Zusammenkunft am 26. und 27. Mai des Jahres 1789 zu ermöglichen; ein klassisches Beispiel historischer Fiktion.

Wenn schon der reflektierende Geschichtsphilosoph und der methodenbewußte Historiker die Erfahrungen der Vergangenheit nach ihren Maßen zuschnitten, so waltete die Erfindungskraft erst recht, wo es um Kontinuität oder Neuanfang, um Rechtfertigung und Ansprüche ging. Die Berufung auf die Antike ist eines von vielen, für das Abendland charakteristischen Exempeln. Wer hat sich ihrer nicht zu seinen Zwecken bedient, zwischen Karl dem Großen, der die Renovatio Romanorum Imperii anstrebte, und Mussolini, der das Dritte Rom errichten wollte, zwischen dem Meister der hochgotischen, aber der Antike sonderbar nahen Heimsuchungsgruppe an der Reimser Ka-

thedrale und den postmodernen Pasticheuren, zwischen den humanistischen Nachfolgern des Vitruvius und den Säulenfetischisten unserer Tage! Denn was für den Historiker gilt, gilt erst recht für den politischen Täter, den bildenden Künstler oder den bauenden Architekten. Der Mensch ist, was er geworden ist, und weil seine Geschichte zu seiner Definition gehört, sucht er umgekehrt sie nach seinem Sinne zu definieren und damit sich selbst.

Die Art und Weise, mit Geschichte umzugehen, ist selbst dem Wandel unterworfen. Nicht alles war zu allen Zeiten möglich (wenn auch mehr, als uns die Historiker haben glauben lassen). Der Historismus, der sich im 18. Jahrhundert ausbildete und im 19. kulminierte, hat eine wichtige Zäsur gesetzt. Er hat eine Freiheit begründet, die bereits von den Zeitgenossen nicht nur als eine Chance zu neuem Reichtum, sondern auch als Gefahr empfunden worden ist. Karl Friedrich Schinkels theoretische Äußerungen sind von dieser Sorge durchzogen, als habe Preußens großer Baumeister sie angesichts der Freiheiten des eigenen Werks empfunden. Die Baumeister des 19. Jahrhunderts beruhigten ihr schlechtes Gewissen über den Geschichtskolonialismus, den sie trieben, indem sie ihre Zitate als Wörter einer Sprache einsetzten. Tatsächlich lassen sich die meisten historischen Anleihen der Klassizisten, der Neogotiker, der Renaissance-Anhänger und Neubarocken noch als Interpretation des Auftrags, der Bauherrenwünsche, der wirklichen oder behaupteten Vorgeschichte des Ortes verstehen. Soviel Skrupel haben sich die Zitatkünstler unserer Jahre nicht mehr gemacht.

Als ich die Aufsätze dieses Bandes zusammenstellte und wiederlas, fiel mir auf, daß sie fast alle das Problem des Umgangs mit Geschichte behandeln oder doch zumindest berühren, auch wenn sie ganz anderen Gegenständen gewidmet waren. Das ist kein Zufall. Denn während die originalen Zeugnisse der Historie in ihrer Altersgebrechlichkeit mehr und mehr aus unserem Blickfeld abgeräumt werden, treten an ihre Stelle die neuen Imitationen, konsumentenfreundlicher und werbeträchtiger, als es die grauen, baufälligen, von der Zeit lädierten Veteranen gewesen waren. Nach dem Historismus des 19. Jahrhunderts ist eine neue Etappe erreicht, die man Historismus nicht mehr nennen möchte. Für sie ist nicht mehr jede Epoche unmittelbar zu Gott, wie es Leopold von Ranke in seinem vielzitierten Wort gesagt hat. Alle Epochen sind vielmehr gleichermaßen des Teufels und stellen Posten im mephistophelischen Angebot dar, dem interesselosen Wohlgefallen feilgeboten. Die Bindungskraft der Vergangenheit wird gelöscht und damit auch jede Anstrengung, sich von der Vergangenheit zu emanzipieren. In der Architektur hat die neue Libertinage viele Erscheinungsformen, von der Auskernung der Baudenkmäler, die nur noch den Schein, die Fassade aufrechterhält, bis zu den postmodernen Designtechniken. Unberücksichtigt bleibt fast immer, was die alte Architektur über das Bilderrepertoire hinaus an Lehren über Maßstab, Raumgestalt, Ökologie und Ökonomie bereithält. Die Überzeugung, daß aus der Geschichte mehr zu lernen ist als deren Imitation, hat bereits etwas hoffungslos Altmodisches.

Die Arbeiten in diesem Band sind aus unterschiedlichen Anlässen entstanden und wurden in Publikationen mit unterschiedlichen Ansprüchen veröffentlicht. Ich hoffe, daß der Leser die Verschiedenartigkeit der Schreibweisen als Anreiz und nicht als Makel empfindet. In den meisten Fällen entsprechen die Texte nicht der ersten Druckfassung. Ich habe Erweiterungen und Verdeutlichungen vorgenommen, Entwicklungen weiterverfolgt, aber nirgendwo die Aussage selbst verändert. Was ich mir wünschte: daß sich in der Erörterung von Einzelfällen, von bezeichnenden Phänomenen des Bauens eine Geschichte der jüngsten Architektur andeutete, deren Thema die Verarbeitung der Geschichte selbst ist.

Wolfgang Pehnt

Saalgasse in Frankfurt am Main, 1984-89. – Vor dem Kulturzentrum Schirn entwarfen zwölf Architektenteams Stadthäuser auf mittelalterlich schmalen Parzellen. Auf diesem ›Laufsteg‹ fühlten sich die Fassadendesigner offenbar zu besonderer Originalität herausgefordert.

In der Vorratskammer der Kostüme

Architektur als Mode betrachtet

Das Nachdenken über Architektur geht seit je mit dem Gebrauch sprachlicher Bilder zusammen. Das Bauwerk vielfältig wie eine Stadt, organisch und notwendig wie ein natürliches Wesen, aussagekräftig wie die Sprache, die über Buchstaben, Wörter, Sätze, Regeln und Systeme verfügt, zweckmäßig und gebrauchtüchtig wie eine Maschine: Solche Metaphern sind der Ausdruck von Haltungen gegenüber Architektur und bestimmen zugleich das Verhalten der Architektur gegenüber.[1] Jede dieser Metaphern legt Deutungen fest und schließt andere aus, ist aber selbst wieder Interpretationen unterworfen. Die Geschichte der Architektur ist auch die Geschichte ihrer metaphorischen Betrachtung.

Architektur als Erzeugnis der Mode zu betrachten, bedeutet im allgemeinen Sprachgebrauch, sie zu verurteilen. Das frühe 20. hat dem späten 19. Jahrhundert seine Nichtachtung mit den einschlägigen Metaphern zu verstehen gegeben. In diesem Punkt verhielt sich die Avantgarde nicht anders als die vorsichtige Reformpartei oder der konservative Flügel, der auf die bleibenden Werte setzte. Gegen Putzsucht und Zierat zog Paul Schultze-Naumburg zu Felde. Hermann Muthesius rügte den »Modezug der mondänen Welt«,

weil sie »in ihrer Abwechslungssucht nicht fähig ist, Werte zu erkennen«. Hugo Häring sprach von »der befreiung der gegenstände von den verkleidungen der stiltrachten, die sie erleiden mußten«.[2] Es gibt kaum einen Wortführer der Moderne, der sich nicht mit ähnlichen Worten gegen den raschen Formenrausch des historistischen Jahrhunderts geäußert hätte, ungeachtet der Schwierigkeit, die der Begriff Moderne gerade bei dieser Polemik machte. Denn das lateinische Wort modus – deutsch: Art und Weise – steckt in der Mode wie in der Moderne, und beide Wörter sind mit der Vorstellung des Neuen, Allerjüngsten verbunden.

Die Modemetapher war der gängige Ausdruck des Abscheus gegen den Wankelmut der Zeiten. Sie besaß ihre Steigerungen: »Kostümierung« als die übermütig-willkürliche Kleiderwahl, die Irritation bewirkt; »Maskierung« als die Form der Verstellung, hinter der sich sogar die naturgegebenen Züge des Individuums verbergen. Niemand hat stärkere Worte für die Maskeraden des »europäischen Mischmenschen« gefunden als Friedrich Nietzsche, den das Phänomen des Historismus beunruhigte wie keinen zweiten. Der Karneval großen Stils, der ungenierte Griff in die Vorratskammer der Historie sind in seinen Augen

verbunden mit den Momenten der Verzweiflung, in denen wir entdecken, »daß uns ›nichts steht‹«. Nietzsche scheint auf einen paradoxen Umschlag gehofft zu haben, als zeichne sich gerade in diesem »geistigen Faschings-Gelächter« »auf der transzendentalen Höhe des höchsten Blödsinns und der aristophanischen Welt-Verspottung« die Aussicht auf Selbstreinigung ab: »Vielleicht, daß, wenn auch nichts von heute sonst Zukunft hat, doch gerade unser Lachen noch Zukunft hat!«[3]

Nietzsche setzte seine vitalistische Hoffnung auf das befreiende Gelächter der Selbsterkenntnis, die auf dem Höhepunkt der Absurdität einsetzen werde, Adolf Loos auf die Einsichtsfähigkeit des seriösen Zeitgenossen. Während üblicherweise die Architektur mit der Mode konfrontiert wurde, um die Architektur der verdammenswürdigen Putzsucht zu überführen, drehte Loos die Positionen um. Im »Vergleich zwischen Schneiderei und Architektur« sei nicht die Mode – Loos sprach vorsichtigerweise von »Kleidung« – zu inkriminieren, sondern die Architektur. So hat sich der Frack von 1800 bis 1900 kaum verändert; er hat die Farbe von Blau zu Schwarz gewechselt, ein wenig auch den Schnitt, aber nicht mehr. Ernste Männer fanden es unter ihrer Würde, sich mit flüchtigen Neuerungen zu befassen. Aber was für

die Kleidung zutraf, galt laut Loos nicht für die Architektur. Sie entzog sich dem Gebot der Unauffälligkeit, das stilvolle Menschen beachten müssen, und wurde zur Harlekinade. Loos sprach sich nicht gegen Veränderungen überhaupt aus, wohl aber gegen allzu schnelle Veränderungszyklen, bei denen die Wandlungen in der Form nicht mehr durch Wandlungen in den Aufgaben motiviert waren. Der rhetorische Trick des großen Polemikers bestand in der Gleichsetzung der Mode mit einem der konservativsten Kleidungsstücke der Herrengarderobe. Ein Blick auf die Damenkleidung des 19. Jahrhunderts mit ihren Chemises und Gigots, ihren Culs de Paris und Krinolinen hätte ihm die Argumente verdorben.[4]

Um 1900 schätzte Otto Wagner den »Wechsel im Geschmack, also auch in der Mode« auf einen Turnus von jeweils sechs Jahren.[5] Der Ansatz scheint eher zu hoch gegriffen. Sogar in der scheinbar indifferenten Containerarchitektur der fünfziger bis siebziger Jahre unseres Jahrhunderts lassen sich Detail wie städtebauliche Leitfigur auf zwei, drei Jahre genau datieren. Daß der periodische Formenaustausch sich seit dem Beginn des Historismus so unvergleichlich beschleunigt hatte und gleichzeitig zu so unterschiedlichen Ergebnissen führen konnte, hat viele Gründe. Sie liegen auf

Textile Architektur: *Grab des Midas,* aus: Gottfried Semper, *Der Stil in den technischen und tektonischen Künsten,* Frankfurt 1860:
»Unter diesen alt-überlieferten formalen Elementen der hellenischen Kunst ist keines von so tiefgreifender Wichtigkeit wie das Prinzip der Bekleidung und Inkrustierung, welches die gesamte vorhellenische Kunst beherrscht.«

der Seite des Angebots wie auf der Seite der Nachfrage. Nie zuvor war der Blick so ungehindert über Zeiten und Länder geschweift, die Expeditionen und Publikationen, Wissenschaft und Tourismus erschlossen hatten; und nie zuvor hatten so viele Betroffene das Recht auf ästhetischen Ausdruck geltend gemacht.

Die industrielle Revolution brachte nicht notwendigerweise eine Egalisierung des Geschmacks mit sich, wohl aber die Zulassung unterschiedlicher Geschmacksniveaus. Nicht länger standen die anspruchsvollen Herrenkulturen den anonymen Dienerkulturen – in den Begriffen der Kleidung: die Mode der Tracht – gegenüber. Stilofferten wurden nun allen gemacht, wenn auch, versteht sich, abgestuft nach Preis und Qualität. Der billige Miethausschmuck aus den Vorlageblättern und Katalogen der Stukkateure hatte mit dem handwerklich aufwendigen Zierat aus Haustein und Schmiedeeisen, den sich der Bankier an seiner Villa leistete, zumindest die Assoziation gemeinsam, die aus der Herkunft der Stilformen abgeleitet war. Wenn die höchst unterschiedlichen Angebote überhaupt noch nach wechselnden Stilepochen gebündelt waren, so nicht zuletzt deshalb, weil die Hersteller den Markt ökonomisch zu bedienen wünschten und nicht die gesamte Kunstgeschichte im Angebot vorrätig halten konnten. Daß es den Häusern dabei erging »wie den Ballkleidern der Damen, deren Anzug am Ende eines rauschenden Festes nicht abgerissener und abgeblühter aussehen kann als solch ein moderner Prachtbau«, diese Beobachtung findet sich auch schon im 19. Jahrhundert. Den lädierten »Toilettenstücken« entsprach der bröckelnde Gips der stuckierten Friese und Kapitelle.

Überwiegend aber dachte das historistische Jahrhundert nicht negativ über das architektonische Kleid. Auf die historisch denkende Epoche übte ein historisches Vorbild, das der Antike, entscheidenden Einfluß aus. Spätestens seit Jacob Ignaz Hittorffs Untersuchungen von 1830 war man genötigt, sich die Baukunst der Alten als polychrome Architektur vorzustellen. Die Farbschichten, mit denen die ausgezeichneten Glieder der klassischen Bauten bedeckt waren, wirkten als eine Art buntes Gewand. In nördlichen Breiten war die antike Polychromie aus klimatischen

Textile Architektur: Tücher als Raumdecke in einer Bazarstraße von Esna (Oberägypten).

Gründen nicht imitierbar, sondern mußte durch die natürlichen Farbwirkungen des Baumaterials oder durch Verkleidung ersetzt werden. Verkleidung aber legte den Griff in den Kostümfonds nahe. So rechtfertigte John Ruskin in den ›Stones of Venice‹ 1851 seine »Schule der inkrustierten Architektur« mit einer Metapher aus der Kostümkunde. Gegen den Vorwurf struktureller Unwahrheit und ästhetischer Irreführung verteidigte er sich mit dem Hinweis auf einen Mann in Rüstung, der auch niemanden verleitet habe anzunehmen, der ganze Kerl bestehe aus massivem Stahl.[6] Die Verkleidung des Bauwerks mit wetterbeständigem Material, einer Rüstung gegen Sturm und Regen, erschien ihm nicht weniger legitim als der Harnisch des Ritters.

Eine komplette, wenn auch längst nicht die erste Theorie der architektonischen Bekleidung hat Gottfried Semper ausgearbeitet. Für ihn war die textile Kunst die Urkunst, gehörte das Bekleiden und Maskieren zu jener Lust, die aus Menschen Maler, Dichter und Architekten macht. Das erste Auftreten der »Textrin« vermutete er vor der Erscheinung aller anderen Prinzipien der Kunst, der Tektonik und der Stereotomie. Um die Ancienität der textilen Kunst zu unterstreichen, verwies er auf die Haut als Körperdecke, die mit der Tätowierung ihren Schmuck erhielt: der Körper als das erste Haus des Menschen. Deckende Oberflächen ermöglichen die Ausgrenzung des Raumes, die Scheidung in Innen und Außen. So ist auch die Wand nach Sempers Auffassung ursprünglich geflochten und somit ein textiles Element, worauf auch ihre Wortverwandtschaft verweist: Die Wand ist das Gewundene.[7] Dem »Zusammenhang des Kostümwesens mit der Baukunst« gilt infolgedessen ein eigener Abschnitt in Sempers ›Der Stil in den technischen und tektonischen Künsten‹. Er geht darin dem »direkten Einfluß des Kleiderwesens, damit zusammenhängenden Farbenschmukkes und sonstigen Putzes auf die bildenden Künste« nach. Als Beleg dient ihm ein aus der Antike überliefertes Fragment des Demokritos über den Tempel von Ephesos, in dem der antike Autor sich in einer ausführlichen Schilderung der luxuriösen und farbenprächtigen Kleidung der Epheser ergeht. Semper, engagierter Anhänger von Hittorffs Lehren zur Polychromie des Altertums, kann sich die Frage nicht verkneifen, ob bei »einer Einwohnerschaft, welche diesen Kleidergeschmack kundgab, weiße Marmortempel denkbar seien?«[8]

Was Semper die Bekleidung des »structiven Gerüsts« nannte, war ein Problem, das mit den Eisen-, Stahl- und später Stahlbetonskelettbauten Aktualität gewann und bis zu Robert Venturis Doktrin vom decorated shed aktuell geblieben ist. Die neuen Bauten, in denen die Kräfte nicht auf Flächen verteilt, sondern auf Linien (die Pfeiler) und Punkte (die Gelenke und Fundamente) konzentriert waren, bedurften einer Umhüllung des Stützensystems, um ihren Aufgaben als geschützte Raumvolumen gerecht zu werden. Die Feuersicherheit erzwang die Verkleidung sogar der Tragglieder selbst. Zwar wurde die Form der Ummantelung auch durch praktische Erfordernisse bestimmt wie durch Materialbeschaffenheit, durch Zugänglichkeit, Belichtung, Belüftung, Wärme-

dämmung, Reinigung und Brandschutz und durch ästhetische Bedürfnisse wie Verdeutlichung von Konstruktion und inneren Raumverhältnissen. Im wesentlichen aber handelte es sich um eine Frage der Bekleidung, die ein beträchtliches Maß an Freiheit ließ. Da die neuzeitlichen Bauaufgaben, die Lagerhallen, Fabriken, Bahnhöfe, Ausstellungsgebäude, Verwaltungen von bisher ungekannten Größenordnungen waren, gerieten die Architekten sehr bald in Schwierigkeiten bei der Wahl ihrer Garderobe. Die grenzenlose Freiheit enthielt die Nötigung zur Willkür. Der Architekt wurde zum »Bekleidungskünstler«; er setzte, wie Muthesius sich ausdrückte, »vor eiserne Brücken mittelalterliche Burgtore, vor Ausstellungshallen die Wände romanischer Kaiserpfalzen, vor Bahnhofsdächer italienische Palastfassaden«.[9]

Semper selbst machte bei der eigenen Arbeit reichlichen Gebrauch von historischem Stilmaterial. Diese Anwendung seiner Bekleidungstheorie, die den Schmuck und die symbolische Darstellung in der Architektur aus den vom Bedürfnis diktierten Techniken abgeleitet hatte, ergab sich zwar nicht zwingend aus der Argumentation, aber sie stand auch nicht im Widerspruch zu ihr. Die fassadenhafte Verwendung geschichtlicher Stile hielt Semper wenigstens so lange für erforderlich, bis sich »eine neue welthistorische, mit Kraft und Bewußtsein verfolgte Idee kundgibt«.[10] Er sprach von Kleidung und Kostüm, nicht von Mode. Da es ihm um den Nachweis des positiven Zusammenhangs von Kleidung und Architektur ging, nicht um dessen Kritik, klammerte er in seiner Bekleidungstheorie die negativen Assoziationen aus, die der Begriff Mode beigesteuert hätte.

Den schnellen Formenverschleiß, der die Mode antreibt und den die Mode zur Folge hat, reflektierten die zeitgenössischen Soziologen und suchten ihn wenn nicht zu rechtfertigen, so doch zu erklären. Architektur wurde dabei durchaus einbezogen. Für Thorstein Veblen, der 1899 seine ›Theory of the leisure class‹ veröffentlichte, war der »relative Erfolg« das Ziel menschlichen Handelns, das heißt der im Vergleich zum Status der Mitmenschen meßbare Erfolg. Verschwenderischer Müßiggang oder – die neuzeitliche Variante – verschwenderischer Konsum veranschaulichten ihn. Die Architektur als öffentlich sichtbares Produkt erklärte Veblen zum Paradebeispiel demonstrativer Verschwendung und hielt deshalb seinerseits die von Künstlerhand unberührten Brandmauern für die wesentlich gelungeneren Teile zeitgenössischen Bauens. Die Maßstäbe für das, was jeweils als modisch zu gelten hat, werden von der »leisure class«, von den »feinen Leuten«, gesetzt.

Georg Simmel präzisierte in seiner ›Philosophie der Mode‹: vom beweglichen Mittelstand; denn die alleroberoberten Stände, die von Veränderungen nur Machtverluste zu befürchten haben, sind konservativ. Die unteren Sozialschichten jedenfalls reproduzieren die prestigebesetzten Statussymbole, die sie in den höheren Schichten entdeckt haben. In der Übernahme und Adaption werden die Statuszeichen abgewertet, so daß die »feinen Leute« sich nach neuen Statuswerten umsehen müssen. Den Modewechsel interpretieren Veblen wie Simmel nach dem Modell von Jagd und Flucht. Die Minderbegüterten verfolgen die Privilegierten, um ihnen ihre Trophäen abzunehmen. Aber sobald die Glückszeichen in ihrem Besitz sind, bedeuten die Trophäen nicht mehr, was sie bisher bedeuteten, weil die Reichen sich inzwischen neue Statussymbole gesichert haben. »Sobald die unteren sich die Mode anzueignen beginnen und damit die von den oberen gesetzten Grenzmarkierungen überschreiten,« schreibt Simmel, »wenden sich die oberen Stände von dieser Mode ab und einer neuen zu, durch die sie sich wieder von den breiten Massen differenzieren, und an der das Spiel von neuem beginnt«.[11] Angeheizt wird der Prozeß durch das Interesse der Kapitalverwerter an der Umsatzsteigerung, das sie die Zyklen des ästhetischen Verschleißes beschleunigen heißt.

Die Optik Veblens wie Simmels ist die von Autoren aus dem Kreis der »feinen Leute«. Sie übersehen die schichtenspezifische Ikonographie, die das Jagd-und-Flucht-Modell durchkreuzt. Nicht jede Stilvorstellung, die von den »höheren Ständen« entwickelt wurde, eignet sich für die Wanderung durch die sozialen Schichten, wie umgekehrt die »niederen Stände« dem Durchmarsch der Stile bis zu einem gewissen Grade den Widerstand ihrer eigenen Wünsche und Sehnsüchte entgegensetzen. So versagte das Erklärungsmodell Veblens und Simmels vor den Zwanziger Jahren

dieses Jahrhunderts, als die karge Noblesse des Neuen Bauens zwar manchen »feinen Leuten« chic erschien, aber für die weniger feinen Leute nur solange akzeptabel blieb, als Notzeiten herrschten. Wer durch die Jahrhunderte hindurch gelernt hat, reichen Aufwand und Dekor als Inbegriff des geglückten sozialen Aufstiegs zu deuten, wird sich nicht bereitfinden, frugaler Enthaltsamkeit den gleichen Sinn beizulegen.

Die neue Architektur hat versucht, sich dem Zwang der Modemetapher zu entziehen. Das Zeitalter veränderlicher Nervenreize – »je nervöser ein Zeitalter ist, desto rascher werden seine Moden wechseln«, sagt Simmel[12] – sollte durch das Zeitalter heroischer Sportlichkeit und zeitbeständiger Sachlichkeit abgelöst werden. Sogar in der Kleidermode glaubten die Architekten einen neuen Geist wahrzunehmen, der »gutverstandene Zweckmäßigkeit« an die Stelle des »plötzlichen Überspringens von einer Form zur anderen« setzte.[13] Der soziale Mechanismus, der den Modewechsel in Gang hielt, sollte aus der Welt geschafft, der Zyklus von Produktion und Konsumption, von Konsumption und Produktion außer Kraft gesetzt werden, soweit er durch puren ästhetischen Verschleiß bedingt war. Auch der Deutsche Werkbund hat einen beträchtlichen Teil seiner Energie in die Förderung des Stetigen und Dauerhaften investiert, indem er angemessene Vorbilder in Ausstellungen und Publikationen wie dem ›Deutschen Warenbuch‹ und der ›Warenkunde‹ propagierte. Die Entstehung eines Stils jenseits aller Stile, abgelöst vom Wechselfieber der Moden, gehörte zu den Utopien der klassischen Moderne. Architekten priesen nun den strahlenden Leib des Bauwerks, seine von jeder Fassadenhülle unverstellte Körperlichkeit. »Wo zeigt auch (...) sonst einmal die Wahrheit so rein und unschuldig ihren Körper?« fragte Bruno Taut in Erinnerung an ein Frühwerk neuer Architektur, die Amsterdamer Börse von Hendrik Petrus Berlage; und Otto Bartnings Biograph rühmte: »Alles äußerlich Historische ist als modisches Kleid abgefallen, und die Zweckform steht als nackter Baukörper vor uns.«[14] Die klassische Moderne war, salopp gesagt, der Versuch einer FKK-Architektur.

Der Glaube an die unveränderliche Wahrheit des nur seinen inneren Bedingungen gehorchen-

World Trade Center in London, im Bau (1981).
Das Stahlbetongerüst wird mit Ziegeln verkleidet.

den Bauens ist längst als Ideologie durchschaut. Bauen ist immer auch Kundgabe nach außen, Mitteilung, Ausdruck; und die Anforderungen des Innern müssen mit der Darstellung im Äußeren in aller Regel durch einen konfliktreichen Prozeß versöhnt werden. Daß die großformatige Stadtarchitektur nicht ohne Bekleidung auskommt, war prototypisch dem Problem des Curtain Wall zu entnehmen. Der Begriff Curtain Wall, die frei vor oder hinter den Traggliedern der Konstruktion befestigte Vorhangfassade, machte schon in seinem Wortlaut den Kostümcharakter deutlich. Den progressiven Architekten mit ihrer Doktrin von der Konstruktionswahrheit hat die nichttragende, lediglich raumabschließende Fassade erhebliche Verlegenheiten bereitet, weil die Moderne weder von ihren theoretischen Fixierungen noch von ihrem ästhetischen Repertoire her auf angemessene Lösungen vorbereitet war. Der Curtain Wall als solcher war unentbehrlich, aber in seiner Beschaffenheit, seiner »Webart« war er nicht festgelegt.

Man konnte ihn in Granit, Glas oder Aluminium ausführen; man konnte die Panels verformen, emaillieren, mit Streublümchenmustern überziehen oder wer weiß was mit ihnen anstellen. Die heutigen Forderungen nach energiesparendem Bauen haben zur Trennung von tragenden Teilen und äußerer Hülle, zur zweischaligen Wand auch im Mauerwerksbau geführt. Fassade ist alles, was der Bau nach außen zeigt. So ergaben sich Dekorationsprobleme, die in der Moral der heroischen Moderne nicht vorgesehen waren. Vielleicht hätte die rechtzeitige Lektüre Sempers nicht geschadet.

Mit der Neubewertung der Fassade kehrte auch die Modemetapher in die Architekturpolemik zurück. In den Attacken gegen die schnell wechselnden Architekturmoden, vor allem aber gegen die Dekorationskünste der Postmoderne, findet sich der Vorwurf wieder, der gegen den Eklektizismus des 19. Jahrhunderts erhoben worden ist: Geltungsbedürfnis, willkürliche Formenwahl, ästhetische Ersatzbefriedigung, wo es doch darauf ankäme, die effektiven Lebensspielräume zu erweitern und zu bereichern. Überdies ist die finanzielle Marge, die von heutigen Bauherren und Bauträgern dem nicht unbedingt Notwendigen eingeräumt wird, viel schmaler geworden; es wird nicht mehr, wie in der feudalen und großbürgerlichen Welt, mit dem guten Gewissen der Privilegierten verschwendet und vergeudet. Die handwerkliche und formale Qualität der Inszenierungen hat daher im Vergleich zum 19. Jahrhundert nachgelassen. Die Kostüme sind pover geworden, einfallslos, schnell und flüchtig gemacht. Daß die Architekten »die verschiedenen Style als einen Vorrath zur beliebigen Wahl begreifen«, daß sie »nichts ahnend von der Bedeutung ihrer Formen« sind, daß sie »die Kunst in den Bereich der Mode herabgezogen« haben, diese Klage aus dem Jahre 1845[15] hat heute noch größere Berechtigung als damals.

Ironimus, *Mode-Architekt nach Venturi.*
Robert Venturis Theorie vom »dekorierten Schuppen« rechtfertigte den raschen Garderobenwechsel in der Architektur. »Da, wo Raum und Struktur direkt in den Dienst der Nutzung gestellt und Verzierungen ganz unabhängig davon nur noch äußerlich angefertigt werden ..., sprechen wir von einem ›dekorierten Schuppen‹.«

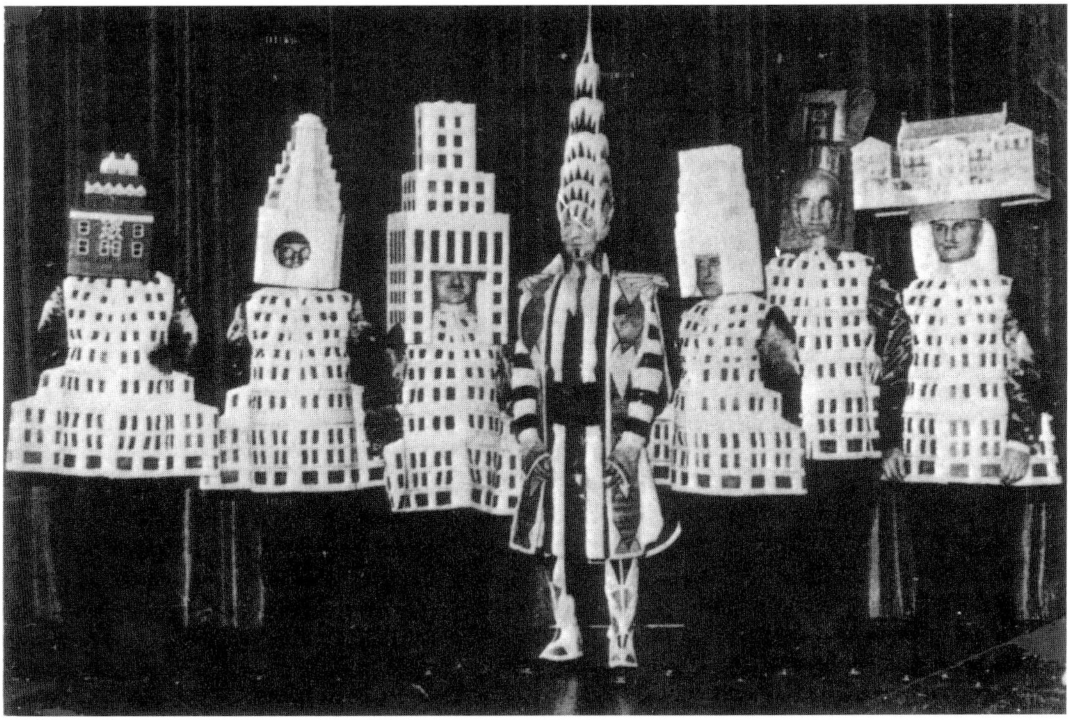

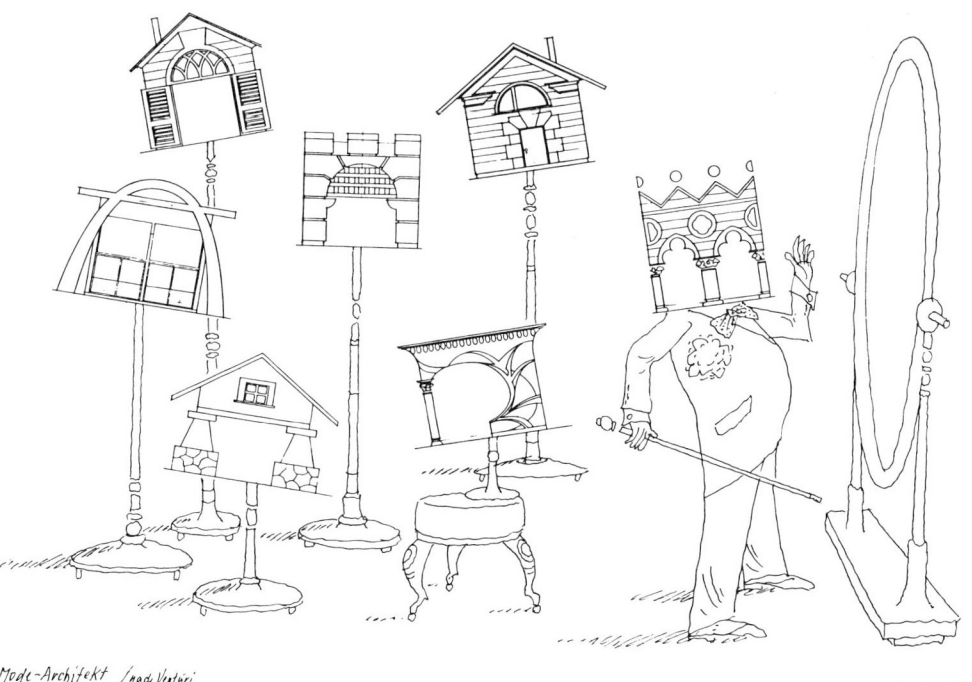

New Yorker Architekten auf einem Kostümball. Als Star fungiert William van Alen. Er trägt eine Nachbildung der stahlblechverkleideten Spitze seines Chrysler Building (1928–30) als Kopfbedeckung.

Mode-Architekt / nach Venturi
Ironimus 84

Wo es den Anhängern der Postmoderne darauf ankam, die Fassade als notwendig mit dem Bau verbundenes Architekturelement zu rechtfertigen – statt, wie Venturi, ihre Fassadenhaftigkeit zum Prinzip zu erklären und in eine ironische Spannung zu dem hinter ihm verborgenen Volumen zu setzen –, mußten sie die Metapher von Maske und Kostüm zurückweisen. Statt dessen griffen sie auf ein Sprachbild zurück, das Jacques-François Blondel schon in der Encyclopédie verwendete: »Man kann sagen, daß die Fassade für das Bauwerk ist, was die Physiognomie für den menschlichen Leib ist.«[16] Die Etymologie des Wortes Fassade – von lateinisch facies, gleich Gestalt, Figur, Antlitz, und von italienisch faccia, gleich Gesicht – stützt diesen Gedankengang. Anders als die abnehmbare Maske und das auswechselbare Kostüm ist das Antlitz jene Fläche, auf der sich unablösbar und unverwechselbar die Züge des ganzen Menschen in der größten physiognomischen Dichte malen. Blondel sah in der Gleichsetzung von Physiognomie und Fassade freilich den Anspruch. Er knüpfte an diese Überlegenheit die Mahnung, nur solche Formen zu wählen, die dem Ganzen des Bauwerks angemessen seien, und tadelte den Mangel an Schicklichkeit, der aus willkürlich gewählten Schmuckelementen entstehe.

Die Metapher war für ihn nicht Entschuldigung, sondern Verpflichtung für die Art und Weise, in der sich das Bauwerk der Öffentlichkeit darstellt.

Jede Physis ist auf ihre Physiognomie angewiesen, wenn sie sich ausdrücken will, jeder Körper auf ein Kleid, wenn er nicht der Unbill der äußeren Umstände erliegen soll, jeder Inhalt auf eine Form, wenn er sich mitteilen möchte. Diese Einsicht enthebt den Architekten nicht der genauen Prüfung, welches die angemessenen Charaktere, Kleider und Formen des Baugebildes sind. Die Dauerhaftigkeit der Architektur, im Gegensatz zum schnellen physischen Verschleiß der Kleidung, setzt der Analogie zwischen Bauen und Mode ohnehin eine enge Grenze, die Modemacher stets zu überspielen suchen. Schon Simmel fand es eine »höchst merkwürdige Eigenschaft, daß jede einzelne Mode doch gewissermaßen auftritt, als ob sie ewig leben wollte«.[17] Für die leicht ersetzbare Konsumware mag Wechselhaftigkeit noch erträglich sein; für die auf eine lange Lebensdauer angelegte Architektur ist sie es nicht. Was im Garderobeschrank verborgen seinem baldigen Ende in der nächsten Altkleidersammlung entgegenharren mag, überdauert sichtbar am Straßenrand mindestens bis zum Ende seiner Amortisation. Solange muß man Architektur ertragen können. Und noch länger.

Anmerkungen

1 Vgl. Peter Collins. ›Functionalism‹. In: *Changing ideals in modern architecture.* London, 1965. S. 149 ff.
2 Paul Schultze-Naumburg. *Kulturarbeiten.* Band 1. *Hausbau.* München, 1912. passim. – Hermann Muthesius. ›Wo stehen wir?‹ In: *Jahrbuch des Deutschen Werkbundes.* Jena, 1912. S. 23. – Hugo Häring. *Vom neuen bauen.* Berlin, 1952. S. 4.
3 Friedrich Nietzsche. *Jenseits von Gut und Böse.* 1884/85. Frankfurt am Main, 1984. S. 133.
4 Adolf Loos ›Architektur‹. 1910. In: *Adolf Loos. Sämtliche Schriften.* Band 1. Hrsg. von Franz Glück. Wien, München, 1962. S. 310–317.
5 Otto Wagner. *Einige Skizzen, Projekte …* Band 3. Wien, 1906. Unpag.
6 John Ruskin. *The Stones of Venice.* 1851. Zit. nach: Peter Collins. A. a. O. S. 114.
7 Vgl. Horst Günther. ›»Ein Mantel noch gesäter Sterne«. Gewebe-Metaphern und Baugedanken‹. In: *Daidalos 29.* 15. 9. 1988. S. 18 ff.
8 Gottfried Semper. *Der Stil in den technischen und tektonischen Künsten.* Frankfurt am Main, 1860. Vor allem S. 209 ff.

9 Hermann Muthesius. ›Das Formproblem im Ingenieurbau‹. In: *Jahrbuch des Deutschen Werkbundes.* Jena, 1913. S. 23.
10 Gottfried Semper. *Kleine Schriften.* Hrsg. von Manfred und Hans Semper. Berlin, Stuttgart, 1884. S. 426.
11 Georg Simmel. *Philosophie der Mode. Moderne Zeitfragen.* Nr. 11. Berlin, 1905. S. 11.
12 Georg Simmel. A. a. O. S. 14.
13 Roger Ginsburger. ›Bemerkungen eines Architekten zur Mode‹. In: *Die Form.* Heft 6/1930.
14 Bruno Taut. *Die neue Baukunst in Europa und Amerika.* Berlin, 1929. S. 39. – Ernst Pollak. *Der Baumeister Otto Bartning.* Bonn, 1926. S. 23.
15 G. Palm. *Von welchen Principien soll die Wahl des Baustyls, insbesondere des Kirchenbaustyls geleitet werden?* Hamburg, 1845. S. 4.
16 *Encyclopédie ou dictionaire raisonné des sciences, des arts et des métiers.* Band 6. Paris, 1756. S. 355.
17 Georg Simmel. A. a. O. S. 36.

Verstummte Tonkunst

Musik und Architektur in neuerer Zeit

Die Redensart, daß in einem architektonischen Entwurf »Musik« steckt (oder auch nicht), gehört zum Berufsjargon der Architekten. »Da ist Musike drin«, pflegte Hans Poelzig, in den zwanziger Jahren einer der einflußreichsten deutschen Architekturlehrer, seinen Schülern zu versichern, wenn er eine Aufgabe kompetent gelöst sah.[1] Der Vergleich der Architektur mit der Musik leuchtet insofern unmittelbar ein, als auch die Architektur in ihrer plastisch-räumlichen Ausdehnung auf die Wahrnehmung und Erfahrung im Nacheinander, in der Zeit angewiesen ist. Daher kommt das Erlebnis der Baukunst dem der Musik nahe, die ausschließlich als organisierter Zeitverlauf existiert. Organisationsprinzipien der Architektur wie Maße und Proportionen lassen sich zeitlich strukturieren, musikalische Begriffe wie Takt, Tempus und Rhythmus sich auch auf Architektur beziehen. Tatsächlich finden sich in der Literatur die waghalsigsten Schlußfolgerungen. Da werden Klangstärken und Schwingungsbreiten der Musik mit dem Umfang der architektonischen Aufgaben gleichgesetzt (die ein unbefangenes Urteil eher mit den musikalischen Großformen wie Symphonie, Oratorium oder Sonate verglichen hätte), die Tonhöhen und Schwingungszahlen mit dem baulichen Aufwand, die Klangfarbe und Schwingungsform mit dem Kolorit, der Wirkung in Licht und Luft und der Patina von Bauwerken. Erich Mendelssohn setzte gar horizontal organisierte Bauformen mit der Melodie in Parallele, vertikal geführte Motive mit dem Akkord.[2]

Ein Diktum wie das von Poelzig meint es so detailliert freilich nicht; es meint weniger und zugleich mehr. Hinter ihm steht, auch wenn es nur als rasche Floskel dahingesagt ist, eine im abendländischen Denken tief verwurzelte Überzeugung von der inneren Verwandtschaft der beiden Künste Musik und Architektur: »Musik und Architektur, beide abstrakt und beide im reinsten Einklang« (Bruno Taut)[3]. Die berühmteste solcher Formulierungen ist das Wort von der Architektur als erstarrter Musik, das Friedrich Wilhelm Schelling 1802-1803 in seinen Vorlesungen über die ›Philosophie der Kunst‹ prägte. Der Sache nach hat es eine in die Antike bis zur pythagoräisch-platonischen Harmonielehre zurückreichende Tradition. Schelling selbst berief sich auf den Mythos von der Leier des Amphion, der durch die Töne des Saitenspiels Steine bewegt und zu den Mauern der Stadt Theben zusammengesetzt habe. Wie die Musik besitze die Architektur einen rhythmischen, harmonischen und melodischen Teil, »so daß ein schönes Gebäude in der That nichts anderes als eine mit dem Aug empfundene Musik, ein nicht in der Zeit, sondern in der Raumfolge aufgefaßtes (simultanes) Concert von Harmonien und harmonischen Verbindungen ist«.[4]

Goethe machte sich in den ›Maximen und Reflexionen‹ diesen Ausspruch »eines edlen Philosophen« zu eigen und variierte ihn: Architektur sei »eine verstummte Tonkunst«. Im hohen Alter kam er im Gespräch mit Eckermann darauf zurück: »Und wirklich, es hat etwas; die Stimmung, die von der Baukunst ausgeht, kommt dem Effekt der Musik nahe.«[5] Als Arthur Schopenhauer seinerseits von »gefrorener« Musik sprach, war das »in den letzten 30 Jahren oft wiederholte kecke Witzwort« offenbar bereits einigermaßen abgenutzt. Für Schopenhauer ergab sich die Analogie zwischen Ton- und Baukunst aus der widersprüchlichen Verwandtschaft von Extremen, da die Musik allein in der Zeit, die Architektur allein im Raume existiere.[6]

Vor allem in den irrationalistischen Aufbrüchen der Geistes- und Kunstgeschichte häufen sich die Zeugnisse für die Nähe von Musik und Architektur. Als der Goethe der Sturm- und Drang-Epoche den Genius des Straßburger Münsterbaumeisters Erwin von Steinbach besang, griff er wie selbstverständlich zu musikalischen Vergleichen: »Je mehr sich die Seele erhebt zu dem Gefühl der Verhältnisse, die allein schön und von Ewigkeit sind, deren Hauptakkorde man beweisen, deren Geheimnisse man nur fühlen kann, in denen sich allein das Leben des gottgleichen Genius in seeligen Melodien herumwälzt, ... desto glücklicher ist der Künstler, desto herrlicher ist er!«[7] Die »Verhältnisse« sind dabei nicht als mathematisch errechenbare Proportionen gedacht, wie sie dem jungen Dichter in der französischen Architekturtheorie begegnet waren, sondern als eine die Seele ungestüm ergreifende Harmonie der Teile und der Massen. Das »lebendige Ganze« des Kunstwerks geht auf in der Harmonie des großen Ganzen. Seine »musikalischen Verhältnisse«, so vermutete Novalis, »scheinen recht eigentlich die Grundverhältnisse der Natur zu sein.«[8]

Es lag in der Logik der Metapher, daß Epochen mit einem großen Vertrauen in die Wirkungskraft der Baukunst die »erstarrte Musik« der Architektur zu schmelzen hofften, sei es in der Wahrnehmung durch den mitempfindenden Betrachter, sei es in der Leistung des großen Baukünstlers. In der englischen Zeitschrift ›The Studio‹, die ein wichtiges Transportmittel des internationalen Art Nouveau war, wandte sich ein Rezensent gegen die »Anhänger der alten Stile, die sich davor fürchten, in der ›gefrorenen Musik der Architektur‹ zu realisieren, was Wagner und andere moderne Komponisten mit ihrer Musik realisiert haben«.[9] In den Tagen des Expressionismus sprach der schlagfertige Poelzig dem Architektenkollegen Bruno Taut ein unfreiwilliges Kompliment aus, als er mit einer Anspielung auf den Namen des Fachgenossen meinte, Architektur sei zwar gefrorene Musik, aber bei Taut, »da taut's«. Erstarrte Verhältnisse zum Schmelzen zu bringen und die Architektur zu einer Quelle starker Gefühle werden zu lassen, entsprach den innersten Intentionen der expressionistischen Generation. Nicht zufällig benutzte Rudolf Steiner, der Gründer der anthroposophischen Bewegung und Initiator der beiden Dornacher Goetheanum-Tempel, dasselbe Bild in einem positiven Sinn, als hätte er Poelzig korrigieren wollen: »Das ... ist etwas ..., was da aus der Menschheitsentwicklung heraus sprach: Taue mich auf. Ich bin die gefrorene Musik ...«[10]

Das Gesamtkunstwerk im 19. Jahrhundert

Der Taupunkt schien am ehesten erreichbar in jenen tempelartigen Gebäuden, die das 19. und das frühe 20. Jahrhundert dem Gesamtkunstwerk weihten. In der Romantik nahmen sie zumeist die Züge der wiederentdeckten Gotik an. Die idealen neugotischen Kathedralen, die als religiöse oder patriotische Denkmäler ersonnen wurden und in den tatsächlich ausgeführten oder restaurierten Domen und Pfarrkirchen ein schwaches Abbild fanden, waren nicht nur als musikerfüllte Gehäuse gedacht, sondern als Kunstformen, in denen Musik, die »Kunst im allgemeinsten Sinn«, den »Hauptbestandteil« ausmachen sollte (Karl Friedrich Schinkel).[11] Bezeichnenderweise dachte sich Schinkel das Nationalmonument des Berliner Freiheitsdomes geschmückt mit Seraphim, die heilige Musikinstrumente spielten, während der Turm mit der Apotheose der hl. Cäcilia, der für die himmlische Musik zuständigen Heiligen, verziert werden sollte. So ließen auch die romantischen Schriftsteller ihre Helden Architektur und Musik in eins empfinden: »Der Gesang zog wie mit Wogen durch die Kirche, die ernsten Töne der Orgel schwollen majestätisch herauf, und sprachen wie ein melodischer Sturmwind auf die Hörer herab« (Ludwig Tieck).[12]

Die Musik, die in der zweiten Jahrhunderthälfte die Baukünstler inspirierte, wenn sie sich ähnlichen Träumen hingaben, stammte aus den Partituren Richard Wagners. Das Bayreuther Festspielhaus, das 1872-1875 nach den Angaben des Meisters errichtet wurde, war ein zweckgerechter Funktionsbau, der den stilistischen Konventionen des historischen Zeitalters nur in bescheidenem Maße entgegenkam. Aber sowohl Wagners Begriff des Gesamtkunstwerkes wie die von ihm erstrebte und theoretisch begründete Synthese der Einzelkünste, die in seinen Opern beschworenen, nordisch-germanischen Bildwelten und die süchtig machende Verführungskraft seiner chromatischen Harmonik haben ihre Wirkung auf die architektonischen Vorstellungen der Epoche gezeigt. Schon sein königlicher Schüler und Mäzen Ludwig II. von Bayern inszenierte Schloß Neuschwanstein in Erinnerung an Tristan und Parsifal,

Hermann Billing oder Schüler, *Architekturskizze,* um 1904, aus: Hermann Billing (Hrsg.), *Architekturskizzen,* Stuttgart 1904. Die dem festlichen Spiel geweihten Tempel hatten um die Jahrhundertwende Konjunktur. Das Blatt aus Billings Skizzenalbum erinnert an das Ernst-Ludwig-Haus, das Peter Behrens 1901 auf der Darmstädter Mathildenhöhe gebaut hatte.

Tannhäuser und Lohengrin und träumte Wagners Träume in Hundings Hütte und Gurnemanz' Klause, die er sich bei seinem Schloß Linderhof errichten ließ. Vor allem die Uraufführung des ›Parsifal‹ im Jahre 1882 aktualisierte die Grals- und Kristallsymbolik, die das Mittelalter entwickelt und die Romantik wieder aufgegriffen hatte. Wagners Musik und der Höhenrausch von Nietzsches ›Zarathustra‹ schufen das Klima, in dem die hochgemuten alpinen Visionen, die kristallenen Bergschreine, die einsamen Gralsburgen gediehen, Zufluchtstätten für die Auserwählten, Kultplätze ästhetischer Riten, Montsalvat mitten im industriellen Zeitalter. Die Musik als Urmutter der Künste hatte maßgebenden Anteil daran. »Der Formen überwältigende Kühnheit, das Brausen der Orgel, jubelnde Geigen, das Siegesbewußtsein der Trompeten: Alles eröffnet unsere Seele einem zweiten, ihrem ewigen Leben« (Peter Behrens).[13]

Die Musik in der Architektur des Expressionismus

Behrens, die Schüler Otto Wagners und Hermann Billings, Hendrik Petrus Berlage mit seinem Beethovenhaus (1908) und seinem Wagnertheater (1910), Wenzel August Hablik und nach ihnen zahlreiche Künstler des Architekturexpressionismus haben solche musikerfüllten Tempel, oft in bevorzugter Höhenlage, imaginiert. Ihr Nachhall wirkt noch in den Totaltheater-Entwürfen von Oskar Strnad, Friedrich Kiesler und Walter Gropius nach, die das Publikum aus seiner distanzierten Gleichgültigkeit reißen und mitten ins theatralische Geschehen ziehen sollten. Die mechanische Veränderbarkeit dieser Bühnen und Zuschauerhäuser trug zugleich ein zeitliches Moment bei, der Architekt wurde – wie der zeitgenössische Dichter – zum »Ingenieur der mit höchster mathematischer Präzision berechneten optophonetischen Spielsymphonie« (Friedrich Kiesler).[14] Im Konzerthausbau bewahrten Musik und Architektur leichter als anderswo ihre Affinität. In Hans Scharouns 1963 vollendeter Berliner Philharmonie, dieser amphitheatralisch angelegten Musikmanege, treiben unter der zeltartigen Decke die Reflektoren und Schallsegel der Akustikwissenschaftler ihr musikalisches Spiel.

Zumindest bis zum Ersten Weltkrieg bezogen sich viele solcher Projekte auf Wagners Idee vom Gesamtkunstwerk. Ein radikalisiertes Bayreuth entwarf – in literarischer Form – Hector Berlioz mit ›Euphonia‹, der musikalischen Stadt. Der Komponist dachte sie sich als kleine Stadt am Abhang des Harzes. Die Einwohner dieses Ortes, eines großen »Konservatoriums der Musik«, widmen sich samt und sonders der Ausübung der Musik, dem Bau von Instrumenten, der Erforschung der Akustik und der Herstellung von Noten. Ein despotisches Regiment sorgt dafür, daß Instrumentalisten und Sänger je nach Instrument und Stimmlage auf Stadtviertel und Straßen verteilt leben, in Sopran-, Baß-, Violin- oder Flötenstraßen. Höhepunkt des Lebens in ›Euphonia« sind Festspiele, zu denen nur die würdigsten Zuhörer zugelassen werden ...[15]

Als Erweiterung des Bayreuther Festspielplans propagierte auch Fidus seine »Tempelkunst« in musikalisch begleiteten Vorträgen. Fidus, mit bürgerlichem Namen Hugo Höppener, dessen malerisches und (unausgeführtes) architektonisches Werk aus der Lebensreformbewegung der Jahrhundertwende hervorging, war ein Wagner- (und Nietzsche-)Verehrer und gehörte der Richard-Wagner-Gesellschaft für germanische Kunst und Kultur an. Bei seinen Andachtsbauten, ›Ringelreifen‹ – von durchbrochenen Ringmauern umschriebene Plätze –, Musiktempeln und Tonhallen bezog er akustische Gesichtspunkte ein und versah die geschlossenen Bauten mit muschelartigen Gewölben und hochgelegenen Klangpodesten, von denen er sich »schallrichtige« Wirkungen versprach. Bei der ersten Ausstellung des Arbeitsrates für Kunst im April 1919 war Fidus als Bezugsperson der jungen Künstlergeneration vertreten.[16]

Eine andere Quelle für die Architekturphantasien der Expressionisten war der skurrile Poet Paul Scheerbart, der wie Fidus im Kreise der Dichter von Friedrichshagen, einem Vorort im Osten Berlins, verkehrte. Bruno Taut und die mit ihm befreundeten jüngeren Architekten beriefen sich immer wieder auf Scheerbart. Der aus Danzig stammende Phantast war ein von komisch-kosmischen Bildern erfüllter Autor, dessen Romane als Besichtigungsreisen durch ein fabulöses Universum organisiert sind. Die das Auge bestürmenden Visionen überwiegen die Schilderungen akustischer

Hendrikus Theodorus Wijdeveld, *Entwurf für ein großes Volkstheater am Vondelpark* in Amsterdam, um 1919.
Der Amsterdamer Architekt, Herausgeber der Zeitschrift *Wendingen,* sah das Theatererlebnis als eine Synthese von Licht, Tönen, Bewegung, Raum und Menschenmasse.

Fidus (Hugo Höppener), *Entwurf für einen Musiktempel,* 1902.
»Kegel für Musiker und Chöre, Dirigent auf dem Postamente, in plastischer Tracht. *Akustischer!* Musiktempel (Tonhalle, Konzertsaal). Gleiche Klang- und Lichtfülle für alle Plätze, vorn Sitzränge, in den Nischen Stehränge. Muschel-Konstruktion in Eisen und Beton. Irisierendes Centrallicht. Farbig auf- und abdämmerndes Nischenlicht in den Pausen.«

Erlebnisse bei weitem, doch gehören auch musikalische Sensationen zu den Erfahrungen Scheerbartscher Weltraumbewohner. So ertönen aus dem Mittelpunkt des tonnenförmigen Asteroiden Pallas (im Roman ›Lesabéndio‹ von 1913), dessen Glastürme wenig später die Architekten zu ähnlichen Einfällen auf dem Zeichenpapier ermutigten, nach guter Science-Fiction-Tradition geheimnisvolle Klänge: »eine feine Musik mit ganz langgezogenen seltsamen Tönen.«[17]

»Die Musik schwebt auf einem unendlich langen Ton«, heißt es auch im letzten Bild des ›Architekturschauspiels‹, das Bruno Taut im Spätsommer 1919 entwarf und unter dem Titel ›Der Weltbaumeister‹ 1920 herausgab. Es war dem Geiste des in den Kriegsjahren verstorbenen Scheerbart gewidmet. Die Folge von 28 beschrifteten Kohlezeichnungen, die das Büchlein ausmachen, skizziert ein Spiel auftauchender und vergehender Farben und Formen. Taut dachte es sich auf einer Bühne aufgeführt, schien es sich aber auch als Film vorstellen zu können. Handelndes Subjekt ist der

schöpferische Wille, der Musik und Architektur in einem erschafft. »Die Farbe klingt, die Formen klingen – Farben und Formen als reine ungebrochene Elemente des Alls tragen den Ton. Die Geburt des Musikwerkes geschieht ohne Zwang aus ihnen und ebenso zwanglos wird die Formen- und Farbenschöpfung aus dem Musikwerk geboren.« Die Töne rufen die Bühnenvorgänge hervor. Während ein domartiges Gebäude entsteht, tanzenden Sternen weicht, die Erdkugel sich aufwölbt, ein leuchtendes Kristallhaus sich bildet und sich zum Weltall ausweitet, ertönt »Musik ohne Schwellungen, nur ein Klingen im Raum – langes helles gelbstrahlendes Klingen«, dann reichere farbigere musikalische Figuren, »Musik fern raumhaft«, vorübergehend »erdenfroh«, schließlich wieder in Ätherferne. Aus der Korrespondenz, die Taut mit dem Hagener Mäzen, Kulturpolitiker und Verleger des ›Weltbaumeisters‹ Karl Ernst Osthaus führte, geht hervor, an welchen Komponisten Taut dachte: an Hans Pfitzner, dessen Palestrina-Oper zwei Jahre zuvor, 1917, uraufgeführt worden

Bruno Taut, *Bruckner – IX. Symphonie | 3. Satz,* 1919, aus:
Ruf zum Bauen, Berlin 1920.
»Ich habe eine große Symphonie Bruckners, eines modernen
Meisters, gehört, ein gewaltiges Werk«, schrieb Bruno Taut
schon 1906 an seinen Bruder Max.

war.[18] Obwohl Tauts tönende Kosmogonie einen
Höhepunkt in der Symbiose von Architektur und
Musik bedeutete, erblickte sie nie das Licht der
Bühne. In dem Buch ›Die Stadtkrone‹, das Taut
1919 herausbrachte, führte er dagegen die ›Tempelkunst‹ der von Wagner beeinflußten Lebensre-
former weiter. Das Stadtgebilde gipfelte in einer
Akropolis, deren höchstes Gebäude ein diamant-
glühendes Heiligtum darstellt. Wer es betritt, erfährt die Architektur als Musik und die Musik als
Architektur. Sein Innenraum ist »von der Harmonie einer reichen vollendeten Gliederung. Von seinen Emporen erklingt die große Musik …, die,
dem Häuslichen ebenso fern wie die bildende
Kunst, nur dem Höchsten dient«.[19]

Auch in den Skizzen von Tauts Freunden, die
von Ende 1918 bis Frühsommer 1921 im Berliner
Arbeitsrat für Kunst organisiert waren und im
Jahre 1920 einen photokopierten Briefwechsel,
›Die gläserne Kette‹, unterhielten, sind immer
wieder Verweise auf die schöpferische Wirkung
der Musik enthalten. Mozart wird mehrfach beschworen. Bei Carl Krayls splitternden Formen-
collagen fühlte sich Wassili Luckhardt an Strawinsky erinnert, dessen ›Sacre du Printemps‹ 1913

uraufgeführt worden war. Luckhardt selbst
brachte mit einem riesenhaften Mal, an dem sich
Trauben winziger Menschenpunkte ballen und das
er ›An die Freude‹ nannte (1919), Beethoven eine
Huldigung dar, von dessen Neunter Symphonie
Richard Wagner gesagt hatte, in ihrem Chorfinale
werde der Ton durch das Wort, der Klang durch
den Logos erlöst.[20] Konzerthäuser und Musikhal-
len genießen unter den frei gewählten Aufgaben
Vorrang: so bei Finsterlin, Hans Luckhardt, Hans
Scharoun. Wo an eine Realisation der Strahlenden
Häuser und Kosmischen Bauten zumindest gedacht wird, findet sich manchmal die Empfehlung,
die Bauarbeiter »wie die Virtuosen eines
Orchesters« in die Stimmung des Baus einzufüh-
ren, denn musikalische Architektur dieser Art
könne nur gelingen, wenn Ausführende und Ent-
werfende aus ein- und demselben Geiste wirkten.[21]

Die radikalsten dieser Projekte münden in
»sphärische Symphonien«, wie sie Hermann Finsterlin, ein anderes Mitglied der ›Gläsernen Kette‹,
beschrieb, »wo die Lüfte am dünnsten sind und
die Scham schmilzt vor dem Läuterblick der nahen
Sonne«.[22] Aus terrestrischen werden kosmische
Utopien. Die Abbilder des Universums, zu denen
Bruno Taut oder Wenzel August Hablik gelangen,
sind durchzogen von Sternbahnen, in denen die
Kugeln der von Gott geschaffenen oder vom

Bruno Taut, *Heilig! Heilig! Heilig!* aus: *Die Auflösung der
Städte oder Die Erde eine gute Wohnung,* Hagen 1920.

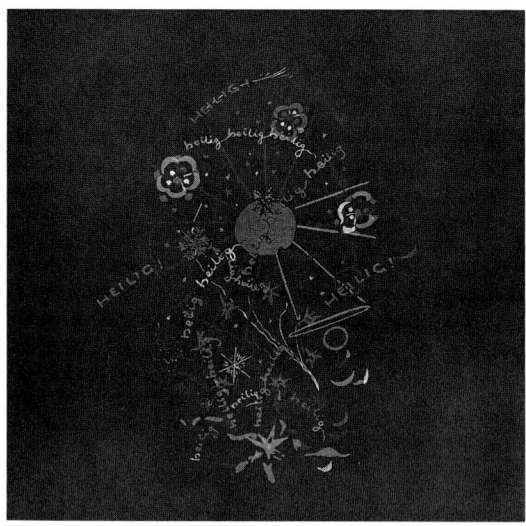

Menschen gebildeten Gestirne kreisen. Noch einmal spiegelt sich in den Architekturskizzen des Expressionismus der pythagoräisch-platonische Glaube an die sichtbare Harmonie der kosmischen Ordnung, an die Sphärenmusik des Alls, in der die Planeten ihre vorgeschriebene Reise »in Brudersphären Wettgesang« vollziehen.[23] Was Goethes Erzengel in der Fiktion des göttlich-menschlichen Schauspiels spricht, haben Kopernikus und Kepler noch für wahr gehalten: die Wirklichkeit der planetarischen Musik, der musica mundana, in der die Sphären des Universums nach ihrer Größe und Umlaufgeschwindigkeit die musikalischen Intervalle intonieren.[24] Die Darstellungen der Expressionisten erinnern ein letztes Mal daran.

So hoch und tief zugleich ging es nicht bei allen dem Expressionismus nahestehenden Künstlern zu. Für Architekten wie Erich Mendelsohn oder Hans Poelzig bedeutete die Musik ein Stimulans des Schaffens, das die Handschrift beflügelte und die Imagination auf Trab brachte. In den immer neuen Variationen des Themas, in der temperamentvollen Verfolgung der Motivketten präzisierte sich der Einfall. Für beide Architekten wie für die expressionistischen Baukünstler überhaupt spielte die Skizze eine entscheidende Rolle. Sie wird erst spät im Entwurfsprozeß an den praktischen Bedingungen gemessen, auf Maße gebracht und korrigiert. Mendelsohn gab in den hingeworfenen Kohlezeichnungen oft die Quelle der Inspiration an: Beethoven, Brahms, Strawinsky, aber vor allem Bach, der ihm als der Baumeister unter den Komponisten erschien: »Form ist bei ihm Gliederung, Aufteilung, Proportion – architektonische Ordnung.«[25] In Mendelsohns Haus wurde viel musiziert, seine Frau war Cellistin. Während der Entwurfsarbeit im Büro übernahm das Grammophon die Funktion der Inspirationsquelle.

Poelzig, den damals Hochberühmten, glaubte man ohnehin nur mit musikalischen Metaphern angemessen beschreiben zu können, zumal er selber bekannte, auf dem Boden der heutigen Konstruktion rhythmisch-musikalisch zum Ausdruck, zur Form zu kommen.[26] Angesichts der Dresdener und Salzburger Studien mit ihren großflächig bewegten Wandreliefs, selbstbewußt getürmten Massen und gewaltig aufgipfelnden Formwiederholungen trugen die Autoren, die sich mit ihm

Erich Mendelsohn, *Scherzo Brahms Sextett,* um 1920. Kunstbibliothek, Berlin.

befaßten, wahre Kompendien musikalischer Begriffe zusammen: aufbrausende Fanfaren, Akkorde von überwältigender Gewalt, Fortissimo. Den sensibleren Gemütern aus der jüngeren Generation imponierte Poelzig zwar als Kraftnatur, die aus dem Vollen schöpfte, aber sein Pathos war nicht das ihre. In der Korrespondenz mit den Freunden beklagte Taut die obstinate Wiederholung ähnlicher oder identischer Motive: »Poelzig nennt es Klang, wenn er immer einen Ton bald laut bald leise anschlägt.« Auch Karl Scheffler meinte, Poelzig mache Musik mit dreifach besetztem Orchester.[26] Seine Don-Giovanni-Ausstattung für die Berliner Staatsoper (1923) fand aus ähnlichen Gründen geteilte Aufnahme. Ein barokkes Temperament hatte Mozart in die Kulissen zu spielen gesucht.

Wenn sich Architekten dieser Epoche der Verführung der Musik aussetzten, so hatten sie mehrere Gründe. Der sozusagen inspirationstechnische Aspekt herrschte bei den eher praktisch orientierten Baumeistern vor: Die Musik half die Grenzen der Konventionen zu überschreiten und neue Formen zu finden. Für die Philosophen unter den Architekten war mit der Musikalisierung der Architektur zugleich eine Beziehung zu den modernen Naturwissenschaften hergestellt, für deren populärste Koryphäe, Albert Einstein, Mendelsohn in diesen Jahren ein Laboratorium baute, den Einsteinturm bei Potsdam. Die Verzeitlichung des Architekturerlebnisses, die Wahrnehmung des architektonischen Werkes als einer bewegten, auch vom Betrachter Bewegung verlangenden Schöpfung verwirklichte, was Bruno Taut die »vierte Dimension nach Gauß-Einstein: die Zeit, das Musikalische« nannte. Auch der Architekt und Theoretiker Herman Sörgel, der 1925 ein Sonderheft der Zeitschrift ›Baukunst‹ dem Wechselverhältnis von Architektur und Musik widmete, ging der »Raumzeit« in beiden Künsten nach. Dank Sigfried Giedions späterem Klassiker ›Raum, Zeit, Architektur‹ sollte dieser Begriff bei den Architekturhistorikern der Moderne noch Karriere machen.[27]

Zugleich bot die ›aufgetaute‹ Musik der Farben und Formen Ausdrucksmöglichkeiten, die einer konventionelleren Architektur nicht zugänglich waren. Der Expressionismus verhielt sich darin nicht anders als der Art Nouveau, mit dem ihn mehr als eine Traditionslinie verband. Die musikalisierte Baukunst wurde zum Träger seelischen Ausdrucks. Wie sehr sie Gefühle mobilisierte, läßt sich an vielen zeitgenössischen Zeugnissen ablesen. Otto Bartnings Haus Wylerberg bei Kleve, errichtet in den Jahren 1921-1924, ist ein Beispiel dafür. Bartning, der architektonische Visionen unter dem tagelangen inneren Läuten von Glocken empfangen haben will,[28] baute es für eine verwitwete Industriellengattin, die ihr Haus zu einem Mittelpunkt des kulturellen Lebens machte. An der Hangterrasse über der niederrheinischen Ebene gelegen, schwingt der Bau – so beschrieb es Ernst Pollak 1926 – »wie eine kühn aufgebaute Symphonie«, seine Mauern stürzen »unter Posaunentönen« in die Tiefe oder steigen bis zum Schornstein empor, »der sie wie der Schlußakkord der Symphonie aufnimmt und abklingen läßt«. Jeder Raum erinnert den Autor an den Satz eines musikalischen Werkes, das eine Zimmer an »ein

Rudolf Steiner, *Zweites Goetheanum* in Dornach, 1924–28. »Wenn das Goetheanum als Betonbau zustande kommen soll, so muß es aus einem ursprünglichen Gedanken hervorgehen, und alles, was in Betonbau bis jetzt geleistet worden ist, ist eigentlich keine Grundlage für dasjenige, was hier entstehen soll« (Rudolf Steiner). Das zweite Goetheanum, ein Stahlbetonbau, ersetzte die Holzkonstruktion, die in der Silvesternacht 1922/23 abgebrannt war.

Scherzo, das andere an ein Rondo, ein drittes ruft die Empfindung eines langsamen Walzers hervor. Der Hauptraum, ein Saal von ungewöhnlichen Maßen, wie das Andante.«[29]

In den Goetheanum-Bauten der Anthroposophengemeinde, die zunächst in München geplant waren, dann aber ab 1913 in Dornach bei Basel errichtet wurden, kamen die verschiedenartigsten Motivationen eines musikinspirierten Bauens zusammen. Rudolf Steiner ging von der Erkenntnis geistiger Welten aus. Dieses »Geisterland« mit seinen Urbildern ist nicht hinter der Sinnenwelt verborgen, sondern webt und west in der Sinnenwelt und offenbart sich in ihr den »Geistorganen« des Menschen. Die pythagoräische Vorstellung von der Sphärenmusik übersetzte Steiner in den Glauben an einen Kosmos der Harmonien, Rhythmen und Melodien, in dem sich die wechselseitigen

Verhältnisse und Verwandtschaften der Daseinsgesetze ausdrücken. Dem »sinnlichen Ohr« bleibt diese klingende geistige Welt stumm, aber das »geistige Ohr« nimmt sie als höhere Wirklichkeit in der sinnlichen Welt wahr. Durchlässigkeit für die »geistigen Wesenheiten« verlangte Steiner auch von den Kunstgebilden des Menschen, so für die Körperkunst der Eurhythmie als der »sichtbaren Sprache« und dem »sichtbaren Singen« und für die Architektur, in der sie sich vollzieht. »Alles dasjenige, was man in Worten vorführt, was man eurhythmisch aufgeführt sieht, was man in den Mysterienspielen aufgeführt sehen wird und was sonst vorgeführt wird, das muß so durch den Saal klingen und gesehen werden, daß die Wände mit ihren Formen, daß die Malereien, die da sind, wie selbstverständlich dazu Ja sagen.«[30]

Das Sinnliche der Architektur bildet den »Geist« in der Verständigung dieser Formen untereinander ab. Die »Einheit von Bauform und Wort oder Musik« führte im ersten Goetheanum, einem Holzbau auf Betonsockel, zu einer spannungsreichen Verbindung und teilweisen Verschmelzung der Großformen, der beiden Kuppeln, aber auch zur Verwandlung miteinander verketteter Details wie der Stützenkapitelle, der Architrave oder der Fenster- und Portalprofile. Steiner, Mitarbeiter an der großen Weimarer Goethe-Ausgabe, hatte dabei die Goethesche Metamorphosen-Lehre vor Augen. Formen entstanden aus den Umbildungen von Motiven, die durch den Ort und die Bedingungen ihres Auftretens bestimmt waren. Am zweiten Goetheanum, dessen Planung 1923 unmittelbar nach dem Brand des ersten, hölzernen Bauwerks als Stahlbetonbau begonnen wurde, drückt sich diese Variationsfolge weniger in detaillierten Motivreihen als in den Bewegungen, den Vor- und Rücksprüngen, Aufwölbungen und Einschluchtungen der Sichtbetonflächen aus.

Steiner hat sich mit Nachdruck gegen die Meinung gewandt, in das Goetheanum seien mystische Anspielungen hineingeheimnißt worden. Die Gegenwart geistiger Welten in den sinnlichen Gestalten war für ihn so unmittelbar anschaulich, daß er sie nicht als Addition einer von der Wahrnehmung ablösbaren Begriffswelt empfand. Wer die Initiationsriten der Anthroposophie nicht durchlaufen hat, wird die Fülle der symbolischen Hinweise dagegen als außerordentlich empfinden. Die große und die kleine Kuppel des ersten Goetheanums repräsentierten die polaren Prinzipien des Physischen und des Geistigen, des »Ahrimanischen« und des »Luziferischen«. Der Gang von Westen nach Osten war als Weg des »gewöhnlichen Selbst« zum »höheren Selbst« gedacht. Die Zahl der Stützen im großen Kuppelsaal entsprach den Säulenpaaren, die der Ätherleib nach anthroposophischer Auffassung alle sieben Jahre gewinnt. Der Abstand zwischen den Kreismittelpunkten der Grundrisse war auf 21 Meter festgelegt, eine Zahl, die als Längenmaß des Salomonischen Tempels galt. Ermittelt waren die wesentlichen Elemente des Grundrisses durch eine Pentagramm-Konstruktion, die Teilungen im Verhältnis des Goldenen Schnitts erbrachte.

Noch präziser waren die multimedialen Musiktempel, die Alexander Skrjabin und sein später Geistesverwandter Iwan Wyschnegradsky anvisierten, auf musikalisches Material bezogen. Skrjabin, einer der Patriarchen der Neuen Musik, gedachte seine Gesamtkunstwerke aus Wort, Klang, Bewegung, Musik, Duft und Farbe in einem Tempel zu zelebrieren, der in Indien errichtet werden sollte. Das Heiligtum sollte als eine Halbkuppel geformt sein, die durch Spiegelung in einer Wasserfläche zur vollständigen Kugel ergänzt würde. Die Kugel als vollkommene stereometrische Figur versinnbildlichte das All; in den zwölf Toren, die der Komponist vorsah, hat man eine Anspielung auf die Zwölftonmusik vermutet. In zwölf Sektoren teilte auch Wyschnegradsky, ein Komponist, der das Konzept eines stufenlosen Klangkontinuums verfolgte und mit Mikrointervallen arbeitete, sein Projekt eines halbkugeligen, durch Farblicht synchron zur Musik erleuchteten Lichttempels ein. Der äußere Durchmesser sollte 12 x 10 m betragen, der innere 12 x 10 minus 12 m – Abbild des musikalischen wie des kosmischen Universums.[31]

Akustische und optische Proportionen

Mit solcher Zahlensymbolik erinnerte die Architektur dieses Jahrhunderts daran, daß abendländische Baukunst sich in bestimmten Phasen ihrer Geschichte mit der Musik in einem weitaus abstrakteren und zugleich konkreteren Sinn verbündet hatte, als es in den spontanen und gefühlsbetonten Engagements des Sturm und Drang, der Romantik, der Mendelsohn, Taut oder Scharoun der Fall war. Antike Harmonielehren, wie sie in Platos ›Timaios‹ niedergelegt waren, beruhten auf Gleichsetzungen von musikalischen und architektonischen Proportionen, die durchaus wörtlich genommen wurden. Ausgangspunkt war die Erkenntnis der Pythagoräer, daß musikalische Intervalle des griechischen Tonsystems durch Verkürzungen bzw. Verlängerungen tonerzeugender Saiten im Verhältnis ganzer Zahlen ausgedrückt werden konnten. Der auf einer schwingenden Saite erzeugte Ton ergibt mit dem auf einer doppelt so langen Saite erzeugten Ton eine Oktave, das Verhältnis zwei zu drei erzeugt eine Quinte, drei zu vier eine Quarte. Auf diese Art war eine Möglichkeit gefunden, akustische und optische Wahrnehmungen in eine Konkordanz zu bringen. Die ästhetische Befriedigung, die sich aus solchen Übereinstimmungen ergab, galt als Bestätigung einer universalen Harmonie. »Die Analogie zwischen den Proportionen der Töne und denen der sichtbaren Formen«, resümiert Rudolf Wittkower in seiner magistralen Studie ›Grundlagen der Architektur im Zeitalter des Humanismus‹, war mehr »als nur eine theoretische Spekulation; in solchen Anschauungen offenbart sich vielmehr der feste Glaube an die mathematisch-harmonische Struktur der ganzen Schöpfung«.[32] In den Proportionen der Musik wie der Architektur spiegeln sich die Verhältnisse des Kosmos.

Von der Antike bis zum Barock hatte dieser Gedanke überzeugt, spätestens in der Aufklärung ging er verloren. Die Maßsysteme, die in den letzten beiden Jahrhunderten von Fall zu Fall vorgeschlagen und praktiziert wurden, waren zu allermeist pragmatische Ordnungskriterien, die den Entwurfsprozeß erleichtern sollten. Solche Festlegungen dienten der Koordination und Reproduzierbarkeit der Elemente und entsprachen den Erfordernissen des modernen Baubetriebs. Dennoch liegt auf manchen dieser Lehrsysteme noch der ferne Abglanz jener von der Antike bis zum 18. Jahrhundert gültigen, durch Zahl und Proportion garantierten harmonischen Ordnung, die das einzelne in das Ganze bindet. Für Berlage, der vor

allem ein Gitter aus ägyptischen Dreiecken als Designhilfe befürwortete, bedeutete das Entwerfen im System die Vorwegnahme zukünftiger gesellschaftlicher Harmonie: »Warum soll die Architektur, jene Kunst, welche so oft mit Musik verglichen wird, ... ohne rhythmische, d. h. geometrische Gesetze komponiert werden?«[33] In ihnen sah Berlages Landsmann J. L. Mathieu Lauweriks, der Peter Behrens und Adolf Meyer, den Kompagnon von Walter Gropius, beeinflußte, gut platonisch die Abspiegelung des kosmischen Weltgebäudes. Auch den Künstlern der Gruppe De Stijl stand die Utopie einer harmonikalen Ordnung vor Augen, in der Kontraste und Dissonanzen in einer neuen Einheit des Lebens aufgehoben sein würden. In dieser gestalteten Welt, Architektur im umfassenden Sinne des Wortes, hätten die Einzelkünste aufzugehen, darunter auch die Musik. Denn die Schönheit der »uns umgebenden Laute, die gereinigt und systematisiert in einer neuen Harmonie aufgehen, wird uns genügen.« (Piet Mondrian)[34]

Einen eigenartigen, von den niederländischen Vorgängern beeinflußten Versuch, die platonische Zahlentradition mit den praktischen Erfordernissen der Entwurfstätigkeit zu verbinden, unternahm Le Corbusier mit der Ausarbeitung seines Maßsystems Modulor. Le Corbusier, dessen Mutter und Bruder Musiker waren, verstand sich als einen Menschen »mit dem Kopf voller Proportionen, vom Wunsch nach Harmonie besessen«. Schon früh hatte er sich mit entwurfsbestimmenden Liniensystemen, den »tracés régulateurs«, befaßt. Sein 1950 veröffentlichter Modulor beruht auf zwei nach dem Goldenen Schnitt bestimmten Maßketten, die er in ihren absoluten Größen willkürlich auf eine angenommene Körpergröße von 1,83 Meter bezog, »eine harmonische Tonleiter mit der Stimmgabel der menschlichen Gestalt«. In dieser Festlegung sah Le Corbusier einen Gewinn gegenüber den Proportionslehren der Renaissance. Die »visuelle Akustik« der nach dem Modulor entworfenen Formen erklärte er mit der natürlichen Fähigkeit des Menschen, akustische Phänomene mit dem Auge wahrzunehmen: »Das Ohr kann die Proportionen ›sehen‹. Man kann die Musik der sichtbaren Proportionen ›hören‹.« Le Corbusier war sich bewußt, in einer in die Antike zurückreichenden Tradition zu stehen, äußerte sich aber zögernd zu den kosmologischen Implikationen der alten Zahlenlehren. So erscheint der Modulor bei ihm bald als ein Mittel universaler Harmonisierung, bald aber auch nur als ein nützliches Arbeitsgerät, das durchaus nicht überall angewendet werden muß. Le Corbusier war bereit, auf den Modulor zu verzichten, wo seine Ergebnisse sich der Wahrnehmung entziehen wie im Städtebau, aber auch in der bildenden Kunst, die er als

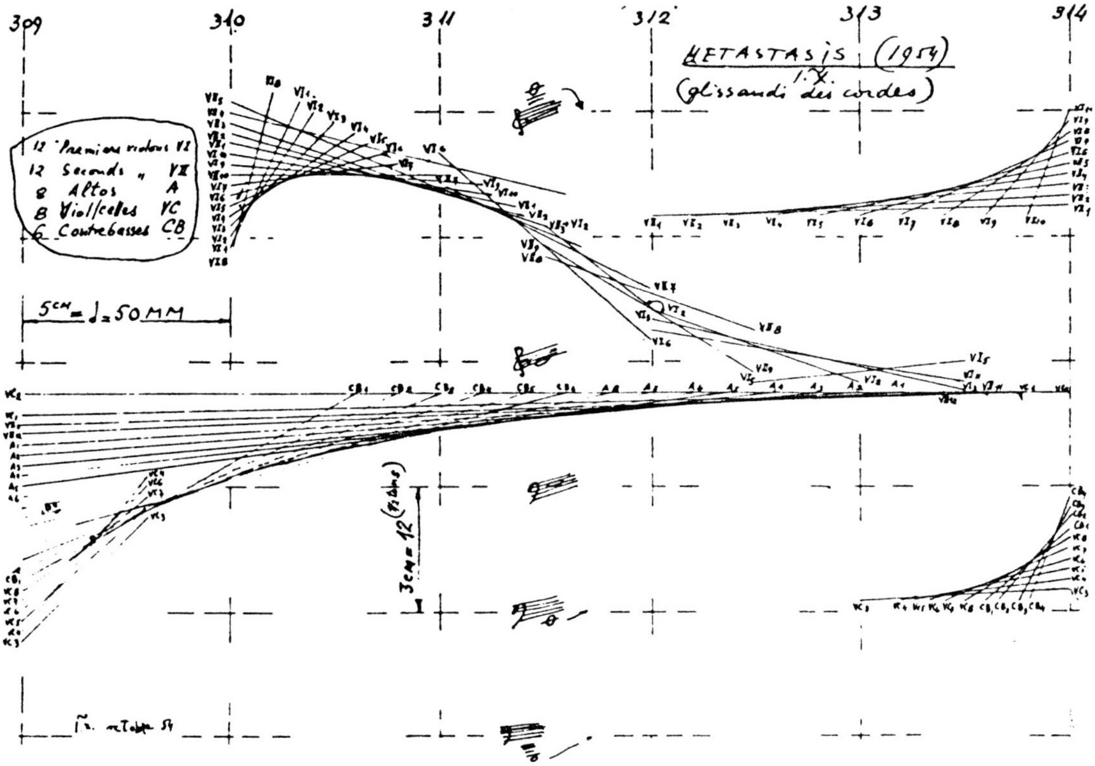

Iannis Xenakis, Partiturseite der Komposition *Metastasis*, 1954. – Die eingezeichneten Tonflächen gleichen den sogenannten Regelflächen des Schalenbaus.

Le Corbusier und Iannis Xenakis, *Strukturmodell des Philips-Pavillons* auf der Weltausstellung Brüssel, 1958. Konstruktion aus hyperbolischen Paraboloiden.

einen legitimen Ausbruch aus der Zuständigkeit menschlicher Maße einschätzte. Nichtsdestoweniger verzeichnete er, der »Musiker mit der Seele«, voller Genugtuung, daß die Erfindung des Modulor auch umgekehrt einen Weg von der Architektur in die Musik geöffnet habe: Sein langjähriger Assistent, der Komponist Iannis Xenakis, hatte 1954 den Modulor bei der Bestimmung der Zeitverhältnisse in seiner Komposition ›Metastasis‹ angewendet.[35]

Die »innere Korrespondenz« zwischen Architektur und Musik, von der auch Xenakis sprach, endete nicht bei diesem musikalischen Gebrauch eines für die Architektur entwickelten Maßsystems. In der Partitur zu ›Metastasis‹ sah Xenakis Tonflächen vor, die durch die Glissandi von Saiteninstrumenten erzeugt werden. In einem Koordinatensystem, dessen Abszisse der Tonlänge und dessen Ordinate der Tonhöhe entspricht, sind die Glissandi der unterschiedlichen Streichinstrumente als Geraden eingetragen. In der graphischen Darstellung bilden sie sogenannte Regelflächen ab, d. h. Flächen, deren sämtliche Punkte auf innerhalb der gekrümmten Flächen verlaufenden Geraden liegen, wie zum Beispiel die Kegel- oder Zylindermäntel oder die hyperbolischen Paraboloide. Als Le Corbusier mit dem Entwurf des Philips-Pavillons auf der Brüsseler Weltausstellung von 1958 beauftragt war, schlug ihm sein Mitarbeiter

Xenakis eine aus solchen Regelflächen gebildete architektonische Komposition vor.[36] Tatsächlich wurde der Pavillon auch realisiert. Aufgeführt wurde darin ein »poème électronique«, ein audiovisuelles Spektakel, dessen musikalischer Teil von Edgar Varèse und – Iannis Xenakis stammte. Von der Architektur hatte der Weg zur Musik, von der Musik zur Architektur und von der Architektur wieder zur Musik geführt.

Warnungen vor metaphysischen Spekulationen, wie sie Le Corbusier anläßlich seines Modulor aussprach, begleiteten manche der jüngeren Modul- und Proportionssysteme. Dennoch scheuten auch neuzeitlich skeptische Autoren nicht den Vergleich zwischen Architektur und Musik, den Plato und die Pythagoräer eingeführt haben, als sei dieses abendländische Erbe noch immer verpflichtend. Ordnende Regeln wie der Modulor waren Versuche, die Rasterpraxis des neuzeitlichen Bauens durch Gesetzmäßigkeiten zu nobilitieren und das Bauwerk als eine in sich bündige Komposition entsprechend dem musikalischen Kunstwerk zu behandeln, ohne gegen die Bedingungen des Wirtschaftsprodukts Architektur zu verstoßen. Freilich blieb diesem Versöhnungsprogramm ein durchschlagender Erfolg versagt. Hans Poelzig hätte nicht allzuoft Gelegenheit gehabt, angesichts der Bauproduktion der letzten fünfzig Jahre zu sagen, »da ist Musike drin«.

Anmerkungen

1 Julius Posener. In: *Hans Poelzig. Gesammelte Schriften und Werke.* Berlin, 1970. S. 11.
2 Herman Sörgel. ›Die einfachsten Grundelemente musikalischer und architektonischer Wirkungen‹. In: *Baukunst.* Heft 7/1925. S. 174. – Erich Mendelsohn. ›Harmonische und kontrapunktische Führung in der Architektur‹. A. a. O. S. 179.
3 Bruno Taut an Karl Ernst Osthaus. 2. 8. 1919. Osthaus-Archiv, Hagen.
4 Friedrich Wilhelm Joseph von Schelling. *Philosophie der Kunst* (1859). Darmstadt, 1960. S. 216 ff., zit. S. 237, 239.
5 Johann Wolfgang von Goethe. *Maximen und Reflexionen,* Nr. 776. In: *Goethes Werke. Hamburger Ausgabe.* Band 12. Hamburg, 1956². S. 474. – Goethe zu Eckermann, 23. 3. 1829. In: *Johann Wolfgang von Goethe. Gedenkausgabe der Werke, Briefe und Gespräche (Artemis).* Band 24. Zürich, 1949, S. 329.
6 Arthur Schopenhauer. *Die Welt als Wille und Vorstellung (1819, 1844).* In: *Sämtliche Werke.* Bd. 2. Stuttgart, Frankfurt, 1960. S. 582.
7 Johann Wolfgang von Goethe. *Von deutscher Baukunst* (1772). In: *Goethes Werke. Hamburger Ausgabe.* Band 12. Hamburg, 1956².

S. 13 f. – Vgl. Harald Keller. *Goethes Hymnus auf das Straßburger Münster und die Wiedererweckung der Gotik im 18. Jahrhundert.* Bayerische Akademie der Wissenschaften. Sitzungsberichte 1974. Heft 4. München, 1974. – Hanno-Walter Kruft. ›Goethe und die Architektur‹. In: *Pantheon.* Heft 4, Jg. XL/1982. S. 282 ff.
8 *Novalis. Werke, Briefe, Dokumente.* Hrsg. von Ernst Wasmuth. Heidelberg, 1953-1957. S. 354.
9 Tim Benton, ›Großbritannien‹. In: *Architektur des Jugendstils.* Hrsg. von Frank Russell. Stuttgart, 1981. S. 38.
10 Rudolf Steiner. *Der Baugedanke von Dornach.* Vorträge von 1920. Dornach, 1942, S. 38. Zit. nach: Harald Szeemann u. a. *Der Hang zum Gesamtkunstwerk.* Aarau, Frankfurt am Main, 1983. S. 224.
11 *Aus Schinkels Nachlaß, Reisetagebücher, Briefe und Aphorismen.* Hrsg. von A. von Wolzogen. Band 3. Berlin, 1862-1863. S. 156.
12 Ludwig Tieck. *Franz Sternbalds Wanderungen. Eine altdeutsche Geschichte* (1798). In: *Werke in vier Bänden.* Hrsg. von Marianne Thalmann. München, 1963. S. 742. – Vgl. Harald Szeemann u. a. *Der Hang zum Gesamtkunstwerk.* A. a. O. S. 157 f.

13 Peter Behrens. *Feste des Lebens und der Kunst.* Leipzig, 1900. S. 13.

14 Zit. nach: Dieter Bogner. ›Frederick Kiesler‹. In: Harald Szeemann u. a. *Der Hang zum Gesamtkunstwerk.* A. a. O. S. 157 f. Beiheft Wien. S. 37.

15 Hector Berlioz. ›Abendunterhaltungen im Orchester‹. In: *Literarische Werke.* Band 8. Leipzig, 1909. S. 314 ff.

16 Vgl. Janos Frecot, Johann Friedrich Geist, Dieter Kerbs. *Fidus 1868-1948.* München, 1972.

17 Paul Scheerbart. *Lesabéndio.* München, Leipzig, 1913. In: *Paul Scheerbart. Dichterische Hauptwerke.* Stuttgart, 1962. S. 541.

18 Bruno Taut. *Der Weltbaumeister.* Hagen, 1920. unpag. – Bruno Taut an Karl Ernst Osthaus. 2. 8. 1919. Osthaus-Archiv, Hagen. – Vgl. hier und im folgenden: Wolfgang Pehnt. *Die Architektur des Expressionismus.* Stuttgart, 1973, 1981².

19 Bruno Taut. *Die Stadtkrone.* Jena, 1919. S. 69.

20 Michael Lingner. ›Der Ursprung des Gesamtkunstwerkes aus der Unmöglichkeit ‘Absoluter Kunst’‹. In: Harald Szeemann u. a. *Der Hang zum Gesamtkunstwerk.* A. a. O. S. 62.

21 Paul Goesch. ›Architektonisches‹. In: *Die Briefe der Gläsernen Kette.* Hrsg. von Iain Boyd White, Romana Schneider. Berlin, 1986. S. 110.

22 Hermann Finsterlin. ›Der achte Tag‹. In: *Die Briefe der Gläsernen Kette.* A. a. O. S. 31. – Vgl. auch: Franco Borsi, Giovanni Klaus König. *Architettura dell’espressionismo.* Genua, o. J. (1967). – *Frühlicht 1920-1922.* Bauwelt Fundamente 8. Berlin, Frankfurt, Wien 1963.

23 Johann Wolfgang von Goethe. *Faust. Prolog im Himmel.* In: *Goethes Werke.* Hamburger Ausgabe. Band 3. München, 1976¹⁰. S. 16.

24 Paul von Naredi-Rainer. *Architektur und Harmonie. Zahl, Maß und Proportion in der abendländischen Baukunst.* Köln, 1982. S. 11 ff. Dort weitere Literatur.

25 Erich Mendelsohn. *Briefe eines Architekten.* München, 1961. S. 20.

26 Bruno Taut. 1. 1. 1920. In: *Die Briefe der Gläsernen Kette.* A. a. O. S. 34. – Karl Scheffler. ›Das Große Schauspielhaus‹. In: *Kunst und Künstler.* Heft 5, Jg. 18/1920. S. 231.

27 Bruno Taut. 19. 10. 1920. ›Mein Weltbild‹. In: *Die Briefe der Gläsernen Kette.* A. a. O. S. 72. – Herman Sörgel. ›Architekten, hört auf die Sprache der Musik!‹. In: *Baukunst.* Heft 7, Jg. 1925. S. 157. – Sigfried Giedion. *Space, Time and Architecture.* Cambridge, Mass., 1941, 1964. Deutsch: *Raum, Zeit, Architektur.* Ravensburg, 1965. Zürich, 1976².

28 Otto Bartning. *Erdball. Spätes Tagebuch einer frühen Reise.* Hamburg, 1953. S. 79.

29 Ernst Pollak. *Der Baumeister Otto Bartning.* Bonn, 1926. S. 31 f. – *Haus Wylerberg.* Kat. Commanderie van Sint-Jan Nijmegen, 1988.

30 Rudolf Steiner. *Der Baumeister des Goetheanum.* Dornach, 1932. Stuttgart, 1958². S. 23 f. – Vgl. hier und im folgenden die Veröffentlichungen Rudolf Steiners: *Theosophie.* 1904. Dornach, 1922². – *Das Goetheanum in seinen zehn Jahren.* Dornach, 1923. – *Wege zu einem neuen Baustil.* Dornach, 1926. 1982³. – *Mein Lebensgang.* Dornach, 1962⁷. – Hilde Raske (Hrsg.). *Der Bau. Studien zur Architektur und Plastik des Ersten Goetheanum von Carl Kemper.* Stuttgart, 1966. – Rex Raab, Arne Klingborg, Åke Fant. *Sprechender Beton. Wie Rudolf Steiner den Stahlbeton verwendete.* Dornach, 1972.

31 Vgl. G. Eberle. ›Mysterium und Lichttempel. Alexander Skrjabin und Iwan Wischnegradsky – zwei multimediale Konzepte‹. In: *Der Hang zum Gesamtkunstwerk.* Beiheft zur Ausstellung in Berlin, 1983/84. S. 48 ff.

32 Rudolf Wittkower. *Architectural Principles in the Age of Humanism.* London, 1962. Deutsch: *Grundlagen der Architektur im Zeitalter des Humanismus.* München, 1969. S. 95. – Vgl. Paul von Naredi-Rainer. *Architektur und Harmonie.* A. a. O.

33 H. P. Berlage. *Grundlagen und Entwicklung der Architektur.* Rotterdam, o. J. (1908). S. 14 f. – Vgl. Manfred Bock. *Anfänge einer neuen Architektur. Berlages Beitrag zur architektonischen Kultur der Niederlande im ausgehenden 19. Jahrhundert.* Wiesbaden, 1983.

34 Piet Mondrian. ›De Realiseering van het Neoplasticisme in Verre Toekomst en in de Huidige Architectuur‹. In: *De Stijl.* Heft 3, Jg. V/1922. S. 43; Heft 5. S. 66.

35 Le Corbusier. *Modulor 2.* Boulogne, 1955. Deutsch: Stuttgart, 1958. S. 23, 49, 153, 154, 344.

36 Iannis Xenakis. *Musiques formelles.* Paris, 1963. S. 20.

Die bewohnte Säule

Brauch und Mißbrauch einer Form

Längst hat die Säule ihr Comeback in der zeitgenössischen Architektur gefeiert. Erst auf den Skizzen und Zeichnungen frustrierter Baukünstler, dann in dreidimensionaler Leibesfülle ist sie aus dem Beinhaus der Baugeschichte auferstanden. Was verschlägt es, daß sich hinter Stuck oder Steinverkleidung der neuen Säulen meist Stahlbetonpfeiler verbergen, die das Geschäft des Tragens und Stützens besorgen? Die Lust an der Säule scheint so heftig wie in den Zeiten der Vitruv und Alberti, Palladio oder Serlio, die – wie so viele andere Baumeister und Autoren – Anleitungen zum rechten Gebrauch und Entwurf der Säule verfaßten.[1] Abbildungen ihrer Werke und Entwürfe finden sich in den Bibliotheken prominenter Architekten unserer Tage, als seien die alten Traktate nie aus den Bücherregalen moderner Baumenschen verbannt worden.

Ironisch, wie die gegenwärtige Zitierlaune es will, ist der Umgang mit Wulst und Kehle, Entasis und Kanneluren, Volutenpolster und Abakus. »Es ist sehr angebracht, daß die Dinge, auf denen ein schweres Gewicht lastet, gedrückt werden«, hatte Palladio in seinen vier Büchern über die Architektur mit dem Blick auf die gestauten Formen, auf Sockel, Säulenschwellung und Kapitell geschrieben.[2] Aber wo die Säule nichts mehr trägt oder wo sie dank der stählernen Armierung anders trägt als in der klassisch gemauerten Bauweise, sind ihre alten Ordnungen nicht mehr tabu. Die ehrwürdigen Relikte werden zum Spielmaterial. Die Akanthusblätter neukorinthischer Säulenköpfe wehen wie ein Haarschopf vom Haupt, der Säulenkörper wird zu unförmigem Umfang aufgebläht. Schaft und Kapitell finden sich zum Phallos umstilisiert. Es muß mit der vollendeten Gestalt dieser edelsten Erfindung der Baukunst zusammenhängen, daß sie immer wieder – und nicht erst im Jahrzehnt der Postmoderne – despektierlichen Zugriffen ausgesetzt war. Vollendung reizt zur Entweihung.

Schon die Baumeister der Antike nahmen die Pflichten der Säule im Gefüge des Bauwerks weniger streng, wenn sie die Säule von der Last des Gebälks befreiten und als zierendes, gliederndes Element mit der Wand verbanden. Der Preis war der Verzicht auf die vollrunde Gestalt, die Mauer drohte die Säule aufzuzehren. Goethe hat seine Empörung über das Gelichter der Halb- und Dreiviertelsäulen in dem berühmten Diktum ausgedrückt: »Nur hütet euch, sie ungehörig zu brauchen; ihre Natur ist, frei zu stehn. Wehe den Elenden, die ihren schlanken Wuchs an plumpe Mauern geschmiedet haben!«[3]

Lag es auch in der »Natur« der Säulen, noch freier als »frei zu stehn«, nämlich sich ganz vom Dienst an der Architektur zu dispensieren? Ihr Formenkanon hat sich im harmonischen Ausgleich von Druck und Widerstand herausgebildet. Von dieser Herkunft sagte sich die Säule los, als sie in die Wand zurücktrat, aber auch, als sie sich aus jeder architektonischen Bindung löste und frei den Stadtraum betrat. Ihre Würde nahm sie freilich mit. Als Ehren- oder Votivsäule trug sie Helden, Heilige und Wappentiere, meldete Triumphe, verkündete kommunale Rechte oder sprach den Dank für das Ende von Pestepidemien aus. Die freistehenden Säulen der Kaiser Trajan und Marc Aurel in Rom waren erlauchte Vorbilder, und ebenso die Säulen vor dem Tempel Salomos, von denen die Heilige Schrift berichtet, »eine zur Rechten und die andere zur Linken«.

Auch Triumph- und Siegessäulen müssen gepflegt und gewartet werden. Zu diesem profanen Zweck enthalten manche von ihnen Wendeltreppen in ihrem Inneren und begehbare Plattformen über ihrem Kapitell. Je monumentaler die freistehenden Säulen konzipiert waren, desto mehr verwandelten sich die plastischen Großgegenstände in veritable Bauwerke. In den Stichwerken der vorrevolutionären Architekten Frankreichs übernahmen sie den Flankenschutz für Arenen, Stadien, Museen und Ruhmestempel und errichteten wahrhaft gigantische Ausmaße.

Der Architekt aus dem Umkreis von Boullée und Ledoux, der vermutlich den Namen François Barbier trug, mag solche Zusammenhänge vor Augen gehabt haben, als er auf die Idee verfiel (oder sich von seinem Bauherrn Racine de Monville darauf bringen ließ), für den Chevalier eine abgebrochene Säule als Wohnhaus zu errichten.[4] In der Basis verbarg sich ein zweistöckiges Souterrain. Darüber im Säulenstumpf steckte ein mit einem Kegeldach gedecktes vierstöckiges Gebäude. Es bot, was ein geselliger Aristokrat zur Unterhaltung seiner Gäste benötigte: Salons, Speisesaal, Billardraum, Spielkabinett, die über eine zentrale Wendeltreppe zu erreichen waren. In die Kanneluren waren Fenster eingeschnitten.

Das Säulenhaus bedeutete eine besondere Attraktion innerhalb eines sentimentalen Parks im englischen Stil, der Désert de Retz bei Marly, die mit weiteren Meditationsbauten, mit Tempeln, chinesischem Haus und Pyramide bestückt war. Dem Philosophen bot diese zeitübliche Verbindung von Natur und Kunst, von Verfall und Erinnerung Anlaß zu »tausend anregenden Empfindungen und Gedanken«, wie es der Comte de Volney formulierte. Volneys Traktat ›Die Ruinen‹ belegt die enge Beziehung, die Aufklärung und Ruinenromantik eingehen konnten. Die heiligen Gräber, die schweigenden Mauern und einsamen Ruinen untergegangener Reiche waren ihm nicht eine Folge »des blind strafenden Schicksals, sondern der menschlichen Verfehlung gegen die Ordnung der Schöpfung«.[5]

Ein Verstoß gegen eine vorgegebene Ordnung, gegen die Ordnung der Säulen, war auch Barbiers Entschluß, das klassische Zitat auf die bis dahin unerhörte Größe von fünfzehn Meter Durchmesser zu bringen, zu Wohnzwecken zu entfremden

Augustin Charles d'Aviler, *Colonnes extraordinaires et symboliques,* aus: *Cours d'Architecture,* Paris 1696 (2. Aufl.). D'Aviler, ein Schüler Hardouin-Mansarts, stellte in seinen *Cours d'Architecture* »ungewöhnliche und symbolische« Säulenformen dar: Kolossalsäulen, innen hohl und freistehend, astronomische Säulen, Militärsäulen, Marinesäulen, Triumphsäulen usw.

François Barbier(?),
*Säulenruine in der Désert de
Retz* bei Paris, um 1780
(Außenansicht und
Aufriß).

und zugleich dem geplanten Verfall zu unterwerfen, dem natürlicher Verfall bald nachhalf. So
wurde das Motiv der Säule in der Désert de Retz
gleich dreifach in Frage gestellt: durch Maßverlet-
zung, parodistischen Gebrauch und eingebaute
Zerstörung. Wie die zwergenhaften Nachfolger
eines ausgestorbenen Riesengeschlechts mögen
die Bewohner aus den Öffnungen gelugt haben.
Es war ein überzeugendes Bild für die Übermacht
der Antike noch in deren Beschädigung.

Zweihundert Jahre später schlugen Jasper Halfmann und Clod Zillich, zwei Berliner Konzept-
künstler und Architekten, ein riesiges dorisches
Kapitell als »Müll-Casino« und »Schinkel-Café«
vor. Es sollte auf dem Gipfel einer Berliner Müll-
deponie errichtet werden und einen gläsernen
Fahrstuhl enthalten, der eine Exkursion in die
Ablagerungen der Großstadt, in ihr verdrängtes
Unbewußtes erlaubt – »das heroische Symbol der
klassischen europäischen Kultur, erbaut auf den
unsicheren Gründen der modernen Wegwerfge-
sellschaft«.[6]

Es spricht für die Dauerhaftigkeit der einmal
geprägten Form, daß sie auf scheinbar ganz fern-
liegende Aufgaben einwirken konnte. Schon die
freistehenden Säulen der Utopisten im 18. Jahrhundert wären ihren Ausmaßen nach zu Hochhäusern geraten. Als der Wolkenkratzer technisch und
wirtschaftlich möglich wurde, als die Stahlproduk-
tion sich entwickelte, die Gerüstkonstruktion
Fortschritte machte, der Sicherheitsfahrstuhl und

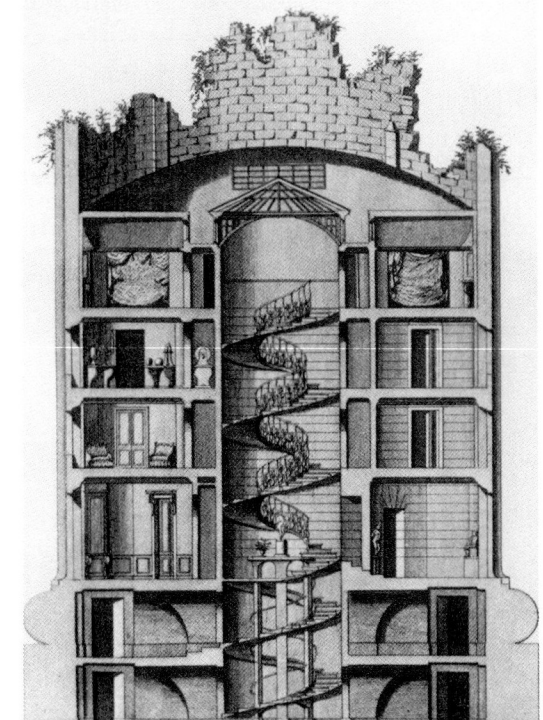

die vertikalen Installationen erfunden wurden, die
Menschen und die Tätigkeiten sich in den Städten
konzentrierten und die Grundstückspreise in den
Zentren hochschnellten, half die Erinnerung an
die Säule, die neue Bauaufgabe zu klären. Gewisse
Kritiker, schrieb der große amerikanische Archi-

tekt Louis Sullivan, hätten die Theorie aufgestellt, der echte Prototyp des großen Bürogebäudes sei die klassische Säule, bestehend aus Basis, Schaft und Kapitell.[7] Die Basis entsprach den unteren Stockwerken des Hochhauses, der glatte oder kannellierte Schaft stellte die monotone, durchgehende Abfolge der Büroetagen und das Kapitell die vollendete Kraft und die Üppigkeit des obersten Geschosses dar.

Auch für das »Kapitell« des Hochhauses hätte Sullivan eine praktische Rechtfertigung geben können, nämlich die Notwendigkeit, die Maschinerie für die Hydraulik der Lifts und die Klimatisierung des Bauwerks unterzubringen. Der Turmhaus-Boom nach dem Zweiten Weltkrieg hat sich über diese Dreiteilung, die Sullivan »ganz natürlich, ganz spontan und unbeabsichtigt« fand, hinweggesetzt und statt dessen die aufrecht stehende Schachtel vorgezogen. Aber 1897, als Sullivan seine Hymne auf das hohe Bürogebäude schrieb, war das Vorbild der Säule noch so gegenwärtig, daß es auch einem jedem Historismus abgeneigten Architekten in den Sinn kam. Denn Sullivan zog die Säule nicht als Dekorationsform heran, sondern als Organisationsprinzip. Anders als »gewisse Kritiker« gelangte er zu ihr nicht aufgrund archäologischer Betrachtungen, sondern inspiriert von einem Funktionalismus, der für ihn die Schönheit und Herrlichkeit eines Naturgesetzes besaß.

Die Überlegungen Sullivans werfen ein Licht auf eines der Rätsel der neueren Architekturgeschichte, auf den Entwurf, den der österreichische Reformer Adolf Loos 1922 im Wettbewerb für die ›Chicago Tribune‹ einreichte. Die Zeitung wünschte sich für ihren Neubau »das schönste und würdigste Bürohaus der Welt«. Und Loos, der Verächter des neuzeitlichen Ornaments, der Fürsprecher des Unauffälligen, der Anwalt des vernünftigen Denkens und Handelns, was schlug er vor? Eine gewaltige dorische Säule einschließlich der klassischen Schwellung des Schafts. Auf einem gestaffelten Gebäudesockel sollte sie sich erheben und – zumindest in der meistpublizierten Fassung – mit einer Deckplatte schließen, einem Abakus, auf dem man sich heute einen Hubschrauberlandeplatz vorstellen würde. Die Höhe entsprach derjenigen, die man nach dem Durchmesser des Schafts und den geltenden Proportionsregeln für das Säu-

Adolf Loos, *Entwurfsstudien zu einem Bürohaus* für die *Chicago Tribune*, 1922. Graphische Sammlung Albertina, Wien. »Keine zeichnerische Darstellung ist imstande, die Wirkung dieser Säule zu schildern … Es würde eine Überraschung, eine Sensation selbst in unserer modernen und blasierten Zeit geben« (Loos).

lenhaus des M. de Monville errechnet hat – 120 Meter.

Die Kritiker und Historiker des Neuen Bauens hat Loos in Verlegenheit gebracht. Manche betrachteten das Säulenhaus als ironischen Kommentar. Andere ignorierten sicherheitshalber den offenkundigen Fehltritt des Meisters. Erst die jüngsten Propagandisten einer neuen Rhetorik in der Architektur fanden Geschmack an diesem Verstoß gegen alle guten Sitten der Moderne. Loos hat gewußt, was ihm bevorstand, als er diese Arbeit der Öffentlichkeit preisgab: »Was anderen Architekten ohne Bedenken gestattet sein würde, wird mir bei der kanonischen Strenge, durch welche ich mir einen Namen gemacht habe, den Vorwurf nicht ersparen, meinen Prinzipien untreu geworden zu sein.«[8]

Die historische Würde der Bauform Säule wurde von Loos mit zusätzlichen symbolischen Bedeutungen angereichert. In seinem eigenen Erläuterungsbericht findet sich zwar nicht der Hinweis auf die »columns«, die Spalten des Zeitungsumbruchs, auf die der Kritiker Charles Jencks verwies.[9] Aber der Vorschlag, auf die Dachplatte über der Säule später die Statue eines sitzenden römischen Volkstribuns als Anspielung auf den zweiten Bestandteil des Zeitungstitels (»Tribune«) zu setzen, stammt erwiesenermaßen von Loos. Die Schönheit des traditionellen Bauglieds, die Sensation, die es machen würde, die Assoziationen zur Zweckbestimmung des Bauwerks waren für Loos bei der Wahl der Säule als Großform ausschlaggebend.

Alles deutet darauf, daß es Loos mit diesem Projekt bitter ernst war. Seine mit schwarzem poliertem Granit verkleidete Säule bedeutete für ihn, der sich stets zugunsten des Typs und gegen die individuelle Erfindung einsetzte, die Wiederverkörperung eines Urbilds. Dagegen verwendeten die fortschrittlichen Kollegen »aus dem kubistischen Berlin«, so befand dieser ahnungsvolle Patriarch der Moderne, traditionsfeindliche Formen, die bald so unmodern sein würden wie die Damenhüte der letzten Saison.

Loos hat der Architektur als Baukunst nur zwei Aufgaben zuerkannt, das Grabmal und das Denkmal. Die monumentale Säule, wie er sie von der Trajansäule in Rom und der Säule auf der Place Vendôme in Paris kannte, gehörte für ihn unzweifelhaft auf die Seite des Denkmals, der Kunst. In seinen Augen stellte daher das Säulenhaus die Möglichkeit dar, den profanen Zweckbau mit der Baukunst zu versöhnen. Von Loos hat sich eine Entwurfsskizze erhalten, die nachweist, wie der Künstler von einem rechtwinkligen Pfeilerbau zum Säulenbau überging. Es war die Entdeckung des Archetyps Säule im dreigeteilten Hochhaus, das Sullivan beschrieben und gefordert hatte. Daß dieser Gedanke in der Luft lag, bezeugen die Arbeiten dreier anderer Teilnehmer im Wettbewerb der ›Chicago Tribune‹, Amerikaner allesamt. Auch sie verwendeten die große, bewohnbare Säule, wenngleich ohne die Konsequenz, die Loos an den Tag legte.[10]

Die Diskrepanz zwischen dem Anlaß und der pathetischen Reaktion ist deutlich. Louis Sullivan, als Architekt damals längst aus dem Geschäft geworfen, mochte die »erhabene Romantik« des ›Tribune‹-Wettbewerbs noch so hochgemut preisen: Es war ein kommerzielles Unternehmen unter vielen ähnlichen und nicht ein hehres Monument der Menschheit, das mit diesem stolzen Zeichen bedacht werden sollte. Die Unangemessenheit zwischen dem Zitat und seinem Verwendungszweck, die sich im neuen Historismus unserer Tage so oft einstellt, war bei Loos schon vorgegeben. Den Faltenwurf, mit dem zeitgenössische Architekturschneider wie das Mailänder Studio Nizzoli oder der amerikanische Architekt Stanley Tigerman ihre Schöpfungen als Säulen drapieren, hätte Loos sich freilich nicht erlaubt.[11]

Mit einer Inflation solcher Würdeformen sind die Wohnungsbauten Ricardo Bofills, des spanischen Architekturgranden, geschmückt. Bei ihm wohnen Mieter des staatlichen Wohnungsbaus in Arenen und Triumphbögen, in Riesenpfeilern und -säulen. Die Erinnerungen an Versailles und an die Loireschlösser, an Antike und Revolutionsarchitektur verbinden sich in seinen Arrangements zu einem phantastischen Amalgam. In Marne-la-Vallée schließt eine seiner Wohnanlagen, halb Festbau, halb Festungsbau, einen neuen Stadtteil wehrhaft gen Westen ab, wo die Stadt Paris ihre Vorhut ins Feld schickt. Spiegelgläserne Säulen gleiten im Halbrund des amphitheatralischen Hofes über sieben Stockwerke hinweg und werden von gleich drei Kapitellen bekrönt, von denen jeweils zwei Balkonbrüstungen bilden, Pomp und Praxis verbindend. Hinter den Glassäulen liegen Wohnerker. Darüber züngeln die dunklen Silhouetten von Zypressen in den Himmel.

Bofills hochmanieristische Kompositionskunst hat der Säule endgültig den früheren Sinn ausgetrieben. Was trug, ist jetzt aus leichtem Glas. Wo die Last aufruhte, klafft Zwischenraum. Was als wohlproportioniertes Bauglied dem Auge und dem Körpergefühl Identifizierung erlaubte, übersteigt jedes Maß und jede Grenze. Bofill will das Dasein der Bewohner durch die Macht der Formen aufwerten, aber er demütigt sie mit der Erinnerung an eine Vergangenheit, die nicht die ihre war.

Ausgerechnet Loos, der beim Chicago Tribune Tower die Säule auf 120 Meter Bauhöhe bringen wollte, hat dem katalanischen Architekturregisseur vorweg das Urteil gesprochen. Loos wollte die Säule nur für den öffentlich-monumentalen,

Ricardo Bofill (Taller de Arquitectura), Wohnbebauung *Palast des Abraxas* und *Theater* in Marne-la-Vallée bei Paris, 1978-82. Der klassische Formenapparat, zu gewaltigen Dimensionen aufgebläht und auf die moderne Fertigteiltechnologie übertragen, soll »architektonische Objekte als Zeichen und Symbole« (Bofill) liefern.

nur für den kunstwürdigen Bau verwenden. Denn das Kunstwerk solle die Menschen aus ihrer Bequemlichkeit reißen, das Haus dagegen habe der Bequemlichkeit zu dienen. Das Kunstwerk weist der Menschheit neue Wege und denkt an die Zukunft. Das Haus denkt an die Gegenwart. Der Mensch liebt, was seiner Bequemlichkeit dient. Er haßt, was ihn belästigt. Und so, sagt Loos, »liebt er das Haus und haßt die Kunst«.[12]

Vom Teil, der dem Ganzen dient, hat sich die bewohnte Säule zum Ganzen emanzipiert. War es wirklich ein Prozeß der Emanzipation? Ist der

Knecht zum Herrn geworden? Aber die Säule im klassischen Gebäudeverband war beides, Knecht und Herr. Was ihr aufgetragen war, trug sie mit einer Gelassenheit, die den Zwang zur akzeptierten Pflicht verwandelte. Der Dienst war ihr Stolz. Das Notwendige nahm sie willig auf sich, und dadurch wurde es Freiheit. In ihrem aufrechten Stand kam die Säule der Gestalt des Menschen nahe und ist auch immer wieder mit der menschlichen Figur verglichen worden: die dorische Ordnung mit dem Mann, die ionische mit der Frau, die korinthische mit der Jungfrau. Ihre Vollkommenheit schien auch für den Menschen ein Versprechen zu enthalten, vorgebildet im Stein.

Als Großgebilde ist die bewohnte Säule der Versuch der Massengesellschaft, sich die unzugänglich-reine Form anzueignen, indem sie vergrößert, bestiegen und trivialisiert wird. Noch in dieser Demontage wird der Glanz sichtbar, der dem alten Trageglied und Symbol eigen war; wie hätte er sonst die Phantasie ihrer Destrukteure so nachhaltig beschäftigen können.

Anmerkungen

1   Erik Forssman. *Dorisch, ionisch, korinthisch. Studien über den Gebrauch der Säulenordnungen in der Architektur des 16.-18. Jahrhunderts.* Stockholm, Göteborg, Uppsala, 1961.

2   Andrea Palladio. *Quattro libri dell' architettura* (1570). Deutsch: *Die vier Bücher zur Architektur.* Zürich, München, 1983. S. 82.

3   Johann Wolfgang von Goethe. *Von deutscher Baukunst* (1772). In: *Goethes Werke. Hamburger Ausgabe.* Band 12. München, 1982[10], S. 10.

4   *Jardins en France 1760-1820.* Paris, 1978. S. 84 ff.

5   Zit. nach: Jeannot Simmen. *Ruinenfaszination.* Dortmund, 1980. S. 19.

6   Jasper Halfmann, Clod Zillich. *Projekte 76-82.* Kat. Galerie Aedes. Berlin, 1982. unpag.

7   Sherman Paul. *Louis H. Sullivan. Ein amerikanischer Architekt und Denker.* Berlin, Frankfurt, Wien, 1963. S. 147.

8   Adolf Loos. ›The Chicago Tribune Column‹ (1923). In: Adolf Opel (Hrsg.). *Adolf Loos. Die Potemkinsche Stadt. Verschollene Schriften 1897-1933.* Wien, 1983. S. 195.

9   Charles Jencks. *The Language of post-modern Architecture.* London, 1977. Deutsch: *Die Sprache der postmodernen Architektur.* Stuttgart, 1978. S. 53.

10   Die Entwürfe stammten von Paul Gerhardt, Mathew L. Freeman, Erich J. Patelski. Vgl. *Tribune Tower Competition.* Band 1. New York, London, 1980.

11   Charles Jencks. *Abstract Representation. Architectural Design Profile 53.* London, 1983. S. 78 f.

12   Adolf Opel (Hrsg.). *Adolf Loos. Trotzdem. 1900-1930.* Wien, 1982. S. 101.

Rom am Potomac

Washington und der Geist der Antike

Rom ist vielen Städten der westlichen Welt ein Lehrmeister gewesen. Anders als das himmlische Jerusalem, das dem Mittelalter ein spirituelles Vorbild gegeben hatte, war der Rom-Mythos an Ort und Stelle nachprüfbar. An die irdische Gestalt der Ewigen Stadt knüpften sich feste, wenn auch vielfältige Bedeutungen, die sie den Stadtgründern und Bauherren empfahlen. Ein neues Rom, das konnte republikanische Gesinnung bedeuten, imperiale Macht oder die Erneuerung und Bekräftigung des christlichen Glaubens. Es konnte sogar zum Inbegriff klassischer Lebensart werden wie im kleinen Bath, dem englischen Modebad. Dessen Architekten machten aus Forum, Circus und Gymnasium Vergnügungsstätten der georgianischen Mußegesellschaft und spielten zugleich auf die lateinische Tradition des Ortes an.

Als Goethe am Ziel seiner Wünsche, in der »Hauptstadt der Welt«, angelangt war, pflegte er nach Venedig zurückzublicken, nach jenem anderen »großen Dasein, dem Schoße des Meeres wie Pallas aus dem Haupte Jupiters entsprossen«.[1] Als Stadtidee bedeutete Venedig ein Gegenbild Roms. Die Serenissima durfte als der einzige italienische und wohl auch abendländische Ort gelten, der es an mythenbildender Kraft mit dem caput mundi allenfalls aufnehmen konnte. Einer ihrer Architekten, Palladio, sah die Stadt, die ihre Verschönerungen im Selbstbewußtsein eines neuen Rom vornahm, gar als das einzige gegenwärtige »Beispiel der Größe und Herrlichkeit der Römer«.[2]

Rom, als Mittelpunkt politischer und geistlicher Weltreiche, ruhte in sich selbst. Venedig dagegen war azentrisch, war immer auch anderswo, auf das gänzlich andere bezogen: der Orient im Okzident. Rom war auf festes Land gegründet, auf die sagenhaften sieben Hügel in der trockenen Ebene der Campagna, Venedig auf den trügerischen Morast der Lagune und das unsichere, in die Ferne ziehende Element des Wassers. Rom lag wie die Spinne im Netz seiner Überlandstraßen. Venedigs Fernstraßen waren unsichtbare Seewege, die ihre Galeeren weit hinaus nach Osten, Süden und Westen durch das Meer pflügten. Das Ewige Rom war Wirklichkeit, Bestätigung, Gegenwart, das vergängliche Venedig Möglichkeit, Versprechen, Ferne. In der Phantasie seiner Besucher gehörte es auf die Seite der Wünsche, des Märchens, der Pläne und Hoffnungen.

In manchen Fällen entschieden sich die fürstlichen Bauherren offenbar nicht zuletzt deshalb für das Muster Venedig, weil das Muster Rom schon besetzt war. Peter der Große verlieh seiner Stadtgründung St. Petersburg venezianische Züge, während Moskau sich seit dem Florentinischen Konzil von 1439 als Drittes Rom, als Haupt der christlichen Orthodoxie und Nachfolger Konstantinopels verstand. August der Starke baute die Elbe bei seiner Residenzstadt Dresden als Canale Grande aus und ließ die Frauenkirche in Erinnerung an Venedigs barocken Kuppelbau Santa Maria della Salute entwerfen, während das feindliche Berlin mit seinem römischen Stadtschloß und seiner pantheonsartigen Hedwigskirche Vorbilder vom Tiber für sich reklamierte. Zar Peter wie König August waren tatkräftige Träumer. Der Herrscher aller Reußen wollte die Öffnung des russischen Reiches über See, der sächsische Herkules erstrebte die ferne Kaiserwürde für sein Haus. Venedig, die Stadt der Projekte, verlieh ihren Träumen die Form.

Die Topographie gab bei der Entscheidung für das jeweilige Vorbild nicht den Ausschlag. Wohl erwies sich im Falle St. Petersburgs das Newa-Delta als außerordentlich geeignet, Erinnerungen an die venezianische Lagune zu wecken. Doch eine nicht minder vom Wasser geprägte Szenerie wie das Marschland an der Einmündung des Anacostia River in den gewundenen und buchtenreichen Potomac veranlaßte die Gründerväter der Stadt

Washington keineswegs, sich der Republik von San Marco zu entsinnen. Schon vor der eigentlichen Stadtgründung bürgerte sich für ein Nebenflüßchen des Potomac der Name Tiber ein. Die römische Anspielung dürfte nicht ohne Ironie gebraucht worden sein, denn zuvor hieß der Wasserlauf Goose Creek, der Bach der Gänse (und es waren schwerlich die des Kapitols gemeint).

Auch in der vorläufigen Skizze und den Anweisungen, die Thomas Jefferson und George Washington dem Künstler und Vermessungsingenieur Pierre Charles L'Enfant mit auf den Weg gaben, war schon vom »Tyber« die Rede. Ein Stück Land unterhalb des Kapitolshügels hieß sogar »Rome«, und für das »Kongreßhaus«, wie es anfangs offiziell genannt wurde, bürgerte sich sehr bald die Bezeichnung Capitol ein.[3] Daß Amerikas junge Hauptstadt das Rom der Neuen Welt werden mußte, daß Washington am Tiber liegen würde, schien von Anfang an festzustehen.

Major L'Enfant griff daher nicht auf die einfachen Rasteranlagen zurück, die für die frühen amerikanischen Stadtgründungen charakteristisch sind. Das Schachbrettmuster erschien ihm langweilig, bar »jedes Sinnes für das wirklich Große und Schöne«. L'Enfant legte Punkte fest und zog Diagonalen durch die Rechteckfelder, weite Sichtschneisen, die den Denkmälern und öffentlichen Bauten fernreichende Wirkungen erlaubten. Gegenüber seinen nüchtern rechnenden Auftraggebern, die sich in einem mühsamen Kompromiß auf die Lage der neuen Kapitale verständigt hatten, rechtfertigte er den weitläufigen Entwurf mit dem Argument, daß auf diese Weise die verschiedenen Teile der Stadt schneller und bequemer erreichbar würden. In seiner Kolossalität ähnelte der Entwurf, der in wenigen Monaten des Jahres 1791 entstand, den gewaltigen Eingriffen, mit denen Papst Sixtus V. am Ende des 16. Jahrhunderts das noch mittelalterliche Rom systematisiert hatte.

Der Planer der amerikanischen Hauptstadt, der zunächst nur die Geländeaufnahme hatte besorgen sollen, kannte Rom nicht aus eigener Anschauung. L'Enfant stammte aus Paris und hatte seine Kindheit vom fünften bis zum zwölften Lebensjahr in Versailles verbracht. Das römische Achsensystem war längst zum Allgemeingut barocker Stadtplanung geworden. In der Radikalität der Neuplanung wurde dennoch die Verwandtschaft zur Radikalität der päpstlichen Gewaltkur deutlich. Wie Sixtus V. ging auch L'Enfant von mehreren Ansatzpunkten aus, damit die einzelnen Kerne schneller zu einem Ganzen zusammenwuchsen. Legte der Papst seinen Planungen ein Programm der Marienverehrung zugrunde, indem er die wichtigsten Kultstätten der Stadt miteinander verband und seine Lieblingskirche Santa Maria Maggiore in den Mittelpunkt stellte, so waren es in Washington die republikanischen Einrichtungen und Monumente, die als Fixpunkte dienten. Wie in Rom die Tiberfront vernachlässigt wurde, so entwickelte auch L'Enfant zum Potomac hin keine Stadtsilhouette. Die Dimensionen sind selbst für heutige Begriffe gewaltig: zweieinhalb Kilometer vom Kapitol bis zum Weißen Haus.

In den ersten Jahrzehnten konnten auswärtige Gäste, die das Wunder eines aus der Erde gestampften neuen Roms besichtigen wollten, ihre Enttäuschung nicht verbergen. Präsident und Kongreß nebst 126 Personen des Verwaltungspersonals siedelten im November 1800 von Philadelphia nach Washington um. Vom neuen Straßennetz waren zu diesem Zeitpunkt und auch später noch nur durch den Wald gehauene Schneisen zu entdecken. Zwei Häuser hier, sechs dort, ein Dutzend weiter weg, und keine Spur von der verheißenen Regelmäßigkeit und Pracht, notierte ein reisender Schotte im Jahre 1818. Noch Charles Dickens fand weiträumige Boulevards vor, die im Nichts begannen und ins Nichts führten. Über solchen Verzögerungen ging das Gefühl für die Großartigkeit des L'Enfantschen Planwerks verloren. Als die Stadt endlich an Wachstumskräften gewann, wurde manche Achse verbaut. Sogar in die Mall, die vor das Kapitol gelagerte, weite Grünschneise, drängten sich Bauwerke. Unterhalb des Kapitolshügels rangierten respektlos die Lokomotiven der Baltimore and Potomac Railway.

Das Washington des Major L'Enfant enthielt ein ganz und gar unrömisches Element, einen Kanal entlang der Mall. Heute erinnert allein der Name Canal Street daran. L'Enfant hatte sich den Kanal nicht nur als ästhetisch erfreuliche Komposition gedacht, sondern als Handelsweg, auf dem die Stadt mit Marktgütern versorgt werden konnte. Mit diesem Stück aus einem anderen Repertoire

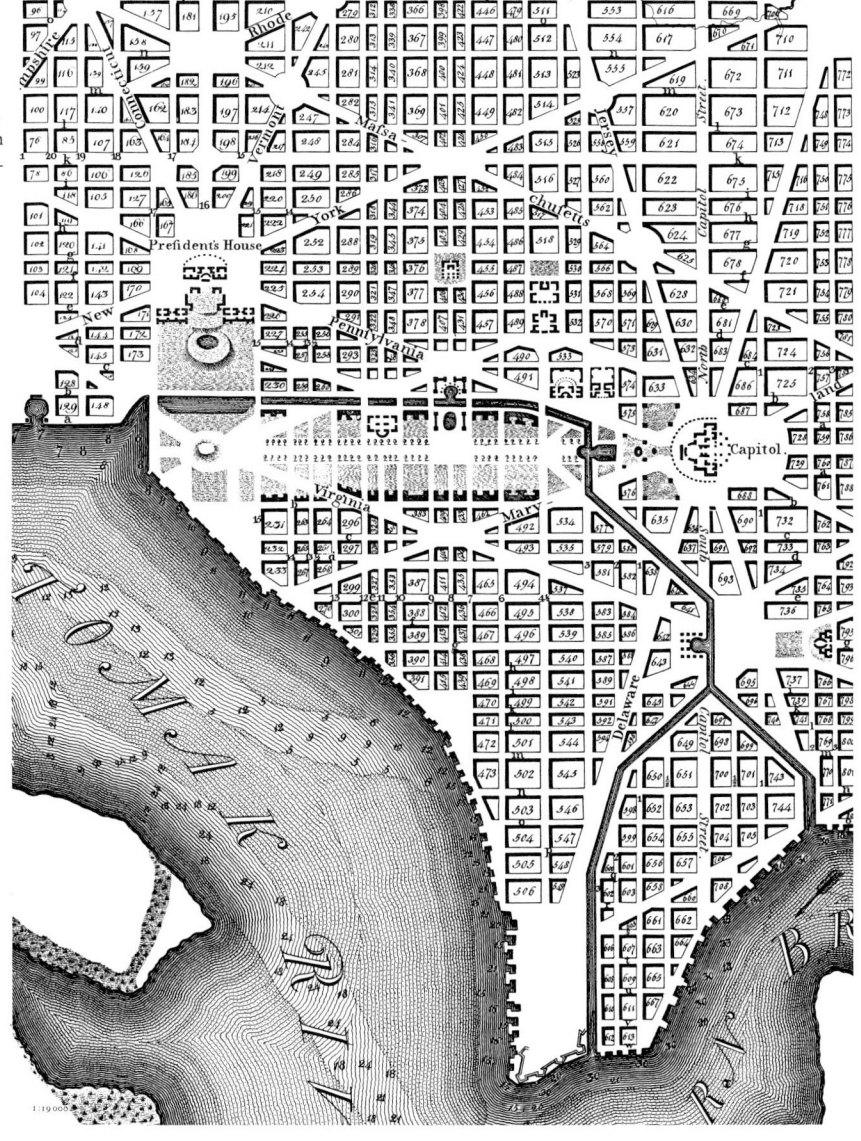

Andrew Ellicott nach Pierre Charles L'Enfant, *Plan für Washington* (Ausschnitt), 1792. Die beiden Hauptachsen, die vom Kapitol und vom Haus des Präsidenten ausstrahlen, laufen über den breiten Potomac hinweg in die offene Landschaft aus. Im Norden wird die Mall von einem Kanal begleitet.

wußten die Bürger Washingtons nichts anzufangen. Sie ließen den Wasserlauf verkommen, warfen ihre Abfälle hinein und schütteten ihn schließlich mit Erde auf. In unseren Tagen hat der Luxemburger Architekt Leon Krier, ein Wanderprediger in Sachen konservativer Utopie, einen Plan vorgelegt, der die Wiesen der Mall durch einen neuen Kanal ersetzen soll; auf verführerischen Skizzen schaukeln die Gondeln vor der Kuppel des Kapitols. »Was uns Venedig ist, wird Washington unseren Kindern sein.«[4] Es ist ein später und zweifellos

vergeblicher Versuch, das Rom am Potomac mit einer venezianischen Anleihe zu korrigieren.

In Washingtons Baumonumenten lebte auch im späteren 19. Jahrhundert die Rom-Ideologie fort. Die Kuppel des Kapitols, in ihrem Urzustand am Pantheon orientiert, vermittelt nach den Umbauten und Erweiterungen dem, der nicht genauer hinsieht, die Assoziation Petersdom. Das gewaltige Pension Building, in dem die Pensionen der Militärs verwaltet wurden und heute das Architekturmuseum Unterschlupf gefunden hat, wurde

Leon Krier, *Vorschlag für die Neugestaltung von Washington*, um 1985. Blick über die Mall auf das Kapitol.
Krier wollte den Rasen der Mall in eine Wasserfläche verwandeln, der jetzigen Randbebauung neue Zeilen vorlegen und
das Kapitol monumentalisieren. »Die Augen der Nation ruhen für immer auf Washington« (Krier).

von seinem Architekten General Meigs nach einem Rom-Aufenthalt entworfen und mit den Vor-
bildern des Palazzo Farnese, der Cancelleria und
des Vatikans begründet. Obelisken wurden aufgestellt – der höchste, das Washington Monument,
im (freilich nicht exakten) Schnittpunkt der Achsen von Kapitol und Weißem Haus.

»Ein Obelisk«, schrieb der amerikanische Bildhauer Horatio Greenough, »spricht nur ein Wort,
dies aber laut: ... Hier!«[5] Mit ähnlicher Entschiedenheit hatte Sixtus v. die Zielpunkte seiner
Planungen durch die heidnischen, wenngleich vor-
sorglich geweihten Steinnadeln markiert. Passen-
derweise schickte einer seiner Nachfolger auf dem
Stuhle Petri, Pius ix., 1854 einen Marmorblock
aus den Trümmern des Concordia-Tempels, der
am Fuße des römischen Kapitolshügels gestanden
hatte, als Baustein für das Washington-Denkmal
im Angesicht des amerikanischen Kapitolshügels.

Allerdings stieß die päpstliche Gabe auf den Un-
willen einer Gruppe antikatholischer Parteigänger,
die sich des schwergewichtigen Geschenks be-
mächtigten und es im Potomac versenkten.

Mit vollem Einsatz wurde das römische Spiel
aber erst wieder gespielt, als die USA ihrer Welt-
machtposition innewurden und patriotische Begeisterung sich der Verschönerung der großen
amerikanischen Städte zuwandte. Der einflußrei-
che Senator W. James McMillan setzte im Zusammenhang mit der Jahrhundertfeier Washingtons
eine Kommission durch, in die Daniel Burnham
und Charles McKim, die akademischen Architek-
tenstars, und der Landschaftsarchitekt Frederick
Law Olmsted Jr. berufen wurden. Sehr bald beschlossen die Herren, sich im Sommer 1901 auf
eine siebenwöchige Studienreise durch Europa zu
begeben. »Einiges«, notierte ihr Begleiter und
Schriftführer Charles Moore, »schien sich von sel-

ber zu verstehen: daß die Probleme in Washington im römischen und nicht im Pariser Sinne zu bearbeiten waren.«

Der »römische Sinn« bedeutete Einfachheit und Unterwerfung des Ornaments unter die großen Linien der Architektur. Aber auch eine besondere Attraktion des römischen Stadtbildes sollte auf Washington übertragen werden, das fließende, kühlende, rauschende Wasser in seiner kunstvoll geformten Gestalt: die Brunnen Roms statt der Pariser Reiterdenkmäler. Kann es verwundern, daß die kleine Reisegesellschaft Rom höchst ungern verließ, um Venedig aufzusuchen? Das Venedig des Nordens, St. Petersburg, wurde umstandslos ganz von der Reiseroute gestrichen.

Die Empfehlungen der Kommission McMillans, die als Senate Park Commission in die Stadtgeschichte einging, hatte für die amerikanische Metropole weitreichende Folgen. Die Mall und ihre Querachse wurden verlängert. Die natürlichen Wasserflächen des Potomac, in die bisher die Wiesen vor Kapitol und Weißem Haus übergegangen waren, gerieten nun vollends aus dem Blickfeld. Beide Sichtlinien verlaufen nicht mehr im Unendlichen der Natur, sondern schließen mit zwei Nationaltempeln ab, dem Lincoln Memorial, einem von Kolonnaden umgebenen Rechteckbau, und dem Jefferson Memorial, einem dem Pantheon nachgebildeten Rundtempel.

Es blieb nicht die einzige flache Pantheonskuppel im Stadtbild. Ein anderes Exemplar bekrönt die Nationalgalerie, die der Architekt des Jefferson Memorial, John Russell Pope, erst in den vierziger Jahren unseres Jahrhunderts baute. Wo Washington offiziell wird, liegt das römische Vorbild nahe. Das monumentale Empfangsgebäude der Union Station bezieht sich auf die antiken Thermen. Auch die U-Bahn-Stationen, die seit den siebziger Jahren entstanden und entstehen, sind allesamt von gewaltigen kassettierten Gewölben überdeckt. Der öffentliche Nahverkehr spielt sich in Räumen ab, die eines Diokletian oder Caracalla würdig wären.

Mit Hilfe der römischen Architekturbilder verpflichteten die Gründerväter der Union ihre Mitbürger auf republikanische Tugenden, wie sie auch in Europa manchem Anhänger des heroischen Klassizismus teuer waren. Es blieb freilich nicht

William Thornton, Benjamin Latrobe, Thomas U. Walter u. a., *Kapitol* in Washington, 1792-1865.
Dem in langer Bauzeit und bei häufigem Architektenwechsel errichteten Baukomplex gab Walter eine Kuppel, die mit den großen Kuppeln des europäischen Barock konkurriert. Thornton hatte dagegen eine flache, an das römische Pantheon erinnernde Kuppel vorgesehen.

der einzige Anlaß, sich Roms zu erinnern. Der zunehmende und bald weltweite Einfluß der Staaten, ihre länderübergreifende Macht zu Land und zu Wasser, die wirtschaftlichen Verflechtungen mit allen Kontinenten, die Mobilität und die organisatorischen Fähigkeiten trugen den Nordamerikanern manche Parallele zur imperialen Machtfülle des kaiserzeitlichen Rom ein, und nicht immer in schmeichelhafter Absicht. Die republikanische Idealität jedenfalls wird im heutigen Washington D.C. bereits durch eine Exkursion jenseits der 14. Straße widerlegt, wo das bürgerliche, weiße Washington endet und das Washington der Latinos und der Schwarzen beginnt. Der Nord- und Südosten in der Stadt ist mit allen sozialen Problemen belastet, die sich nur irgend in Slumvierteln amerikanischer Metropolen finden.

Schon früh gab es Beobachter, denen der Vergleich mit Rom nicht nur peinlich für die USA, sondern auch unzutreffend vorkommen wollte. Wo immer Alexis de Tocqueville in seiner berühmten Studie über die amerikanische Demokratie den Blick auf das Altertum richtete, schienen ihm die Erfahrungen mit der neuen Gesellschaft eine Konfrontation mit der Antike zu verbieten.[6] Der egalitären Welt jenseits des Atlantiks fehle der Glanz der aristokratischen Verfassungen von ehedem; der Wohlstand der größtmöglichen Zahl bedinge, daß das Genie selten sei, die Bildung volkstümlich werde und die Gegensätze dem Mittelmaß wichen. Tocqueville entschloß sich, in diesen Veränderungen eine neue Art von Größe zu erkennen. Immerhin empfahl er einer Minderheit von Amerikanern die Kenntnis des Griechischen und Lateinischen und das Studium der Alten, weil die Hervorbringungen der Antike »in wunderbarer Weise als Gegengewicht« zu den Fehlern demokratischer Gesellschaften dienen könnten.

Die Künstler des amerikanischen Rom scheinen sich in den Dienst von Tocquevilles »heilsamer Gesundheitspflege« der Nationalpsyche gestellt zu haben. Außerhalb der Kapitale am echten Tiber dürfte es wenige Orte geben, die ebensosehr mit antikisierenden Monumenten und Statuen vollgestellt sind. Alle profanen Geschäftsvorgänge der Verwaltungsmetropole, die Ausschußsitzungen, Komiteetagungen und Gerichtsverhandlungen, spielen vor einer endlosen Kulisse erhabener Allegorien. Die Tugenden und die Musen, die großen Entdecker und die Helden der Freiheitskriege, Vergangenheit, Gegenwart und Zukunft, die Spektralfarben des Lichts und der Fortschritt der Zivilisation, die Mechanik und die Elektronik, die Kunst des Friedens und die des Krieges, der Geist der Justiz und der Genius Amerikas: Es gibt kaum eine Kategorie des öffentlichen Lebens, die sich nicht auf Wand und Leinwand, in Marmor und Bronze, vollplastisch oder als Relief darstellte.

In dem Schwebezustand zwischen Selbstverpflichtung und Selbstüberforderung, zwischen Naivität und Großsprecherei, den Washington als Stadterlebnis bedeutet, ereignen sich Augenblicke, in denen Wetter und Lage den Realitätsgrad dieser römischen Vision deutlicher als Worte beschreiben. Wenn sich die abendlichen Nebel über den Potomac legen, die Sonne untergeht, aber die Scheinwerferbeleuchtung der Monumente noch nicht eingeschaltet ist, breitet sich über die Mall und ihre Regierungs- und Kunsttempel ein irritierender Schleier. Der Dunst, der vom Fluß und aus den Wiesen aufsteigt, hat den Säulen und Kuppeln die Sockel genommen. Nun entzieht auch das reflektierte Licht, das von Aprikosenfarbe zu tiefem Violett übergeht, den Fassaden die steinerne Schwere. Ihre klassizistische Linienpräzision verliert sich im Sfumato, die weiße, kühle Festigkeit des Marmors aus Massachusetts, Georgia, Maryland und Colorado verwandelt sich in opalisierende Farbhäute. Eine Fata morgana, eine Inszenierung von unwirklicher Lichtregie und bedenklichem Geschmackseffekt, aber anrührend zugleich, wie jeder uneingelöste Traum von Größe. Für zehn, zwanzig Minuten wird das Rom am Potomac, nun doch, zu einem amerikanischen Venedig.

Anmerkungen

1 Johann Wolfgang von Goethe. *Italienische Reise* (1786, Erstdruck 1816-1817). In: *Goethes Werke, Hamburger Ausgabe*. Band 11. München, 1982[10]. S. 134.
2 Andrea Palladio. *I quattro libri dell'architettura* (1570). Deutsch: *Die vier Bücher zur Architektur*. Zürich, München, 1983. S. 18.
3 Vgl. im folgenden: John W. Reps. *Monumental Washington*. Princeton. N. J., 1967. – Randall Bond Truett (Hrsg.). *Washington, D.C. A Guide to the Nation's Capital*. New York, 1968[2]. S. 22.
4 Leon Krier. ›Completion of Washington D.C., 1985‹. In: *Architectural Design*. Heft 9, 1986. S. 30 ff.
5 Zit. nach: Nikolaus Pevsner. *A History of Building Types*. London, 1976. S. 22.
6 Alexis de Tocqueville. *De la démocratie en Amerique* (1835, 1840). Deutsch: *Über die Demokratie in Amerika*. Stuttgart, 1959. Zitate im folgenden: Teil 2, S. 76.

Der Westen im Norden des Ostens

Leningrad und der Geist Venedigs

Es sei schwierig, meinte Nikolai Gogol in seinen Petersburger Skizzen aus dem Jahre 1836, den allgemeinen Ausdruck Petersburgs zu erfassen. Irgendwie erinnere die Stadt an eine europäisch-amerikanische Kolonie: keine ursprüngliche Nationalität, aber ein ausländisches Gemenge, das sich nicht zu einer geschlossenen Masse gefügt habe.[1] Der Kolonialcharakter, das Artifizielle, Absichtliche, Planmäßige, die imposanten, ja kolossalen Maße, die kleinliches Detail nicht dulden, sind auch dem heutigen Leningrad noch abzulesen – ihm erst recht.

Gogols Skepsis gegenüber der eigenen Beschreibungskunst verwundert angesichts des nach wie vor einheitlichen und rigorosen Stadtbildes. Denn gibt es irgendwo in Europa eine Metropole, die so sehr aus ein und derselben, wenn auch immer wieder modifizierten Formel entwickelt wäre wie Zar Peters tollkühne Stadtgründung? Im Rom Papst Urbans VIII., im Paris der Allerchristlichsten Könige Ludwig XIV. und Ludwig XV., im Wien nach den Türkenkriegen mag nicht weniger gebaut und geplant worden sein. Aber in diesen alten Residenzen, in denen die Herrscher, die Geistlichkeit und die Bürgerschaft auf konfliktreiche Nachbarschaft angewiesen waren und das Neue überall auf das Alte stieß, mußten die barocken Strukturen alten Stadtmustern eingepflanzt werden. St. Petersburg dagegen entstieg dem Meeresdelta in einem einzigen Schöpfungsakt.

Die Erweiterungen, die Leningrad seit dem Generalbebauungsplan von 1936 erfuhr, haben die barocken Achsen fächerförmig nach Süden weitergezogen, mit neuen ringförmigen Magistralen verknüpft und mit Blickpunkten versehen, mit Toren, Türmen und Monumenten, die auf die unendlich langen Perspektiven – allein der Moskauer Prospekt erstreckt sich über zehn Kilometer – kaum wirksam werden. Aber das Muster hatten die Zaren und Zarinnen des 18. Jahrhunderts vorge-

geben. Leningrad mit seinen fast fünf Millionen Einwohnern ist noch immer die Stadt Peters des Großen.

Gogol hatte nicht die städtebauliche Formel, sondern den sozialen Aggregatzustand im Auge, wenn er St. Petersburg mit seinem Hof, dem gehobenen und kleinen Beamtentum, den großen Fremdenkolonien, dem Proletariat der Hafen- und Werftarbeiter für schwer beschreibbar hielt. Er hat es dann doch versucht und in einer nicht endenwollenden Kette brillanter Bilder Petersburg mit Moskau verglichen. Moskau ist ein Greis, Petersburg ein jugendlicher Stutzer. Moskau ist ein bärtiger Russe, Petersburg ein akkurater Deutscher. Moskau ist eine alte Stubenhockerin, die Plinsen backt und sich erzählen läßt, was draußen in der Welt geschieht. Petersburg ist ein Geck, der vor Europa schöntut und seine Verbeugung vor den Leuten jenseits des Meeres macht.[2]

Der Niedergang Moskaus, ergänzte Puschkin den Essay des Freundes, war die unvermeidliche Folge des Aufstiegs von Petersburg: In einem einzigen Körper können nicht zwei Herzen gedeihen. Puschkin sah in den dreißiger Jahren des 19. Jahrhunderts allerdings auch schon einen erneuten Machtzuwachs zugunsten Moskaus voraus, wo sich die Handelsherren und Fabrikanten einer aufblühenden Industrie in den verfallenden Bojarenhäusern einrichteten.[3] Aber bis zur Oktoberrevolution verkörperte Petersburg die Hinwendung zum Westen, mochte dieser Westen des Ostens auch hoch im Norden liegen, nördlicher als Stockholm. Warum nicht gar am Nordpol, so daß die Hauptstädter die Eisbären aus der Nähe betrachten könnten?, spottete Gogol.

Der Kaiser aller Reußen spielte riskant, als er die Verwaltung des Reiches an einen der gefährdetsten Punkte verlegte und nur die Krönungszeremonie in Moskau beließ.[4] Schon bei Beginn der Festungsbauten auf der ehemaligen Haseninsel, im Frühsommer des Jahres 1703, muß der Zar eine herrscherliche Residenzstadt im Sinne gehabt haben, anders hätte er die Gründung nicht auf seinen Namenspatron St. Peter getauft und das eigene Schicksal so deutlich mit dem des neuen Platzes verknüpft. Rußland befand sich damals im Nordischen Krieg mit Schweden, der durchaus noch nicht entschieden war. In den ersten Jahren fanden mehrere Gefechte in unmittelbarer Nachbarschaft der noch kaum lebensfähigen Siedlung statt. Erst mit der Schlacht von Poltawa 1709 und endgültig mit dem Friedensschluß von Nystad 1721 konnte die junge Metropole als gesichert gelten.

Petersburg war noch mehrfach in Gefahr, ein Opfer seiner exponierten Lage zu werden. 1790, als die Flotte des Schwedenkönigs Gustav III. sich mit der russischen Schlachten lieferte, war der Kanonendonner bis in die Stadt zu hören. Die Revolutionen von 1917 wären anders verlaufen, wenn die grenznahe Stadt der revolutionären Propaganda aus dem Ausland nicht so leicht zugänglich gewesen wäre und Lenin in den kritischen Monaten zwischen März- und Oktoberrevolution nicht im benachbarten Finnland hätte untertauchen können. 1918 fürchtete die Revolutionsregierung die Einnahme durch General Ludendorff. Hitlers Wehrmacht hielt die Stadt von 1941 bis 1943 umschlossen, deutsche Truppen standen in den Vororten.

Nichts außer seiner Flotte hatte Peter dem Großen so sehr am Herzen gelegen wie die neue Stadt, über die er sich in holländischer oder deutscher Schreibweise äußerte. Die Schicksale beider, der Flotte wie der Stadt, hingen untrennbar zusammen. Bis zur Gründung St. Petersburg war Archangelsk am Weißen Meer der einzige Seehafen Rußlands gewesen. Von hier aus stachen die holländischen und englischen Schiffe während der eisfreien Monate ins Meer. Mit wirtschaftspolitischen Sanktionen und Anreizen wußte der Zar

St. Petersburg, Blick von der Wassili-Insel auf die Große Seite, 1803. – Die Schiffsbrücke führt auf das Reiterdenkmal zu, das Katharina II. bei Etienne Falconet für Peter den Großen in Auftrag gegeben hatte. Ganz links der Turm der Admiralität, in der Mitte die IsaaksKathedrale vor dem Neubau durch Montferrant. Zur Zeit seines hundertjährigen Bestehens zählte St. Petersburg rund 200 000 Einwohner.

den Fernhandel auf Petersburg umzulenken. In seinem letzten Regierungsjahr landeten bereits fünf Sechstel aller Schiffe gegenüber der spitzen Nadel der Kathedrale St. Peter und Paul. Von ihr wehte an Feiertagen eine Flagge, auf der Rußlands Adler vier Meere, das Weiße, Schwarze, Kaspische und Baltische Meer, in seinen Klauen hielt. Die Landmacht rüstete zur Seemacht um.

Die Seemacht bedeutete für das Zarenreich, einen Platz in der »Gesellschaft der policirten Völker« einzunehmen, wie es beim Friedensschluß nach dem Nordischen Krieg hieß. Rußland trat in das große Spiel der politischen und kulturellen Koalitionen ein, dem das moskowitische Großfürstentum nur zugesehen hatte. Zwar hielten sich auch in Moskau ausländische Kaufmänner, Militärs und Fachleute auf, die in den Vorstädten, vor allem in der Nemeckaja Sloboda, lebten. Aber in Petersburg wurde, wie Reinhard Wittram, Biograph Peters I., es formulierte, die Vorstadt zum

Zar Peter I., 1672-1725

Zentrum, wurde das Nationalitätengemisch zum Prinzip.[5]

Importiert wurden Güter, Ideen und vor allem Menschen. Es kamen die Künstler, die Architekten wie Trezzini, Le Blond, Rastrelli, Rossi, Quarenghi, Montferrand, de Thomon, die ihr Können und ihre Formen den neuen, größeren Maßstäben unterwarfen – und dem Regiment der Petersburger Baukommission, die über die Einhaltung von Fluchtlinien und Traufhöhen wachte. Es kamen die Handwerker der einfachen wie der Luxusgewerbe, die Schmiede, Schneider, Ebenisten, Gobelinweber, Glasbläser, Porzellanbildner, Ziseleure und Karossenmaler. Und es kamen die Prinzen und Prinzessinnen aus den kleinen deutschen Provinzhöfen, die in das Haus Romanow einheirateten, jämmerlich scheiterten wie der Puppenspieler und Faxenschneider Peter III. oder sich machtbewußt durchsetzten wie seine Gattin Katharina II.

Für Peter den Großen muß der Wechsel von Moskau nach Petersburg eine Befreiung aus der eigenen Vergangenheit bedeutet haben. Die Neugründung läßt sich auch deuten als der Versuch Peters, sich von den dunklen Seiten des eigenen Wesens zu lösen. In der alten Hauptstadt mit dem irrationalen Goldglanz ihrer vielen Kuppeln, ihren jahrhundertealten Geheimnissen, den Kontrasten zwischen der Bilderpracht der Kathedralen und den ärmlichen, ständig von Feuersbrünsten bedrohten Holzhäusern scheint der Zar sich anders verhalten zu haben als im überschaubaren Petersburg, auf dem die Augen der westlichen Welt ruhten. In Moskau waren der blutige Familienzwist und die Demütigungen seiner Kindheit gegenwärtig. In Moskau ließ der Vorgänger der Aufklärung, der Reformer von Verwaltung und Adel, der fortschrittliche Bildungspolitiker die aufrührerischen Strelitzen zu vielen Hunderten öffentlich köpfen (einige soll er eigenhändig enthauptet haben), Rebellen vor den Klosterfenstern der verbannten Halbschwester aufhängen, die Vertrauten des Sohnes Alexej spießen und pfählen. Angesichts der Identifizierung des Vaters mit Petersburg, seinem besseren Selbst, wird die Reaktion des unglücklichen Thronfolgers Alexej verständlich, der, wenn er je die Krone tragen würde, in Moskau wohnen, »Piterburch« zu einer gewöhnlichen Stadt machen und keine Schiffe mehr halten wollte.

Die Errichtung der weißen Stadt im Norden forderte hohe Opfer. Die Inseln im Delta waren Überschwemmungen ausgesetzt, konnten nur durch kostspielige Entwässerungsarbeiten bebaubar gemacht werden, Balkenroste und Pfahlgründungen waren nötig. Mehrere Zehntausende von Arbeitern wurden im ganzen Reich ausgehoben, waren Hungersnöten und schweren Epidemien ausgeliefert. Da der Steinbau nicht vorankam, wurden für etliche Jahre Steinbauten anderswo untersagt. Aber noch die Großfürstin Jekaterina Alexejewna, die spätere Katharina II., bemerkte, die steinernen Häuser an den Newa-Kais bildeten nur eine Art Vorhang, hinter dem sich die schäbigen Holzbaracken versteckten.[6]

Die Hybris dieser Stadtgründung hatte entsprechende Rückschläge zur Folge. Der ursprüngliche Plan Peters I., das Zentrum der Stadt auf der Wassili-Insel anzulegen, mußte als unrealisierbar aufgegeben werden. Die Weitläufigkeit der Stadt, die Trennung ihrer Teile durch das Newa-Becken, die Unzugänglichkeit der Vorstädte während des Eisgangs fanden schon die Zeitgenossen beschwerlich. In Gontscharows klassischem Roman ist das soziale Schicksal Oblomows besiegelt, als er auf die Wyborger Seite umzieht, fern von Oper, Schauspiel und Salons. Sogar die U-Bahn-Bauer in den fünfziger Jahren unseres Jahrhunderts sahen sich vor gewaltigen Schwierigkeiten, als sie die entfernten Stadtteile mit Tunnelbauten unter der Newa verknüpfen wollten und erst in 150 Metern Tiefe auf tragfähigen Grund für Metrotrassen stießen.

Moskau hat für sich den Rom-Mythos reklamiert. Die Stadtmythologen wollen sogar sieben Hügel, wie in Rom, nachgewiesen haben. Die Seestadt St. Petersburg mußte sich nach einer anderen Ikonographie umsehen. Bei der großen Expedition gen Westen in den Jahren 1697/98, an der Zar Peter samt Zwergen, Trompetern und über zweihundert anderen Personen halb inkognito teilnahm, tat er sich gründlich in Amsterdam um. Die kalvinistische Handelskapitale eignete sich als Vorbild für den Kanalbau, für das halbkreisförmige Grachtensystem, das die Wasserläufe Moika, Fontanka und ihre begleitenden Kanäle auf der Großen Seite Petersburgs bilden, und für die steilen Türme von Admiralität und St. Peter und Paul,

Erinnerung an die Zarenzeit: Kutschfahrt vor dem Winterpalais, entworfen von Bartolomeo Rastrelli, erbaut 1754-62.

diese Landmarken in der Weite von Wasser und
Land.

Aber den Mythos lieh Venedig, jene einzigartige
Stadtrepublik, die eine eigene Allegorie, die trium-
phierende Venezia, erfunden hatte. Die Festung
St. Peter und Paul, die pfeilförmige Spitze der Wassili-Insel, die Strelka, und die Große Seite mit
ihren Palastfronten gruppieren sich um den breiten, noch ungeteilten Newa-Strom wie Giudecca,
Punta della Salute und Riva degli Schiavoni um
das Becken von S. Marco. Freilich, die langen,
trotz aller kräftigen Säulenpracht ein wenig mono-
tonen Wasserfronten der Paläste zeigen nichts von
Venedigs malerischem Exotismus. Sie wirken, als
habe Palladio, der einst in der Stadt des heiligen
Markus wenig mehr als einige Kirchen bauen
konnte, in der Stadt des heiligen Petrus die Direk-
tion der Baukommission übernommen.

Wenn der herbstliche Nebel sich über die Newa
legt oder das silbrige, dunstige Sommerlicht die
horizontalen Konturen Leningrads mildert, wird
die triviale Devise der staatlichen Fremdenver-
kehrswerbung dennoch wahr: ja, ein Venedig des
Nordens, märchenhaft über dem Flußspiegel
schwebend wie die südliche Schwesterstadt über
den Sümpfen der Lagune. Wenn es Katharina II.
ihrem Wunsche entsprechend gelungen wäre, den
Venezianer Bellotto nach Petersburg zu verpflichten, hätte die zeitgenössische Vedutenkunst ein
noch deutlicheres Zeugnis davon abgelegt. Und
wie die Dogen von Venedig übergaben die Zaren,
aus dem Winterpalast tretend, den Fluten einen
Ring, die Versöhnung von Meer und Mensch zele-
brierend, im Zeitalter der Aufklärung ein erstaun-
lich anachronistischer Akt.[7]

Die ozeanische Ikonographie wurde in St. Petersburg mit aller Konsequenz durchgespielt. Bei
feierlichen Flottenparaden wurde ein kleines Boot,
in dem Peter der Große als Halbwüchsiger das
Segeln gelernt hatte, wie das Allerheiligste mitgeführt. Die Nachfolger errichteten für dieses
»Großväterchen der russischen Flotte« einen barocken Pavillon vor der Kathedrale St. Peter und
Paul, ein weltliches Reliquiengehäuse. Die beiden
Leuchttürme, die auf der Strelka den klassizistischen Börsenbau rahmen, sind mit Schiffsschnä-
beln gespickt und zitieren altrömische Rostren, die
Schiffsbuge erbeuteter Flotten, die als Dekoration
und Siegeszeichen dienten. Personifikationen der
wichtigsten russischen Flüsse lagern auf den Sok-
keln der Säulen.

Am Südufer, auf der Großen Seite, zielen die
drei Strahlen des fächerförmigen Straßensystems
nicht etwa auf das Winterpalais als den Herrscher-
sitz, auf diese »azurne Mauer in einem Schwarm
weißer Säulen« (Andrej Belyj).[8] Sie visieren die
Admiralität an, den Ort, wo seit der Stadtgründung die Werften lagen. In Venedig war das Arse-
nale, wo die Markusrepublik ihre Flotte ausrü-
stete, von Geheimnis umgeben, eine unzugängli-
che Stadt in der Stadt. Petersburg dagegen stellte
seine Flottenrüstung öffentlich aus. Um das Portal
der Admiralität, den Fokus der Südstadt, entwik-
kelt sich ein aufwendiges Figurenprogramm, das
Rußland als Seemacht verherrlicht. Nymphen, die
Weltkugeln tragen, symbolisieren die erdumspan-
nende Schiffahrt. Im Fries wird der Bau der russischen Flotte dargestellt. Neptun überreicht seinen
Dreizack dem Zaren. Tritonen steigen aus dem
Meer und machen sich beim Schiffsbau nützlich.

Erinnerungsfoto vor Schloß Peterhof. Das Schloß am Finnischen Meerbusen der Ostsee wurde 1714-23 von Peter I. erbaut und 1746-1758 für Elisabeth I. durch Bartolomeo Rastrelli erweitert. Auf dem Steilhang oberhalb des Meeres gelegen, verherrlicht es die Seepolitik Peters des Großen.

Unter den Zarenschlössern der Umgebung ist Peterhof, noch vom Stadtgründer begonnen, eine einzige Verklärung von Wasser und Weite. Vom höher gelegenen Schloß ergießt sich eine Treppenkaskade, geschmückt mit dem allegorischen Personal des feuchten Elements, in einen von Fontänen begleiteten Kanal, dessen Achse übers Meer hinweg zur Inselfestung Kronstadt weist. Traf in Versailles der Strahl der aufgehenden Sonne das Auge des schlummernden Königs, des neuen Apoll, so blickten Zar Peter und seine Nachfolger, die von Neptun gesegneten Seeherrscher, in die Ferne der Ostsee, deren Erschließung ihrem Lande den Respekt des westlichen Europa verschafft hatte. Wasser war immer ein unentbehrlicher Bestandteil der feudalen Barockgärten. Aber Peterhof mit seinen Wasserparterres und der Neptunsfontäne im Oberen Garten und all den Trabanten der Großen Kaskade, den Becken, Kanälen und Rinnsalen, den Fontänen Adam und Eva, der Pyramiden- und Sonnenfontäne, den Römischen Fontänen, den kleineren Kaskaden ist eine Apotheose des fließenden, stehenden, perlenden, emporschießenden Wassers, getrieben nicht durch Pumpenwerk wie in Versailles, sondern durch ein ingeniös organisiertes Gefälle von den Höhenzügen im Süden herab.

Auf Schritt und Tritt lassen sich solche Rechnungen aufmachen. Nicht die geringste Huldigung an den Geist, der über den Wassern schwebt, war die Einfassung der Ufer mit finnischem Granit, die Katharina II., die »Semiramis des Nordens«, verfügte. Das unvergängliche Material ruht auf dem vergänglichen, der rötliche Stein auf dem Holz der Pfahlroste. Die Mauern und Brüstungen ziehen sich entlang der Fluten, gleiten in Korbbögen als Brücken über die Kanäle, steigen in rhythmisch angeordneten Treppen und Landeplätzen zur Wasserfläche herab und dulden nicht das improvisierte Chaos, das sonst den Hafenstädten in der Welt eigen ist.

Die Geschichte St. Petersburgs und des Reiches, dessen Hauptstadt es war, blieb vom Rhythmus des Wassers, von der Funktion der Brücken und vom Verhalten der Flotte bestimmt. Der Zustand der Newa bedingte den Kalender der Feste, der Maskeraden auf dem Eise oder feierlicher Stapelläufe wie den Ablauf der Revolutionen. Bei der Revolution der Menschewiki im März 1917 wurden die Demonstranten, die an den Brücken aufgehalten worden waren, über das Eis in die Stadtmitte geführt. Am 7. und 8. November 1917, während der Revolution der Bolschewiki gegen die Provisorische Regierung, wurden die Ereignisse entscheidend dadurch beeinflußt, daß entgegen Kerenskis Anweisung die Brücken, die wegen der Durchfahrt der Hochseeschiffe aufziehbar waren und sind, nicht geöffnet wurden. So konnten die

Aufständischen aus den Vororten sich mit denen der Großen Seite vereinigen.

Schiffe setzten Daten: Der Signalschuß aus der Sechs-Zoll-Kanone des Kreuzers Aurora, der an der Nikolaj-Brücke ankerte, eröffnete die Revolution. 1921, beim Aufstand von Kronstadt, waren es die Versammlungen auf den Kriegsschiffen Petropawlowsk und Sewastopol, und wieder entschied der Aggregatzustand des Wassers über die Geschehnisse. Eine dicke Eisschicht bedeckte die Bucht, so daß Trotzkis Truppen die Rebellen über das Eis angreifen konnten.[9]

Im Zeitalter der modernen Verkehrsmittel liegt Leningrad, wie es seit 1924 heißt, nicht mehr näher am Westen als Moskau. Am Ufer der Moskwa, gegenüber dem Kreml, parken die roten Busse der allmächtigen Intourist-Organisation so zahlreich wie auf dem Platz vor dem Winterpalais. Wenn ausländische Architekten, die bedauernswerten Nachfolger von Trezzini und Rastrelli, heute in Leningrad bauen, stehen sie bei schlüsselfertig liefernden, internationalen Hotelbaukonsortien unter Vertrag, nicht anders als in Budapest oder Ost-Berlin. Versuche, auf Wassil- und Kirow-Insel eine neue Seefront zu schaffen, mögen die Trostlosigkeit der Neubauquartiere mildern. Zur Ikonographie der Stadt tragen sie nicht mehr bei.

Der Mythos St. Petersburgs ist längst anderswo seinem Ende zugeführt worden, in der Literatur des 19. und 20. Jahrhunderts. Bei Dostojewskij wird die Stadt der weißen Sommernächte und der endlos dunklen Winter, »die abstrakteste Stadt auf der ganzen Erdkugel«, zu einem Dämon, der die Seelen von den »Gaben des wirklichen Lebens« entfremdet.[10] Andrej Belyj sieht in der jungen und so schnell gealterten Metropole den Konflikt des rationalen Westens mit dem okkulten Osten; das »Netz ihrer parallelen Prospekte zieht sich als System von Quadraten und Würfeln über alle Abgründe des Weltalls«. Unheilvoll mischen sich die Gerüche von Meersalz, Hering, Leder und geteertem Segeltuch mit den Düften der Verwesung unter grünlichem Himmel und mit dem schwarzen Gestank aus den Fabrikschloten.[11] So hat Thomas Mann die choleraverseuchte Lagunenstadt beschrieben, so hat Georges Rodenbach das tote Brügge geschildert, eine andere zum Untergang verdammte Stadt am Wasser. Die Rationalität St. Petersburgs schlägt in Grauen um, der Traum der Vernunft gebiert Ungeheuer.

Fünf Jahre nach der Erstveröffentlichung von Belyjs Roman ›Petersburg‹ wird der Winterpalast erstürmt. Sechs Jahre danach, im März 1918, vertauscht Lenin das Smolny-Institut, sein Hauptquartier, mit dem Kreml in Moskau. Der »roten Festung der Weltrevolution« hinterließ er seinen Namen, aber nahm ihr die Würde der Hauptstadt, die sie zwei Jahrhunderte lang usurpiert hatte.

Strandbad Leningrad: Ein heißer Tag an der Newa vor der Festung St. Peter und Paul.

Anmerkungen

1 Nikolai Gogol. ›Petersburger Skizzen aus dem Jahr 1836‹. In: *Gesammelte Werke*. Band 4. Stuttgart, 1981.
2 Nikolai Gogol. A. a. O. S. 107.
3 Alexander Sergejewitsch Puschkin. ›Die Reise von Moskau nach Petersburg zwischen 1833 und 1835‹ (1841). In: *Gesammelte Werke*. Band 5. Frankfurt, 1973. S. 173 f.
4 Vgl. im folgenden: Reinhard Wittram. *Peter I. Czar und Kaiser*. Göttingen, 1964.
5 Reinhard Wittram. A. a. O. S. 74.
6 *Katharina II. in ihren Memoiren*. Frankfurt, 1972. S. 117.
7 Gerhard Hallmann. *Leningrad*. Leipzig, 1967. S. 47.
8 Andrej Belyi. *Petersburg* (1913). Frankfurt, 1976. S. 24 f.
9 Vgl. Louis Fischer. *Das Leben Lenins*. Köln, Berlin, 1964. S. 570. – Stefan T. Possony. *Lenin. Eine Biographie*. Köln, 1965.
10 Fjodor M. Dostojewskij. ›Aufzeichnungen aus einem Kellerloch‹. In: *Merkur*. Heft 1, 1986. S. 26.
11 Andrej Belyi. A. a. O.

Schinkel und über Schinkel hinaus

Bindung und Freiheit im Umgang mit Geschichte

Warum erinnert sich die Nachwelt an die Großen der Vergangenheit? Friedrich Nietzsche, der unentbehrliche Ratgeber in Sachen Historismus, hat von der »monumentalischen« Geschichtsschreibung gesprochen. Ein »Höhenzug der Menschheit« wird hergestellt, von dem die Genies als Lehrer und Tröster grüßen. Ihre Botschaft ist, »daß das Große möglich war und deshalb auch wohl wieder einmal möglich sein wird«.[1] Ist es diese Rolle, die Schinkel zugemessen worden ist, ein Heros, dessen Hauch, wie Emanuel Geibels Hymne in Übererfüllung des poetischen Solls formulierte, »in seiner Jünger Seelen« fortrauschte?[2] Als Berufungsinstanz stand der preußische Oberlandesbaudirektor vielen unterschiedlichen Temperamenten zur Verfügung. Für seine Schüler, die im Eklektizismus des 19. Jahrhunderts noch lange ein Element der Solidität vertraten, bedeutete er das verpflichtende Vorbild. Den Stilkünstlern des Historismus diente sein freier, wenngleich durch Bedeutungsinhalte gelenkter Zugriff auf vorhandene Formenrepertoires zur Gewissensberuhigung. Für die Neuerer, die angeblich mit der Geschichte wenig im Sinn hatten, war er ein moderner Geist, der die Schönheit suchte, aber die Sachlichkeit begründete. Die NS-Architektur reklamierte Preußens Staatsbaumeister als den deutschen Griechen; Albert Speer kannte keinen höheren Ehrgeiz als den, ein zweiter Schinkel zu werden. Die DDR-Architektur berief sich in den frühen fünfziger Jahren auf ihn, als eine national begründete Baupolitik eingeführt werden sollte. Bei Giorgio Grassi, einem der heutigen Rationalisten, erscheint der Meister als der aufrechte Handwerker, der keine Tricks und keine Arglist kennt. Sogar als Grüner ist der Baumeister der Könige und Kronprinzen schon ausgemacht worden: das frühe Molkenhaus im Oderbruch gilt dann als der wahre Schinkel. Die großen feudalen Idealentwürfe, die er für die europäisch verschwägerte Hocharistokratie anfertigte, treten in dieser Perspektive als der permanente Verrat am Glück des Anfangs auf, und ihr Urheber erscheint als Karrieremacher, der sich nur zeitweise noch an seine wahre Berufung in der Protestbewegung von damals erinnerte.

So viele Schinkel-Zitierungen, so viele versuchte Inanspruchnahmen! Sieht so ein monumentalischer Held aus, der seinen Nachfahren das »Große« wieder möglich macht? Zwischen vagabundierender Phantasie und kalkulierender Disziplin, zwischen Traum und Pflicht lagen bei Schinkel zu viele Möglichkeiten, als daß sie in eine bündige und bindende Synthese hätten überführt werden können. In Schinkels Wesen habe etwas Entbundenes gelegen, schrieb ein älterer Autor, Hans Mackowsky, in einer merkwürdigen Formulierung.[3] Sein Werk war das Spiegelbild jener zwiespältigen Epoche, in der er lebte, die vom Widerschein der Revolution über den Aufstand des Nationalgefühls bis zur Restauration des alten Regimes reichte und ihm zugleich die Vorboten des industrialisierten Massenzeitalters mit seinen unabsehbaren und unerhörten Wandlungen entgegenschickte.

Die vielen Auseinandersetzungen mit Schinkel[4] waren Auseinandersetzungen mit einem Opus, das nicht monolithisch und denkmalhaft ein Vorbild bietet, an dem sich allenfalls die Widersprüche der Folgezeiten offenbaren. Die Widersprüche liegen im Werk selbst, und eben deshalb hat es immer wieder zur kritischen Beschäftigung herausgefordert. »Wehe der Zeit, wo alles beweglich wird, selbst, was am dauerndsten sein sollte, die Kunst zu bauen, – wo das Wort ›Mode‹ in der Architektur bekannt wird, wo man die Formen, das Material, jedes Werkzeug als ein Spielwerk betrachtet, womit man nach Gefallen schalten könne; wo man immer geneigt ist, alles zu versuchen und alles zu verlassen, weil nichts an seinem Orte steht und

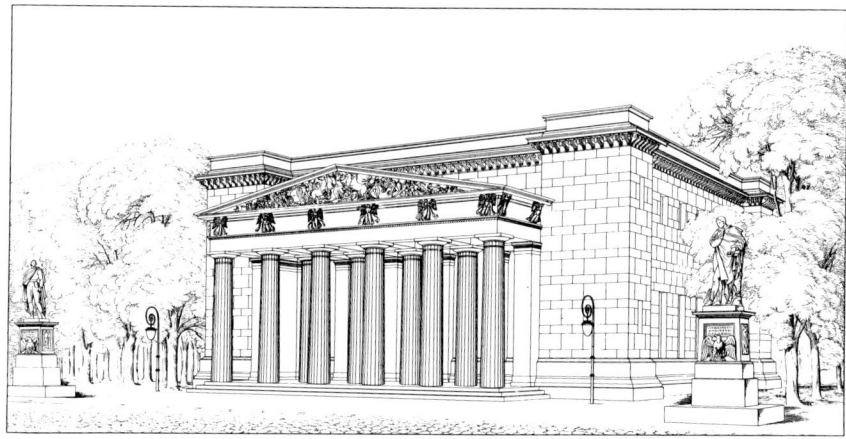

Karl Friedrich Schinkel, *Neue Wache*, Berlin, 1815-18. – »Der Plan dieses ringsum ganz frei-liegenden Gebäudes ist einem römischen Castrum ungefähr nachgeformt, deshalb die vier festeren Eckthürme und der inne-re Hof« (Schinkel).

deshalb nichts erforderlich zu sein scheint.« Wird da nicht eine wunde Stelle auch unserer Zeit be-rührt, werden da nicht aktuelle Gewissensnöte wachgerufen? Vor hundertzwanzig Jahren hat Ri-chard Lucae Schinkel so zitiert, der Erbauer des Frankfurter Opernhauses, dessen Restaurierung im postmodernen Frankfurt unserer Tage als ein Signal verstanden worden ist, als eine Anwendung zeitgenössischer Rückholtechniken gegenüber ei-ner scheinbar schöneren Vergangenheit.[5]

Nun hat Geschichte immer ein Verhältnis zur Geschichte unterhalten, anders wäre sie nicht Geschichte. Sich erinnernd auf Vergangenes zu be-ziehen und damit aus dem Strom des blind Ge-schehenden herauszutreten, die Kontinuität des Wissens und Erinnerns herzustellen durch die Diskontinuität der reflektierenden Distanz, macht geradezu Geschichtlichkeit aus. Aus dem Abstand zu den Taten und Leistungen anderer Epochen Maßstäbe für sich selber zu gewinnen, heißt sich geschichtlich zu verhalten, im Unterschied zum mythologischen Weltverständnis, das alles Ge-schehende ein für allemal durch musterhafte Er-zählungen festgelegt sieht. Die Geschichtswissen-schaft hat sehr viel Scharfsinn darauf verwendet, den im 18. Jahrhundert entstehenden Historismus als eine »Epochenschwelle«, als einen Bruch säku-laren Ausmaßes zu beschreiben. Die verstehende Einfühlung des Historismus in alles und jedes löst das normative Denken ab. Die einzelnen Epochen erhalten gleichen Rang vor dem Herrn der Ge-schichte, und daraus entwickelt sich die freie Abrufbarkeit des historischen Materials.

So richtig solche Hinweise sind, es darf nicht vergessen werden, daß der Umgang mit Ge-schichte zu den bewußten Verhaltensweisen des Menschen gehört und in allen Hochkulturen prak-tiziert worden ist. Die Auswahl eines historischen Bezugspunktes, seine Adaption und Neuinterpre-tation war stets eine der bedeutendsten schöpferi-schen Leistungen in der Kunst. Wie oft ist nicht Vorvergangenheit von der jeweiligen Vergangen-heit in Anspruch genommen worden, wie oft hat sich nicht die Historie mit der Hilfe der jeweiligen Prähistorie abgestützt, erklärt, definiert!

Das Werk Schinkels, nicht nur das gebaute, son-dern vor allem auch das schriftstellerische, ist von einer Sorge durchzogen: daß diese Kette der An-eignung, Weitergabe und Erneuerung des Überlie-ferten nicht abbreche. Es ist die Sorge um die Rettung der Geschichte. Goerd Peschken hat es durch die Herausgabe des ›Architektonischen Lehrbuches‹, jener nie vollendeten Materialienzu-sammenstellung, die Schinkel über drei Jahrzehnte seines Lebens beschäftigte, möglich gemacht zu verfolgen, wie Schinkel sich in immer neuen Wen-dungen um diesen Gedanken bemüht hat. »Historisch ist nicht das alte allein festzuhalten oder zu wiederholen, dadurch würde die Historie zu Grunde gehen, historisch handeln ist das, wel-ches das Neue herbeiführt und wodurch die Ge-schichte fortgesetzt wird«, heißt es um 1825, und etwa ein Jahrzehnt später: »Die Geschichte hat nie frühere Geschichte copirt, und wenn sie es gethan hat, so zählt ein solcher Act nicht in der Ge-schichte, die Geschichte hört gewissermaßen in ihm ganz auf. Nur das ist ein geschichtlicher Act, der auf irgendeine Weise ein Mehr, ein neues Element in die Welt einführt, aus dem sich eine neue Geschichte erzeugt und fortspinnt.«[6] Für Schinkel folgt daraus, daß jedes einzelne Kunstwerk den Fortgang der Geschichte sichern muß. »Jedes Kunstwerk«, sagt er, »ist der Anfang neuer Geschichte.« Um diesen neuen Anfang zu setzen, genügt es, ja darf gar nichts anderes geschehen, als das Neue, das »lebendige Mehr«, so zu bilden, daß es nur »von dem feinsten Sinn« bemerkt wird. Schinkel wehrt sich hier gegen den Erwartungs- und Originalitätszwang, dem er wie jeder neuere Künstler ausgesetzt war, und vielleicht noch mehr als andere, wenn man an die zeitgenössischen Schilderungen denkt: Schinkel, wie er immer neue Kulisseneffekte für Spontinis Prunkopern ersinnen mußte, Schinkel, wie er lebende Bilder für die Hoffeste stellen soll, Schinkel, wie er Kostüme für Maskeraden und Scharaden zeichnen muß. Jedes sensationelle Element – Schinkel nennt es »das Prätentiöse« – werde »alles frühere vernichten«, es werde die Kontinuität und damit die Lesbarkeit der Geschichte zerstören.[7]

Das ganz verwegen Neue, wo man »Alles versucht«, um »Alles zu verlassen«, ist der eine Pol, an dem der »Fortgang der Geschichte« scheitern könnte. Die sklavische Kopie ist die andere Gefahr, weil durch sie »keine Geschichte erzeugt wird«.[8] Deswegen hätte Schinkel sich auch nicht dem Diktum Winckelmanns anschließen können, der einzige Weg, »groß, ja wenn möglich unnachahmlich zu werden«, sei die Nachahmung der Alten. So sprach der Archäologe, und so sprach ein Autor, dem noch die absolute Musterhaftigkeit der Antike gesichert schien. Es war nicht die Meinung des kreativen Künstlers, der erste Erfahrungen mit dem Historismus hatte sammeln können und davor warnte, »Sklave der Nachahmung« zu werden, ein Wort, das Schinkel in der Auseinandersetzung mit dem klassizistisch doktrinären Werk seines Lehrers Aloys Hirt ›Die Baukunst nach der Geschichte der Alten‹ benutzte. Anderenfalls bliebe nur die immer wieder neue Zusammensetzung des bereits vorhandenen Materials, ein »förmlicher Kreistanz«.[9]

Auch für Schinkel bedeutete »die altgriechische Baukunst in ihrem geistigen Prinzip«[10] ein großes Reservoir an Formen und Ideen, mit deren Hilfe sich das Wechselspiel von Freiheit und Bindung vollziehen konnte; das einzige war es nicht, denn Schinkel nutzte auch andere Epochen als Quellen, vor allem die Gotik. Aber die Vorbildhaftigkeit der Antike, der Gedanke des sittlichen Handelns, die Erinnerung an die öffentliche Verhandlung des Allgemeinwohls auf Agora und Forum legten die griechische und römische Baukunst als Vorbild überall dort nahe, wo es um öffentlich-repräsentatives Bauen ging, im Unterschied zum sakralen Bauen oder zum zweckbestimmten Nutzgebäude, für die andere Repertoires eingesetzt oder erst entwickelt wurden. Die Entscheidung für den antiken Formenkanon war bei bestimmten Bauaufgaben zu diesem Zeitpunkt noch nicht der Willkür des Architekten anheimgegeben, wohl aber waren es die Wahl innerhalb des Kanons, die Verarbeitungstechniken, der Grad der Freizügigkeit im Umgang mit der Tradition, das, was Schinkel die »Modifikationen« genannt hat. Die geänderten Anforderungen, die modernen Aufgaben, das neuartige Baumaterial (in Schinkels Fall vor allem das Eisen), die gewandelten Konstruktionsweisen nötigen den Künstler zu Erfindungen, die mit dem Erbe der älteren Kunstzeiten zu einer Synthese gebracht, »kunstgemäß vereinigt werden« müssen.[11]

Schinkel und seine Zeitgenossen am Beginn der historistischen Epoche genossen einen Vorteil im Umgang mit der Geschichte, der uns weitgehend abhanden gekommen ist. Das geschichtlich Alte war noch nahe genug, um eine unmittelbar einsichtige Aussagefähigkeit zu besitzen. So erlaubte ihm die harmonische Gesetzmäßigkeit der Antike, um nur von ihr zu sprechen, Ausdrucksfiguren, von denen manche schon durch eine lange Interpretationsgeschichte geprägt waren und die in dieser Deutungstradition Spielraum gewonnen hatten. Die Neue Wache an den Berliner Linden beispielsweise, Schinkels erster Staatsauftrag, verlieh dem Heroismus des preußischen Staates ein architektonisches Symbol. Schinkel selbst beschrieb den wehrhaften Mauerblock mit dorischem Portikus als »römisches Castrum«, einen Kunsthistoriker unserer Tage hat er provozieren können, von einer faschistoiden »Klassik ohne Maß« zu sprechen.[12] Beim Schauspielhaus auf dem Gendarmen-

Karl Friedrich Schinkel, *Schauspielhaus am Gendarmenmarkt*, Berlin, 1818-21. – »Über den Styl der Architektur, welchen ich dem Gebäude gab, bemerke ich nur im Allgemeinen, daß ich mich, so viel es ein so mannigfach zusammengesetztes Werk irgend zulassen wollte, den griechischen Formen und Construktionsweisen anzuschließen bemühte« (Schinkel).

markt, einem Gebäude der Kunst also, bediente Schinkel sich nicht der dorischen Ordnung, sondern eines ionischen Portikus, der vom abgebrannten Vorgängerbau Langhans' d. Ä. stammte, und verband ihn – das »lebendige Mehr« – mit einem straffen Gliederbau, der als eine Hierarchie kleinerer untergeordneter und großer übergeordneter Pfeiler organisiert ist.

Der Charakter eines Gehäuses für die schöne Kunst und die »Erinnerung an jene schöne und helle Zeit« des Altertums gehen zusammen mit der Entdeckung des modernen Gerüstbaus im antiken Vorbild, im Sinne der Bemerkung von Aloys Hirt, wer richtig konstruiere, der baue eben griechisch.[13] Aus der Antike wird in diesem Beispiel eine Modernität herausgefiltert, die für die neuzeitlichen Zwecke eines überdachten Theaters eingesetzt werden konnte. Das Theater am Gendarmenmarkt war ein Beleg für Schinkels Überzeugung, allein schon die anders gearteten Aufgaben seiner Epoche müßten die »ängstliche Wiederholung« ausschließen: »Dasselbe Gebäude der Alten kann nicht für uns passen.«[14]

Aus dem antikisierenden Repertoire waren aber auch intime Wirkungen abrufbar. Bei dem Sommerhaus, das Schinkel im Garten von Schloß Charlottenburg für Friedrich Wilhelm III. und seine zweite Gemahlin, die Fürstin Liegnitz, errichtete, wählte er innerhalb antikisierender Würdeformen (immerhin schließt der Pavillon eine lange Gartenachse ab) eine private Note. Mit dem Quaderbau erfüllte er in dezenter Umwandlung einen Wunsch des Königs, der sich an eine bestimmte Villa erinnert fühlen wollte, die er einige Jahre in Neapel bewohnt hatte. Mit den Säulenpaaren in den Hauptloggien werden antike Form und Haltung zurückhaltend zitiert, in einer Verarbeitungstradition, die über ungezählte Stationen, über Palladio zurück ins Goldene Zeitalter der Alten reicht.

Das Entscheidende (und das Unterscheidende zu allen unseren zeitgenössischen Zitierkünsten) ist, daß Schinkels Dialog mit der Antike auf eine Geschichtsvorstellung bezogen war, in der die Vergangenheit zwar ausgezeichnet war, aber die Zukunft eine positive Kategorie darstellte. Das

Altertum trägt, mit Schinkel zu reden, »das Ewige in sich«, aber es muß »auf die Bedingungen einer neuen Weltperiode« erweitert werden.[15] Es geht also um Prüfung, Ermittlung des noch Brauchbaren, Modifikation, endlich auch um das ganz Neue, das sich aus Elementen des Alten bilden soll. Ein solches Verhältnis zur Geschichte ist keine Bindung in der Strenge, wie der Zimmermann eines anonymen Fachwerkhauses an die sozusagen fugendichte Tradition des niederländischen, fränkischen oder alemannischen Hauses gebunden war, wenn er die Hölzer für seine Ständer, Balken und Streben zuschnitt. Auf den oberen Etagen in der Hierarchie der Bauaufgaben waren die Freiheiten immer größer als im gebauten Alltag. Zudem hatten Architekten wie Schinkel bereits ausgiebig von den Früchten des Historismus gekostet. Und wenn das antike System für die Aufgaben, die Schinkel in diesen drei Fällen zu bewältigen hatte, nicht an sich wählbar (oder richtiger: abwählbar) war, weil es sich noch von selbst verstand, so enthielt es doch weite Spielräume der Interpretation und der Anwendung auf konkrete Situationen: das preußische Monument, der moderne Tempel der Schönen Kunst, die Villa des königlichen Privatiers, und vieles andere mehr.

Die Frage stellt sich, welche Leistung dieses Wechselspiel von Freiheit und Bindung bewirkt, im Gegensatz zu einer Herrschaft nur des einen

oder nur des anderen. Sie läßt sich mit einem Wort und einer allerdings ausführlicheren Begründung beantworten: Lesbarkeit. Friedrich Nietzsche beschrieb die Beziehung zwischen Konvention und Originalität so: »Das, was der Künstler über die Convention hinaus erfindet, das gibt er aus freien Stücken darauf und wagt dabei sich selber daran, im besten Fall mit dem Erfolg, daß er eine neue Convention schafft. Für gewöhnlich wird das Original angestaunt, mitunter sogar angebetet, aber selten verstanden: der Convention hartnäckig ausweichen heißt: nicht verstanden werden wollen.«[16] Wer sich völlig der Konvention anheimgibt, verzichtet darauf, eine Botschaft, eine ästhetische Information zu formulieren. In der Reproduktion

Karl Friedrich Schinkel, *Pavillon im Garten von Schloß Charlottenburg,* Berlin, 1824-25.

des Gewohnten geht die eigene Stimme verloren. Wer andererseits ganz und gar auf die Originalität setzt, verzichtet darauf, sich in einer verständlichen Sprache auszudrücken. Er benutzt Bilder und Wendungen, die von den anderen nicht verstanden werden. Das eine Extrem auf der Gestaltungs- und Wahrnehmungsskala bietet zu wenig Informationsgehalt und verliert dadurch jedes Interesse; das andere enthält einen zu hohen Informationsgehalt und wird dadurch unleserlich. Im ersten Fall

geht die Mitteilung in der Wiederholung immer desselben verloren, im zweiten im Chaos des Nichtentzifferbaren. Architektur, die sich mitteilen will, wird sich also ihren Platz zwischen Konvention und Originalität, zwischen Bindung und Freiheit, zwischen Monotonie und Vieldeutigkeit suchen, nicht an den Extremen der Skala. Sie wird, in Schinkels Worten, das »Prätentiöse« des unvermittelt Neuen vermeiden, aber auch die »sclavische Nachahmung« des Historischen.

Geschichte hat immer ein Verhältnis zur Geschichte unterhalten. Welchen Umgang haben wir mit ihr? Daß Vergangenheit Konjunktur hat, ist unübersehbar. Die Architektur hat sich dem großen Antiquitätenbazar nicht entzogen. Der heroische Versuch der Moderne, aus den Bedingungen des Baubetriebs, der Konstruktion und der Wirtschaftlichkeit einen neuen Stil zu entwickeln, ist aus vielen Gründen ins Zwielicht geraten. Ein aufgestauter Bedarf an Wiedererkennbarem will befriedigt werden, an – mit Dante zu sprechen – »visibile parlare«, an bildhafter Rede.[17] Je unvertrauter diese Welt der Stadtagglomerationen und der ausgeräumten Landschaften geworden ist, je unvorstellbarer sich Entscheidungen über Mikrochips und elektronische Schaltbefehle vollziehen, je unabsehbarer die Folgen unserer Eingriffe in die Natur, auch die der wohlgemeinten Eingriffe, sich erweisen, desto anschauenswerter sollen wenigstens die Kulissen sein, hinter denen sich die unbekannten Aktionen vollziehen. Wenigstens das Bühnenbild soll erfreuen, wenn schon die Schauspieler sich nicht mehr zeigen. Nicht zuletzt hat sich unsere Haltung zur Zukunft geändert. Zukunft war für das gesamte Abendland eine verheißungsvolle Perspektive, von der christlichen Eschatologie bis zum Fortschrittsoptimismus des technischen Zeitalters. Dieses Tor in ein besseres Dasein ist nun auf lange Zeit oder für immer geschlossen. Wir sind auf die vorhandenen Ressourcen, die materiellen wie die geistigen, verwiesen.

»Es ist kaum wahrscheinlich, daß der Mensch des 20. Jahrhunderts eine Wahrheit entdecken sollte, die nie zuvor entdeckt worden wäre«, schrieb Ernst F. Schumacher,[18] dem die noch vor kurzem so größenbesessene Epoche einer ihrer neuen Leitsprüche verdankt: Small is beautiful. Zurückverwiesen auf das immer-schon-Gewesene verlieren die Leute den Geschmack am Neuen und besinnen sich auf das Alte. Die von der Geschichte hervorgebrachten Werke erscheinen als ein großer Vorrat, dessen Möglichkeiten nicht in einer »Modification« und Erweiterung des Repertoire liegen, sondern – und das macht einen gewaltigen Unterschied zu Schinkel – in der puren Kombinatorik der Elemente. Erst jetzt scheint sich vollends zu bestätigen, was ein spätlateinischer Autor des 17. Jahrhunderts in den Gedanken gekleidet hatte:

»Nihil dictum quod non dictum privis – nichts kann man sagen, was nicht schon zuvor gesagt worden ist.«[19]

Schinkels Beispiel verdeutlicht, wie sich das beginnende 19. Jahrhundert, wo es auf der Höhe seiner Möglichkeiten war, zur Vergangenheit gestellt hat. Mit Schinkel läßt sich auch illustrieren, wie Architekten unserer Tage ihre Beziehung zur Tradition wahrnehmen. Philip Johnson, der Chefhistoriker der USA, hat in einer Schinkelfeier vor fast fünfundzwanzig Jahren den Vergleich zwischen Schinkel und Mies van der Rohe gezogen, jenem Architekten also, der vom Alten Museum als einem »herrlichen Gebäude« gesprochen hat.[20] Die Disziplin der Achsenbindung, die Würdeform einer gelassen ansteigenden Freitreppe, die tempelhafte Erhöhung auf dem Gebäudesockel, die Idee der Stadtloggia, des vor die ganze Breitseite des Bauwerks – bei Mies um das gesamte Gebäude – gelegten Säulen- oder Pfeilergangs, verbinden den Meister des frühen 19. mit dem Meister aus der Mitte des 20. Jahrhunderts. Ein Vergleich mit Schinkels Entwurf für Schloß Orianda würde die Parallele noch deutlicher machen.[21] Aber die Beziehung ist ganz frei, souverän begegnet der Jüngere dem Älteren. Daß es dabei nicht bleiben würde, hat Johnson schon damals, 1961, angedroht. Und in der Tat: Schinkel, als ausübender Künstler eine zentrale Figur in der Auseinandersetzung mit der Architekturgeschichte, ist in den letzten Jahren von einem Partner im Gespräch über die Zeiten hinweg zum Objekt, zur Materialquelle geworden.

Das Schlößchen Tegel hat Schinkel bekanntlich für Wilhelm von Humboldt und dessen Antikensammlung gebaut, den Stil, wie er schreibt, »aus den Formen der Gebäude des griechischen Alterthums entlehnt«,[22] aber mit welcher Freiheit verwendet! Auf den Einfall, das Haus mit vier kleinen Türmen zu umstellen, kam der Architekt, weil er brauchbare Reste eines mit einem Turm versehenen älteren Bauwerks einzubeziehen hatte. Aufgabe, Inhalt und vorhandene Baureste führen zur Lösung, sind der Anlaß, den »Charakter des Schlößchens« hervorzubringen. Was tat Arata Isozaki bei seinem Wettbewerbsentwurf für den Tegeler Hafen, in einem Gutachterverfahren der Internationalen Bauausstellung, der IBA, in Berlin? Er

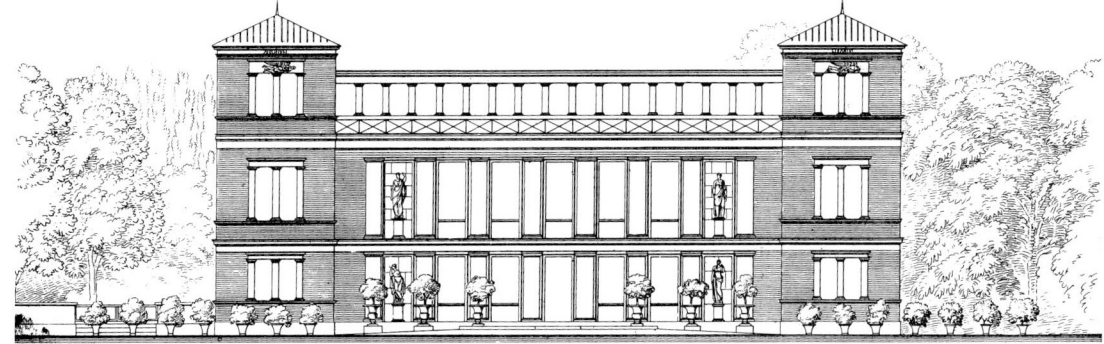

Karl Friedrich Schinkel, *Schloß Tegel* in Berlin, 1822-24.

(und übrigens nicht nur er, Charles Moore, der Gewinner des ersten Preises, ging ähnlich vor) reproduziert das Schlößchen in toto. Auch die Lastbarke im Vordergrund seiner Ansicht ist ein Schinkel-Zitat. Diese vermeintliche Huldigung geht gegen Schinkels ausdrückliches Verbot der »gemeinen Nachahmung« und »ängstlichen Wiederholung«. Gerade das war ja die Lehre des frühen Historismus gewesen, daß jede geschichtliche Bildung durch ihre Einmaligkeit, durch ihr So-und-nicht-anders-geworden-sein gekennzeichnet ist. Das Kompliment wird zu seinem Gegenteil, die Verdoppelung stellt das Vorbild in Frage,

macht es austauschbar. Eingetreten ist, was Schinkel unter dem »förmlichen Kreistanz« verstanden oder richtiger: gefürchtet hat.[23]

Ungefähr an der Stelle, wo heute Rob Kriers Neubau in der Südlichen Friedrichstadt steht, hatte Schinkel 1829 für den Tonwaren- und Kachelfabrikanten Tobias Feilner ein Haus entworfen, dessen Fassade den Zweiten Weltkrieg überdauerte, dann aber in der Berliner Abrißeuphorie der fünfziger und sechziger Jahre niedergelegt wurde. Kriers Haus oder genauer: dessen Nordfassade ist keine eigentliche Rekonstruktion, es bleibt beim Ungefähr: andere Profile, eine Fenster-

Arata Isozaki, *Entwurf für eine Hafenbebauung* in Berlin-Tegel, 1980. – Links hinten die Reproduktion des Schlößchens Tegel als Fassade vor dem Kulturzentrum.

Karl Friedrich Schinkel, *Haus Feilner* in Berlin, 1828-29.
Das Wohnhaus des Baustoffabrikanten propagierte die vom Bauherrn hergestellten Klinkersteine. Auch die Basreliefs stammten aus der Produktion Feilners.

Rob Krier, *Haus an der Ritterstraße* in Berlin, 1980-83.

achse mehr, Gauben für ein weiteres Geschoß (schließlich mußte die Wirtschaftlichkeitsberechnung der Berliner Wohnungsbaukreditanstalt erfüllt werden), Putz statt Ziegel, der dafür in Kriers seitlichen Scharnierstücken aufgenommen wird. Feilners schöne Brüstungsplatten aus gebranntem Ton fehlen natürlich auch. Statt dessen hat Krier im Gesimsband die Köpfe berühmter Architekten angebracht, Schinkel und der eigene Bruder inclusive. Die Rückseite des Krier-Hauses ist in einer völlig anderen Handschrift gehalten; Einheit der Gestaltung ist keine Kategorie mehr. Ein Zitat mag man dieses Capriccio eines gutgelaunten Architekten kaum nennen, eher eine Parodie. Immerhin bleibt es nahe genug am Original, um den nicht informierten Betrachter zu verunsichern: War hier mal was anderes? Von einer »dauerhaften, schönen

und wahrhaften Architektur« sprach Schinkel im Zusammenhang mit dem Haus Feilner.[24] Das Imitat erreicht das Gegenteil, den Eindruck des Provisorischen, Vorgeblendeten, Unsoliden; ein Bonmot im Vorübergehen, aber für die Dauer der Abschreibungsfristen und vermutlich noch länger zu Stein geworden.

Auf Schinkel bezieht sich auch James Stirling bei seiner Neuen Staatsgalerie in Stuttgart, und zwar auf das Museum am Berliner Lustgarten von 1823-1830. Die Hauptansichten lassen den Vergleich kaum plausibel erscheinen. Bei Schinkel soll die prächtige Halle mit achtzehn ionischen Säulen, begrenzt von je einem Eckpfeiler, dem schönsten Platz der Hauptstadt »ein würdiges Äußere« geben,[25] bei Stirling schichtet sich ein Geschiebe fragmentarischer Blöcke und Zylinder den Hang hinauf. Bewegungsabläufe spielen hier wie da eine große Rolle. Schinkel widmet ihnen die merkwürdige Erfindung der hinter einem Säulenschleier halb verborgenen, halb offenbarten Freitreppe, Stirling führt einen öffentlichen Weg phantasievoll durch und über die Masse und durchstößt einen Seitenflügel mit der Promenade vor dem Museum. Aber Stirling hatte natürlich den Grundriß im Sinne, wenn er seinen Bau mit dem Schinkels verglich, die Anordnung des Bauvolumens in einem Geviert, dem eine Kuppel eingeschrieben ist. Schinkel verstand seinen Kuppelsaal als das Allerheiligste, das in seiner pantheonartigen Wölbung die Kunst der Antike und der Renaissance, der alten und der neuen Zeit übergreift. Stirlings Ro-

tunde klafft offen, bleibt ein Vakuum, negiert im Zitat den Gedanken der überwölbenden Einheit, der eine zentrale Idee des Schinkelschen Bauwerks ist. Entsprechend sind die Wege geführt. Schinkels Halle ist der zentrale Erschließungsraum des Gebäudes, seine geistige und funktionale Mitte. Stirlings Rotunde wird dagegen vom inneren Rundgang durch das Museum überhaupt nicht berührt, lediglich der äußere öffentliche Weg schraubt sich an ihrem Mantel empor. Das eine, das Schinkel-Zitat, wird bei Stirling durch eine Fülle anderer überdeckt, durchkreuzt, konterkariert. Ägyptisches Volutengesims, manieristische Tricks, Erinnerungen an das Pariser Centre Pompidou, dessen popfarbenes Equipment sich in sparsamer Streuung an den Stuttgarter Travertin- und Sandsteinfassaden findet, Anklänge an Le Corbusier oder eine Übersetzung von Abbé Laugiers Urhütte in die Sprache des holländischen De Stijl, das alles ist zu einer geistreichen Melange verwirbelt, deren Hauptzweck die Verblüffung und das Amüsement des Publikums ist. Man fühlt sich an Schinkels Kritik gegenüber den »Geschmacks-Verfahren der großen Herren« erinnert, die sich die Elemente ihrer Entwürfe »aus der Masse artistischer Journale und Sammlungen« zusammensuchen und sie »musivisch« zusammensetzen.[26]

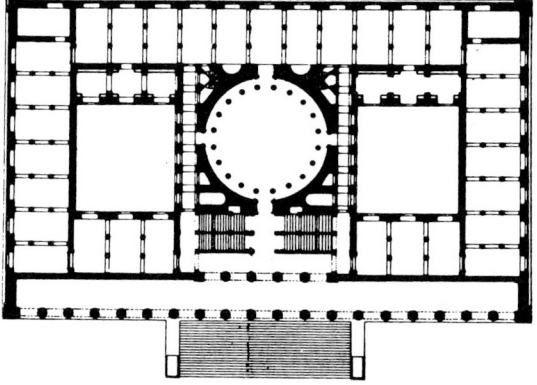

Karl Friedrich Schinkel, *Museum am Lustgarten* in Berlin, 1823-30 (Grundriß).

James Stirling, Michael Wilford and Ass., *Neue Staatsgalerie* in Stuttgart, 1977-84 (Grundriß Galeriegeschoß). »Ich möchte, daß der Besucher den Eindruck hat, es sieht aus wie ein Museum. Als Vorläufer scheinen mir in dieser Hinsicht die Museen des 19. Jahrhunderts weit evozierender zu sein als die des 20. Jahrhunderts« (Stirling).

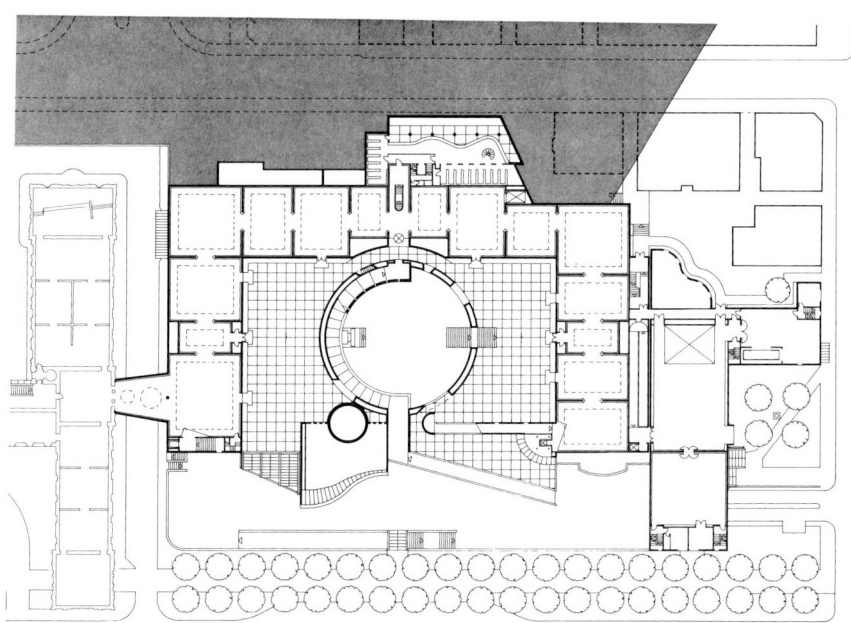

Die Freiheit, die der auswählende Architekt praktiziert, droht eine leere, eine inhaltslose Freiheit zu werden, da die Wahl zwischen unendlich vielen Alternativen, aber zwischen Alternativen ohne größere Konsequenz stattfindet. Ob die Entscheidung für diese oder jene Form fällt, hat kaum inhaltliche Folgen. Ob Stirling ein ägyptisches oder irgendein anderes Gesimsprofil benutzt, hat nichts zu sagen; so wie er auch statt der Rundbogenfenster ursprünglich Spitzbogenfenster vorgesehen hatte, ohne daß sich dadurch die »Botschaft« des Bauwerks verändert hätte.

Mit den Bindungen, die einst an das Vorbild geknüpft waren, hat auch der Wahlakt an Interesse verloren. Die Hinterlassenschaft der Geschichte bietet sich dar als ein großes Lager, mit einem Ausdruck Ernst Jüngers, als »Deponie«. Für Jün-

ger ist die Deponie das Symbol ahistorischer Landschaften, geschichtsloser Räume. »Der Raum wird durch den Abraum bedroht. Der Schutt wird nicht mehr bewältigt wie in den Kulturen; er überwächst die Bildungen. Wenn ein Schiff scheitert, treiben die Trümmer an den Strand. Der Mast, die Planken werden zum Bau von Hütten oder als Brennholz verwendet. So lebt man auf und von den Deponien – zwischen Schutthalden, die man ausbeutet.«[27]

Ist der Historismus unserer Tage womöglich der Versuch, den »Schutt« in die »Bildungen« aufzunehmen, die Baukunst als eine Art von Trümmerverwertung, wenigstens das? Der Fall ist eingetreten, den Carl Gottlieb Wilhelm Boetticher 1846 erst in der Zukunft sich abzeichnen sah: »Wohin aber wird eine solche nur aus den Fugen quillende Tätigkeit zuletzt führen, wenn nichts mehr zu eklegieren dasein wird, wenn die Formen der Schinkelschen Werke, wenn die der alten Monumente abgezogen und verbraucht sein werden?«[28]

Muß man es bei diesem skeptischen Resümee belassen? Eine Antwort der Schinkelzeit, auch Schinkels selber, war, sich auf die produktiven Möglichkeiten der Konstruktion zu konzentrieren und aus ihr jenes bewußte »Mehr« zu gewinnen, das einen architektonischen Gegenstand aus der »trivialtreuen Beziehung mit irgend einer geschichtlichen Autorität« befreit.[29] Diese Haltung ist von der klassischen Moderne, vom Rationalismus und Konstruktivismus der zwanziger Jahre, gern aufgegriffen worden, und so obsolet, wie es uns jetzt dargestellt wird, ist dieses Prinzip auch heute nicht. Die Entwicklung und Bereicherung der Erscheinungen aus der Struktur des Tragens und Lastens, der Verteilung und Aufnahme der

James Stirling, Michael Wilford and Ass., Rotunde in der *Neuen Staatsgalerie* in Stuttgart, 1977-84.

Kräfte, von Druck und Zug, vermittelt nach wie vor Augenblicke großer ästhetischer Befriedigung, die zugleich die geglückte Übereinstimmung von Form und Leistung anzeigen. In den zivilisatorischen Einöden, wo jeder kulturelle Anhaltspunkt fehlt, und bei den Bauaufgaben, wo nichts anderes als ein undifferenziertes Raumvolumen verlangt wird, ist es oft das einzige Kriterium, das anwendbar bleibt, wenn Gründe des Budgets es nicht auch noch verhindern. »Die eigentliche Aufgabe«, schreibt Schinkel, »ist hier, jeden Theil der Construction in seinem Character schön auszubilden.«[30]

In späteren Jahren hat Schinkel eine Art Widerruf getan, weil er fürchtete, einer ganz aus der Konstruktion entwickelten Architektur drohe die Gefahr der Unfreiheit, Starre und Trockenheit. Die Baukunst müsse zwei wesentliche Momente, »das Historische und das Poetische«, einschließen.[31] In unseren Tagen ist die Empfehlung nur bedingt hilfreich, weil die historischen Elemente durch langen Verschleiß an Tragfähigkeit eingebüßt haben. Ein Säulenportikus trägt nicht mehr, im konkreten wie im übertragenen Sinn; es lassen sich ihm nicht mehr die geschmeidigen Bedeutungen abgewinnen, in deren Handhabung Schinkel noch ein souveräner Meister war. Wo wir ihn anwenden, ist er als Zitat eingesetzt, ironisch, abrupt, ein Fremdkörper. Die Menge des Vergangenen hat zugenommen; das Halljahr, von dem das Dritte Buch Moses berichtet und in dem alte Schulden gestrichen, alte Bindungen gelöst und die Sünden vergeben wurden, uns ist es nicht mehr erlaubt. Die Moderne war der letzte Versuch dazu. Wir haben alles behalten, wissen alles und glauben nichts mehr. Die Wählbarkeit des Geschichtsfundus ist eine Erfahrung, die nicht mehr rückgängig gemacht werden kann. Wer einmal vom Baum dieser Erkenntnis gekostet hat, hat seine Unschuld ein- für allemal verloren. Wir müssen uns unsere Geschichte neu zusammenbuchstabieren, uns den Sinn einreden, vielleicht stellt er sich darüber auch wieder her.

Denn wer zwingt uns eigentlich, die historischen Spiele so zu spielen, daß nur das Unterhaltungsbedürfnis der Menge durch das Massenmedium Architektur erfüllt wird? Was hält uns ab, innerhalb des eingeräumten Spielraumes sinnvoll

Karl Friedrich Schinkel, Kasino von *Schloß Glienicke* bei Potsdam, 1824-27. – Schloß und Park wurden von Schinkel und Peter Joseph Lenné für den Prinzen Karl, den drittältesten Sohn König Friedrich Wilhelms III., umgestaltet. Das Kasinogebäude am Havelufer mit der anschließenden Pergola erinnert an italienische Villen.

zu wählen, wenn auch nicht jeder das gleiche für sinnvoll hält? Die Geschichte birgt viele vorgelebte Erfahrungen. Wie einer sich einem Haus nähert, wie er es betritt, was eine Schwelle ist; welche Mittel das Innere gegen das Äußere abgrenzen, ohne es auszuschließen; welche Wahrnehmungen ihm das Gefühl geben, willkommen zu sein; welche Treppe der Fuß gern beschreitet und welche nicht; wieviel Tageslicht einen freier atmen läßt und ab wann es quält; welcher Raum schützend wirkt und welcher bedrückend; das sind Daten, die nicht in Neuferts Bauentwurfslehre stehen und auch nicht in den Förderungsbestimmungen des Sozialen Wohnungsbaus. Gleichwohl hat auch der moderne Mensch noch ein rudimentäres altes Wissen über solche Dinge. Abgelagert hat es sich in der Geschichte des Wohnens und Bauens, differenziert nach geographischen Breiten, nach Landschaften, nach sozialen Gruppen, nach Individuen. Der anonymen Architektur, aber auch großen Baumeistern sind solche Hinweise abzugewinnen.

Ein Architekt wie Schinkel hat gewußt, daß zwei gekuppelte Fenster nicht einfach eine Addition zweier Fenster sind; oder daß Landschaft durch die Begrenzung des Blicks einen anderen Charakter erhält, so daß ein einfacher Lattenrost auf einer Pfeilerreihe genügt, um aus märkischen Havelseen ein südliches Glück hervorzuzaubern.

Andere Erfahrungen sind kollektiver Natur: gesellschaftlich legitimierte Bautypen, die sich in der Geschichte der Architektur ausdifferenziert haben, architektonisch geprägte Handlungsorte, von denen einige durch die gänzlich geänderten Bedingungen unserer Zeit überholt und schwerlich revidierbar sind, andere aber sich auch modernen Konditionen besser gewachsen zeigen als so manche städtebauliche und architektonische Erfindung der Neuzeit. Der gefaßte Straßenraum gehört dazu, der Blockinnenhof, die Arkade, die Passage. Nachbarschaften wären auf ihre lokalen Merkmale zu überprüfen, weil in ihnen Lebensgewohnheiten zu Figurationen geführt haben, die eine Gegend, einen Stadtteil lesbar machen und unter Umständen neue, andersartige oder auch ähnliche Lebensgewohnheiten hervorrufen können. Das Kriterium, ob es gelingt, Fiktionen zu erzählen oder nicht, scheint dabei weniger wichtig als die Frage, ob sich an Konzepte, die auf Vorgefundenes reagieren, neue Geschichten, Lebensgeschichten, binden können, und damit vielleicht über die Geschichten hinaus auch wieder Geschichte, Geschichte der Architektur und Geschichte derer, die in ihr leben. Die Geschichte ist

»die verantwortliche Geselligkeit der Nation«, das Wort stammt nicht von Schinkel, sondern von Hugo von Hofmannsthal.[32] Aber Schinkel hätte es unterschreiben können. Ob ein solcher Zustand, Geschichte als »verantwortliche Geselligkeit«, als Ort der Selbstbegegnung, restaurierbar ist, wenigstens auf unserem Felde restaurierbar ist? Sicher ist, daß man ihn zuvor wünschen muß, auch wenn die Märchenzeiten vorüber sind, wo das Wünschen allein geholfen haben soll.

Anmerkungen

1 Friedrich Nietzsche. ›Vom Nutzen und Nachteil der Historie für das Leben‹ (1874). In: Friedrich Nietzsche. *Unzeitgemäße Betrachtungen*. Stuttgart, 1955. S. 113 f.
2 Emanuel Geibel. ›Zur Schinkelfeier‹. In: Hans Mackowsky (Hrsg.). *Karl Friedrich Schinkel. Briefe, Tagebücher, Gedanken*. Berlin, o. J. S. 199 f. – Zur Rezeption Schinkels im 20. Jahrhundert bis zur ersten Nachkriegszeit vgl.: Christian Schädlich. ›Karl Friedrich Schinkel und die Architektur des 20. Jahrhunderts‹. In: *Wissenschaftliche Zeitschrift der Hochschule für Architektur und Bauwesen Weimar*. Heft 5/6, Jg. 27. 1980. S. 217 ff.
3 *Karl Friedrich Schinkel. Briefe, Tagebücher, Gedanken*. A. a. O. S. 13.
4 Vgl. Julius Posener (Hrsg.). *Festreden Schinkel zu Ehren. 1846-1980*. Berlin, o. J.
5 Richard Lucae. ›Schinkel im Lichte der Gegenwart‹. In: *Festreden*. A. a. O. S. 56.
6 Goerd Peschken (Hrsg.). *Karl Friedrich Schinkel. Das architektonische Lehrbuch. Karl Friedrich Schinkel. Lebenswerk*. München, 1979. S. 71, 149.
7 *Karl Friedrich Schinkel. Das architektonische Lehrbuch*. A. a. O. S. 148, 115, 149, 148.
8 *Karl Friedrich Schinkel. Das architektonische Lehrbuch*. A. a. O. S. 148. – Karl Friedrich Schinkel an den Kronprinzen von Bayern, 1834. In: *Karl Friedrich Schinkel. Briefe, Tagebücher, Gedanken*. A. a. O. S. 180.
9 J. J. Winckelmann. *Gedanken über die Nachahmung der griechischen Werke in der Malerei und Bildhauerkunst*. In: H. Holtzhauer (Hrsg.). *Winckelmanns Werke in einem Band*. Berlin, Weimar, 1976. S. 2. – *Karl Friedrich Schinkel. Das architektonische Lehrbuch*. A. a. O. S. 28, 29.
10 Alfred von Wolzogen (Hrsg.). *Aus Schinkels Nachlaß. Reisetagebücher, Briefe und Aphorismen*. Band 3. Berlin, 1862-1863. S. 334.
11 *Karl Friedrich Schinkel. Das architektonische Lehrbuch*. A. a. O. S. 146.
12 Carl Friedrich Schinkel. *Sammlung Architektonischer Entwürfe*. Berlin, 1819. Tafel 2. – Goerd Peschken. ›Klassik ohne Maß‹. In: *Berlin und die Antike*. Ergänzungsband. Berlin, 1979. S. 495 ff.
13 Zit. nach: Rolf Bothe. ›Antikenrezeption in Bauten und Entwürfen Berliner Architekten zwischen 1790 und 1870‹. In: *Berlin und die Antike*. A. a. O. S. 296.

14 *Karl Friedrich Schinkel. Briefe, Tagebücher, Gedanken*. A. a. O. S. 194. – *Karl Friedrich Schinkel. Das architektonische Lehrbuch*. A. a. O. S. 29.
15 *Karl Friedrich Schinkel. Das architektonische Lehrbuch*. A. a. O. S. 30. – Karl Friedrich Schinkel an den Kronprinzen von Bayern, 1834. In: *Aus Schinkels Nachlaß*. A. a. O. Band 3. S. 334.
16 Friedrich Nietzsche. ›Der Wanderer und sein Schatten‹ (1879). In: Friedrich Nietzsche. *Menschliches Allzumenschliches* II.
17 Dante Alighieri. *La Divina Commedia. Purgatorio X, 95*. Edizione miniscula. Mailand, o. J. (1911). S. 233.
18 Ernst F. Schumacher. *Die Rückkehr zum menschlichen Maß*. Reinbek, 1977. S. 265.
19 Robert Burton. *The Anatomy of Melancholy* (1621). Zit. nach: Klaus Laermann. ›Vom Sinn des Zitierens‹. In: *Merkur 428*. Heft 9, 1984. S. 672 ff.
20 Zit. nach: Wolf Tegethoff. ›Orianda – Berlin. Das Vorbild Schinkels im Werk Mies van der Rohes‹. In: *Zeitschrift des Deutschen Vereins für Kunstwissenschaft*. Band XXXV. Heft 1/4, 1981. S. 175. – Philip C. Johnson. ›Karl Friedrich Schinkel im zwanzigsten Jahrhundert‹. In: *Festreden*. A. a. O. S. 314 ff.
21 Wolf Tegethoff. ›Orianda – Berlin‹. A. a. O. S. 174 ff.
22 Carl Friedrich Schinkel. *Sammlung Architektonischer Entwürfe*. Berlin, 1824. Tafel 26.
23 *Karl Friedrich Schinkel. Das architektonische Lehrbuch*. A. a. O. S. 29.
24 Carl Friedrich Schinkel. *Sammlung Architektonischer Entwürfe*. Berlin, 1831. Tafel 114.
25 Carl Friedrich Schinkel. *Sammlung architektonischer Entwürfe*. Berlin, 1825. Heft 6.
26 *Karl Friedrich Schinkel. Das architektonische Lehrbuch*. A. a. O. S. 115.
27 Ernst Jünger. *Eumeswil*. Stuttgart, 1977. S. 422 f.
28 Carl Gottlieb Wilhelm Boetticher. ›Das Prinzip der Hellenischen und Griechischen Bauweise hinsichtlich der Übertragung in die Bauweise unserer Tage‹. In: *Festreden*. A. a. O. S. 28.
29 *Karl Friedrich Schinkel. Das architektonische Lehrbuch*. A. a. O. S. 149.
30 ebda. S. 115.
31 ebda. S. 150.
32 Hugo von Hofmannsthal. ›Das Schrifttum als geistiger Raum der Nation‹. In: H. Steiner (Hrsg.). *Hugo von Hofmannsthal. Prosa Band IV*. Frankfurt, 1959 ff.

Verwerfungen im Untergrund

Zur Psychopathologie von Otto Wagners Architektur

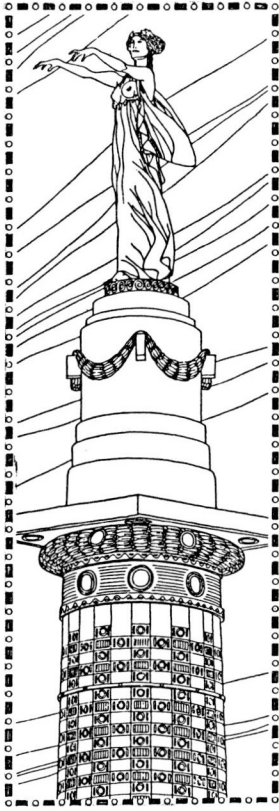

Otto Wagner, *Säule der Humanitas* vor dem Friedenspalast in Den Haag, Wettbewerbsprojekt 1905.
Die Säule dachte Wagner sich aus Beton, mit farbigem Glas und Bronze verkleidet, die Figur aus Aluminium und Porzellan.

Die Auseinandersetzung zwischen Zweck und Schönheit, Nutzen und Ästhetik, Brauchbarkeit und Form ist ein Konflikt, der die gesamte Geschichte der Nutzkunst Architektur durchzieht. Er hat sich in der Neuzeit mit ihren völlig neuartigen Programmen und Konstruktionen verschärft, und Otto Wagner hatte einen entscheidenden Anteil daran. Wagner hat sich exemplarisch den modernen Aufgaben der Großstadt gestellt. Er verstand die Stadt als eine dynamische, in steter Ausdehnung begriffene Struktur, auf die der Städtebauer mit einer Offenheit antworten mußte, die malerische Kompositionen à la Camillo Sitte ausschloß. »Die Ausdehnung einer Großstadt muß unserem heutigen Empfinden nach eine unbegrenzte sein.«[1] Gleichwohl war er nicht bereit, auf die anschauliche Wirkung der Stadt zu verzichten. Weit entfernt davon, »künstlerische Bestrebungen als etwas Überflüssiges hinzustellen«,[2] hielt Wagner an der Einheit von Kunst und Realität fest, aber er wollte sie aus einer rationalen Stadtstruktur gewinnen. Statt des behaglichen Gartenstadtidylls plante Wagner die Großstadt für die Masse, was einen deutschen Rezensenten seines ›Großstadt‹-Buches zu der indignierten Bemerkung veranlaßte: »Der Österreicher mag vielleicht nach der Empfindung einzelner Bevölkerungskreise gern in der Menge als ›Nummer‹ verschwinden, der Deutsche und Engländer aber nicht.«[3]

Theoretische Äußerungen Wagners, aber vor allem seine Bau- und Planungspraxis lassen den planmäßig ordnenden Eingriff als eine künstlerische Tätigkeit an sich erscheinen. Zeitabhängigkeit wie Modernität Wagners erklären sich aus diesem Punkt. Er verschloß sich keiner aktuellen Notwendigkeit, aber er bestand darauf, sie in seinen Kunstbegriff einzubeziehen. Von diesem strengen Anspruch her kam er zu der hypertrophen Formulierung vom Architekten als der

»Krone des modernen Menschen«. Dem Architekten ist die herkulische Arbeit auferlegt, den »Idealismus der Kunst« und den »Realismus« der zeitgenössischen Zivilisation miteinander zu vereinigen.[4]

Einen auffälligen Anteil an den Zweckanforderungen, die Wagner der modernen Epoche entnahm, beansprucht die Hygiene. In den Bauten und Entwürfen, die er für die Irrenanstalt Am Steinhof, die Lupusheilstätte und die Höhen- und Sonnenheilstätte Palmschloß bei Brixen anfertigte, war es ohnehin geboten, sich an Gesichtspunkten der Krankenpflege und Gebäudereinhaltung zu orientieren. In St. Leopold Am Steinhof, der Kirche der Landesheilanstalt, ging seine Fürsorge so weit, das Weihwasserbecken mit Fließwasser zu versorgen, um eine Infektionsquelle zu vermeiden. Der Fußboden ist zum Altar hin abgesenkt, damit er leichter gereinigt werden kann.[5]

Wagners Interesse an Hygiene erstreckte sich weit über die Bauaufgabe Krankenhaus hinaus. In dem Badezimmer, das er auf der Wiener Jubiläums-Ausstellung 1898 zeigte, zelebrierte er mit einer gläsernen Wanne und einer von Ferne an ein barockes Altarretabel erinnernden, geschweiften Wandverkleidung aus Marmor den Kult der Reinlichkeit. Bei Kirchenbauten nahm die Befriedigung aller praktischen Bedürfnisse, wie Sichtbarkeit und Schalldispersion, Heizung, Lüftung und Sanitärräume, seine volle Aufmerksamkeit in Anspruch. Die Kirche war der »modernen Menschheit« gewidmet, nicht dem »unbekannten Gott«.[6] In Wagners Gedankengängen zum Hotelbau nahmen hygienische Überlegungen den Charakter von Obsessionen an. Hotelunterkünfte dienen ausschließlich dem reinen und gesunden Schlaf und der Körperpflege. »Es geht nicht an, für die Benützung des ∞ ›Platzkarten‹ auszugeben oder die warme Brille des Vorgängers zu benutzen oder durch andere Dinge in der peinlichsten Weise belästigt zu werden; es geht nicht an, stoffliche Bestandteile des Raumes wie Wandbehang, Kuvert- und Bettdecken, Bettvorleger etc., welche ein nackter Körperteil eines Passagiers berührt haben kann, den nächstfolgenden Passagier wieder benützen zu lassen.«[7] Bei Denkmälern spielt der Gedanke, wie ihre »völlig tadellose, nicht kostspielige Reinigung (durch Abspritzen) herstellbar wäre«, eine wichtige Rolle. Der Schmutzphobie entspricht der Waschzwang. Es geht darum, dem Ganzen »ein heiteres, adrettes Aussehen zu verleihen.«[8] Die glatten, glänzenden, staubabweisenden Materialien, die Wagner schätzte, Majolika, Steinzeug, Mosaik, weisen jeden Berührungswunsch ab. Sie appellieren nur an den optischen, nicht an den Tastsinn. So werden Außenwände mit Leisten oder Flächen aus schwarzem, blauem, weißem oder goldenem Glas dekoriert, Fassaden mit Tafeln aus poliertem Marmor oder Granit, die von Bolzen aus Kupfer oder Aluminium gehalten werden, versiegelt; Flure und Wände mit Fliesen ausgelegt. Wagner erweist sich als früher Prediger jenes Hygiene-Kultes, der betrieben wurde, als die großen epidemischen Krankheiten wie Typhus, Cholera und Tuberkulose bereits gebannt waren. Die spätere Moderne mit ihren großen Fensterwänden und lichtdurchfluteten Innenräumen, mit ihren reflektierenden Lieblingsmaterialien Glas, Stahl, Chrom und weißgestrichenem Feinputz hat

diese Siegesfeier über einen besiegten Gegner weitergefeiert. Man ist versucht, die distanzierte und distanzierende Persönlichkeit Otto Wagners und dieses Bedürfnis, sich von den Zufälligkeiten und Unreinlichkeiten menschlicher Verhältnisse fernzuhalten, in einem Zusammenhang zu sehen.

Wagner ließ sich nicht nur auf die Hygiene des Hauses, sondern womöglich noch tiefer auf die Hygiene der Stadt ein. Er stieg hinab in ihre Untergründe, wo Überschwemmungen schmutziges Chaos androhen oder ungebändigte Verkehrsströme kanalisiert werden müssen. Nicht nur die Strukturen, auch die Substrukturen sollten geordnet werden; eine Hades-Beschwörung durch Kunst. Die Stationen und Bahnhöfe, Böschungsmauern und Tunnelportale der Stadtbahn wurden zu architektonischen Materialisationen der über Viadukte, in Galerien oder Tunneln geführten Verkehrsbewegungen, so wie die Brückenköpfe, Pfeiler, Wehranlagen und Nebengebäude an Wienfluß und Donaukanal aus der und gegen die Naturgewalt des Wassers entwickelt wurden. Das unberechenbare Element, die chaotische und unkontrollierte Dynamik wurden berechenbar gemacht. Die Wehre und Schleusenanlagen standen im Dienste der Donauregulierung, sollten Hochwasser und den Rückstau in den Hauptsammelkanälen verhindern. Sowohl bei der Wiental- wie bei der Donaukanallinie der Stadtbahn wurden beide Arteriensysteme, das dem Wasser und das dem großstädtischen Massenverkehr dienende, miteinander verknüpft und in integralen Bauwerken behandelt.

Was im Untergrund der Stadt als Gefahr lauerte, wurde in dieser gebauten ›Psychopathologie des Alltagslebens‹ ins Vorbewußtsein gehoben und in Kunstgestalt verwandelt. Die persönliche Bedrohung und gesellschaftliche Störung, die der Ausbruch der Elemente in der Natur bedeutete, stellt in der Natur des Menschen der Wahnsinn dar. Wagner selber verknüpfte das eine mit dem anderen, als er vor dem Bauausschuß des Steinhofes forderte, »zur künstlerischen Mitwirkung bei der Durchführung des Irrenanstaltsbaus« ebenso herangezogen zu werden wie beim Bau der Wiener Stadtbahn.[9] In der Überarbeitung des vorläufigen Lageplanes ordnete er das ursprünglich zufälligmalerische Layout zu einem axialen Schema, das in der golden schimmernden Kirchenkuppel kul-

Otto Wagner, *St. Leopold am Steinhof* in Wien, 1905-1907.
Die Kirche bekrönt die terrassenförmig gestaffelte Anlage der Heilanstalt. Statuen halten die wichtigsten Punkte des Gebäudes besetzt: Landespatrone die beiden Türmchen, Engel in vergoldetem Kupfer die Stützenköpfe der Rundpfeiler vor dem Haupteingang.

miniert. Die der menschlichen Verstörung gewidmete Anlage wird der strengsten Regel unterworfen.

Während Sigmund Freud seine ›Psychopathologie‹ und seine ›Traumdeutung‹ schrieb, war Wagner mit seinen Mietshäusern an der Linken Wienzeile und mit seinen Stadtregulierungsbauten beschäftigt. Wenn sich nach Freuds Verständnis des menschlichen Unterbewußten die latenten Traumgedanken in geträumten Inhalten manife-

stieren, so werden bei Wagner die verborgenen Probleme der Stadt in die gebauten Kunstfiguren eingebracht. Was an Chaos und Unlogik aus dem »Unbewußten« der zeitgenössischen Zivilisation aufsteigt, findet Einlaß ins Reich des anschaulichen Kunstwerks. Bei Wagner ist der Kunst aufgetragen, was beim Freud der ›Traumdeutung‹ der Traum leistet: in der Verschlüsselung die Unlust angesichts der Störungen und Verwerfungen des labilen Untergrunds zu vermeiden. Das Unbewußte der Stadt wird in der Baukunst Wagners zum verwandelten Vorbewußten, die dunklen und unzugänglichen Bereiche stellen sich unverdächtig in der reinlichen Welt des planenden Architekten dar.

Völlig gelöscht sind die Spuren des Unbewußten bei Wagner nicht. Die »Traumzensur« des Architekten führt zu merkwürdigen Irritationen und befremdenden Gestalten, die als fremde Gäste in der lichten Oberwelt geistern. Freud selbst hat, lange bevor er im Spätwerk seine Kulturtheorie ausführte, architektonische »Erinnerungssymbole«, nämlich »Denkmäler und Monumente, mit denen wir unsere großen Städte zieren«, und die Symptome verglichen, die als Reste traumatischer Erlebnisse den hysterischen Kranken heimsuchen.[10] Die phallischen Pfeiler vor Wagners Ehrenhalle der geplanten Kunstakademie, die halluzina-torischen, mit Kränzen geschmückten Gebäudekronen, das somnambule Personal von Flügel- und Fabelwesen, von Putten und Wächtern, das über Dachgesimse lugt, auf Säulen balanciert und vor Portalen Posten bezieht, sind die Ausgeburten einer Sachlichkeit, die mit ihrem Gegenteil, einer ungeordnet-wilden Phantasie, in einem geheimen und manchmal auch offenbaren Bündnis steht. Gibt es eine rätselhaftere Figur in der neueren Architektur als den »Warmluftausbläser« in jenem Dokument angeblich sachlichsten Bauens, dem Schaltersaal der Postsparkasse? Ganz Technik ist er und ganz Cauchemar. Der Kundschafter aus dem Reich der Magie überrascht uns nicht als Bote der zurückgelassenen mythischen Vergangenheit, sondern kommt uns von dort entgegen, wo ihn niemand erwartete, aus der vorweggenommenen vernunftgeordneten Zukunft.

Otto Wagner, Warmluftausbläser in der Schalterhalle des *Postsparkassenamtes* in Wien, 1904-06. Ausgeführt in Aluminium.

Anmerkungen

1 Otto Wagner. *Die Großstadt.* Wien, 1911. S. 30 f. – Vgl. zu Wagner außer der im folgenden genannten Literatur vor allem: Otto Antonia Graf. *Otto Wagner. Das Werk des Architekten.* Band 1 (1860-1902), 2 (1903-1918). Wien, Köln, Graz, 1985.
2 Josef August Lux. *Otto Wagner.* München, 1914. S. 126.
3 Anonym. ›Die Großstadt‹. In: *Deutsche Bauzeitung.* 1911. S. 479.
4 Otto Wagner. *Moderne Architektur.* Wien, 1898². S. 18.
5 *Erläuterungen zur Bauvollendung der Kirche der Niederösterreichischen Landes-Heil- und Pflegeanstalten.* o. O., o. J. S. 10. – Vgl. Peter Haiko, Harald Leupold-Löwenthal, Mara Reissberger. ›»Die weiße Stadt« – der »Steinhof« in Wien‹. In: *Kritische Berichte 6.* 1981. S. 3 ff.
6 Vgl. Heinz Geretsegger, Max Peintner. *Otto Wagner 1841-1918. Unbegrenzte Großstadt.* Salzburg, 1964, 1976². München, 1980. S. 218 f.
7 Otto Wagner. ›Ein Beitrag zur Hotelbaufrage‹. In: *Einige Skizzen, Projecte und ausgeführte Bauwerke.* Band IV. Wien, 1922.
8 Heinz Geretsegger, Max Peintner. A. a. O. S. 222.
9 *Schlußbericht des Landesausschusses ... über die Errichtung der niederösterreichischen Landes-Heil- und Pflegeanstalten.* Wien, 1909. S. 28. – Vgl. Peter Haiko u. a.. A. a. O. S. 21.
10 Sigmund Freud. ›Vorlesungen an der Clark University‹. 1909. Vgl. Paul Rom. *Sigmund Freud.* Berlin, 1966. S. 24.

Altes Ägypten und neues Bauen

Der Einfluß der Pharaonenkunst auf die Moderne

»Ich werde nach Ägypten gehen.
Asien ist aktuell.«
Charles-Edouard Jeanneret (Le Corbusier)
an William Ritter. Pisa, ohne Datum.
(November 1911)

Über die Jahrhunderte hinweg ist Altägypten nie ganz aus dem Blickfeld abendländischer Künstler entschwunden. Allerdings haben Mittelalter und Renaissance, Barock und auch das 18. Jahrhundert für das Land am Nil nicht das intensive Interesse aufgebracht, das sie der griechischen und römischen Antike zuwendeten. Griechen- und Römertum waren stets präsente Berufungsinstanzen des Abendlandes. Ägypten, auch wenn seine Kunst als die älteste überhaupt galt, konnte diesen Rang nicht beanspruchen. Es lag zu fern, verschloß sich der nachvollziehenden Einfühlung, taugte zwar zum fremdartigen Zitat, aber nicht zu kontinuierlich-verständnisvollem Umgang. Wer den sensationellen Effekt schätzte, ließ sich von Giambattista Piranesis ägyptisch dekoriertem Caffè Inglese in Rom beeindrucken. Aber viele Künstler mochten denken wie Goethe, der das Studium der griechischen und lateinischen Kultur zur Basis jeder höheren Bildung erklärte, dagegen die chinesischen, indischen und ägyptischen Altertümer für Kuriositäten hielt. »Es ist sehr wohlgetan, sich und die Welt damit bekannt zu machen; zu sittlicher und ästhetischer Bildung aber werden sie uns wenig fruchten.«[1]

Wie die islamische Welt und der Ferne Osten bot Ägypten ein Reservoir exotischer Formen, die sich abrufen ließen, wenn die Demonstration universaler Bildung, die Lust nach Varietät oder bestimmte kulturpolitische Anlässe es erheischten. Zum Repertoire der Landschaftsgärten im 18. Jahrhundert gehörten Baulichkeiten à l'égyptienne, meist in Gestalt einer kleinen Pyramide. Die Rosenkreutzer-Bewegung und die Freimaurerei waren ein anderer Grund, auf die Weisheit

Ägyptens anzuspielen. Den kräftigsten Impuls erhielten Ägyptologie und Ägyptomanie durch den ägyptischen Feldzug Bonapartes in den Jahren 1798/99 und dessen publizistischen Ertrag, in der monumentalen ›Description de l'Egypte‹, deren erster Band 1809 erschien.[2] Die Ägyptenmode des Empire verherrlichte dieses Husarenstück und half die imperialen Ansprüche des Kaisers durch die Berufung auf die jahrtausendealten Herrscherdynastien am Nil zu festigen. So sehr ließen sich Europa und die USA von Obelisken und Pyramiden, von Sphingen und geflügelten Sonnenscheiben, von Hieroglyphen und tierhäuptigen Gottheiten beeindrucken, daß die politischen Antagonismen der Zeit unberücksichtigt blieben. Ägyptizismen finden sich von Penzance bis Petersburg, von Stockholm bis Rom, in Massachusetts wie in Virginia. Die Episode dieses Egyptian Revival ist mehrfach und kompetent dargestellt worden.[3]

Von dem, was Sir John Soane, selbst Sammler ägyptischer Antiquitäten, mit Abscheu »die Macht des Ungeheuers Mode« und die »Sucht nach Neuheit« nannte,[4] unterschieden sich jene Auseinandersetzungen, die das Ägyptische weniger als pittoresken Zitatenschatz benutzten denn als Unterstützung eigener Stilabsichten, als hilfsweise herangezogenes Argument in der Polemik. So hatten schon die Architekten der französischen Vorrevolutionszeit und ihre deutschen Nachfolger die Massivität und Schmucklosigkeit, die geschlossenen Flächen, die Präzision der Konturen, die lastende Ruhe und unverrückbare Dauerhaftigkeit altägyptischer Großbauten (und der leichter erreichbaren Cestius-Pyramide an der aurelianischen Stadtmauer Roms) als Gegenpositionen zu barocker Massenbewegung und Oberflächennervosität benutzt. Einen ähnlichen Dienst erwies die ägyptische Baukunst noch einmal jener Epoche, in der sich die klassische Moderne unseres Jahrhunderts

J.-M.-N. Bralle, *Ägyptischer Brunnen* in Paris, 1808.
Den Wasserträger bildete der Bildhauer P.-N. Beauvallet
dem Antinous aus der Villa Hadriana nach. Der Brunnen
steht an der Rue de Sèvres, in der Le Corbusier von 1924
bis zu seinem Lebensende sein Atelier hatte.

vorbereitete und Hilfe suchte, wo immer sie Hilfe
fand.

In vielen Verlautbarungen der Moderne wird
zwar die Vermutung, auch die neue Architektur
könne zu einem wesentlichen Teil aus der Auseinandersetzung mit Geschichte hervorgegangen
sein, entrüstet zurückgewiesen: »Die schöpferischen Baukünstler wollen nichts, aber auch gar
nichts mit den ästhetischen Traditionen vergangener Jahrhunderte zu schaffen haben« (Ludwig
Mies van der Rohe).[5] Tatsächlich aber bildeten
historische Belege, vor allem wenn sie anonymen
Kulturen entstammten, eine Seh- und Argumenta-
tionshilfe, die bei der Durchsetzung der eigenen
Ziele von Nutzen war und bereitwillig in Anspruch genommen wurde. So dienten zu Ende
des 19. und Anfang des 20. Jahrhunderts auch die
Hervorbringungen Altägyptens der Avantgarde
als Mittel der Selbstfindung. Einige sonst übliche
Assoziationen, die mit der ägyptisierenden Spiel-
art des Historismus verbunden waren, traten dabei – wenn auch nicht ganz – zurück: die Verbin-

dung zum Totenkult, die bisher die »Häuser der
Millionen Jahre« für Grabmäler und Friedhofsbau-
ten empfohlen hatte, die Suggestion zeitüberdauernder Staatsautorität, die sich für Gerichtsbauten
und Gefängnisse eignete, oder die Stimmung ge-
heimnisschwerer Mysterien, die bei Kultbauten,
etwa der Freimaurer, aber auch bei Synagogen[6]
nahelag. Eine solche Reinigung der Formen von
bestimmten Bedeutungen hatte Joseph Gwilt
schon 1837 zur Bedingung gemacht. Solange der
Ägyptizismus nur ungeschlachte Größe oder se-
pulchrale Düsternis zeige, gab er ihm keine
Zukunft.[7]

Doch abgelöst von den Inhalten, die ihm die
bisherige Rezeptionsgeschichte zugewiesen hatte,
als autonome Kunst, konnte das Ägyptische
durchaus eine Rolle bei der Formierung der Moderne übernehmen und dabei auch neue Bedeutungen entwickeln. Ob es die Flächenhaftigkeit, die
Linienschärfe, die Insistenz auf der Materialquali-
tät oder allgemein die Kompromißlosigkeit und
Andersartigkeit des Ägyptischen war, das Epi-
theton »ägyptisch« wurde in Zusammenhängen
benutzt, die im Rückblick oft überraschend, ja
uneinsichtig erscheinen. In der älteren Pionierge-
neration, deren Werk noch im 19. Jahrhundert einsetzte, finden sich allenthalben, wenn auch nicht
kontinuierlich Anspielungen auf die Kunst der
Pharaonen. Otto Wagners Entwurf für ein Natio-
naldenkmal im Niederwald, von dem mehrere Ver-
sionen aus dem Jahre 1897 vorliegen, mag man
mit seinen Tempelfrontispizen an der Basis und
seiner figurbekrönten Spitze noch als pompöse
Fortführung des Pyramidendenkmals in der Tradition des 18. Jahrhunderts sehen.[8] Eliel Saarinens
1908 entworfenes Reichstagsgebäude für Helsinki
weckte in seiner Massengliederung, in den Stüt-
zenformen und in den zu seiten der Freitreppe
gelagerten Sphingen einschlägige Erinnerungen.
Saarinen entwarf auch einen Auftrag direkt für
Kairo.[9] Die beiden holländischen Theosophen
K. P. C. de Bazel und J. L. Mathieu Lauweriks hielten sich 1893 für einige Wochen im Britischen
Museum auf, um ägyptische und assyrische Kunst
zu studieren. Henry van de Velde, der Fürsprecher
des linearen Ausdrucks, nahm in den Katalog seiner »Liebespsalmen« (›Amo‹) die ägyptischen Monumente auf, weil sich bei ihnen Linie und Form

Eliel Saarinen, *Entwurf für ein Reichstagsgebäude* in Helsinki, 1908.

deckten,[10] eine Beziehung, die auch andere sahen. Erich Mendelsohn attestierte dem verehrten Meister, die »gestrafften Glieder erträumter Organismen« seien »flächenlebendig wie die Siegeswagen der ägyptischen Könige auf ihren Tempelwänden«.[11]

Gefördert, ja erst ermöglicht wurden die Auseinandersetzungen mit Altägypten durch die Erschließung des Landes und die Popularisierung seiner Kultur. Kunst und Architektur der Pharaonen wurden weit über den Wissensstand des frühen Egyptian Revival hinaus einem breiten Publikum bekanntgemacht. Das Ausstellungswesen des 19. Jahrhunderts, das immer neue Attraktionen aus aller Welt vermittelte, schreckte auch vor Ägypten nicht zurück. So gab es im Kristallpalast zu Sydenham einen »Egyptian Court« und auf der Pariser Weltausstellung von 1867 eine ägyptologische Sektion. Die Berliner Gewerbe-Ausstellung von 1896 zeigte im Treptower Ausstellungspark »nicht nur ein Stück von der Stadt Kairo, sondern auch die ehrwürdigen Pyramiden von Gizeh«, »die

Kalifengräber und sogar ein[en] alten Tempel vom oberen Nil«.[12] Die Cheopspyramide war in einem 38 Meter hohen Nachbau zu bewundern, dessen Stahlskelett an der Schauseite mit Zementplatten und bemalter Leinwand verkleidet war.

In solchen Kuriositäten spiegelte sich die Popularität der Ägyptologie. Die junge Wissenschaft hatte sich im 19. und zu Beginn des 20. Jahrhunderts glanzvoll entwickelt. Karl Richard Lepsius brachte mit seinen ›Denkmälern aus Ägypten und Äthiopien‹ 1848-1859 das zweite Monumentalwerk nach der ›Description de l'Egypte‹ heraus. Die Eröffnung des Suezkanals im Jahre 1869 trug das ihre zum Nachruhm des Pharaonenreiches bei. Prominente Besucher wie der Prinz von Wales und der österreichische Kaiser Franz Joseph widmeten sich bei dieser Gelegenheit den Altertümern. Giuseppe Verdis Oper ›Aida‹, aus gleichem Anlaß in Auftrag gegeben, löste eine Serie von ägyptischen Bühnenbildern aus wie drei Generationen zuvor Mozarts ›Zauberflöte‹. In Deutschland kam der Ägyptologie die Orientpolitik Kaiser Wilhelms II., eines interessierten Amateurarchäologen, zugute. 1912 wurde in Amarna, in der ehemaligen Werkstatt des Bildhauers Thutmosis, eine der heute berühmtesten Skulpturen des alten Ägypten, die Büste der Nofretete, entdeckt. Erst die sensationelle Freilegung des Tut-anch-Amun-Grabes im Tal der Könige durch Howard Carter übertraf 1922 dieses Ereignis an öffentlicher Wirkung. Fachzeitschriften für Architekten veröffentlichten gern Artikel, die über die neuen Ausgrabungsergebnisse oder Publikationen informierten. Anders als bei den gefährlichen Abenteuern, die Napoleons Wissenschaftlerschar zu bestehen hatte, war das Land nun auch reisenden Laien zugänglich. Thomas Cook & Son begannen Reisen an den Nil zu organisieren. Die erste deutsche Touristengesellschaft traf 1867 in Kairo ein, Vorläufer der Informationsreisen, die Architekten wie Paul Bonatz, Le Corbusier oder Louis Kahn im 20. Jahrhundert unternahmen.

Die Verkettung des Ägyptischen mit der Moderne galt wie für die Architektur auch für die Bildende Kunst. In Paris rechnete Henri Rousseau seine eigenen Bilder dem »modernen Genre« zu, während er die Arbeiten Picassos zum »ägyptischen Genre« zählte.[13] So urteilte nicht nur der naive Zöllner. Auch die Kunstpublizistik sprach von einem »Kubismus der Ägyptik«. Einen dialektischen Zusammenhang zwischen dem modernen Kunstempfinden und den künstlerischen Grundanschauungen der Ägypter sah schon Hedwig Fechheimer in ihrem 1913 erstmals veröffentlichten Buch ›Die Plastik der Ägypter‹. Die Autorin erblickte diese Gemeinsamkeit im »lang vergessenen Elementaren der Erscheinung und des Sehens«.[14] Für Wilhelm Worringer war die Pyramide das »Musterbeispiel für alle abstrakten Tendenzen«, und Ludwig Coellen nannte den ägyptischen Stil, ohne weitere Unterscheidungen zu treffen, »unorganisch orientiert, mechanistisch oder kubistisch«.[15] Ausdrücklich beriefen sich auf ägyptische Kunst so unterschiedliche Temperamente wie Desiderius Lenz, der spiritus rector der Schule von Beuron, der sein Ägypten-Erlebnis in der ägyptischen Abteilung der Berliner Museen hatte,[16] und Paul Klee, der 1928/29 eine Ägyptenreise unternahm und Bilder malte, die in ihren geologischen Strukturen und Verwerfungen, in ih-

Touristen an der Cheops-Pyramide, um 1870. Fotografie von Felix Bonfils, Agfa Foto-Historama, Köln.
Die Besteigung der Cheops-Pyramide gehörte zu den Höhepunkten jeder Orientreise und pflegte von den ortsansässigen Fotografen festgehalten zu werden. »Zwei Araber fassen nämlich den Europäer bei den Händen und ziehen ihn die 3–4 Fuß hohen Stufen empor, während ein Beduine kräftig an der Mitternachtsseite anfaßt ... Und so gelangt man mit unsäglicher Anstrengung unter Strömen von Schweiß auf die Spitze« (Franz Wallner).

rem staubigen Kolorit und ihrer flimmernden Helligkeit das Land am Nil beschwören. Die Zeichenhaftigkeit ägyptischer Kunst galt mehr als ihre darstellenden Qualitäten. Ihre Fremdartigkeit, die durch die Ferne der Entstehungszeit und – allen Bemühungen der Fachleute zum Trotz – durch die Unkenntnis des Kontextes verstärkt wurde, ließ die bildenden Werke des alten Ägypten als eine Einübung in die Autonomie der Kunst erscheinen. Der Ägyptologe Heinrich Schäfer hatte in den späten zwanziger Jahren alle Hände voll zu tun, die analogieversessenen Zeitgenossen zur Ordnung zu rufen: »Das gleich Aussehende ist nicht gleichen Wesens.«[17]

Die Architekten trafen aus der Fülle des Angebots, das die ägyptische Kunst enthielt, eine andere Wahl als die bildenden Künstler, auch wenn sie vergleichbar blieb. Monumentalität und Pesanz, die großzügige Erscheinung und gedrungene Form, die dem detailüberkrusteten Historismus entgegengesetzt werden konnten, waren hier die lockenden Eigenschaften. Amerikanische Wolkenkratzer sind in diesem Sinn mit Pyramiden verglichen worden. Im Einzelfall scheint den Architekten selbst eine solche Parallele durch den Sinn gegangen zu sein. John Wellborn Root entwarf sein berühmtes Monadnock Building in Chicago (1884-1889) mit dem Gedanken an die ornamentlosen Großbauten Ägyptens. Lotos- und Papyrossäule benutzte er nicht als Dekorationsvorlage, sondern als Vorbild des gesamten Bauwerks, einer strengen, an Dach und Sockel leicht ausgekurvten

Peter Behrens, *Krematorium* in Delstern bei Hagen, 1906-07. »Die großartige architektonische Kadenz ... ist ganz aus der Stimmung einer heraufwallenden Trauerprozession heraus geschaffen und wirkte im tiefsten psychologischen Sinn religiös« (Fritz Hoeber).

Totentempel der Hatschepsut in Dêr-el-Bahari (Theben-West), 18. Dynastie (1490-1468 v. Chr.).

← Otto Kohtz, *Entwurf für ein Reichsbehördenhaus* am Platz der Republik in Berlin, 1924.
»Der aus dem Tiefsten seines Wesens schaffende Baukünstler braucht … ein zwingendes religiöses Ideal, was Tempelbauten schafft, wie sie in Indien der Hinduismus, in ganz Asien Buddha und in den germanischen Ländern die Gotik hervorgerufen hat« (Otto Riedrich).

Scheibe in tragendem Mauerwerk.[18] Nachdem 1916 das New Yorker Zonierungsgesetz in Kraft getreten war und die Hochhäuser Manhattans sich stufenweise zurückstaffelten, erinnerten diese »modernen Pyramiden« ihre Zeitgenossen eher an Altmexiko als an Ägypten,[19] obwohl die frühen ägyptischen Stufenpyramiden sich ebenfalls als Vergleich angeboten hätten. In Deutschland war es der Berliner Architekt Otto Kohtz, der von der Wilhelminischen bis zur NS-Zeit unermüdlich Stufenpyramiden mit vielgeschossigen inneren Foyerhallen als Verwaltungsgebäude und Behördenhäuser vorschlug und dafür als ein »aus dem Tiefsten seines Wesens schaffender Baukünstler« gelobt wurde. Er brauche »Gewaltmenschen an der Spitze des Staates, kühn denkende große Geister, von Ehrgeiz erfüllt, in ferne Zeiten zu leuchten wie die Könige Ägyptens, Assyriens und Babylons«.[20] Als die Entdeckung des Tut-anch-Amun-Grabes im Jahre 1922 ein wahres Ägypten-Fieber auslöste, bemächtigte sich der Ägyptizismus auch der dekorativen Details und ging zumindest bei den amerikanischen Hochhäusern mit der Maya- und Azteken-Ornamentik den attraktiven Stilmix des Art déco ein. Kurioserweise entsprach diese Mischung einer alten These amerikanischer Archäologen, die in den Ureinwohnern Altamerikas Abkömmlinge eingewanderter Ägypter vermuteten.[21]

Eine Architektur der großen und massiven Volumen scheint leicht den Gedanken an das Land am Nil nahezulegen. Lange vor den Wolkenkratzern waren es die neuen technischen Konstruktionen, deren Fremdartigkeit und Kolossalität die Betrachter, vor allem die Architekten, an die Großbauten des Pharaonenreichs erinnerten. Schon im Egyptian Revival des frühen 19. Jahrhunderts wurden Fabriken oder die Kopfbauten der sensationellen Hängebrücken mit Lotossäulen oder Sphingen auf den Pylonen charakterisiert.[22] Karl Friedrich Schinkel, der sich im Mai 1826 in Paris die Zeichnungen des Ägyptologen Jean Nicolas Huyot hatte vorlegen lassen, zeigt sich anschließend in der mittelenglischen Industrielandschaft beeindruckt, da sie »ägyptisch aussieht wegen der Pyramiden und Obelisken der Öfen in den Fabriken«.[23] In der Mischung von Faszination und Grauen war diese Form von Ägypten-Rezeption um Welten getrennt von dem delikaten und gebildeten Ägyptizismus seiner ›Zauberflöten‹-Dekoration. Ähnliche Assoziationen hatten vor ihm Claude-Nicolas Ledoux oder Friedrich Gilly voll-

Peter Behrens, Hof des *Vereins Deutscher Kalkwerke,* Ton-, Zement- und Kalkindustrieausstellung in Berlin, 1910.

Walter Gropius, *Musterfabrik auf der Werkbundausstellung* in Köln, 1914 (Grundriß).
»Alle unwesentlichen Einzelheiten ordnen sich einer großen einfachen Darstellungsform unter, die schließlich, wenn ihre endgültige Gestalt gefunden sein wird, zum symbolischen Ausdruck für den inneren Sinn der modernen Baugebilde führen muß« (Gropius).

zogen, wenn sie den Essen ihrer Gießerei-Entwürfe die Gestalt von Pyramiden und Mastaben gaben und damit implizit die autokratischen Herrschaftsformen des alten Orients auf die Abhängigkeitsstrukturen der modernen Arbeitswelt bezogen. Walter Gropius stand bereits in einer Tradition, als er meinte, die amerikanischen Kohlen- und Getreidesilos hielten »in ihrer monumentalen Gewalt des Eindrucks fast einen Vergleich mit den Bauten des alten Ägypten aus«.[24] Ägyptisch schien jetzt alles heißen zu können, was des gewohnten Maßstabes entbehrte und mit seinen Massen das Auge beeindruckte. Daß sich diese Gedankenverbindung nun für Bauten der modernen Industriewelt herstellte, eröffnete dem Ägyptizismus einen neuen Anwendungsbereich. Neben den Industrieklassizismus trat ein Industrieägyptizismus.

Der Name, der für beides einstand, hieß Peter Behrens. Julius Meier-Graefe hat von dem befreundeten Designer und Architekten behauptet, er spreche von Ramses II. wie von einem verehrten älteren Kollegen.[25] Behrens verwendete im ersten Jahrzehnt des neuen Jahrhunderts mehrfach neben dem geböschten Sockel den ungegliederten Rechteckpfeiler, dessen Stirnflächen ohne Zäsur in die Ebene von Sockel und Gebälk übergehen, wie in Dêr-el-Bahari, Karnak oder Aswân. Solchen Zügen verdanken die Bauten des Reformers ihre »wuchtige Kraft« und »ruhende Massigkeit«.[26] Das Krematorium in Delstern bei Hagen (1906/07) wollte Behrens mit der Pfeilerhalle eines Ko-

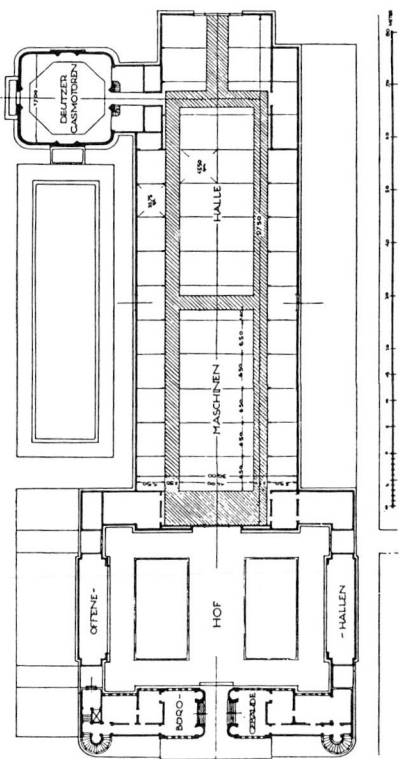

lumbariums hinterfangen, die, wie die mit Treppen und Rampen erschlossene Anlage überhaupt, an die Totentempel im Talkessel von Dêr-el-Bahari

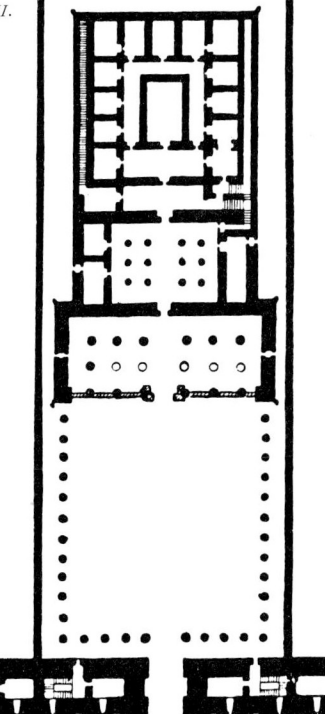

Tempel der Hatschepsu und des Thutmosis III. in Medinet Habu, 18. Dynastie (1490–1436 v. Chr.).

Horus-Tempel in Edfu, 80-51 v. Chr. (Grundriß).

gemahnt. Angesichts des »Ernstes der Handlung«[27] war es eine naheliegende Wahl, die auf eine alte Motivation des Ägyptizismus zurückgriff. Der Hof des Vereins Deutscher Kalkwerke auf der Fachausstellung in Berlin-Treptow, ein weiterer Behrens-Bau (aus dem Jahre 1910), wies ein in polygonalen Steinen errichtetes, von seitlichen Pfeilerhallen flankiertes Gebäude auf, das kaum anders als mit Anregungen aus dem altägyptischen Tempelbau zu erklären ist. Ist es nur ein Zufall, daß sich auf dem Treptower Ausstellungsgelände vierzehn Jahre zuvor Alt- und Neu-Ägypten nebst importierten Beduinen und Fellachen präsentiert hatte?

Als Behrens' einstiger Mitarbeiter Walter Gropius seine Musterfabrik auf der Kölner Werkbundausstellung von 1914 errichtete, schien ihm im Gedanken an die »ägyptischen« Silobauten Amerikas die Musterhaftigkeit seines Demonstrationsobjekts durchaus vereinbar mit dem orientalischen Zitat. Bereits der Grundriß dieses nach Zeitgenossen-Urteil »säkularen Tempels«[28] weist einige Züge altägyptischer Grabanlagen auf. Nach dem Durchqueren des Portal- und Verwaltungsbaus erschloß sich ein Hof, der von offenen Hallen (in Gestalt hofseitig geöffneter Garagen!) seitlich gefaßt war. Die abschließende, in der Mittelachse liegende Maschinenhalle war hinter ihrer breiteren Front wesentlich schmaler als Hof und Portalbau

Walter Gropius, *Musterfabrik auf der Werkbundausstellung* in Köln, 1914. Verwaltungsgebäude.

und bildete eine Verengung der wegartig und bis zu einem Endpunkt geführten Raumfolge, die auch jenseits der Fachliteratur, beispielsweise in Oswald Spenglers ›Untergang des Abendlandes‹, als Charakteristikum der ägyptischen Sepulchralarchitektur galt.[29] Die Außenfront des Verwaltungsgebäudes wäre ohne das Vorbild Frank Lloyd Wrights nicht denkbar, läßt sich dank der turmartigen Aufsätze aber auch mit den Doppeltürmen ägyptischer Tempelbauten vergleichen. In der Portalzone wird das Pylonenmotiv wiederholt und verdeutlicht. Zwischen die in die Fläche projizierten Pylonenstirne zwängt sich ein niedriger Eingang, eine Disposition, die an die Portalbauten von Tempeln des Neuen Reiches und der Ptolemäerzeit erinnert. Ein Exemplar dieser Gattung, den Horus-Tempel in Edfu, hätte der dreizehnjährige Gropius schon auf der Treptower Ägypten-

Der Edfu-Tempel in „Kairo in Berlin". für „Groß-Berlin" gezeichnet von Max Rabes.

Nachbildung des *Tempels von Edfu* in der Schau ›Kairo in Berlin‹ auf der Berliner Gewerbe-Ausstellung, Berlin-Treptow, 1896.
»Sogar ein älterer Tempel vom oberen Nil aus der Zeit der Pharaonen sollte nach Berlin gewandert sein, um sich von den Spreeathenern bewundern zu lassen?« (Carl Stangen).

Isis-Tempel. Ursprünglich auf der Insel Philae, inzwischen auf die Nachbarinsel Gelkia bei Aswân transloziert, 30. Dynastie (um 380 v. Chr. – um 180 n. Chr.).

Schau von 1896 in einer Nachbildung bewundern können – so naturgetreu, daß Äyptenkenner wie der Reiseveranstalter Carl Stangen damals fast zu dem »Glauben« kam, »daß der ganze Tempel von den Ufern des Nils hierhergezaubert sei«.[30] Die Sehschlitze der Vorbilder sind zu Vierergruppen von Fenstern geworden. Die vertikalen Kerben der geböschten Wände, in die an den ägyptischen Pylonen Fahnenmasten eingelassen waren, kehren bei Gropius in den Schlitzen der Hochwand wieder. Reliefs, die am ägyptischen Tempel über die gesamte Fassade verteilt waren, konzentrierte Gropius auf die Portalwangen der Eingangszone und ließ sie von Richard Scheibe und Gerhard Marcks ausführen. Solche Riesenleiber wären ihm beim täglichen Ein- und Ausgehen unbehagliche Nachbarn, fand Peter Jessen.[31]

Ein weiterer zeitweiliger Mitarbeiter im Atelier von Peter Behrens, der junge Le Corbusier, benutzte eine ägyptische Baufigur, die Pyramide, als Würdeform. Wenn Gropius das Portal seiner Musterfabrik als Eingang in die Arbeitswelt auszeichnen wollte, so kam es seinem Schweizer Kollegen auf die Überhöhung der Gemeinschaft an. Bei dem Projekt für Künstlerateliers in seiner Heimatstadt La Chaux-de-Fonds (1910) thront eine Pyramide auf dem Unterbau wie die zentrale Pyramide auf dem Totentempel Mentuhoteps in Dêr-el-Bahari.[32]

Bei Le Corbusier bezeichnet sie den zentralen Hörsaal. Das Museum des Genfer Mundaneums (1929), das eine Art geistiger und musischer Weltkrone darstellen sollte, nimmt die Idee des spiralförmigen Museums vorweg, das Le Corbusier später mehrfach realisieren konnte. In diesem Projekt entwickelt sich die Rechteckspirale, in der sich die Geschichte der Menschheit abbilden sollte, nicht in der Fläche wie bei den späteren Museumsversionen, sondern in Gestalt einer Stufenpyramide, in der der Weg von der Spitze bis herab zur Basis führt. In ihr findet sich der Mensch vor dem Universum der Geschichte – »voici l'homme seul, face à l'univers«. Paul Otlet, der Promotor des Projekts, sprach von einem »heiligen Ort«, eine Formel, die Le Corbusier wörtlich übernahm.[33] Kurz vor dem Entwurfsjahr, 1925, waren bedeutende Ausgrabungen im Grabbezirk des Königs Djoser erfolgt, der gleichfalls eine Stufenpyramide in einem weiten Feierhof aufwies.[34] Daß Le Corbusiers Auseinandersetzung mit der Baukunst vieler Zeiten und Länder schon früh auch das alte Ägypten einschloß, ist bezeugt. So ließ er sich während seiner Orientreise in Athen einige hundert Photos aus dem Pharaonenreich vorlegen und bekundete die Absicht, nach Ägypten zu gehen – für ihn ein Teil Asiens, nicht Afrikas.[35] Während der Arbeit in Chandigarh, der neuen Hauptstadt des Pundjab,

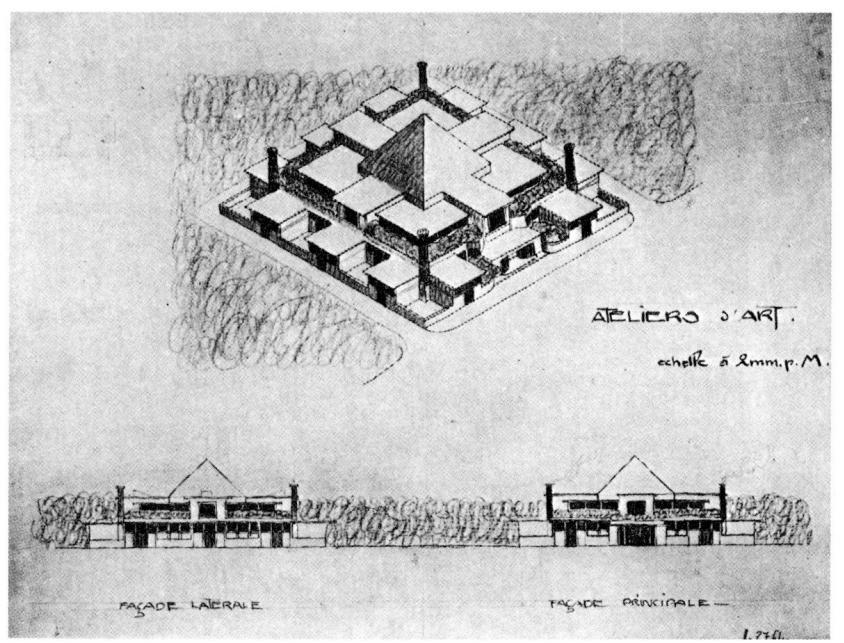

Charles-Edouard Jeanneret (Le Corbusier), *Entwurf für die Ateliers d'Artistes* in La-Chaux-de-Fonds, 1910.

Paul Bonatz, *Amun-Tempel* in Karnak, 27. 3. 1913, Kohlezeichnung. Paul-Bonatz-Nachlaß, Stuttgart.
»Hier wurde mir klar – und das kann man nirgends besser lernen als in Ägypten –, wie sehr es nötig ist, jedes Problem zunächst einmal auf seine einfachsten Elemente, auf seine Wurzeln zurückzuführen« (Bonatz).

unterbrach er 1952 eine Rückreise von Indien nach Europa und besichtigte die Pyramiden von Giza. Zweifellos war das Pyramidenfeld für Le Corbusier ein weiteres Beispiel für das »korrekte und großartige Spiel der Baukörper unter dem Licht« und eine Bestätigung seines gewaltig dimensionierten Akropolisentwurfs in Chandigarh. Die Dachlandschaften späterer Bauwerke wie auch der Innenhof des Klosters La Tourette (1957-1960) sind gleichfalls durch geometrische Formen in ihrer nackten, unvermittelten Gestalt, darunter auch Pyramiden, geprägt.

Wie sehr ägyptische Eindrücke bei der Klärung und Monumentalisierung großer Bauvolumen halfen, zeigte sich am Stuttgarter Bahnhofsgebäude, das Paul Bonatz (mit Friedrich Eugen Scholer) 1914-1928 baute. Der siegreiche Wettbewerbsentwurf von 1911, der unter anderen städtebaulichen Voraussetzungen als der endgültige Bau entstand, war mit seinen Triumphbögen und den über die Masse des Empfangsgebäudes hinausragenden Tonnendächern noch weit von der schweren, kargen Sprache des ausgeführten Bauwerks entfernt, obwohl auch er schon das Befremden der Zeitge-

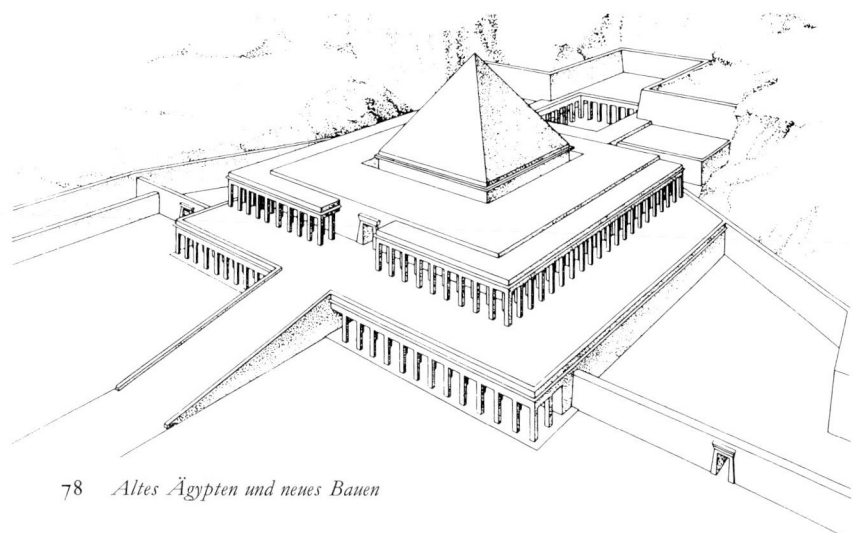

Totentempel des Mentuhotep in Dêr-el-Bahari (Theben-West), 11. Dynastie (um 2045-2020 v. Chr.). Rekonstruktionsversuch mit Pyramide.

Rechts oben:
Paul Bonatz und Friedrich
Eugen Scholer, *Haupt-
bahnhof* in Stuttgart,
1911-28.

Mauer um den *Tempelbe-
zirk des Djoser* in Saqqâra,
3. Dynastie (um 2600
v. Chr.).

nossen erregte. In die Phase der Weiterbearbeitung
fiel eine Ägyptenreise, die Bonatz im Frühjahr
1913 unternahm. Soweit die im Nachlaß erhaltenen Zeichnungen einen Schluß erlauben, interessierte sich Bonatz für die islamische Sakralbau-
kunst des Landes mit ihren vielstöckigen Außen-
wandgliederungen und Portalnischen ebenso wie
für die altägyptischen Zeugnisse. An den Grabbezirk des Königs Djoser lassen die (im Wettbewerbsprojekt freilich schon vorbereitete)
Rhythmisierung der Seitenfront und die strenge
Horizontalität des oberen Abschlusses denken.

Auch die Kolonnade der Hauptfassade kommt der
Wirkung ägyptischer Pfeilerhallen nahe. Tatsächlich konnten die Nekropolen am Nil, deren Maße
die moderner Großstadtbauten erreichten oder
übertrafen, als Beispiele monumentaler Dimen-
sionsbewältigung gelten. Die zehn Meter hohe
Umfassungsmauer von Saqqâra umschloß einen
Bezirk von 544 auf 277 Metern, der Stuttgarter
Kopfbahnsteig maß 160 Meter in der Breite. »Was
uns not tut«, meinte Werner Hegemann 1924,
»sind geistvolle Baumeister, die das alte Titanen-
gewand auf unseren neuen, vielleicht noch titanen-

hafteren Wuchs zuschneiden.« Einen Zusammen-
hang vermutete auch Gustav Adolf Platz, als er im
Stuttgarter Bahnhofsgebäude »jene ursprüngliche
Art, Massen und Mauern zu türmen« ortete, »jenes
Wesen [des Bauens], das die Ägypter und Babylo-
nier kannten«.[36]

Der offenkundigste und zugleich am wenigsten
befriedigende Fall von Ägyptizismus in Deutschland war das abenteuerliche Projekt einer Fabrik-
stadt, das der Bildhauer und Amateurarchitekt
Bernhard Hoetger für den Hannoveraner Keksfa-
brikanten Hermann Bahlsen entwarf. In der Zeitschrift ›Der Cicerone‹ wurde es kurzerhand ge-
rühmt als »eines der größten architektonischen
Projekte, die in neuerer Zeit von Künstlerhand
gestaltet wurden«.[37] Während einiger weniger
Jahre, von 1916 bis kurz vor seinem Tode 1919,
scheint der Bauherr sich unter dem Einfluß des
Künstlers über jede realistische Einschätzung von
Kosten und Bedarf hinweggesetzt zu haben: »Wir
vertrauen dem Genie Hoetgers und ein Genie soll
man immer walten lassen, selbst auf die Gefahr
hin, daß nicht alles gelingt.«[38] Eine große Grund-
stücksfläche war am nordöstlichen Stadtrand
Hannovers zusammengekauft worden und sollte
sowohl eine gewaltige Fabrikanlage wie eine
Wohnstadt tragen, deren Achsen auf den 75 Meter
hohen Turm des Fabrikationsgebäudes, auf eine
groteske »TET-Säule« oder auf einen freistehenden
dreiseitigen Theaterpavillon gerichtet waren. In
ihrer Zusammenfassung aller Lebens-, Arbeits-
und Wohnfunktionen wäre die TET-Stadt zu einem
bedrückenden Architekturdenkmal patriarchali-
scher Unternehmerallmacht geworden. »Frohn
soll zu freudigem Thun erwachsen.« Selbst wohl-
meinende Beobachter konnten nicht umhin, Ka-
sernen zu assoziieren: »Was sich hier auch entwik-
keln mag, es geht von der Fabrik aus, wird von
ihr bestimmt, steht seelisch mehr oder weniger
unter ihrem Einfluß.«[39]

Die Bekanntschaft mit Hoetger, der in seinem
bildhauerischen Schaffen ein Eklektizist großen
Formats war, mußte Bahlsen gelegen kommen.
Bahlsens Produktion trug seit dem Jahre 1904 das
ägyptische Wortbildzeichen TET, das der Keksfa-
brikant offenbar dem Museumsdirektor Friedrich
Tewes verdankte. Hoetger seinerseits orientierte
sich in einem Teil seines Werks an ägyptischer

Plastik und war mit einer baltischen Tänzerin
befreundet, die unter dem Künstlernamen Sent
M'Ahesa in ägyptischen Kostümen auftrat. Seine
TET-Stadt brachte das Kunststück fertig, sich auf-
dringlicher mit Anleihen ägyptischer Kunst zu
schmücken als die Arbeiten seiner professionellen
Architektenkollegen – alle zeitgenössischen Kritiker, die über die TET-Stadt schrieben, fühlten sich
an die Kunst der Pharaonen erinnert –, sich aber
an kein konkret nachweisbares Beispiel zu halten.
So steckt sein Projekt zwar voller trapezoider Risa-
lithe, schwerer Rampen, geböschter Sockel und
Pylonen, terrassenhaft ansteigender Baumassen,
Stufenpyramiden als Dachaufsätze, Obelisken,
Sphingen und anderer Tierplastiken, Pfeilerwälder
in weiten Hallen. Aber die Gesamtanlage teilt mit
orientalischen Grab- und Tempelstädten nur das
allgemeinste Kriterium, die rigorose Achsenbindung, nahm aber in den zahlreichen Diagonalbe-
ziehungen barocke Züge auf, die Ägypten fremd
waren. Hoetger selbst legte Wert auf die Feststel-
lung, daß es sich hier um bodenständige Architektur handele! Er verwies auf die geplante Verwendung ortsüblichen Ziegelsteins und suchte in einer
verwegenen Spekulation die trapezförmigen Fas-
sadenrisalithe auf die Fronten niedersächsischer
Fachwerkhöfe zu beziehen.[40]

Nicht minder wichtig als die Formen, wenn
auch praktischer Anwendung schwerer zugänglich war die Bedeutung der Proportionen, für die
Ägyptens Kunst einstand. »Klare mathematische
Gesetzmäßigkeit und dunkelstes Geheimnis innerer Kräfte ist der Inhalt jedes ägyptischen
Kunstwerks«, schrieb Paul Thiersch,[41] der in der
Tradition proportionalen Entwerfens arbeitete
und sich dabei sowohl auf die Praxis seines Lehrers
Peter Behrens wie auf die Studien seines Vaters
August Thiersch berufen konnte. Thiersch senior
hatte sich für ein Komponieren mit Hilfe ähnlicher
geometrischer Figuren eingesetzt und Harmonie
als »Wiederholung der Hauptfigur des Werkes in
seinen Unterabtheilungen« erklärt. Dieses Prinzip
sah auch er bereits in der Baukunst der Pharaonen
verwirklicht.[42]

Architekten, die über das Ähnlichkeitsprinzip
hinaus mit bestimmten planimetrischen Figuren
arbeiteten, stand ein Amalgam neuplatonischer,
persischer, mittelalterlicher, theo- und anthropo-

sophischer Quellen zur Verfügung. Doch auch hier spielte die ägyptische Kunst als Namensgeberin des »ägyptischen Dreiecks« einen größeren Part. So unterwarf Hendrik Petrus Berlage die gesamte Fassade seines Amsterdamer Börsengebäudes (1896-1903) einem Raster aus gleichschenkeligen Dreiecken, deren Höhe sich zur Basis wie 5 : 8 verhält. Berlage hielt diese Figur für den Pyramidenschnitt und zitierte eine »archäologische Schule«, nach der sie »der Schlüssel aller Verhältnisse, das Geheimnis aller wirklichen Baukunst« sei.[43] Das hinderte ihn allerdings nicht, mit Dreiecken anderer Verhältnisse zu experimentieren. Das Entwerfen »nach System« teilte er mit anderen niederländischen Architekten wie Jan Hessel de Groot und J. L. Mathieu Lauweriks. Bei der Berufung auf Ägypten, an der sich auffällig viele Holländer beteiligten, schien auch eine spezifisch niederländische Komponente mitzuwirken. H. L. C. Jaffé, der auf Theo van Doesburgs Auseinandersetzung mit ägyptischer Kunst und auf das Interesse der Künstlergruppe De Stijl an den mathematischen Qualitäten der Pharaonenkunst verweist, erinnert an die Abhängigkeit beider Völker von einer zuverlässigen Infrastruktur im Wasserbau. Wissenschaftliche und technologische Naturbeherrschung besaßen für beide Staaten existentielle Bedeutung.[44]

Wie diese vereinheitlichende Kompositionsmethode auf die Moderne eingewirkt hat, wie die Wege ihrer Verbreitung über die Düsseldorfer Kunstgewerbeschule und das Werk von Lauweriks führten und so auch Le Corbusier und Walter Gropius erreichten, ist in der Literatur oft behandelt worden.[45] In der Systematik des modernen Entwurfs steckt als Ingredienz auch das mathematische Wissen Altägyptens mit seinen kosmologisch-theologischen Aspekten – und die Sehnsucht nach der verlorenen Einheit aller kulturellen und geistigen Äußerungen. Sie alle, schrieb Lauweriks, gründeten auf »derselben Basis, dem Gesetz der Harmonie, will sagen der geordneten Verwirklichung der Einheit, der sich jedermann einfügt«.[46]

Vor dem Hintergrund dieses Formen- und Ideen-Transfers gewinnen zeitgenössische Äußerungen, in denen die Bauhaus-Moderne mit Ägypten verglichen wird, einen Teil jener Plausibilität, die ihnen bei erster Lektüre so vollständig abzugehen scheint. Werner Hegemann gehörte zu den Autoren, die diesen Vergleich zogen, wenn auch in seinem Falle mit ironischem Augenzwinkern und polemischer Absicht. Sein Aufsatz ›Weimarer Bauhaus und ägyptische Baukunst‹ geht aus von dem Weimarer »Papyrus«, der da unter dem Titel ›Staatliches Bauhaus Weimar 1919-1923‹ erschien.[47] Hegemann fand sich »eigentümlich überrascht durch etwas beinahe Hieroglyphenhaftes im Äußeren und Inneren dieses erstaunlichen Buches«. Die starken Farben, der horror vacui der Typographie, die vertikalen Zeilen, die Flächenwirkung der Formen, aber vor allem der Text wiesen »weniger in das Goethesche Weimar, als in das ägyptische Mutterland edelster Kunst und höchster Weisheit«.

Hegemann war nicht der einzige, der sich unter die Ägypter versetzt fühlte. Bei Thilo Schoder, einem Schüler Henry van de Veldes, fand ein Kritiker »das Besinnen auf die ägyptische Baukunst«, das er zugleich als den »Baugeist der neuen Zeit« schlechthin deutete.[48] Hans Poelzig, der mit großen Baumassen umging und dessen 1919 im Berliner Großen Schauspielhaus verwendete Kelchstützen an Papyros- oder Palmblätter-Kapitelle erinnern mochten, wurde sogar in populären Bonmots mit ägyptischer Baukunst in Verbindung gebracht.[49] Ein besonnener Kritiker innerhalb der Moderne, der österreichische Architekt und Designer Josef Frank, erblickte die Parallele im Streben nach dem Kanonischen, das für das alte Ägypten wie für den neuen Funktionalismus gelte. Nach den vielfältigen Stil-Versuchen herrsche »heute wieder der begreifliche Drang, Ewigkeitswerte zu schaffen«. Dieser durch die Maschine begründete Kult sei noch unmenschlicher als der ägyptische, da niemand Glauben für ihn aufbringe. Der Dialektiker Frank prophezeite dem modernen Ägyptizismus ahnungsvoll: »Zeitlose Formen veralten schnell.«[50]

In Wilhelm Worringers Auseinandersetzung mit ägyptischer Kunst, die 1927 erschien, aber schon einige Jahre zuvor verfaßt worden war, macht der Autor der Moderne wie der ägyptischen Kunst den Vorwurf des »Amerikanismus«. In Ägypten sei die Maßlosigkeit der Vorzivilisation

Bildvergleich aus: Wilhelm Worringer, *Ägyptische Kunst. Probleme ihrer Wertung*, München 1927.

21. TORBAU DES TOTENTEMPELS DES KÖNIGS SAHU-RE

22. GETREIDESILO IN KANADA

am Werke, in Amerika die Maßlosigkeit der Überzivilisation. Hier wie dort konstatiert Worringer ein Höchstmaß an Konvention und einen Mangel an Triebhaftigkeit, das Vorwalten der sachlichen Materialität, die kalte Synthese des Heterogenen statt des verbindenden Eros, den Triumph der vaterlandslosen Intellektualität über die naturgewachsenen Kräfte der Seele.[51] Worringer spitzt den Gedanken mit Bildvergleichen zu. Mit der Parallele zwischen Bauten des alten Ägypten und zeitgenössischen Silogebäuden, die Walter Gropius 1913 locker gezogen hatte, macht Worringer nun ernst. Er bildet das Lagerhaus ab, das Gropius im ›Jahrbuch des Deutschen Werkbundes‹ gezeigt hatte, jedoch in der retuschierten Fassung desselben Photos, die Le Corbusier zehn Jahre nach Gropius in ›Vers une architecture‹ benutzt hatte.[52] Die Giebelaufsätze über dem horizontalen Gesims fehlen, da sie für Le Corbusier offenbar nicht modern genug ausgesehen hatten. Worringer wiederum wäre der Urzustand des Photos wahrscheinlich nicht »ägyptisch« genug erschienen. Bei einer anderen Vergleichsserie holte sich Worringer sein modernes Pendant zum ägyptischen Totentempel aus dem von Gropius herausgegebenen Band ›Internationale Architektur‹ von 1925.

Den vergleichenden Blick hinüber zum Nil lösten nicht nur die Monumentalbauten aus, sondern auch der Gedanke an den Wohnbau. Grabungen wie die Ludwig Borchardts in Tell el-Amarna hatten die Aufmerksamkeit auf Häuser der Handwerker und Arbeiter gelenkt. Der Augenschein half nach. In den Dörfern entlang des Stromes oder in den Oasen schien sich eine durch Klima und gleichbleibende Bedürfnisse geprägte Alltagsarchitektur erhalten zu haben, die den neuen Stilwünschen entsprach. »Wenn man heute, von Deutschland kommend, das Ufer Afrikas sichtet, so meint man, einem Wunschbild entgegenzufahren, nämlich der zukünftigen, der modernen Stadt. Was bei uns noch zu Konflikten führt, steht dort außer Diskussion«, heißt es in der Zeitschrift des Deutschen Werkbundes, der ›Form‹.[53] Die Horizontalität der Siedlungen, die selbstverständliche Typenbildung, der Rhythmus der Hauswürfel und -quader, das in Europa so heftig umstrittene Flachdach versprachen eine Synthese von Einheit und Vielgestaltigkeit, die im zeitgenössischen Mit-

teleuropa Wunsch und noch nicht Wirklichkeit war. Doch auch dieser Vergleich ließ sich gegen die Moderne wenden. Bei der konservativen Kritik am Neuen Bauen wurde die Eloge auf Ägyptens »Wunder gesteigertster Formfülle«[54] zur Schelte auf die Fellachendörfer, die auf dem Stuttgarter Weißenhof und anderswo entstünden.

Durch die kritischen Gegenüberstellungen frühzeitig gewarnt, gingen die der internationalen Moderne nahestehenden Architekten ihrerseits vorsichtig mit dem Vorbild Ägypten um. Assoziationen, die sich nicht mit dem avantgardistischen Kodex vertrugen, wurden von vornherein ausgeschieden. So war klar, daß eine Berufung auf Ägypten den historischen gesellschaftlichen Zusammenhang weitgehend ausblenden mußte. Aber die straffe Organisation der Pharaonenreiche und die Bewältigung planerischer Aufgaben in größten Dimensionen waren im Zeitalter Frederick Winslow Taylors und Henry Fords akzeptabel. Verdrängt wurde dagegen in den Staaten, die sich als demokratisch verstanden, der Gedanke an die hierarchisch geordnete Autokratie, als deren Sinnbild der Soziologe Georg Simmel die Pyramiden beschrieben hatte: »eine völlig symmetrische Struktur der Gesellschaft, deren Elemente nach

oben hin an Umfang schnell abnehmen, an Höhe der Macht schnell zunehmen, bis sie in die eine Spitze münden, die gleichmäßig das Ganze beherrscht«.[55] Ähnlich charakterisierte Hugo Häring, der als Fürsprecher eines »organhaften« Bauens trotzdem ein lebendiges Gefühl für die »Herrlichkeit der Geometrie« hatte, die »Pyramidenkultur«. Die Pyramide hat ihren »besonders bevorzugten Punkt« in der Spitze, also außerhalb »der Masse, sie bekrönend«, wobei Häring das Wort »Masse« offenbar auch im Sinne von »Volksmenge« benutzte.[56]

Vom Formencharakter ägyptischer Baukunst waren das Gewicht und die Undurchdringlichkeit geschlossener Mauern, die Symmetrie, die Monumentalität und die Strenge ägyptischer Sakral- und Palastarchitektur nur in den Vorbereitungsphasen der neuen Architektur willkommen. Mit der gewollten Leichtigkeit und Transparenz der zwanziger Jahre erwiesen diese Züge sich als unvereinbar. Es wurden infolgedessen andere Eigenschaften hervorgehoben: die Verwandlung der Materie in Geometrie, die Abstraktion elementarer Formen, der durch Rampen, Treppen, Passagen, Terrassen, Achsenbeziehungen und Engführungen geprägte prozessuale Charakter. Ein charakteristisches Ar-

Wilhelm Kreis, *Entwurf für ein Ehrenmal in Afrika,* vor 1943.
Die Monumente, die der ›Generalbaurat für die Gestaltung der deutschen Kriegerfriedhöfe‹ an den Grenzen des neugermanischen Großreiches errichten wollte, vereinnahmen die Tradition der besiegten Länder.

gument brachte der ehemalige Bauhaus-Schüler Marcel Breuer bei, der jenseits aller unterschiedlichen äußeren Erscheinung eine Gemeinsamkeit im kompromißlosen Ausdruck der Konstruktionstechniken erkennen wollte. Laut Breuer machten sich die Ägypter die Möglichkeiten des Baustoffs Stein ebenso radikal zunutze wie die neuzeitlichen Ingenieure die des Baumaterials Stahl oder Stahlbeton, und so dürften die Pyramiden in einem Atemzug mit dem Eiffelturm oder der modernen Hängebrücke genannt werden, ja: »Kein Baumeister hat seinen Baustoff mit so überzeugender Meisterschaft und mit solcher Kraft und Raffinesse verwendet wie der pharaonische.«[57] Breuer trug noch andere Vergleichsmomente zusammen: den rhythmischen Wechsel offener, geschlossener und halboffener Räume oder die Konfrontation der scharf ausgeprägten geometrischen Form mit den Naturformen der Felskulissen. Er schrieb diese Würdigung der ägyptischen Baukunst 1964 in einem Text, der die ahistorische Näherung ans Thema schon in seinem Titel › Jenseits der Zeitalter‹ verrät. Viele zeitgenössische Architekten hatten zu diesem Datum das Ideal scheinbarer Immaterialität längst aufgegeben und waren ins Lager des Neuen Brutalismus übergewechselt. Breuer selbst baute bereits die festungsartigen Bauskulpturen, die geböschten schweren Wände, die pesanten Betonstrukturen und mastaba-ähnlichen Volumen seines Spätwerks, so daß die Eloge »jenseits der Zeitalter« zum Legitimationsversuch der eigenen Arbeit geriet.

Die ägyptische Kunst gehört, wie jede Kunst, zum Bestand des imaginären Museums.[58] Den unterschiedlichsten Parteien hat sie Zitate zur Verfügung gestellt. Die Zeremonial- und Sepulchralarchitektur des NS-Regimes kam den Monumentalbauten des Nilreiches in den Imponiergebärden geböschter Pylonen und Pfeilerhallen nahe. Frank Lloyd Wright mag sich an die Säulenwälder mit ihren Lotos- und Papyroskapitellen erinnert haben, als er den hypostylen Arbeitssaal der Johnson Wax Company in Racine, Wisconsin (1936-1939) schuf. Aldo Rossi evozierte Assoziationen an ägyptische Grabbezirke, als er 1971-1976 sein Friedhofsprojekt für Modena entwarf. Die Designer der Mailänder Memphis-Gruppe brachten sich, ihrem Namen getreu, mit Hilfe ägyptischer Reminiszenzen in Entwurfslaune, aber mehr noch eingedenk der nordamerikanischen Stadt Memphis, wo das Idol der fünfziger Jahre, Elvis Presley, begraben liegt. James Stirling bediente sich bei der Zitatencollage seiner Stuttgarter Neuen Staatsgalerie (1977-1984) der ägyptischen Hohlkehle. Ieoh Ming Pei entsann sich der Pyramide (und des napoleonischen Ägyptenkults), als er für den Louvre-Hof eine gläserne Pyramide vorschlug (1989), und Gae Aulenti fand, ebenfalls in Paris, bei der Inneneinrichtung des 1986 eingeweihten Musée d'Orsay ägyptoide Kammern geeignet, impressionistische Bilder aufzunehmen. Eine zusammenhängende Argumentation ergibt sich aus diesen und vielen anderen Anwendungen der Pharaonenkunst nicht mehr. Die Rolle Ägyptens als Geburtshelfer des Neuen war abgeschlossen, als die Moderne sich etabliert hatte.

Anmerkungen

1 Johann Wolfgang von Goethe. *Wilhelm Meisters Wanderjahre* (1829). In: *Goethes Werke. Hamburger Ausgabe.* Band 8. München, 1982[11]. S. 483.
2 Commission des monuments d'Egypte. *Description de l'Egypte,* Paris, 1809-1828.
3 U. a. Nikolaus Pevsner. ›The Egyptian Revival‹. In: *Studies in Art, Architecture and Design,* London, 1968. S. 212 ff. Deutsch: ›Egyptian Revival – die Wiederentdeckung Ägyptens‹. In: *Architektur und Design. Von der Romantik zur Sachlichkeit.* München, 1971. S. 174 ff. – Siegfried Morenz. *Die Begegnung Europas mit Ägypten.* Berlin, 1968. – Richard G. Carrott. *Egyptian Revival. Its Sources, Monuments and Meaning. 1808-1858.* Berkeley, London, 1978. – Peter A. Clayton. *The Rediscovery of Ancient Egypt. Artists and Travellers in the 19th Century.* London, 1982. – James Stevens Curl. *The Egyptian Revival. An Introductory Essay of a Recurring Theme in the History of Taste.* London, 1982.
4 John Soane. *Lectures on Architecture.* Hrsg. v. A. T. Bolton, London, 1929, Zit. nach Nikolaus Pevsner. *Studies in Art.* A. a. O. S. 175.
5 Ludwig Mies van der Rohe (1923). In: Fritz Neumeyer. *Mies van der Rohe. Das kunstlose Wort.* Berlin, 1986. S. 299.
6 Rachel Wischnitzer. *Synagogue Architecture in the United States.* Philadelphia, 1955.
7 Joseph Gwilt. *Elements of Architectural Criticism.* London, 1837. S. 33.
8 Gustav Peichl (Hrsg.). *Die Kunst des Otto Wagner.* Wien, 1984. S. 86.
9 Albert Christ-Janer. *Eliel Saarinen.* Chicago, Toronto, London, 1948. S. 56.
10 Henry van de Velde. ›Vernunftgemäße Schönheit‹. In: *Essays.* Leipzig, 1910. S. 117.
11 Erich Mendelsohn. In: *Hommage au Maître-Architecte Henry van de Velde à l'occasion de son soixante-dixième anniversaire.* Sonderdruck von *La Cité.* Brüssel, 1933.
12 Albert Kühnemann (Hrsg.). *Groß-Berlin. Bilder von der Ausstellungsstadt.* Berlin, 1896. S. 129 ff.
13 Werner Haftmann. *Malerei im 20. Jahrhundert.* München, 1954. S. 228.
14 Hedwig Fechheimer. *Die Plastik der Ägypter.* Berlin, 1919[4]. S. 1.
15 Wilhelm Worringer. *Abstraktion und Einfühlung.* München, 1918[3]. S. 119. – Ludwig Coellen. ›Der Kubismus der Ägyptik und sein Bezug zum Expressionismus‹. In: *Das Kunstblatt.* Heft 8, Jg. 8, 1918. S. 250.
16 Heinrich Schäfer. *Ägyptische und heutige Kunst und Weltgebärde des alten Ägypten.* Berlin, Leipzig, 1928. S. 6.
17 Heinrich Schäfer. Ebda. S. 47.
18 Carl W. Condit. *The Chicago School of Architecture.* Chicago, 1964, 1975. S. 65 ff. – William Jordy. *American Buildings and Their Architects. Progressive and Academic Ideals: Turn of the Twentieth Century.* New York, 1972. S. 41 ff.
19 Werner Oechslin. ›Skyscraper und Amerikanismus‹; Manfredo Tafuri. ›Neu Babylon, das New York der Zwanzigerjahre‹. In: *archithese 20. Metropolis 3.* 1976. S. 4 ff., 12 ff.
20 Otto Riedrich, ›Zu einigen Entwürfen des Architekten B. D. A. Otto Kohtz‹. In: *Moderne Bauformen.* Jg. 23, 1924. S. 241 ff.
21 Richard G. Carrott. *Egyptian Revival ...* A. a. O. S. 50.
22 Richard G. Carrott. Ebda. S. 103 ff.
23 Gottfried Riemann (Hrsg.). *Karl Friedrich Schinkel. Reise nach England, Schottland und Paris im Jahre 1826.* München, 1986. S. 186, ähnlich öfter. – Vgl. Adolf Max Vogt. *Karl Friedrich Schinkel. Blick in Griechenlands Blüte.* Frankfurt, 1986. S. 691.
24 Walter Gropius. ›Die Entwicklung moderner Industriebau-

kunst‹. In: *Die Kunst in Industrie und Handel. Jahrbuch des Deutschen Werkbundes 1913.* Jena, 1913. S. 21.
25 Julius Meier-Graefe. ›Peter Behrens-Düsseldorf‹. In: *Dekorative Kunst.* Heft 10, Jg. 8, 1905. S. 382.
26 Fritz Hoeber. *Peter Behrens.* München, 1913. S. 43. Vgl. das Basement des Hauses Obenauer, Saarbrücken (1905/06), den Sonderraum Behrens in der Kunstausstellung Düsseldorf (1907), sowie das Haus Wiegand, Berlin-Dahlem (1911/12). Dazu: Wolfram Hoepfner, Fritz Neumeyer u. a. *Das Haus Wiegand von Peter Behrens in Berlin-Dahlem.* Mainz, 1979.
27 Peter Behrens, zit. nach: Peter Stressig, Justus Buekschmitt. ›Karl Ernst Osthaus – der Planer und Bauherr‹. In: *Karl Ernst Osthaus, Leben und Werk.* Recklinghausen, 1971. S. 358.
28 Herman George Scheffauer. ›The Work of Walter Gropius‹. In: *The Architectural Review.* Jg. LVI. August 1924. S. 50 ff. Zit. nach: Karin Wilhelm. *Walter Gropius Industriearchitekt.* Braunschweig/Wiesbaden, 1983. S. 80.
29 Oswald Spengler. *Der Untergang des Abendlandes.* München, 1923[33-47]. S. 241 ff. u. a.
30 Carl Stangen. ›Kairo in Berlin‹. In: Albert Kühnemann (Hrsg.). *Groß-Berlin ...* A. a. O. S. 137.
31 Peter Jessen. ›Die deutsche Werkbundausstellung Köln 1914‹. In: *Deutsche Form im Kriegsjahr. Jahrbuch des Deutschen Werkbundes 1915.* München, 1915. S. 34.
32 Die Existenz der Pyramide wurde seit der Rekonstruktion in Henri Edouard Navilles Publikationen aus den Jahren 1907-1913 angenommen, später allerdings auch angezweifelt.
33 Le Corbusier, Pierre Jeanneret. *Œuvre complète 1910-1929.* Zürich, 1984. S. 190 ff.
34 Jean Leclant (Hrsg.). *Les Pharaons. Le temps des pyramides.* Paris, 1978. Deutsch: *Ägypten.* Band 1. München, 1979. S. 24.
35 Giuliano Gresleri. ›In den Fesseln der Heimat – Sich treiben lassen. Die Reise Ch. E. Jeannerets in den Orient‹. In: *Daidalos* 19. 1986. S. 109. – Giuliano Gresleri. *Le Corbusier. Viaggio in Oriente.* Venedig, 1984. S. 402.
36 Werner Hegemann. ›Weimarer Bauhaus und ägyptische Baukunst‹. In: *Wasmuths Monatshefte für Baukunst.* Heft 3-4, Jg. 8. 1924. S. 86. – Gustav Adolf Platz. *Die Baukunst der neuesten Zeit.* Berlin, 1927. S. 43. – Vgl. Wolfgang Pehnt. *Die Architektur des Expressionismus.* Stuttgart, 1973. S. 49 f. Dazu: Frank Werner. *Paul Bonatz 1877-1956. Stuttgarter Beiträge 13.* Stuttgart, 1977. S. 16 f.
37 Ohne Verfasser. In: *Der Cicerone.* Heft 11-12, Jg. 9. Juni 1917. S. 198.
38 Hermann Bahlsen. *Chronik der neuen TET-Fabrik und Stadt.* Typoskript. Bahlsen-Archiv Hannover, Juni 1917.
39 Lothar Brieger. In: *Über Land und Meer.* Heft 27, Jg. 60, 1918. S. 401.
40 Ohne Verfasser. *Die neue TET-Fabrik.* Hannover, o. J. (1917). – Hans Hildebrandt. ›Die neue TET-Fabrik‹. In: *Der Cicerone.* Heft 11-12, Jg. 9. Juni 1917. S. 189 ff. – Rudolf Hillebrecht. ›Hermann Bahlsen und die Architektur‹. In: *Hermann Bahlsen.* Hannover, 1969. S. 3 ff. – Wolfgang Saal, Dieter Golücke. ›Der TET-Stadt-Entwurf für die Keksfabrik Bahlsen‹. In: *Bernhard Hoetger. Bildhauer, Maler, Baukünstler, Designer.* Worpswede, 1984. S. 238 ff.
41 Zit. nach: Rudolf Fahrner (Hrsg.). *Paul Thiersch. Leben und Werk.* Berlin, 1970. S. 228.
42 August Thiersch. *Proportionen in der Architektur. Handbuch der Architektur.* Vierter Teil, 1. Halbband. Leipzig, 1926. S. 65, 76 f.
43 H. P. Berlage. *Grundlagen und Entwicklung der Architektur.* Rotterdam, o. J. (1908). S. 20 f. Dazu: Manfred Bock. *Anfänge einer neuen Architektur. Berlages Beitrag zur architektonischen Kultur der Niederlande im ausgehenden 19. Jahrhundert.*'s-Gravenhage/Wiesbaden, 1983. S. 64 ff.

44   H. L. C. Jaffé. *De Stijl 1917-1931*. Amsterdam, 1956. Zit. nach: *Bauwelt Fundamente 7*. Frankfurt, Berlin, 1965. S. 91.

45   Vgl. u. a. Nic. H. M. Tummers. *J. L. Mathieu Lauweriks. Zijn werk en zijn invloed*. Hilversum, 1967. – *J. L. M. Lauweriks*, Katalog Kaiser Wilhelm Museum, Krefeld, 1987.

46   J. L. M. Lauweriks. ›Egypte‹. In: *Architectura 5*. 1897. S. 16 ff. Zit. nach: *Nederlandse architectuur 1893-1918*. Katalog Architektuurmuseum, Amsterdam, 1975. S. 108.

47   Werner Hegemann. ›Weimarer Bauhaus und ägyptische Baukunst‹. A. a. O. S. 69.

48   Franz Kaibel. ›Baugeist‹. In: *Allgemeine Thüringische Landeszeitung, Deutschland*. Weimar, 23. 4. 1924.

49   Ohne Verfasser. ›Der ägyptische Stil‹. In: *Das Tagebuch*. Berlin, 31. 5. 1930.

50   Josef Frank. ›Ägypten und wir‹. In: *Architektur als Symbol*. Wien, 1931. S. 36 ff.

51   Wilhelm Worringer. *Ägyptische Kunst. Probleme ihrer Wertung*. München, 1927.

52   Im *Jahrbuch des Deutschen Werkbundes* von 1913. Abb. nach S. 16, als »Getreidesilo in Buenos Aires« veröffentlicht.

53   Johanna Schütz-Wolff. ›Die Architektur der Primitiven in Ägypten‹. In: *Die Form*. Heft 2, Jg. 4. Berlin, 1929. S. 37 ff.

54   Johanna Schütz-Wolff. Ebda. S. 40.

55   Georg Simmel. *Soziologische Ästhetik* (1896). Zit. nach: Martina Schneider (Hrsg.). *Information über Gestalt*. Düsseldorf, 1974. S. 154.

56   Hugo Häring. ›Kunst- und Strukturprobleme des Bauens‹. In: *Zentralblatt der Bauverwaltung*. 15. 7. 1931. S. 430. – Vgl. Hugo Häring. ›Proportion‹. In: *Deutsche Bauzeitung*. 18. 7. 1934, wiederabgedruckt in: Heinrich Lauterbach, Jürgen Joedicke. *Hugo Häring*. Stuttgart, 1965. S. 25 ff.

57   Marcel Breuer. ›Jenseits der Zeitalter‹. In: Jean Louis de Cenival. *Egypte* (1964). Zit. nach: Tician Papachristou. *Marcel Breuer. Neue Bauten und Projekte*. Stuttgart, 1970. S. 13 f.

58   Das Buch von James Stevens Curl. *The Egyptian Revival*, a. a. O. enthält ein Kapitel über den englischen Ägyptizismus des 20. Jahrhunderts, in dem er meist dekorativ genutzte Zitate – u. a. aus dem Kinobau der zwanziger und dreißiger Jahre – aufführt.

Automobilmachung

Zur Geschichte einer Faszination

Le Corbusier auf dem Dach der Fiat-Werke in Turin-Lingotto, 1934.
»Die Fiat-Fabrik ist zu einem Schrittmacher unserer mechanischen Epoche geworden ... Die Autobahn auf dem Dach zum Beispiel ist ein Beleg moderner Technik; kein Traum mehr, sondern eine Tatsache« (Le Corbusier).

Die reine, edle Form

In der großen Werkausgabe Le Corbusiers, auf der letzten Seite des zweiten Bandes, sieht man den Meister in dunklem Sakko und mit großer Fliege befriedigt lächelnd hinter dem Volant eines offenen Sportwagens und auf einer Betonpiste abgebildet. Es ist das Jahr 1934, und der mittlerweile schon berühmte Architekt darf einen Balilla-Spider, Modell Coppa d'Oro, zur Probe fahren. Noch bemerkenswerter als das Fahrzeug ist der Tatort. Wir befinden uns auf der einen Kilometer langen Erprobungsstrecke, die das Fiat-Werk auf dem Dach seiner Fabrik in Turin-Lingotto installiert hat. Die Wagen werden in den fünf Stockwerken des über 500 Meter langen Gebäudes hergestellt und montiert, fahren mit eigener Kraft auf einer gewendelten Rampe nach oben, werden dort getestet und verlassen dann erst zur Auslieferung das Werk. Giacomo Matté-Trucco, der Werksarchitekt von Fiat, hat das Fabrikgelände entworfen, das seinerzeit als das größte in Europa galt.[1]

Für das neuartige Erlebnis revanchierte sich Le Corbusier mit einem euphorischen Text, in dem die Verdienste des Fiat-Unternehmens um den Urbanismus der neuen Maschinenepoche gepriesen werden. »Der Augenblick ist gekommen, den Bau der Städte mit demselben Glauben, demselben Mut, derselben Kühnheit zu beginnen, wie sie die Fiat-Chefs gezeigt haben.«[2] Le Corbusier veröffentlichte dieses Bauwerk nicht zum ersten Mal. Schon sein berühmtes Buch ›Vers une architecture‹ von 1923, das eine Artikelfolge aus der Zeitschrift ›L'Esprit Nouveau‹ zusammenfaßte, schloß mit drei Ansichten dieser eigentümlichen Symbiose von Straße und Gebäude.

Le Corbusiers Auto-Begeisterung ist bezeichnend für den Enthusiasmus, mit dem die Avantgarde das Automobil begrüßte. In ›Vers une architecture‹ räumte er, der selbst einen Voisin fuhr – und zwar mit einiger Nonchalance, wenn man Freunden glauben darf[3] –, dem Auto neben

dem Flugzeug und dem Dampfer ein eigenes Kapitel ein. Fabrikate aus der reichen Produktpalette der zwanziger Jahre, Delage, Hispano-Suiza, Bignan, Bellanger, Voisin paradieren neben Abbildungen des Parthenon. Einige seiner eigenen Projekte benannte Le Corbusier nach Autofirmen, wobei die Hoffnung mitspielte, potente Unternehmer als Sponsoren zu gewinnen. Der Plan Voisin, den er 1925 im Pavillon de L'Esprit Nouveau am Rande der Pariser Exposition Internationale des Arts Décoratifs ausstellte, verdankte seinen Namen einer solchen erfolgreich verlaufenen Werbeaktion bei dem Flugzeugpionier und Automobilhersteller Gabriel Voisin. In der Tat bot Le Corbusiers radikaler Umgestaltungsvorschlag für die Stadtmitte von Paris mit seinen Rollbahnen und vielgeschossigen Kreuzungsbauwerken und seinem Flugplatz mitten zwischen Hochhäusern einem Kraftfahrzeug- und Flugzeugproduzenten genügend Anlaß zu wohlwollender Förderung.

Fast alle wesentlichen Motive für das Auto-Engagement der Avantgarde finden sich bei Le Corbusier. Anders als das Haus war das Auto ein Produkt, das rationalen Fertigungstechniken zu verdanken war und schon deshalb als ein Symbol der Modernität gelten konnte. Frederick Winslow Taylors Lehre von der wissenschaftlichen Betriebsführung und der Zerlegung des Arbeitsprozesses in viele kleine Einheiten war von keiner Branche so begierig aufgegriffen worden wie von der jungen, unkonventionell denkenden Automobilindustrie. Henry Ford in Detroit, dessen Autobiographie auch in Europa großen Eindruck machte (»Es ist etwas Heiliges um ein großes Unternehmen ...«[4]), hatte bereits im ersten Jahrzehnt des neuen Jahrhunderts Fließbandverfahren eingeführt. Seit 1913 produzierte er sein weltweit erfolgreiches T-Modell, die so häßliche wie zuverlässige Tin Lizzy, am laufenden Band. Auf dem Höhepunkt des Erfolges verließ alle vierzig Sekunden ein fertiger Wagen das Montageband. In Europa war der risikofreudige André Citroën der erste Fabrikant, der die Fließbandfertigung einführte.

Auf Citroën berief sich Le Corbusier, als er seinen revolutionären Haustyp ›Citrohan‹ taufte, »um nicht zu sagen Citroën«.[5] Die Konstruktionselemente dieses Bauwerks sollten standardisiert und vorgefertigt werden, ein Haus wie ein Auto, eine Wohnmaschine. Auf Vorrat produzieren, abrufbare Teile bereithalten, der industrielle Herstellungsprozeß, die Verbilligung der Produkte durch die hohe Serienauflage, ein Minimum an Aufwand bei einem Maximum an Leistung, die Ebenmäßigkeit und Perfektion des Ergebnisses – so wünschten sich Architekten den Hausbau, wo immer es ihnen auf die Befriedigung von Massenbedürfnissen ankam. Die Taylorisierung hatte das Auto, das noch im Jahre 1910 das Zwölf- bis Fünfzehnfache eines Arbeiterjahreseinkommens gekostet hatte, zu einer für viele erreichbaren Ware gemacht. In fünfzehn Millionen Exemplaren ratterte Tin Lizzy, zwischen 1908 und 1927 als Wagen für die große Menge produziert, über die Karrenpfade des Mittleren Westens wie durch die Straßencanyons New Yorks und Chicagos: ein Argument für Architekten und Planer, die einer Gesellschaft der Gleichen zuarbeiteten. Wie das Auto sollte nun auch das Haus demokratisiert werden. Der Vergleich mit dem Auto wurde auf Jahrzehnte hinaus immer wieder zugunsten einer Industrialisierung des Bauens herangezogen.

Natürlich enthielt dieser Wunsch eine starke ästhetische Komponente. Die Prägnanz der industriellen Fertigung war in den Augen Le Corbusiers mit der Exaktheit vergleichbar, die er an den Profilen und Schattenfugen des griechischen Tempels beobachtete. In ›Vers une architecture‹ bildete Le Corbusier zwar auch den Schnitt einer

Walter Gropius, ›Modell Gropius‹ (Kabriolett) der Firma Adler, 1930.
Der Architekt als Karosserieschneider: »Der vollendete technische Organismus muß ... seine würdige Ergänzung in einer ausgereiften, wohlproportionierten Form finden, die in ästhetischem Sinne genau so funktioniert, wie der technische Apparat selbst« (Firmenprospekt).

Bremsvorrichtung ab. Doch seine besondere Zuneigung galt den leichten, makellosen, glänzenden Gehäusen dieser Fahrzeuge, denen die leichten, (anfänglich) makellosen, glänzenden Gehäuse der Architektur entsprechen sollten: weißer Feinputz, Glas und Spiegelglas sowie die Materialien Stahl und Chrom.

Verglichen mit den am Vorbild der Pferdedroschke orientierten Karosserien aus der Frühzeit des Automobilbaus schienen ihm die zeitgenössischen Produkte einen Endzustand erreicht zu haben, ein Trugschluß, dem jede Gegenwart gern erliegt. Die funktionellen Anforderungen und der wirtschaftliche Konkurrenzdruck hatten, so glaubte er, in einem darwinistischen Ausleseprozeß Endformen, Typen, herauskristallisiert. Wie die meisten Modernen war er bereit, für zeitlos zweckmäßig zu halten, was er schön fand.

Daß auch und gerade das Autodesign dem wechselnden Geschmack unterliegt, blieb in Le Corbusiers Gedankengängen unberücksichtigt. Er unterschätzte den Spielraum, den ein erfahrener Automobilentwerfer wie Ernst Neumann dem »künstlerischen Architekten«[6] zubilligte (gemeint war in Ermangelung des noch nicht geprägten Begriffs der Designer). Ebenso ignorierte Le Corbusier die verkaufsfördernde Wirkung des Formenwechsels. Wenige Jahre später, 1926, richtete General Motors seine ›Art and Color Section‹ ein, um durch Styling und jährlichen Modellwechsel der zweckgerechten, aber freudlos schwarzen Tin Lizzy des Konkurrenten Ford den Garaus zu machen! Die Architekten-Avantgarde dagegen hielt in dieser Unschuldsphase des Funktionalismus an der Überzeugung fest, der Fortschritt führe sozusagen naturwüchsig dazu, ›das Wesentliche‹ herauszuarbeiten. Erleichtert wurde das Einverständnis mit der damaligen Produktion dadurch, daß das additive Konzept der Karosserien mit ihren zusätzlich befestigten Elementen wie Horn, Scheinwerfer, Werkzeugkasten oder Ersatzrad die Ablesbarkeit der äußeren Bauteile (wenn auch beileibe nicht des Motors und des Getriebes) erlaubte und so eine Wunschvorstellung des klassischen Funktionalismus wenigstens partiell erfüllte.

Die Ästhetik des Maschinenbaus, bezogen auf das Automobildesign, hat Walter Gropius besonders beredt formuliert. Da ist die Rede von der Harmonie des ganzen Organismus, von der Logik der Funktionen, der phrasenlosen Durchbildung, der inneren Wahrhaftigkeit und der reinen, edlen Form.[7] Diesen Vorsätzen folgend entwarf Gropius 1930 Kabriolett und Limousinen für die Firma Adler. Es sind geradezu klassische Kreationen, die der Logik des rechten Winkels, der Diagonale und des Kreises folgen. Von der Forderung Ernst Neumanns, die Form müsse von der Fortbewegung sprechen,[8] hält Gropius sich weit entfernt. Die Schlitze von Kühler und Trittbrett werden als serielle ästhetische Elemente verwendet. Die Avantgarde-Propaganda bemächtigte sich so-

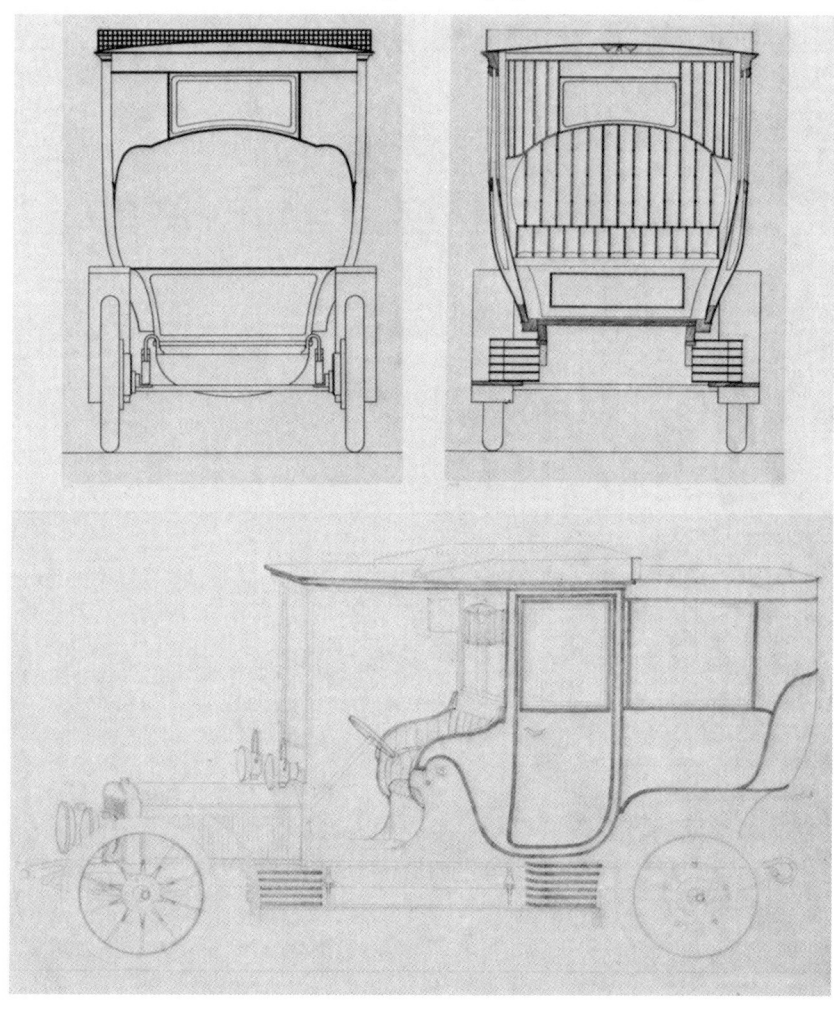

Joseph Maria Olbrich, *Entwurf eines Automobils für die Firma Opel,* 1906, Federzeichnung. Kunstbibliothek, Berlin.

gleich dieser Produkte des ehemaligen Bauhaus-Chefs, obwohl die Entwürfe der klassischen Linie folgten, die längst mit dem Maybach W3 von 1925 oder dem Adler 18 von 1926 vorgezeichnet war. Als Karosseur verhielt sich Gropius im Prinzip nicht anders als Joseph Maria Olbrich, der über zwanzig Jahre zuvor, 1906, für Opel ein kutschenförmiges (nie produziertes) Gefährt in den Kurvaturen des Jugendstils gezeichnet hatte: Art Nouveau hier, Neue Sachlichkeit dort, stilistische Exerzitien beide Male.

Wenn die Avantgarde sich für das Auto begeisterte, so hatte sie als Gegenstand ihrer Zuneigung ein Produkt erwählt, das früher als viele andere Produkte Design als Hülle verstand. Die für die Fortbewegung entscheidenden Antriebselemente wurden unter dem Blechkleid verborgen, das zwar Kriterien wie Aerodynamik, Festigkeit, Pflegeleichtigkeit, Sicherheit, Sichtverhältnissen und Bedienungskomfort zu gehorchen hatte, aber der Gestaltung trotzdem weitgehend freie Hand ließ. Die elektronisch gesteuerten Geräte der letzten Jahrzehnte von der Waschmaschine und dem Kühlschrank bis zur Großrechenanlage setzten fort, was das Auto mit seiner versteckten inneren Mechanik begonnen hatte, den Trend zum Fassadendesign, der allen Forderungen der Altfunktionalisten nach einer Übereinstimmung von Innen und Außen Hohn spricht. Der Parthenon, dessen Bauglieder das Tragen und Lasten nicht nur darstellen, sondern auch ausüben, war insofern ein sehr viel funktionalistischeres Gebilde als die Delages, Hispano-Suizas und Bignans, die Le Corbusier unter den Photos von Säulen und Triglyphen abbildete.

Le Corbusier selbst ging allerdings über die Karosserieschneiderei hinaus, als er sich 1928 zusammen mit seinem Partner Pierre Jeanneret daran begab, seinerseits einen Wagen zu projizieren. Das Funktionskonzept wurde neu durchdacht. Der Motor wanderte nach hinten, die Sitze konnten (wie übrigens auch in Gropius' Adler-Kabriolett) in Liegen verwandelt werden. Gesonderte Trittbretter, hintere Kotflügel und Kofferraum fielen fort bzw. wurden in den Gesamtentwurf integriert. Der keilförmige Aufbau der Kabine – der Architekt Le Corbusier sprach von einer »Veranda«! – war mit dem Gedanken an ein günstiges Windverhalten der Karosserie entwickelt und

sollte ein halbes Jahrhundert später noch eine Zukunft im Design haben.

Daß aerodynamische Gesichtspunkte berücksichtigt wurden, hatte freilich bereits Tradition. Neumann hatte schon 1914 davon gesprochen, man müsse lernen, »die Luft zu sehen«.[9] Als sich die Flugzeug- und Luftschiffbauer nach 1918 von der Kriegsproduktion auf den Automobilbau der Friedensjahre umstellten, wurde der strömungsgünstigen Formgebung ein größerer Stellenwert zugewiesen. Der Tropfenwagen Edmund Rumplers und die auf Paul Jareys Patenten beruhenden Wagen erreichten Luftwiderstandswerte, von denen heutige Designer träumen. Le Corbusier war diesen Argumenten gegenüber bemerkenswert aufgeschlossen. Ausgerechnet derjenige Architekt, dem seine Kollegen gern »pseudorationale Artistik« und die Vermengung von »Problemen des Bauens mit denen der Ateliermalerei« vorwarfen,[10] erwies sich als ein Designer, der sich mit der Erfindungskraft des lernbereiten Dilettanten auf dem ungewohnten Felde bewegte.

Die Tätigkeit der Avantgarde-Künstler im Automobilbau blieb eine Marginalie. Viele historische Darstellungen des Autodesigns erwähnen sie nicht einmal. Aufschlußreich war sie aber als Indiz für den Einfluß, den das Auto als Kulturgegenstand ausübte, als Symbol der neuen Zeit, als Ergebnis rationalistischer Herstellungsprozesse, als Ausdruck demokratischer Zugänglichkeit ehemaliger Luxusgüter und neuzeitlicher Mobilität. Den Zündschlüssel drehen und losfahren, das erschien Millionen von Autofahrern als die Freiheit schlechthin. Das Auto befreite den Arbeitnehmer von der Bindung des Wohnorts an den Arbeitsort, es ermöglichte Bewegungsfreiheit und Disposition über die eigene Zeit (die im nächsten Verkehrsstau wieder kassiert wurden), es schien aus seßhaften Bürgern moderne Abenteurer zu machen und zu dem frei schweifenden Nomadentum beizutragen, das Teil des Neuen Menschen war oder sein sollte.

Nirgendwo reflektierten die Progressiven dagegen die eigentümliche Symbiose des Autofahrers mit seinem Gefährt, die unterbewußten Verbindungen zu erotischer Lust und psychischer Gewalt oder jene merkwürdige Ausgrenzung des Privaten mitten im öffentlichen Raum der Straße, die das

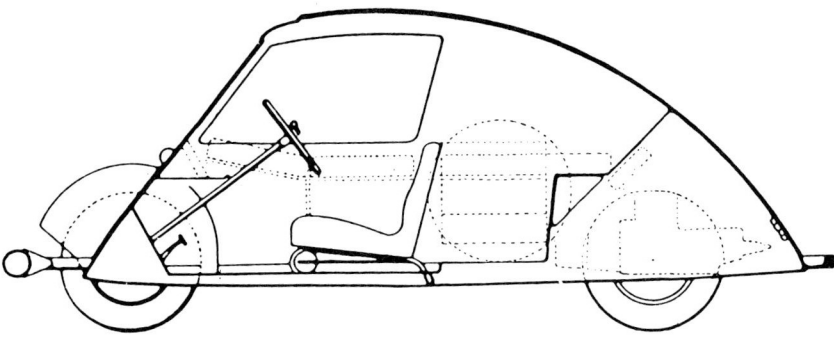

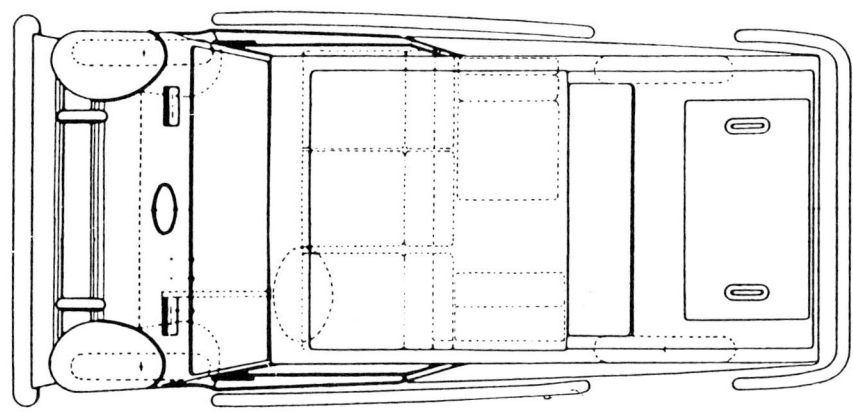

Le Corbusier und Pierre
Jeanneret, *Entwurf für ein
Automobil,* 1928.
Der Architekt als Kon-
strukteur: Ein Wagen, der
»sich von den gängigen
Vorstellungen jener Zeit
zu sehr unterschied:
Heckmotor, Stromlinien-
form, wenig Platz einneh-
mend, aber trotzdem sehr
bequem« (Le Corbusier).

Autoinnere darstellt. Unbedacht blieb auch die
Rolle des Autos als sichtbarster Dokumentation
des sozialen Status. Solange die kleinen Betriebe
noch auf Bestellung Karosserien zuschnitten, war
diese Statusanzeige leicht zu haben. Aber auch die
Produktpalette der Serienfahrzeuge rechnet mit
dem Differenzierungsvermögen, das auf der oberen Sozialetage zwischen Daimler England, dem
Wagen des britischen Königshauses für ein halbes
Jahrhundert, und Rolls Royce zu unterscheiden
weiß und auch bei uns anderen Sterblichen funktioniert. Eine in Harvard erhobene Statistik wies
nach, daß konservative Professoren große amerikanische Wagen kauften (vorzugsweise General
Motors), liberale die kleinen ausländischen Kom-
paktwagen wie Saab und Volvo. Die Radikalen
gingen zu Fuß.[11] Die Poeten haben vom Sozialpre-
stige der Automarken seit je Gebrauch gemacht.
Zynische Herrentypen fahren Borgward Coupé
oder Mercedes 450 SE, aber Heinrich Bölls un-
schuldige Katharina Blum nennt einen VW ihr
eigen.[12]

Die Freiheit der Bewegung

Das Auto hatte die Stadt verändert und würde sie
weiter radikal verändern: So viel stand auch in
den glücklichen Tagen der Moderne fest. Le Corbusiers Ergriffenheit beim Besuch der Fiat-Werke
rührte nicht nur daher, daß er sich an einem der
größten Produktionsorte des Automobilbaus befand, sondern daß ihm das Turiner Fabrikgebäude
in seiner Verbindung von Straße und Bauwerk
einen Schlüssel des zeitgenössischen Städtebaus in
die Hand zu geben schien. Was Matté-Trucco für
den einmaligen Zweck dieser spezifischen Aufgabe entwickelt hatte, versprach eine Lösung der
urbanen Katastrophe. Städten in Nordafrika wie
in Südamerika empfahl Le Corbusier auf seinen
Reisen in den späten zwanziger und in den dreißiger Jahren, hohe Gebäudewände, ja regelrechte
Viaduktarchitekturen zu errichten, die auf ihren
Kronen Autobahnen trugen. Bald schlangen sie
sich, der bewegten Topographie Algiers oder Rio
de Janeiros folgend, der Küstenlinie entlang, bald

legten sie Achsenkreuze über die bestehenden Städte.

Mit diesen Vorschlägen glaubte Le Corbusier »tout à coup«, auf einen Streich, die Metropolen ihrer Verkehrsnöte entheben und zugleich viele tausend Wohnungen bauen zu können. Die Folge der An- und Auffahrten, die Feinverteilung des Verkehrs, die städtebaulichen Konsequenzen für die von den Rollbahn-Hochhäusern zerteilten Stadtflächen, die kleinklimatischen Folgen, schließlich auch die Finanzierung der gewaltigen Investitionen beunruhigten ihn wenig. Der Zustand der Städte, den er in dramatischen Prosagedichten beklagte, schien ihm gebieterisch die Entwicklung einer zweiten Stadt zu erfordern, die zwischen und über die alten Quartiere projiziert wurde. Im Effekt bedeuteten diese Straßen- und Wohnbänder ein vernichtendes Urteil über die existierende Stadt, die an ihren Verkehrsnöten ersticken würde und innerhalb ihres eigenen Systems nicht mehr heilbar schien. Dreißig Jahre später machten sich Architekturutopisten wie Yona Friedman, die japanischen Metabolisten und die britischen Archigram-Designer diese Auffassung zu eigen, wenn sie ihre Skizzenbücher mit Megastrukturen füllten und Le Corbusiers pionierhafte Anregungen radikalisierten.

Verkehrsprobleme hat nicht erst das Auto verursacht. Passanten und Reiter, Läufer und Lastträger, Karren und Kutschen, Jagdwagen und Lohndroschken, Pferdeomnibusse und -bahnen, dampfbetriebene und gegen Ende des 19. Jahrhunderts auch elektrifizierte Straßenbahnen hatten die Straßen der großen Städte in ihren zentralen Teilen schon unerträglich belastet, bevor Karl Benz am 3. Juli 1886 auf der Mannheimer Ringstraße die erste Ausfahrt in seinem dreirädrigen Patent-Motorwagen unternahm. »Der so mannigfaltige städtische Verkehr scheint einer systematischen Untersuchung und Darstellung zu spotten«, schrieb Reinhard Baumeister resigniert im ersten deutschen Fachbuch zum Thema Städtebau.[13] Mit großen Stadtumbauten, deren spektakulärste die Pariser Straßendurchbrüche des Baron Haussmann blieben, reagierten die Metropolen auf jenes Verkehrschaos, das bereits vor dem Auto existierte, und ebenso wurden Hoch- und Untergrundbahnen bereits vor der Einführung des Autos für

Le Corbusier, *Städtebauliche Skizze für Rio de Janeiro*, 1936. Die Autostraße als Dach einer bandförmigen Wohnbebauung zieht über Täler und Bergrücken hinweg.

notwendig erachtet. Als 1863 die ersten Dampfbahnen über die unterirdische Londoner Circle Line rollten, war der fahrzeugtaugliche Verbrennungsmotor noch nicht erfunden. Und während die elektrischen Untergrundbahnen in Budapest, Paris und New York im Bau waren, besaßen Automobile noch immer Seltenheitswert. In Frankreich wurden im Jahre 1898 erst 1631 Wagen produziert, in Deutschland 844, in England 682.[14]

Anfangs gab es Optimisten, die sich von den beweglichen Neuankömmlingen eine Erleichterung der Verkehrsmisere versprachen. Aber schon bald nach der Jahrhundertwende trug die Mobilisierung, die das Auto mit sich brachte, zu den Nöten der großen Stadt bei und revolutionierte schließlich das urbane Leben. Es veränderten sich nicht nur die Zahl der Fahrzeuge und die Geschwindigkeit, mit der sie sich bewegten, es veränderte sich auch die Verteilung der Fahrtziele. Unter der Vorherrschaft der Eisenbahn, der Schnellbahn und Untergrundbahn, ja auch der elektrischen Straßenbahn hatten sich die Städte entlang der Achsen der Massenverkehrsmittel entwickelt und an deren Haltepunkten Subzentren ausgebildet. Unter dem Primat des Autos dagegen wurde die gesamte Peripherie unterschiedslos zum potentiellen Siedlungsbereich. Die schienengebundenen Verkehrsmittel förderten die Ausbreitung in der Linie, das Auto die Ausbreitung in der Fläche.

Los Angeles ist das klassische Beispiel des Strukturwandels, dem eine Metropole auf dem Wege zur Autopolis unterworfen wurde. Die Stadt besaß ein vorzügliches Nahverkehrssystem, die Big Red Cars der Pacific Electric Railway, deren letzte Linie erst im Jahre 1961 geschlossen wurde. Mit der Niederlage des Massenverkehrsmittels und dem Siegeszug des Individualverkehrsmittels Auto breitete Suburbia sich gleichförmig aus, verlor die ohnehin nie kräftig ausgeprägte City an Bedeutung und Bevölkerung, wuchsen die Parkflächen vor und hinter den Kaufhäusern, fraß sich das Netzwerk der Freeways mit seinen hochgestelzten Kreuzungsbauwerken durch das weite Becken zwischen Foothills und Pazifik. Im Jahre 1960 waren in Los Angeles fast sechzig Prozent der innerstädtischen Fläche von Straßen und Parkplätzen beansprucht.[15]

Blick auf die Downtown von Los Angeles.
Die Metropole der Autos und Freeways verfügte über ein feinmaschiges Schnellbahnnetz von fast zweitausend Kilometern Länge. Es verband San Pedro im Süden, San Fernando im Norden, San Bernardino im Osten und Santa Monica im Westen mit den zentralen Stadtgebieten, bevor es dem Auto zum Opfer fiel.

Die frühen Theoretiker des Städtebaus begegneten den Kalamitäten der vom Verkehr bedrohten Stadt mit sehr moderaten Vorschlägen. Reinhard Baumeister befürwortete die Trennung der Verkehrsarten und die Beachtung einer Hierarchie von Straßen, in der es später die Modernen zur Meisterschaft brachten. Der Wiener Stadtplaner Camillo Sitte setzte sich für die Einmündung im Gegensatz zur Kreuzung ein und begründete diese Empfehlung mit der geringeren Zahl möglicher Konfliktpunkte bei der Überschneidung der Fahrspuren. Natürlich kam es ihm, dem Anwalt des Ästhetischen im Städtebau, auch auf den künstlerischen Eindruck dieses Elements an, das den Abschluß des Straßenraums und die Wirkung eines point de vue ermöglichte. Sittes Empfehlung ging, nicht unwidersprochen, in das Repertoire des modernen Städtebaus ein und findet sich bei vielen Planern wieder, die den praktischen Vorteil dieser Lösung erkannten.[16]

Was die ästhetischen Konsequenzen betraf, orientierte man sich in den folgenden Jahren eher an Überlegungen, wie sie im Umkreis des Deutschen Werkbundes angestellt wurden. Der Blick aus den schnellen Fahrzeugen – aber wurde die Straße nicht auch von Fußgängern benutzt? – erlaubte nicht länger die Versenkung ins Detail. Angemessen erschienen nun Straßenwände mit ruhigen, bündigen Flächen, gleichmäßige Reihung, übersichtliche Kontraste, rhythmische Wiederholungen.[17] Sie sollten als Mittel gegen die »Steigerung des Nervenlebens« wirken, als Tranquillizer angesichts des »raschen und ununterbrochenen Wechsels äußerer und innerer Eindrücke«.[18]

Die drangvolle Enge der Cities war mit den Ratschlägen Baumeisters oder Sittes nicht zu beseitigen. Planer, die den akuten Nöten der Weltstädte konfrontiert waren, mußten auf andere Mittel sinnen. Waren die Probleme in zwei Dimensionen nicht zu lösen, so bot sich die dritte an. In den ersten Jahrzehnten nach 1900 mehrten sich die Projekte, bei denen die Autos in die untere Etage, die Fußgänger auf die nächste und manchmal auf mehrere Oberdecks verwiesen wurden. Der Eisenbahnbau bot für solche mehrstöckigen Planungen Vorbilder an, Knotenpunkte, bei denen Fernzüge, Vorortbahnen, U-Bahn und Hochbahn sich in mehreren Etagen übereinander kreuzten. Für die

Architektenausschuß unter Harvey W. Corbett, *Mehrgeschoßige Verkehrslösung für New York,* vor 1925.

»Da in manchen Städten bereits auf jeden fünften Kopf der Einwohnerschaft ein Kraftwagen kommt, haben sich auf den Straßen Stauungen des Verkehrs durch fahrende oder wartende Kraftwagen entwickelt, die aller Beschreibung spotten« (Werner Hegemann, 1925).

Trennung von Fahrzeug- und Fußgängerverkehr gab es ein prominentes Beispiel mitten in New York, den 1862 eröffneten Central Park mit seinen Brücken und Unterführungen. An solche Vorbilder ließ sich anknüpfen. Theodor Fritsch schlug in Deutschland 1896, Eugène Hénard in Frankreich 1910 mehrere Verkehrsebenen vor. In New York empfahl ein Architektenausschuß durch Brücken verbundene Fußgängergalerien, die das erste Obergeschoß der Hochhäuser an den Straßenrändern einnehmen sollten. Die italienischen Futuristen, die den aufheulenden Rennwagen für schöner hielten als die Nike von Samothrake,[19] gewannen aus der Staffelung der Verkehrsebenen ein völlig neues Stadtbild. Futurologisch angehauchte populäre Fiktion bemächtigte sich in Comic Strip und Film der ungewohnten Sensationen und stellte manche hochgreifenden Pläne der Architekten für Wolkenbügel oder Brückenstädte in den Schatten.

Die Befreiung der Stadt von den Belästigungen des Verkehrs war der Ausgangspunkt solcher Planungen. Aber Ursache und Wirkung konnten sehr leicht umschlagen. Die Stadt wurde dann zu einer Konsequenz des Verkehrs und nicht umgekehrt. Bei den Idealplänen eines Le Corbusier, Ludwig Hilberseimer oder Richard Neutra lag dieser Umschlag immer nahe. Folgerichtiger als die New Yorker Baukommission faßte Neutra in seinem Entwurf einer Hochhausstadt die Fußgängerwege zu einem orthogonalen Netz von Brücken und Passagen zusammen, den Schlünden des Autoverkehrs enthoben. »So scheint es, daß wir allmählich dahinkommen, alle diese Bewegungen, die horizontale wie die vertikale, in besondere Bahnen zu lenken, sie sichtbar und durchsichtig zu machen, daraus das große und übersichtliche Gerüst der Stadt zu bauen, an dem gemessen das, was wir heute Häuser nennen, nur etwas Sekundäres, Kleines ist, Ruhepunkte, ganz gelöst von der großen Konstruktion der Bewegung, aber ganz und gar von ihr bestimmt und sich ihr einordnend.«[20] Die Umkehrung von Mittel und Zweck, von dienendem Verkehr und bedienter Stadt, ist in diesem zustimmenden Text des Breslauer Architekten Adolf Rading bereits vollzogen.

Durchsichtigkeit, Überschaubarkeit, Größe, Dynamik: Der von den neuen Problemen erzwungene Städtebau hatte seine eigene Irrationalität. Er wurde zum Gefäß einer Bewegung, bei der nicht

Richard Neutra, *Rush City,* 1926-30.
Der Fußgängerverkehr spielt sich ausschließlich in zwei Obergeschossen entlang von Schaufensterfronten ab und wird auf Brücken über die Straßen geführt. Der gesamte Straßenraum und die Erdgeschoßflächen unter den Blocks sind dem fließenden und ruhenden Verkehr überlassen.

Le Corbusier, *Eine zeitgenössische Stadt für drei Millionen Einwohner,* 1922.
»Mit dieser Studie dringt man in die wunderbare Welt bevorstehender Gewißheiten ein. Die neuen Größenordnungen und Maßstäbe führen zur Synthese eines städtischen Organismus, der sich von allem unterscheidet, was gegenwärtig existiert und heute noch kaum vorstellbar ist«
(Le Corbusier).

der Ursprung und nicht das Ziel zählten, sondern das ständige Unterwegssein, der Aufbruch in Permanenz, die Ortsveränderung um ihrer selbst willen. Die Moderne steckt voller Metaphern der Ortlosigkeit. Marinetti, der Futuristenchef, besingt den Mann, »der das Steuer hält, dessen ideale Achse die Erde durchquert, die ihrerseits auf ihrer Bahn daherjagt«.[21] In den zeitgenössischen Veduten fluchten die Straßen ins Unendliche, der Blickpunkt der Perspektive liegt meist tief, weit dehnt sich der Horizont. Camillo Sittes Plädoyer für die Einmündung und den malerischen Städtebau ist zu einer romantischen Grille geworden. Die Verkürzung der geraden Achsen ins Unendliche ist gewollt, unübersichtliche Windungen würden den Menschen dieses Schauspiels berauben. Offen liegt die Welt. »Ein solches Gefühl muß versuchen, den Körper zu lösen, seine Grenzen aufzulösen, ihn weit in den Raum überströmen zu lassen, ihn leicht und schwebend zu machen, nach Material zu suchen, das diesem Ziele dient.« Und: »Die Bewegung, das eigentliche Leben, ist heute schon da.«[22]

Wie ein Echo klingt die Stimme Le Corbusiers aus Frankreich. »Ich sage: die Stadt, die über Geschwindigkeit verfügt, verfügt über den Erfolg.«[23] Der randalierende Temporausch, die Halbstarkenszene im Rennwagen (»wie junge Löwen verfolgten wir den Tod«), mit der Marinetti den Futurismus in seiner ersten Verlautbarung beginnen ließ,[24] hat sich in der Argumentation Le Corbu-

siers mit einem ökonomischen Vitalismus angereichert. Rascher Umschlag der Güter, Dienste und Informationen macht den wirtschaftlichen Kreislauf aus, von dem die Stadt lebt. Je schneller ihr Rhythmus, desto größer ihre Produktion. Am Mittag wird das Tagewerk bereits vollbracht sein. Die ersparte Zeit gedenkt Le Corbusier, darin ganz naiver Optimist, den wesentlichen Freuden des Lebens in den grünen Wohnquartieren und Gartenstädten zuzuschlagen. Um sie zu erreichen, sind abermals Auto und autobahnähnlich ausgebaute Straßen nötig.

Für den Wochen- und Jahresrhythmus gilt die gleiche Maxime: Ersatz des Raumes durch die Zeit. Das Auto ermöglicht die Erreichbarkeit von allem und jedem, es rückt das Wunschbild eines ewigen Urlaubsdaseins in größere Nähe. Wie ein abstraktes Gitter soll sich das neue Straßennetz über die Kontinente legen. Was sich entlang seiner Linien bewegt, hat nicht mehr Bodenhaftung als die Sicherheit des Wagens erfordert. Entlang der Straßenbauwerke ruft das Verkehrssystem seine eigene Sekundärarchitektur hervor: Tankstellen, Garagen, Parkhäuser, Verkehrstürme auf belebten Plätzen, später auch die verschiedensten Drive-in-Einrichtungen. Auf diese neuen Aufgaben warfen sich die Architekten mit Verve. In der Ausstellung und Buchveröffentlichung ›The International Style‹, einem amerikanischen Rechenschaftsbericht aus dem Jahre 1932, figurieren Tankstellen in filigranem Stahl und Glas. Und ausgerechnet in der kaum motorisierten Sowjetunion der zwanziger Jahre galten Projekte für Garagenhäuser als beliebte Gelegenheit, die Aufgeschlossenheit der Entwerfer gegenüber der Neuen Zeit zu bekunden. Tankstellen und Parkhäuser bedeuteten Verknüpfungspunkte zwischen dem idealen (wenn auch noch nirgendwo verwirklichten) Bewegungssystem und der hindernisreichen Realität – kurzfristige Unterbrechungen im perpetuum mobile des Verkehrs, Zugeständnisse an die empirischen Bedürfnisse von Wagen und Fahrer.

Das Auto wurde zur Ursache wie zur Wirkung jener Trennung der Funktionen, die aus der Stadt separierte Teilbereiche machte. Weil es die rasche Überwindung großer Distanzen ermöglichte, konnten Wohn-, Arbeits-, Vergnügungs- und Erholungszonen getrennt ausgewiesen werden.

Aber weil man Wohnen, Arbeit, Vergnügen und Erholung getrennt auswies, wurden die Autos immer unentbehrlicher. Allerdings ist diese Entwicklung nicht dem Automobilverkehr allein anzulasten: Er verstärkte eine Tendenz, die ohnehin eingeleitet war. Schon vor der Einführung des Kraftfahrzeugs hatten sich in den großen Cities die einzelnen Funktionen unter den Flächenansprüchen der verschiedenen Gewerbe und unter dem Einfluß der Grundstückspreise auseinanderdifferenziert. In der ›Charta von Athen‹, dem Manifest moderner Architekten und Planer aus dem Jahre 1933, wurden dementsprechend die unterschiedlichen Nutzungen der Stadt in getrennten Paragraphen abgehandelt.[25] ›Verkehr‹ wurde gleichberechtigt mit ›Wohnen‹, ›Erholung‹ und ›Arbeit‹ diskutiert, als handle es sich um eine gleichrangige Zweckbestimmung der Stadt, nicht um eine dienende Verknüpfung ihrer Funktionen. Man muß aber zugeben, daß die Vorschläge der Charta – Trennung der Verkehrsarten, angemessene Dimensionierung der Straßen – maßvoll waren. In ihrer Anregung, die Beziehungen der Stadt neu zu ordnen, drückt sich der seitdem oft geäußerte Gedanke aus, derjenige Verkehr sei der beste, der gar nicht erst entstünde.

So groß die Anziehungskraft des Designprodukts Auto auf die Avantgardisten war, erst das Auto als urbanistischer Faktor ließ sie zu autokratischen Utopisten werden. Daß die Verkehrsnöte der existierenden Städte sich um ein Vielfaches vergrößerten, erschien ihnen als eine List der Vernunft. Denn um so dringlicher wurden die radikale Neugestaltung der Städte und des Landes, die Beseitigung der alten »rue corridor«, die Auflösung der Baufluchten und die Freistellung der Bauwerke, die Entwicklung zum Wohn- und Geschäftspark, durch deren Grün die neuen Straßen unbehindert ihren Weg zogen, und die Autos auf ihnen. Sigfried Giedion, der Historiker und Apologet des Neuen Bauens, pries die Autobahnen in den Stadtregionen der USA, die nach dem Federal Highway Act von 1921 entstanden. Vor allem die schwungvolle Linienführung, die ungehinderte Freiheit der Bewegung und der störungsfreie Verkehrsfluß hatten es ihm angetan.[26]

Die verkehrserzeugende Wirkung solcher Schnellstraßen, ihren Barriereeffekt und den enormen Flächenverbrauch der Trassen und ihrer Verknüpfungen registrierte Giedion nicht. Die gewaltigen Kreuzungsbauwerke, die Kreisel, Spinnen und Kleeblätter, imponierten ihm in ihrer großen Maßstäblichkeit als heutige Gegenstücke zu den Monumenten des Altertums. Natürlich verbuchte er die Parkways zugleich unter seinem Lieblingsstichwort des Raum-Zeit-Kontinuums, das in seinen Augen die wesentliche Eigenschaft der neuen Architektur und ihrer Rezeption bezeichnete. Aber wichtiger als alle ästhetische Reflexion zu diesem Thema waren die einschlägigen praktischen Überlegungen der Planer. Denn Freeway und Autobahn beruhten auf der Prämisse, daß für die modernen Transportmittel die aufgewendete Zeit wichtiger war als der durchmessene Raum. Die Autobahn garantierte kürzere Fahrzeit, auch wo sie längere Wegstrecken erforderte. Sie ging verschwenderisch mit dem Raum um, weil sie geizig mit der Zeit war.

The ›Pretzel‹, Schnittpunkt mehrerer Parkways in New York, 1936-37.
»Das Raum-Zeit-Gefühl unseres Zeitalters kann selten so stark erfahren werden wie am Steuerrad ... Fährt man die sanften Abhänge hinauf oder hinunter, so erhält man das befreiende Empfinden, als sei man mit der Erde verbunden und schwebte doch über sie hin, ein Gefühl, das demjenigen beim Hinabgleiten des Skifahrers über unberührte Schneeflächen nahekommt« (Sigfried Giedion).

Erzieher des Volkes

Der Schweizer Demokrat Giedion hatte einige Mühe, die Architektur des amerikanischen Freeways von den faschistischen Straßenbauten, der italienischen Autostrada und vor allem der Autobahn Hitler-Deutschlands abzusetzen. Tatsächlich beriefen sich die Straßenbauer des NS-Regimes ausdrücklich auf US-Erfahrungen,[27] während sie den Straßenbau der Weimarer Republik als Spiegelbild der »zersetzenden, föderalistisch-liberalistischen Politik« malten: verkommene Straßen, ein durch Steuern geknebeltes Automobil, ein zerrüttetes Verkehrswesen.[28] Der Bau der Autobahnen wie die Förderung der Automobilindustrie dienten der Arbeitsbeschaffung und der Konjunkturbelebung, hatten unverhohlen militärstrategische Gründe und sollten unterentwickelten Landesteilen zur wirtschaftlichen und touristischen Erschließung verhelfen. Aber das Regime stellte natürlich auch die verbreitete Faszination des technischen Spielzeugs und Prestigeobjekts Auto in seine politische Rechnung – nicht zuletzt, indem es den Betrug des KdF-Wagens inszenierte und die Ersparnisse der Volksgenossen in die Rüstung steckte. Zwei Wochen nach seiner Amtsübernahme sprach Hitler als erster Reichskanzler auf der Berliner Internationalen Automobilausstellung und ging so weit, aus der Kilometerzahl der autogeeigneten Straßen auf die »Lebenshöhe von Völkern« zu schließen![29] Was bisher durch Zufall und Notwendigkeit bestimmt worden war, sollte nun als baukünstlerische Leistung des zukunftsfreudigen Architekten entstehen. Darin lag die Attraktion des Autobahnbaus für die Fachgenossen, sofern sie – wie Fachleute es gern tun – die politischen Ziele ihrer Auftraggeber außer acht ließen.

Die Autobahnen wurden zu einem Propagandaerfolg, der das Regime überdauerte. Mit dem Autobahnbau ließ sich vor In- und Ausland Imagepflege betreiben. Das ganze Land wurde einer bindenden Ästhetik unterworfen. »Ihre imponierende Breite, ihre straffe und doch schwungvolle Führung zwingt den Blick in ihre Richtung«, beschrieb die Propaganda die neuen Straßen als betongewordene Politik. Die imperialistische Absicht, die dem neuen Netz zugrunde lag, wurde kaum kaschiert. Von den Autobahnen in west-

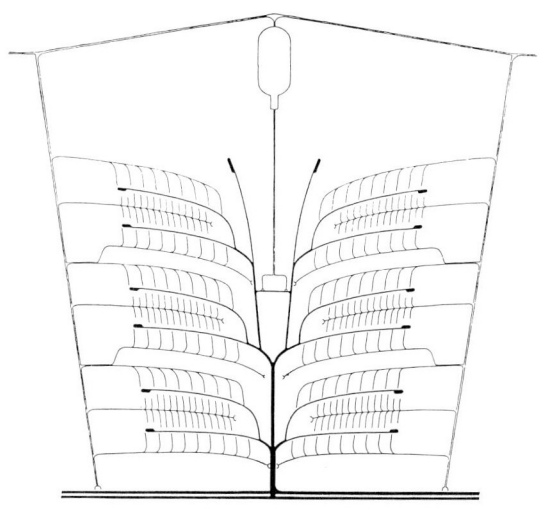

Hans Bernhard Reichow, *Verkehrssystem einer ›Nachbarschaft‹*, 1948.
Reichow, der ähnliche, aber starrere Schemata während des NS-Regimes entworfen hatte, empfahl sein »organisches Verkehrsgerippe« nach 1945 als »Ausdruck der großen belebenden Kraft alles Geistigen«.

östlicher Richtung heißt es 1937: »Es sind die gleichen Wege, auf denen die politische und kulturelle Eroberung des Ostens erfolgte.«[30] Ästhetisch empfängliche Naturen beeindruckten die »Schlagadern eines lebhaft pulsierenden Kraftverkehrs«[31] schon deshalb, weil der verantwortliche »Generalinspektor für das deutsche Straßenwesen« Fritz Todt sogenannte Landschaftsanwälte einsetzte, die für die Einfügung der Fernstraßen in die Umgebung und für eine Begrünung nach pflanzensoziologischen Zusammenhängen sorgten. Renommierte oder später erfolgreiche Architekten wie Paul Bonatz, Hans Freese und Friedrich Tamms waren für das formale Niveau der Brücken und Nebenbauten verantwortlich.

So katastrophal nach dem Kriege die Situation der zerstörten Städte in Deutschland war, so oft auch Bescheidenheit und Sparsamkeit beschworen wurden – daß dem Verkehr breiter Raum zugemessen werden müsse, war verbreitete Ansicht trotz der niedrigen Ansätze der alliierten Wirtschaftspläne. Die 25,5 Millionen Personenwagen allein auf dem Gebiet der heutigen Bundesrepublik waren damals allerdings nicht vorhersehbar. Schon während des Krieges wurde die Wiederaufbauplanung durch Hitlers Leibarchitekten und damaligen Rüstungsminister Albert Speer darauf eingeschworen, die künftige Verkehrsnot zu berücksichtigen.[32] Das Leitbild der aufgelockerten, gegliederten Stadt, für das unter den Erfahrungen der Kriegszeit auch der Luftschutz sprach, begann sich durchzusetzen. Mühelos ließ es sich über den Zusammenbruch des NS-Regimes hinweg in die Nachkriegszeit übertragen,[33] enthielt es doch viele Elemente jener Stadtvorstellungen, von denen auch die Progressiven der zwanziger Jahre erfüllt waren: Trennung der Verkehrsarten, Dezentralisierung, weitgehende Auflösung der Stadt in die Stadtlandschaft. Hier wie dort diente die rechtzeitige Vorsorge für das Auto als Instrument der Wohn- und Lebensreform. Und auch der Anspruch des allverantwortlichen Architekten und Städtebauers hatte sich erhalten. Wozu war er berufen, zitierte Hans Bernhard Reichow den verehrten Hamburger Stadtplaner Fritz Schumacher, wenn nicht dazu, »Erzieher des Volkes« zu sein, »ja mehr noch, einer kommenden Lebensform Raum und Weg zu bereiten, ehe sie noch selbst sich rundet oder gefestigt ist«?[34]

Reichow, dessen Plädoyer für »stadtlandschaftliche Gedichte« in den ersten zwei Jahrzehnten der Bundesrepublik von großem Einfluß war, entwickelte eine pathetische Theorie, die als »organische Stadtbaukunst« firmierte und zum System einer »autogerechten Stadt« ausgebaut wurde. Das Schlagwort hätte nicht unglücklicher gewählt werden können. Zu Reichows Gunsten muß man ergänzen, daß für ihn die »autogerechte« zugleich auch eine »fußgängergerechte« Stadt sein sollte, eine »Autostadt nach menschlichem Maß«.[35] Verkehr war für ihn »Blutkreislauf« und »Säftestrom«. Straßen sollten gleich »Kreislauforganen«, gleich dem Geäder von Blatt und Pflanzen, gleich den Rinnsalen und Flußarmen eines Deltas angelegt werden. In diese Lehre fanden Lösungen aus der Gartenstadtbewegung Eingang, wie sie Clarence Stein und Henry Wright 1928 in Radburn, New Jersey, verwirklicht hatten: Schnell- und Durchgangsstraßen von der Wohnbebauung getrennt, die Hausgruppen durch Sackgassen erschlossen und auf ihrer anderen Seite zu Grünflächen hin geöffnet, durch die Fußgängerpfade liefen. In der Praxis entwickelten sich aus

diesen wohlmeinenden Vorschlägen jene platzgreifenden Großsiedlungen und zerstörerischen Stadtautobahnen, die dem »lusthaften Fahren« (Reichow)[36] Vorrang vor allen anderen urbanen Lebensvorgängen einräumten.

Der britische Buchanan-Report von 1963 wurde dagegen bereits aus einer Position der Defensive heraus geschrieben.[37] Die Planung neuer Städte spielte in dieser Untersuchung nur eine untergeordnete Rolle. Colin Buchanan und seine Mitarbeiter faßten die Situation ins Auge, wie sie war: die Konflikte zwischen den Verkehrsarten, die optische und die physische Beeinträchtigung der Umwelt, die Gefährdung der Städte, nicht zuletzt der

Colin Buchanan, *Vorschlag für eine innerstädtische Verkehrsordnung,* 1963.
Aufgliederung der Stadt in Bereiche (›Environments‹) und Erschließung durch ein System abgestufter Straßen.

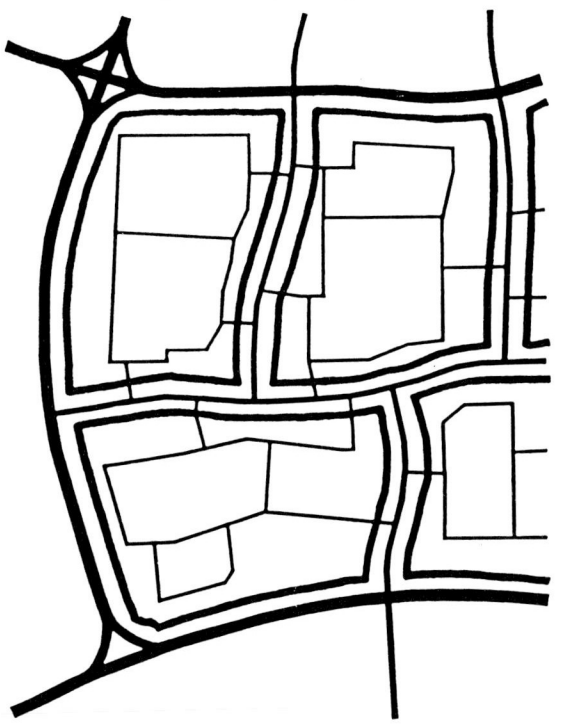

Verteilerstraßen erster Ordnung
Bezirksverteilerstraßen
Ortsverteilerstraßen
Grenzen der Environmentzonen

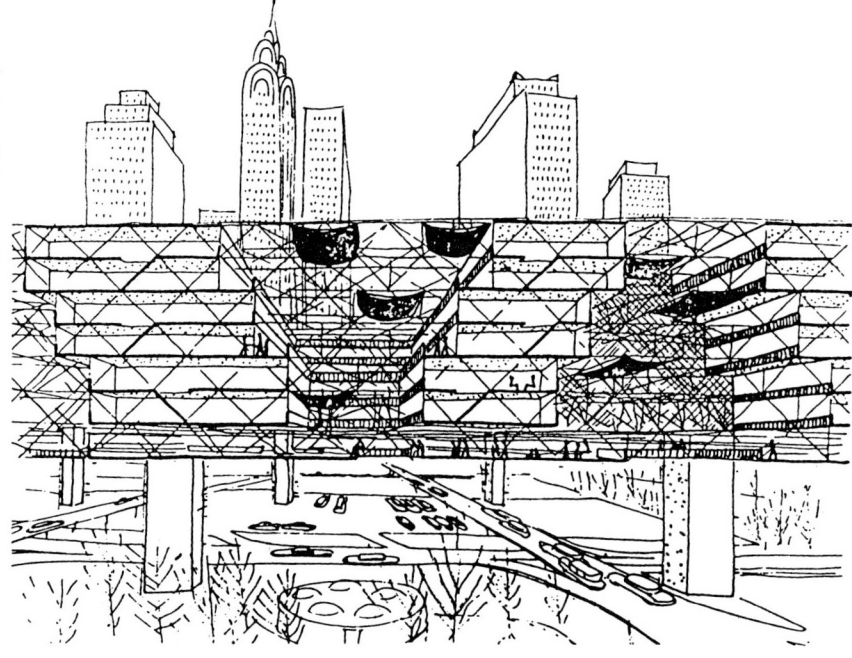

Yona Friedman, *Städtebau-liche Skizze für New York,* 1964.
Ein räumliches Tragwerk, in das die Baukörper eingehängt werden sollen, überzieht vorhandene Straßen und Bebauungen.

historischen. Dagegen setzten die Verfasser des Reports realistischere Vorschläge. Auf dem offenen Lande sollten Überlandstraßen nicht mehr durch die Orte, sondern an ihnen vorbei, doch mit seitlichen Abzweigungen führen; damit wären ihnen die Belästigungen des Durchgangsverkehrs, aber andererseits auch aufwendige Umgehungen erspart worden. In den großen Städten wollten die Buchanan-Autoren verkehrsberuhigte Zellen ausgrenzen und über eine Hierarchie von Verteilerstraßen und Erschließungsringen zugänglich machen.

Das Ende einer Liaison?

Die Lösungen, die aufgrund der Empfehlungen des Buchanan-Reports erarbeitet wurden, waren durchaus umstritten. Oftmals lösten sie schwerwiegende Veränderungen in den Städten aus. Die vertikale Trennung des Verkehrs, die Buchanan befürwortete, wo die horizontale nicht möglich war, führte zu monströsen Aufbauten mit Fußgängerdecks und Schnellstraßenüberbauungen, die gewachsene Quartierbeziehungen ebenso zerstörten wie die Schnellstraßen selbst. Als Schritt von der freudigen Hypertrophie der älteren Planergeneration zu größerer Realitätsnähe, geschärftem Problembewußtsein und gestiegener Kompro-

mißbereitschaft bedeutete der Report gleichwohl eine wichtige Etappe. Die zunehmende Motorisierung erschien in ihm als unheilvolles Schicksal, nicht mehr als hoffnungsvolles Ziel. Man mußte sich arrangieren, so gut es ging. Wer nach Buchanan die Wahl zwischen Alternativen traf, tat es im Bewußtsein, daß nicht alle Bedürfnisse des Verkehrs erfüllt werden können und dürfen und daß jede Entscheidung eine Güterabwägung zwischen Vor- und Nachteilen darstellt.

Auch in der luftigeren Etage der Architekturdiskussion und der Kulturkritik veränderte sich die Tonlage dem Auto gegenüber. Zum einen stahlen andere technische Spitzenerfolge dem Auto die Show. Zumindest für einige Jahre zog die Weltraumfahrt die Aufmerksamkeit auf sich. Selbst Autofirmen zollten ihr Tribut und nannten ihre Marken Rocket, Starfire oder Skyway. Die Architekturutopisten der sechziger Jahre, die britische Archigram-Gruppe oder die japanischen Metabolisten, zeigten sich beeindruckt von den Großgerüsten der Weltraumbahnhöfe und den bemannten Satellitenkapseln des Apollo-Programms. In ihre Megastrukturen, diese von der Faszination des technisch Machbaren besessenen Horrorvisionen, gingen solche Anregungen ein. Autos wurden zum Teil auf komplizierten Brückenlabyrinthen hoch über dem Normalniveau geführt, zum Teil aber auch irgendwo unter der dichten Packlage von Stockwerken verstaut oder in Röhren gesteckt, durch die sie wie Geschosse katapultiert werden sollten. Schließlich galt das Automobil angesichts der neuen kosmischen Perspektive als ein reichlich altmodisches Transportmittel. Sogar das Domizil der Autos, die Hochgarage, konnte Raketenform annehmen. Die Space Opera kompensierte die behinderte Ferienreise auf der Autostrada del Sole, und statt der Rennfahrer Stirling Moss oder Juan Manuel Fangio waren die Astronauten Juri Alexejewitsch Gagarin und Neil Armstrong die Helden des Tages. Das kollektive Gedächtnis hat nur begrenzten Raum für seine Heroen.

Wenn die Künstler und Designer der Pop Art ihre Augen von den faszinierenden Schöpfungen der NASA abwandten und wieder auf die wohlvertrauten, vierrädrigen Beförderungsmaschinen richteten, sahen sie das Auto anders als die Klassiker der Moderne. Für sie war das Kraftfahrzeug nicht mehr eines jener Instrumente, denen die produktive Änderung der gesamten Lebenseinrichtung zu danken sein würde. Es war kein Werkzeug der Revolution, sondern ein gegebenes Faktum, wenn auch eines, mit dem sich viele Emotionen verbanden. Der Anti-Ästhetizismus und Anti-Formalismus dieser Generation (der natürlich ein neuer Ästhetizismus und Formalismus war) erkor sich unter den Autos neue Ikonen: die amerikanischen Traumwagen der fünfziger Jahre, die mit ihren barocken Kühlern und mächtigen Heckflossen jeder strengen Designtheorie Hohn sprachen. Die tropischen Einfälle der Karosseriekünstler hatten aus Cadillacs, Plymouths und Studebakers Metaphern der Schnelligkeit und Stärke, Inbilder des schlechten, aber phantasiereichen Geschmacks gemacht. In den Blechorgien aus Detroit gingen die utopischen Dimensionen des modernen Designs, das Versprechen eines rational entworfenen, neu geordneten Daseins unter.

Le Corbusier (und viele andere mit ihm) hatte mit Hilfe des Autos die Stadt radikal und kollektiv neu ordnen wollen. Frank Lloyd Wright gedachte das Auto für ein entgegengesetztes Ziel einzusetzen, für seine dünnbesiedelte Broadacre City, die Inkarnation des wahren, des ländlich-individualistischen Amerika. Die Generation der Pop Art sah

dagegen die Kunst als Doublette des Lebens und akzeptierte, was war und wie es war. Tom Wolfe, amerikanischer Starreporter jener Jahre, entdeckte auf dem Teen Fair in Burbank, einem Vorort von Los Angeles, den Markt der einzelgefertigten Liebhaberkarosserien.[38] Ein paar Jahre später folgte das Architekten-Ehepaar Venturi den Spuren Wolfes und erforschte mit einem Seminar der ehrwürdigen Yale University am Beispiel der Glücksspielerstadt Las Vegas, was die ›Kandy Kolored Tangerine Flake Streamline Babys‹ aus der Stadt gemacht hatten. Die Venturis waren weniger an dem Teil von Las Vegas interessiert, der – wie Fremont Street – am ehesten der Geschäftsstraße einer Ostküstenstadt gleichkam. Sie begeisterten sich vielmehr für den Strip, den Las Vegas durch-

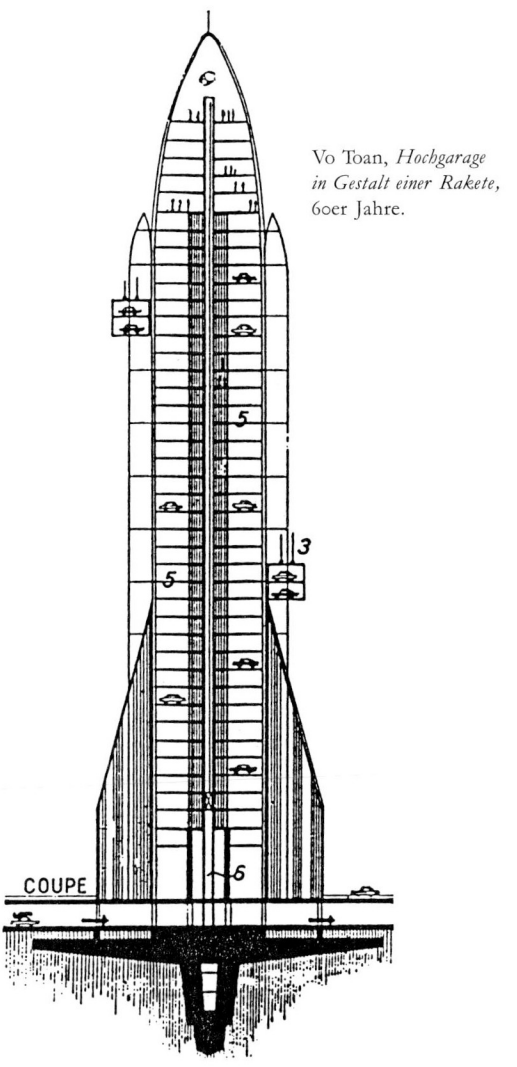

Vo Toan, *Hochgarage in Gestalt einer Rakete,* 60er Jahre.

ziehenden Teil der Nationalstraße 91. Hier fanden sie (im Jahre 1968 gerade noch rechtzeitig) jene Architektur des mit Zeichen, Schrift und Symbolen dekorierten und von Autoparkplätzen umgebenen Schuppens, der zum Kernstück ihrer Architekturtheorie wurde.[39]

Die Schlußfolgerungen der Venturis schrieben, wenn auch mit anderem Vokabular, Empfehlungen fort, wie sie zu Beginn des Jahrhunderts von den Werkbund-Leuten ausgegeben worden waren. Mit dem Blick auf die Wahrnehmungsbedingungen im großstädtischen Verkehr hatten die Designer im Umkreis des Deutschen Werkbunds einfache, übersichtliche Baumassen verlangt. Nun, im vollkommerzialisierten Kontext, sollte das Auge des Autofahrers durch die Signalwirkung der Werbezeichen und nicht mehr durch die Aussage des Bauwerks selbst gefesselt werden – eine Architektur (wenn es denn noch Architektur war) der Sekundenästhetik. Entscheidend für die Einschätzung des Autos und seiner Folgen durch die Pop-Generation war ihr reaktives Verhalten. Anders als bei der Avantgarde der zwanziger Jahre wird hier keine Vision mehr in die Zukunft projiziert. Der Kriterienkatalog wird lediglich aus der Beschreibung und Neubewertung des Vorhandenen gewonnen. Der Strip war und sollte bleiben, was er war: »Main Street is almost alright.« Das Wünschbare war identisch mit dem Vorhandenen, man hatte es zuvor nur noch nicht bemerkt.

Wenn nicht alles täuscht, hat die zukunftsfrohe Liaison zwischen den Architekten und Stadtplanern einerseits und dem Auto andererseits ein Ende gefunden. Kraftfahrzeuge werden zwar in größeren Stückzahlen produziert als je in den Tagen des intellektuellen Autokults, und die Blechstars auf den Automessen mit ihren Windsplits, Zierfelgen und Heckspoilern können nach wie vor auf ein bewunderndes Publikum zählen. Daß dem Auto auch heute noch breite Wege gebaut werden, dafür sorgen die Interessen von Automobilindustrie, Mineralöl- und Bauwirtschaft, die pressure groups der Automobilklubs, der Staat, die Länder und die Gemeinden, die sich ihre Steuereinnahmen aus dem Autosektor erhalten wollen, und die Politiker, die um den Verlust von Arbeitsplätzen bangen. Allein die Verflechtungen, die zwischen den Autoherstellern und einer Vielzahl von Wirt-

Am ›Strip‹ in Las Vegas, um 1980
»Über alle Entfernungen hinweg vermitteln (die Zeichen am Highway) getextete und symbolische Botschaften, kommunizieren einen Sinnkomplex aus Hunderten von Assoziationen in wenigen Sekunden durch weite Räume. Das Symbol beherrscht den Raum« (Robert Venturi, Denise Scott Brown, Steven Izenour).

Zeitgenössische Verkehrsarchitektur: Bochum.

schaftszweigen und Dienstleistungsbranchen bestehen, bieten dem Auto eine Bestandsgarantie auf lange Zeit.

Aber Faszination fragt nicht nach Stückzahlen und Straßenkilometern. Die Kritik am Auto wächst. Seine stadtzerstörenden Wirkungen liegen auf der Hand. Bürgerwiderstand organisierte sich gegen verkehrsbedingten Abriß und dessen städtebauliche Folgelasten. Die Planungen für den Embarcardero Freeway in San Francisco lösten in den sechziger Jahren die Freeway Revolution aus, ein erstes Aufbegehren gegen die Allmacht der Verkehrsplaner. Verkehrsberuhigung und Lärmschutz begannen Fürsprecher zu finden. Während die Betoniermaschinen täglich viele neue Kilometer Straßenbänder auswarfen, wurden die ersten Schwellen und Poller in Wohnstraßen gesetzt. Die Delfter Woonerfs, Straßen oder Plätze, in denen das Wohnen Vorrang vor dem Verkehr erhielt, fanden weltweite Publizität. Victor Gruen war einst ein Pionier der von parkendem Autoblech umzingelten regionalen Einkaufszentren, die Kaufkraft aus der Innenstadt abzogen. Jetzt forderte er Priorität für den kollektiven Verkehr und unternahm den abenteuerlichen Versuch, seine Shopping Centers als Renaissance der alten europäischen Stadtkerne umzuinterpretieren.[40] Ralph Nader nahm seinen Feldzug gegen die Autoindustrie auf und bezichtigte sie, aus Profitgründen die Sicherheit der Fahrer wie der Fußgänger zu gefährden.[41] Die Benachteiligung der nichtmotorisierten Minderheiten, der Kinder, Alten, Armen und Behinderten, in einer motorisierten Gesellschaft trat ins Blickfeld, jede Vernachlässigung der Massenverkehrsmittel zugunsten des Individualverkehrs geht auf ihre Kosten. Alternative Verkehrsmittel von der Magnetschwebebahn und Luftkissenfahrzeugen bis zu computergesteuerten Kabinentaxis und der automatischen Steuerung von Autos auf Autobahnen begannen die Forschung zu beschäftigen. Auf der anderen Seite der technologischen Skala nahm die Fahrradindustrie einen unverhofften Aufstieg.

Mit der Ölkrise von 1973 und dem zunehmenden Bewußtsein für Umweltverschmutzung und -gefährdung, an der die Kohlenmonoxyde, die Kohlenwasserstoffe, Schwefeldioxyde, Stickoxyde, das Blei der Autoabgase, die Faserstäube der Bremsbeläge und der Gummiabrieb der Reifen ihren Anteil haben, traten die Auseinandersetzungen um das Auto in ein neues Stadium ein.[42] Dem – durch gelegentliche Konjunktureinbrüche nur verzögerten – Boom der Kraftfahrzeugindustrie hat die neue Skepsis allerdings nicht geschadet. Wie sollte sie auch, da inzwischen unsere gesamten räumlichen Lebensmuster, unser gesamtes Wirtschaftssystem auf die Existenz des Autos eingerichtet sind. Das Auto stinkt und lärmt, verursacht allein in der Bundesrepublik jährlich zehntausend tödliche Unfälle, es macht Stadt und Land kaputt und ist trotzdem bis auf weiteres unentbehrlich.

Den Metaphernvorrat der Avantgarde, ihre Mythologie, ihr bildnerisches Denken hat das Auto bereichert, solange es ein Schlüsselerlebnis der Epoche bot. Auch heute gibt es Architekten, die es sich leisten können, dem eigenen Ego mit einem Porsche oder Jaguar zu schmeicheln. Aber in ihrem professionellen Denken scheint das Auto als kulturelles Symbol keine inspirierende Rolle mehr zu spielen. Aus den Träumen ist es in die Alpträume abgewandert. Der früheren Interventionsmöglichkeiten sind die Architekten durch die Spezialisierung der Metiers ohnehin beraubt worden. Wo die Entwicklung eines Automodells heute im Schnitt fünf Jahre benötigt und das gesamte Know-how eines Teams erfahrener Produktionstechnologen benötigt, ist der Rat des Laien-Entwerfers nicht mehr gefragt. Denn im Autodesign waren die Architekten seit je Dilettanten gewesen. In Planung und Bau der Verkehrswege machten die Verkehrswissenschaftler sie dazu. Eine gesonderte Disziplin konstituierte sich, die Verkehrsaufkommen und -verteilung, Modal split und Wegewahl analysierte, Knotenpunkte und Straßenquerschnitte berechnete, Trendprognosen aufstellte, Generalverkehrspläne ausarbeitete, kurz, in ihren Planungen ihre eigenen fachspezifischen Irrtümer beging. Pauschallösungen, wie sie Le Corbusier und seine Zeitgenossen freihändig anboten, hatten kaum noch Chancen.

Le Corbusier übrigens, der Urheber des Plan Voisin, dieser Verherrlichung des Autos, fand im Alter für die »Automobilitis« harsche Worte. Er selbst fuhr nach dem Zweiten Weltkrieg zunächst einen kleinen grünen Fiat. Später stieg er auf die öffentlichen Verkehrsmittel um und begnügte sich fortan mit Metro und Taxi.

Anmerkungen

1 Marco Pozzetto nimmt an, daß Le Corbusier nach einem Besuch im Jahre 1925 das Fiat-Werk 1934 bereits zum zweiten Mal besuchte (M. Pozzetto, *La Fiat-Lingotto, Un architettura torinese d'avanguardia*, Turin, 1975, S. 68). Matté-Truccos Fiat-Gebäude war nicht die einzige bemerkenswerte Architekturleistung im Automobilfabrikbau. Bedeutende Werksbauten wurden entworfen u. a. von Albert Kahn für verschiedene Unternehmen in Detroit, Edmund Körner in Köln (Ford, 1930-1931), Heinrich Bärsch in Brandenburg (Opel, 1935), Eero Saarinen in Detroit (General Motors, 1956), Norman Foster in Swindon (Renault, 1983). Vgl. Angelika Pape. ›Gedächtnisstützen, Anmerkungen zu Bauten der Automobilindustrie‹. In: *Bauwelt*. Heft 13. Jg. 77. 4. 4. 1986. S. 484 ff.
2 Le Corbusier, Pierre Jeanneret. *Œuvre complète de 1929-1934*. Band 2. Zürich, 1964. S. 202.
3 Carola Giedion-Welcker. ›Le Corbusier und James Joyce‹. In: *Neue Zürcher Zeitung*. 18. 9. 1965. S. 20.
4 Henry Ford. *Mein Leben und Werk*. Leipzig, o. J. (1923). S. 309.
5 Le Corbusier. *Œuvre complète de 1910-1929*. Band 1. Zürich, 1964. S. 45.
6 Ernst Neumann. ›Die Architektur des Fahrzeugs‹. In: *Jahrbuch des Deutschen Werkbundes 1914. Der Verkehr*. Jena, 1914. S. 51.
7 Walter Gropius. ›Die neuen Adler-Wagen‹. In: *Das Neue Frankfurt*. Heft 1, 1931. S. 19.
8 Ernst Neumann. ›Die Architektur des Fahrzeugs‹. A. a. O. S. 48.
9 Ebda. S. 49.
10 Bruno Taut. ›Rußlands architektonische Situation‹. In: El Lissitzky. *Rußland: Architektur für eine Weltrevolution. Bauwelt Fundamente 14*. Berlin, 1965. S. 151. – Bruno Taut. *Die neue Baukunst*. Stuttgart, 1929. S. 58.
11 B. Bruce-Briggs. *The War against the Automobile*. New York, 1975, 1977. S. 181 ff.
12 Wendula Dahle. *Verteidigung des Autos gegen unsere Poeten*. Unveröffentlichtes Manuskript.
13 Reinhard Baumeister. *Stadterweiterungen in technischer, baupolizeilicher und wirtschaftlicher Beziehung*. Berlin, 1876. Vgl. Gerd Albers. *Entwicklungslinien im Städtebau, Ideen, Thesen, Aussagen 1875-1945. Bauwelt Fundamente 46*. Düsseldorf, 1975. S. 125 ff.
14 Olaf von Fersen (Hrsg.). *Ein Jahrhundert Automobiltechnik, Personenwagen*. Düsseldorf, 1986. S. 576.
15 G. W. Hilton, J. F. Due. *The Electric Interurban Railways in America*. Stanford, Cal., 1960. – John B. Rae. *The Road and the Car in American Life*. Cambridge, Mass., 1971.
16 Camillo Sitte. *Der Städte-Bau nach seinen künstlerischen Grundsätzen*. Wien, 1899. S. 100 ff.
17 Peter Behrens. ›Einfluß von Zeit- und Raumausnutzung auf moderne Formenentwicklung‹. In: *Jahrbuch des Deutschen Werkbundes 1914. Der Verkehr*. Jena, 1914. S. 7 ff. – John B. Hambrook. ›Haus oder Straße?‹. Ebda. S. 24 ff.
18 Georg Simmel. ›Die Großstadt und das Geistesleben‹ (1903). In: *Brücke und Tür*. Stuttgart, 1957. S. 228.

19 Filippo Tommaso Marinetti. ›Manifeste du Futurisme‹. In: *Le Figaro*. 20. 2. 1909.
20 Adolf Rading. ›Die Typenbildung und ihre städtebaulichen Folgerungen‹. In: F. Block (Hrsg.). *Probleme des Bauens*. Potsdam, 1928. S. 76.
21 Filippo Tommaso Marinetti. ›Manifeste du Futurisme‹. A. a. O.
22 Adolf Rading. ›Die Typenbildung …‹. A. a. O. S. 77.
23 Le Corbusier. *Urbanisme*. Paris, 1925. Deutsch: *Städtebau*. Stuttgart, 1979. S. 156.
24 Filippo Tommaso Marinetti. ›Manifeste du Futurisme‹. A. a. O.
25 Martin Steinmann (Hrsg.). *CIAM. Dokumente 1928–1939*. Basel, 1980.
26 Sigfried Giedion. *Space, Time and Architecture*. Cambridge, Mass., 1941. Deutsch: *Raum, Zeit, Architektur*. Ravensburg, 1965. S. 489 ff. – Vgl. Rae. A. a. O.
27 Otto Reismann (Hrsg.). *Deutschlands Autobahnen, Adolf Hitlers Straßen*. Bayreuth, 1937. S. 11. – Fritz Todt. ›Der Straßenbau im nationalsozialistischen Staat‹. In: *Grundlagen, Aufbau und Wirtschaftsordnung des nationalsozialistischen Staates*. Band 1. Berlin, o. J. (1937).
28 Fritz Todt. ›Der Straßenbau …‹. A. a. O. S. 5.
29 Adolf Hitler bei der Eröffnung der Internationalen Automobilausstellung am 11. 2. 1933. Vgl. Otto Reismann (Hrsg.). *Deutschlands Autobahnen …* A. a. O. S. 15.
30 Otto Reismann. Ebda. S. 11 f. – Vgl. auch Joachim Petsch. *Geschichte des Auto-Design*. Köln, 1982. S. 89 ff.
31 Otto Reismann. Ebda. S. 13.
32 Werner Durth. *Deutsche Architekten. Biographische Verflechtungen 1900-1970*. Braunschweig, 1986. S. 206.
33 Vgl. Johannes Göderitz, Roland Rainer, Hubert Hoffmann. *Die gegliederte und aufgelockerte Stadt*. Tübingen, 1957.
34 Hans Bernhard Reichow. *Organische Stadtbaukunst, Organische Baukunst, Organische Kultur*. Braunschweig, 1948. S. 9.
35 Hans Bernhard Reichow. *Die autogerechte Stadt*. Ravensburg, 1959. S. 88.
36 Ebda. S. 27.
37 Colin Buchanan. *Traffic in Towns*. London, 1963. Deutsch: *Verkehr in Städten*. Essen, 1964. Dazu kritisch: Stephen Plowden. *Towns Against Traffic*. London, 1972.
38 Tom Wolfe. *The Kandy Kolored Tangerine Flake Streamline Baby*. New York, 1965.
39 Robert Venturi, Denise Scott Brown, Steven Izenour. *Learning from Las Vegas*. Cambridge, Mass., 1972. Deutsch: *Lernen von Las Vegas. Bauwelt Fundamente 53*. Braunschweig, 1979.
40 Victor Gruen. *Die lebenswerte Stadt*. München, 1975. S. 140. Das Northland Center bei Detroit, das erste der von Gruen geplanten Shopping Centers, sah Parkplätze für 11 000 Autos vor.
41 Ralph Nader. *Unsafe at Any Speed*. New York, 1966.
42 Hermann Glaser. *Das Automobil. Eine Kulturgeschichte in Bildern*. München, 1986. – Reimar Zeller (Hrsg.). *Das Automobil in der Kunst. 1886-1986*. München, 1986.

Wir Künstler

Hans Poelzig als Zeichner

»Wir Künstler«: Mit solcher Entschiedenheit, ohne Zögern in der Stimme, haben nicht allzu viele Architekten dieses Jahrhunderts ihren eigenen Beruf beschrieben. Hans Poelzig gehörte zu dieser Minorität. Daß Architektur Kunst sei, hat für ihn nicht einen Augenblick in Frage gestanden; wohl allerdings, ob das allermeiste, was gebaut wird, auch nur irgend etwas mit Kunst zu schaffen habe. Und über die Kunst wagte er zu sagen: »Kunst hat nichts zu tun mit dem Zweck, sie ist zwecklos. Es ist immer noch besser, man vergewaltigt den Zweck und schafft ein wirkliches Kunstwerk, als daß man den Zweck, d.h. den kalten Verstand, triumphieren läßt.«[1]

In den ersten Monaten und Jahren nach dem Ersten Weltkrieg, als der Expressionismus in den Bildenden Künsten einen zweiten und in der Architektur seinen ersten Höhepunkt erlebte, waren solche starken Worte oft zu hören. Aber Poelzig hat sich bei etwas moderaterem Tonfall an dieses Credo auch gehalten, als es weniger zeitüblich war. Seine Lehrtätigkeit an der Breslauer Kunst- und Kunstgewerbeschule und späteren Akademie, die er von 1903-1916 auch leitete, galt dem Zusammenwirken der Handwerke und Bildenden Künste im Gesamtkunstwerk Architektur, viele Jahre vor den einschlägigen Formulierungen im Manifest des Weimarer Bauhauses. Als die Hymnen auf die

Hans Poelzig, Skizze im Zusammenhang mit dem Projekt für ein *Salzburger Festspielhaus,* um 1920. Sammlung Poelzig, Hamburg. – »Seit die verschiedenen bildenden Künste sich einander wieder nähern, seit die Maler in ihrem Schaffen sich dem Architektonischen wieder zuwenden, werden andererseits auch die Baumeister es nicht mehr verschmähen, ihre ersten malerischen Skizzen profanen Augen darzubieten« (Walter Müller-Wulckow).

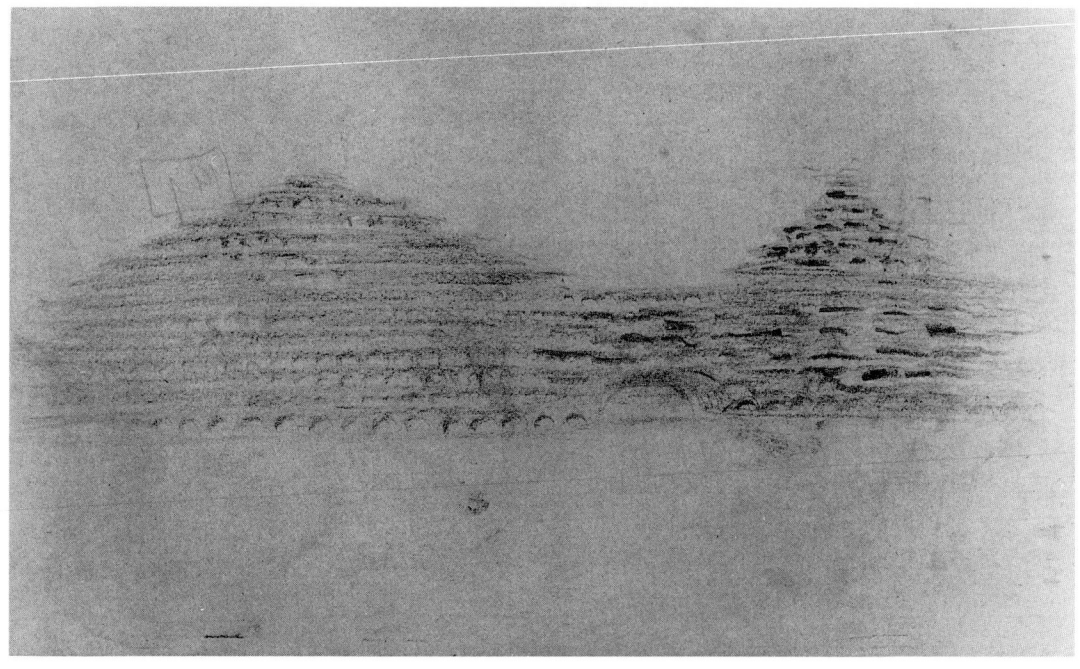

Hans Poelzig, Skizze im Zusammenhang mit dem Projekt eines *Konzertsaals in Dresden*, 1918. Sammlung Poelzig, Hamburg.
»Ein Fortissimo, ein gewaltiges Gären in den Konzertsaal-Skizzen« (Paul Westheim).

Architektur als ars magna längst verklungen waren, verteidigte er in seiner großen grundsätzlichen Rede vor dem Bund Deutscher Architekten mitten in der Epoche der Sachlichkeit und der weltweiten Wirtschaftskrise das Lebensrecht der Architektur als einer Kunst der symbolischen Formen.[2] Im Jahre 1931 war das eine selten gewordene Vorstellung.

Poelzig war viel zu sehr Praktiker, als daß er nicht die Konflikte gesehen hätte, in die sich das Kunstwerk Architektur bei der Auseinandersetzung mit Zwecken, konstruktiven Bedingungen, wirtschaftlichen Zwängen und baurechtlichen Vorgaben begab. Er hat nicht nur Theater, Konzertsäle und Festhäuser entworfen, bei denen er sich von der Feierlichkeit der Aufgabe und der Erregung des hochgestimmten Zeitmoments davontragen ließ. Er projektierte und baute auch Wohnhäuser, Geschäfts- und Verwaltungsbauten, Messehallen, Fabriken, ein Gaswerk, eine Feuerwache, eine Rundfunkanstalt und wußte, daß ihm deren Auftraggeber Mängel in der praktischen Bewährung der Bauten nicht verziehen hätten. Baukunst mochte hier, in den Zeiten Poelzigs, bei aufgeklärten Bauherren und günstigen Umständen, möglich sein. Aber absolut unerläßlich war, daß das Budget eingehalten, die Zweckbestimmung erfüllt und der Kunde zufriedengestellt wurde.

Als renommierter Industriearchitekt hatte Poelzig Anlaß, seine Reflexionen über die Vergänglichkeit des Ingenieurprodukts auf das eigene Schaffen anzuwenden. Künstlerische (und handwerkliche) Erzeugnisse besaßen in seinen Augen ewigen Wert, während jedes technische Produkt durch die jeweils neuere, praktischere und billigere Hervorbringung Wert und Daseinsberechtigung verlor. Daß auch Technik zu faszinierenden Gestalten fand und ihre eigene dämonische Großartigkeit entfalten konnte, hat Poelzig zugeben müssen. Er beruhigte sich damit, daß diese Formen sozusagen Nebenprodukte auf dem Weg zur jeweils höheren Leistung waren. Dem Architekten blieb die Generalistenrolle, wenn ihm schon die anderen so viele Spezialistentätigkeiten abgenommen hatten. Ein Trost für den Architekten schien darin zu liegen, daß die Technik dem Formlosen zuzusteuern und der Architektur die Domäne des Sichtbaren zu überlassen schien. Poelzigs Beispiele waren Radio und drahtlose Telegraphie, die unseren wären Elektronik und Mikrochips.

Die Hoffnung, das Ziel des Architekten im Bunde mit der Technik erreichen zu können, war bei Poelzig unterschiedlich ausgeprägt, in seiner frühen Breslauer Epoche stärker als in den Dresdner und Berliner Expressionistenjahren oder im skeptischen Alter. Freilich hat er nie die hierarchische Ordnung in Zweifel gezogen: Herrin war die Kunst, Magd (oder aufsässige Dienerin) die Technik: »Technik und Wirtschaft sollen durchaus zu ihrem Recht kommen, sie sollen uns aber nicht versklaven, und wir sollen darüber hinaus noch für unsere Arbeiten etwa von dem einfangen, was nicht nur für kurze Zeit verblüfft, durch einen

Hans Poelzig, *Skizze für ein Bühnenbild* (?), 1920. Sammlung Poelzig, Hamburg.
»Zur Empfängnis und Darstellung seiner architektonischen Ideen bedarf ein Baumeister wie Poelzig in seinen Zeichnungen einer Notenschrift, in der alle Elemente zu fassen sind: der Rhythmus, die Proportionen, die Melodik der Raumbegrenzung und die Farbigkeit der Raumstimmung« (Walter Müller-Wulckow).

lauten Schrei die Aufmerksamkeit zu erzwingen sucht, sondern redet, oder gar singt, wie es auch von der Zukunft verstanden werden kann, einer Zukunft, die nichts mehr weiß von all den Überraschungen, die uns neue technische Erfindungen und Möglichkeiten bereitet haben, sondern nur das versteht, was an ewiger Melodie in unseren Schöpfungen einzufangen uns vielleicht gelungen ist.«[3]

Für die Pathosformel von der »ewigen Melodie« hatte der schlagfertige Poelzig im Alltag von Atelier und Lehre einen handfesteren Ausdruck parat. »Da ist Musike drin«, pflegte er zu sagen, wenn ihm ein ausnehmend wohlgelungener Entwurf vor die Augen kam. Die Schüler dieses begnadeten Lehrers – neben Heinrich Tessenow der einflußreichste im Berlin der zwanziger Jahre – wußten dann: Es war das größte Kompliment, das der Meister zu vergeben hatte. Bei Poelzig besagte es die Empfindung eines Rhythmus, der etwas Notwendiges, nicht Beliebiges und nichts Wählbares hat.

Es ist keine Frage, daß eine besondere Neigung Poelzigs jenen Bauten galt, in denen die Kunst als Baukunst ihren unbestrittenen Platz hat und ihrerseits der Kunst Platz bieten muß, jenen Räumen also, »in welchen ... das Volk seiner Erholung und seiner Erhebung nachgeht«.[4] Schon im Wettbewerb für ein Opernhaus in Berlin von 1912, dann beim Haus der Freundschaft von 1916, das als kulturpolitische Maßnahme die Türkei-Politik

des Reiches flankieren sollte, beim Dresdener Konzertsaal von 1918, dem Großen Schauspielhaus für Max Reinhardt im Berlin des Jahres 1919, den Salzburger Festspielhaus-Projekten Reinhardts in den frühen zwanziger Jahren: Da sieht man den Künstler Poelzig in seinem Element, erfüllt von »mehr oder weniger gelinder Raserei«.[5] Bis auf den Umbau des ehemaligen Zirkus Schumann zum Großen Schauspielhaus hat Poelzig keines dieser Projekte realisieren können. Erst die späteren Lichtspieltheater, die Poelzig auch noch unter die »Festbauten« zählte, boten einen kleinen Ersatz für die entgangenen Chancen.

Eine andere Art der Entschädigung verschaffte sich Poelzig in der Zeichnung. Gerade die Theater und Konzerthallen haben ihn zu grandiosen Skizzenfolgen veranlaßt – vielleicht auch, weil der Verwirklichungsdruck und der Realitätsgehalt bei diesen Aufgaben von vornherein absehbar geringer war. Jedenfalls war Poelzig in vielen Zeichnungen dieser Zeit nicht bemüht, architektonische Formen definitiv zu klären. Die Projekte boten vielmehr Anlässe zu Skizzen, die sich von ihrem Ausgangspunkt weitgehend unabhängig machten. Es waren Gelegenheiten, auf dem Instrument der Zeichnung wie ein guter Virtuose die »Musik« zu üben. »Ist doch das Festhalten der Vision unendlich viel wichtiger als die abschleifende, zustutzende Verarbeitung auf konkrete Bedingungen hin«, schrieb Walter Müller-Wulckow mit dem Blick auf Poelzigs Bilder.[6]

Oft wurde darüber die Übung zum Selbstzweck. Poelzigs Zeichnungen scheinen für ihn ihren Sinn in sich selber getragen zu haben, ebenso wie seine Malerei – oder noch mehr. Nicht das Ergebnis zählte, sondern das Tun. Poelzigs Architekturskizzen waren für niemanden bestimmt. Anders als in unseren Tagen, wo der Markt die Kunstgattung Architekturzeichnung dankbar akzeptiert und zugleich die Produktion angeheizt hat, packte Poelzig die Blätter und Blöcke, sobald sie gefüllt waren, in die Schublade. Allenfalls wenn es galt, den Artikel eines befreundeten Kritikers zu illustrieren, fand das eine oder andere Blatt den Weg in die Öffentlichkeit. Mit seinen Ölbildern hielt Poelzig es ähnlich. Sogar sein Biograph Theodor Heuss hat sie nur wenige Male zu Gesicht bekommen.

Der Impetus der Skizzen erschöpft sich selten, eigentlich nie auf einem einzigen Blatt. Von Poelzigs Malerei hat ein zeitgenössischer Autor gemeint, man müsse sie in einem einzigen Raum in die Wände einlassen, mehrere Reihen übereinander, damit sie alle auf einmal gesehen werden könnten. Denn es komme nicht auf das einzelne isolierte Werk an, sondern auf die Lebenskraft, die in ihm und in allen anderen stecke.[7] Für die Zeichnung gilt ähnliches. Auch sie – sie erst recht – mündete nicht in eine ausformulierte Gestalt ein, war kein Schauplatz architektonischen Probehandels. Die Offenheit der unendlichen Variation war immer wichtiger als die Ermittlung einer endgültigen Form. Die fast zwanghafte Abfolge ähnlicher oder gleicher Momente, der Automatismus der immer wiederkehrenden Schraffuren, die Ornamentketten, die sich wie von selber knüpften, lassen vermuten, daß die Arbeit mit der Kohle, dem Farb- oder Bleistift und dem aquarellierenden Pinsel für ihn eine Lebensäußerung war wie das Ein- und Ausatmen, die Motorik der Gesten, die Unwillkürlichkeit von Muskel- oder Nervenreaktionen – spontan, der freien Verfügung entzogen und vor jeder Scheidung in die körperlichen und seelischen Anteile des Vorganges.

Daher geht von vieler dieser Skizzen eine doppelte Faszination aus: eine psychische Kraft, die sich dem Betrachter unmittelbar mitteilt, und gleichzeitig eine physische Präsenz, die das Zeichenmaterial und die Struktur des Bildgrundes in ihrer Materialität erfaßt. Die Körnigkeit der Kohle und des Pastellstifts, die Wischer und Druckstellen, das Verlaufen der Wasserfarbe, das nervöse Flackern der Lichter und Schatten, der Faltenwurf des Pauspapiers teilen sich umweglos als sinnliche Qualitäten mit, vor aller mitgemeinten Gegenständlichkeit der Darstellung. Es gibt Zeichnungen von Poelzig, die sich wie die Meskalin-Zeichnungen Henri Michaux' selber geschrieben zu haben scheinen.

Darstellung ist in diesen für die Schublade entstandenen Blättern natürlich nicht ausgeschlossen, zu allermeist auch mitgewollt. Sie kommt aber nicht durch die Schilderung einer vorweg konzipierten Formidee oder gar eines vorgegebenen äußeren Bildes zustande, sondern wird erst im Vorgang des Zeichnens evoziert. Die breit gelagerten oder turmartigen Aufwölbungen, die strudelnden Wandungen und fontänenartigen Ausbrüche, die auf den Blättern zu Bauten, Räumen und Stützen werden, ereignen sich ohne das Zutun des planenden Baumeisters, träumerisch, in allerdings sehr heftigen Träumen. Poelzigs »talentvolle Rauschlust«, wie der Kritiker Karl Scheffler sie nicht ohne Malice nannte,[8] duldete keine langsame Entwicklung. Hier herrschte immer Aktion, Dynamik, Tempo.

Selbst in den Tagen des Expressionismus war Poelzig als Zeichner eine singuläre Erscheinung.[9] Denn die expressionistischen Visionen materialisierten sich auf dem Papier (in der dreidimensionalen Wirklichkeit hatten sie ohnehin kaum Chancen) durchaus nicht immer in vergleichbar kraftvollen Handschriften. Die kühnsten Fabulierer waren oft unbeholfene Zeichner. Bruno Taut, mit dem Poelzig nicht auf bestem Fuße stand, addierte seine Stadtkronen, Kristallhäuser und alpinen Bergbebauungen pädagogisch einprägsam, aber ohne Verve. Otto Bartning, der Neuerer des protestantischen Kirchenbaus, war ein geradezu schüchterner Illustrator seiner kühnen Baugedanken. Nur wenige waren mit einer graphischen Phantasie begabt, die der architektonischen Erfindung gleichkam. Hans Scharouns Aquarelle von 1918-1920 sind Explosionen aus einem zentralen Punkt, berstende Architekturvulkane mit kosmischen Protuberanzen. Erich Mendelsohn, ein Verehrer Poelzigs, brillierte mit prägnanten Bauformeln, die aus einer Bewegung von weither zu kommen scheinen, aber durch gewölbte Geländekuppen und einen den Horizont andeutenden Zirkelschlag auf ihre Stelle fixiert werden. Poelzig lockte seine imaginierten Bauten aus einem Bildgrund hervor, der nicht neutraler Fond ist, sondern Raum und Atmosphäre. Es sind weder geschlossene, ablösbare Silhouetten wie bei Mendelsohn noch das ganze Bildformat erfüllende Ereignisse wie bei Scharoun, sondern Beschwörungen von Architektur aus chaotischem Naturzusammenhang.

Das zeichnerische Repertoire, das Poelzig dabei benutzte, ist größer als bei den meisten seiner Kollegen. Es reicht von heftig auf- und niederfahrenden Schraffuren zu klein gestrichelten Reihen, von drohenden Gewölken zu flächig vertriebenen Tönungen, von züngelnden Flammen zu sprühenden Spritzern, von gotisierenden Spitzen und islamischen Entrelacs bis zum schnörkelhaften Übermut des Spätbarock, das Poelzig, zeitweise Stadtbaurat in Dresden, an einem der Hauptorte dieses Stils hatte studieren können.

Poelzigs ausdruckswillige Zeichnungen waren nicht an jene Epoche gebunden, die das Etikett des Expressionismus trägt. Ganz abgesehen davon, daß es einen zeitenthobenen Expressionismus des ersten Einfalls gibt, der sich bei vielen Architekten und so auch bei ihm einstellte, hat Poelzig sich auch in der zeichnerischen Arbeit früherer oder späterer Jahre ungeniert als Subjekt eingebracht. Auch in den für die Augen Dritter oder gar für die Veröffentlichung bestimmten Ansichten und Schaubildern erinnert der Urheber durch seine graphischen Mittel den Betrachter stets daran, daß diese Vorstellungen von Architektur die Schöpfungen eines höchst individuellen Temperamentes sind. So, gibt Poelzig zu verstehen, hat es der Urheber dieser Blätter gewollt, andere mögen anders denken. Mit Relativismus hat dieses Verfahren nichts zu tun, eher mit lutherischer Festigkeit und Selbstsicherheit: Hier stehe ich und kann nicht anders.

Die Vergegenwärtigungskraft der Darstellung leidet nicht unter dem Poelzigschen Subjektivismus. Es ist noch sehr die Frage, welche Darstellungstechnik das künftige Bauwerk anschaulicher beschwört, die linienscharfe und scheinobjektive

Hans Poelzig, *Skizze*, 1921. Sammlung Poelzig, Hamburg.

Präzision, die sich in den heutigen Axonometrien solcher Beliebtheit erfreut, oder die noch im Schaubild subjektiven Notate eines Poelzig. Denn wenn die rhythmisch bewegten Silhouetten und Schraffuren jederzeit neben dem Architekten auch den Zeichner ins Spiel bringen, so teilen sie doch in der betrachterfreundlichen Wahl der Perspektive, des Standorts, des Ausschnitts und des Augenpunkts, in der Einbettung des künftigen Bau-Werks ins Natur-Werk, in den Andeutungen von Atmosphäre und vibrierendem Licht Eindrücke mit, die der Verlebendigung und damit auch der Verdeutlichung des Gemeinten dienen.

Die Zeichnung war nicht das einzige Medium, in dem Poelzigs Kunstwille sich auslebte. Auf das Architekturmodell als einem dreidimensionalen Schauplatz der Ideen und Empfindungen legte er gleichen Wert und hielt auch seine Schüler an, ihr Formgefühl im Plastischen zu schärfen und mit dem knetbaren Ton zu arbeiten. Die Freiheiten und Feinheiten, die das leichte graphische Instrumentarium erlaubte, waren im Ton oder Gips des

Modells freilich nicht möglich, und im Stein, Stahl und Beton des ausgeführten Bauwerks erst recht nicht. Was durch die Begrenzungen des Papierbogens gehalten und gesammelt war, so willkürlich sie oft im Verhältnis zu den schweifenden Texturen und Strukturen wirken, konnte in den Dimensionen des vollendeten Gebäudes gelegentlich etwas Dröhnendes, Imposantes und in der Wiederholung Einschüchterndes annehmen, das manche Kritiker Poelzigs irritierte. Poelzig nenne es Klang, wenn er denselben Ton bald laut, bald leise anschlage, fand Bruno Taut, und Karl Scheffler brauchte noch viel stärkere Worte, über »Expressionistenromantik«, »kraftgenialisches Renommieren« und das »massige, schaumige Rokokoornament«.[10]

Auf der anderen Seite hat die in den freien Künsten, im Zeichnen und Modellieren trainierte Leidenschaftlichkeit die Architektur Poelzigs vor jedem blutleeren Purismus bewahrt. Selbst kolossale Volumen suchte er plastisch durchzubilden, ihre Flächen zu beleben und zu rhythmisieren. Großzügig wollte er die Architektur, stimmungshaft, populär ohne Anbiederung, monumental wie in alten Zeiten, aber mit modernen Mitteln. Die Zeichnungen hätten die Skeptiker ohnehin von ihrer Kritik ausnehmen müssen. In ihnen wurde die Fülle zur Dichte, ging die Kraft mit der Subtilität zusammen. In Poelzigs Skizzen und Skizzenbüchern zeigt sich ein großes Temperament im Gespräch mit sich selbst, arglos und von keinem kommerziellen Nebengedanken zur Routine verführt.

Anmerkungen

1 Hans Poelzig. ›Festspielhaus in Salzburg. Ein Vorprojekt und eine Ansprache‹. In: *Das Kunstblatt*. Heft 3, Jg. 5, 1921. S. 79.
2 Hans Poelzig. ›Der Architekt‹ (1931). In: Julius Posener (Hrsg.). *Hans Poelzig. Gesammelte Schriften und Werke*. Berlin, 1970.
3 Ebda. S. 246.
4 Hans Poelzig. ›Festbauten‹ (1926). In: Julius Posener (Hrsg.). *Hans Poelzig*. A. a. O. S. 190.
5 Hans Poelzig. ›Festspielhaus in Salzburg‹. A. a. O. S. 77.
6 Walter Müller-Wulckow. ›Vom Werden architektonischer Form‹. In: *Das Kunstblatt*. Heft 4, Jg. 3, 1919.
7 Franz Landsberger. ›Hans Poelzig – Die Persönlichkeit‹. In: *Das Kunstblatt*. Heft 4, Jg. 3, 1919. S. 115 f.
8 Karl Scheffler. ›Poelzigs Dekorationen zum Don Juan‹. In: *Kunst und Künstler*. Heft 7, Jg. 21, 1. April 1923. S. 221 f.
9 Vgl. Wolfgang Pehnt. *Architekturzeichnungen des Expressionismus*. Stuttgart, 1985.
10 Bruno Taut. Rundbrief vom 1. Januar 1920. In: *Die Briefe der Gläsernen Kette*. Hrsg. von Iain Boyd White, Romana Schneider. Berlin, 1986. S. 34. – Karl Scheffler. ›Poelzigs Dekorationen zum Don Juan‹. A. a. O. S. 221 f.

Besuch in der Kartause

Eine Episode im Leben Le Corbusiers

Am 15. September des Jahres 1907 gegen Mittag verließ ein neunzehnjähriger Kunst- und Architekturtourist namens Charles-Edouard Jeanneret sein Florentiner Reisequartier an der Piazza della Signoria. Der junge Mann, der später den Namen Le Corbusier annehmen sollte, stammte aus der Uhrmacherstadt La Chaux-de-Fonds im Schweizer Jura und befand sich, nachdem er den Aufbaukurs an der Kunstschule seiner Heimatstadt absolviert und das Honorar für seinen ersten Hausentwurf erhalten hatte, auf einer zweimonatigen Bildungsreise.[1] Den Morgen hatte Jeanneret alias Le Corbusier im Kloster von San Marco und vor den Michelangelo-Gräbern in San Lorenzo verbracht. Den Nachmittag nutzte er zu einem Abstecher ins Val d'Ema. Ziel des Ausflugs war die Kartause, die Certosa, die ein paar Kilometer südlich von Florenz eine Bergkuppe oberhalb von Galluzzo bekrönt und damals mit der Straßenbahn leicht zu erreichen war.

Unter all den Sehenswürdigkeiten der Toskana machte die Certosa dem jungen Reisenden offenbar den stärksten Eindruck. Was Jeannerets Lehrer L'Eplattenier dem noch unentschlossenen Anfänger prophezeit hatte (»Du wirst Architekt!«), schien sich schon auf dieser Reise zu bestätigen. Nicht den Maler Fra Angelico oder Michelangelo als Bildhauer bewunderte er am meisten, sondern die anonyme Ordensarchitektur. Vier Jahre danach, im Herbst 1911, wiederholte Jeanneret seinen Besuch, als er von einer langen Reise durch Deutschland, durch den Balkan, nach Konstantinopel und Griechenland über Italien zurückkehrte. Diesmal entstanden mehrere Zeichnungen, die im letzten von sechs Reisetagebüchern enthalten sind.[2] Die noch halb vom Zufall bestimmte Begegnung des Jahres 1907 wird vertieft, systematisiert, in den möglichen Konsequenzen weitergedacht.

So hoch sich im Laufe der Jahre die Unterlagen im Atelier und in der Wohnung Le Corbusiers

getürmt haben mögen, das toskanische Skizzenbüchlein vergaß er nicht. Als der Dominikanerpater Marie-Alain Couturier ihn drei Jahrzehnte später in seinem Pariser Heim an der Porte Molitor aufsuchte, hatte der mittlerweile berühmt gewordene Architekt das Bändchen griffbereit, das sich bis heute in der Fondation Le Corbusier erhalten hat.

Für das Gespräch mit Pater Couturier dürfte Le Corbusier das alte Reisedokument nicht ohne Berechnung herausgesucht haben. Der Pater hatte bei den zwei wichtigsten sakralen Aufträgen Le Corbusiers, bei der Kapelle von Ronchamp und dem Kloster La Tourette bei Lyon, die Hand im Spiel, und das Corpus delicti konnte beweisen, wie früh und intensiv sich der Freigeist Le Corbusier mit geistlichen Aufgaben auseinandergesetzt hatte. Aber Berufungen auf die Kartause von Galluzzo finden sich im gesamten Werk. Die leuchtende Erinnerung daran sei ihm für immer geblieben, schrieb Le Corbusier 1930 in seiner Publikation ›Précisions‹.[3]

Das Bild, das Le Corbusier zeit seines Lebens vor Augen stand, bietet sich auch dem heutigen Besucher ungeschmälert. Hoch über dem Lärm der nahen Autobahn und der Straße aus Florenz erhebt sich die Certosa auf dem von Zypressen und Ölbäumen bewachsenen Monte Acuto oder Montaguto, fünfzig Meter über der Ema. Ein Bauwerk? Eher eine kleine Stadt, eine »moderne Stadt, die den Hügel krönt, die vornehmste Situation im Land«, wie Le Corbusier aus der Erinnerung von 1930 schrieb. Alle Elemente einer Stadt sind auf dem Monte Acuto wie in einem abkürzenden Modell vereinigt: die unterschiedlichen Zwecke, die unterschiedlichen Zeiten, ihre Einheit und ihre Vielfalt; der Weg, die Mauer, der zinnenbekrönte Palast aus dem Trecento, die aufragende, kreuzförmige Kapelle, der barocke Campanile der Kirche und, am frappierendsten, die sechzehn isolierten, wenn auch miteinander verbundenen

Mönchshäuser der *Certosa* bei Florenz, 14.-16. Jh. »Die Bergkrone ist in den Zellen der Mönche weitergeführt; jede Zelle hat einen Blick auf die Ebene und verfügt über vollkommen abgeschlossene Gärtchen. Ich glaube, nie zuvor eine solche fröhliche Interpretation des Wohnens gefunden zu haben« (Le Corbusier).

Mönchswohnungen. Es sind nicht Zellen, sondern veritable Reihenhäuser, die sich nach dem Brauch der Kartäuser um einen großen, von unten und außen nicht einsehbaren Hof legen.

Die präzise Reihung, der lineare Schnitt, die von Licht und Schatten betonten Kanten und Rücksprünge, die kubische Disziplin dieser Häuserkette, aber auch der große gewölbte Leib des Klosterberges lassen an frühkubistische Landschaftsbilder denken. Merkwürdige Gleichzeitigkeiten! Im selben Jahr 1907, in dem der Maler Georges Braque die provençalische Landschaft bei L'Estaque zu einer steilen Häufung kristallischer Prismen stilisierte, hatte Le Corbusier in der Toskana, einer anderen mittelmeerischen Region, das Erlebnis eines kristallinen, von der Natur und vom Menschen gemachten Berges. Und diesmal lag der Kubismus schon in der äußeren Realität, nicht in der verändernden Kunstleistung.

Die Patres, die heute den Besucher durch die weitläufige Anlage weisen, gehören nicht mehr dem Kartäuser-, sondern dem Benediktinerorden an. Die letzten Kartäusermönche verließen 1956 die Certosa, dann wurde sie mit Zisterziensern, schließlich mit Benediktinern besetzt. Aber geprägt ist die klösterliche Hügelstadt bis heute durch Frömmigkeit und Lebensweise der Nachfolger jenes heiligen Bruno, der in einem Alpental bei Grenoble die erste Kartause gegründet hatte. Diese Ordensgemeinschaft, ein Reformorden des

spätesten 11. Jahrhunderts wie die Zisterzienser, war auf den Ausgleich zwischen zeitgenössischem Eremitentum und mönchischer Gemeinschaft bedacht. Gemeinsame Liturgie und festgelegte Zusammenkünfte in Refektorium und Kapitelsaal sollten nach den weisen Bestimmungen des heiligen Bruno den Kartäusern die Bürde des einsamen Gebets, der stillen Meditation tragen helfen. Die Kartäuser empfingen keine Pilger und nur selten Gäste. Volkstümlicher Frömmigkeit boten sie keinerlei Augen- und Seelenweide.[4]

Die Regeln der Armut, Bedürfnislosigkeit und Weltabgeschiedenheit ließen sich im späteren Mittelalter schwerer einhalten als in den Gründungsjahren der Kartäuser. Das Tal der Ema war keine entlegene Gebirgsschlucht. Aus den nördlichen Mönchshäusern konnte und kann man die Türme und Dächer von Florenz erblicken. Die politischen Turbulenzen und die Verführungen der toskanischen Handelsmetropole machten auch vor dem Monte Acuto nicht halt. Stifter der Certosa, der 119. Klostergründung des Ordens, war ein großer Herr des Trecento, Niccolò Acciaioli. Der Sohn eines Florentiner Kaufherrn und Jugendfreund Boccaccios galt als einer der reichsten und mächtigsten Würdenträger am neapolitanischen Hof der Anjous.

Fraglos betrachtete Acciaioli die Gründung der Kartause nicht nur als geistlich verdienstvolle Tat, sondern auch als Mittel zur Mehrung des eigenen

Charles-Edouard Jeanneret (Le Corbusier), *Skizzen aus den Reisetagebüchern*, 1911. Fondation Le Corbusier, Paris.
Pater Couturier beschrieb die Zeichnungen des Carnets bei einem Besuch in Le Corbusiers Wohnung im Jahre 1948: »... der regelmäßige Entwurf des kleinen Gartens, die intelligente Anordnung der beiden Zimmer, und darüber die Horizontalen der Galerie und der abschließenden Mauer, die Linie der Hügel.«

Ruhms. Ursprünglich hatte er die Absicht, eine der Mönchszellen als pied-à-terre zu beziehen. Dieser Wunsch war mit den Ordensregeln nicht vereinbar und bald auch nicht mehr mit Acciaiolis Repräsentationspflichten. So errichtete er außerhalb der Klausur, aber innerhalb des Gebäudekomplexes einen mächtigen, wehrhaften Palast, gegen den Willen des Generalkapitels, das Störungen des asketischen Ordenslebens befürchten mochte. Nach dem Tode Acciaiolis wurde der unvollendete Palazzo denn auch sehr bald (und sicherlich zur Beruhigung der geistlichen Herren) zweckentfremdet. Er diente als Lagerhaus und Stallung.

Es war nicht dieser Konflikt zwischen weltlichem Anspruch und geistlicher Bestimmung, der

Le Corbusier auf dem Klosterberg beschäftigte. Aber es bleibt doch eindrucksvoll, wie Le Corbusier, der oft in seinem Leben als selbstvergessener Formenspieler gescholten wurde, in der Certosa sofort den Ausdruck und die Behebung eines aktuellen gesellschaftlichen Problems erkannte. Den Eltern schrieb er noch am Tage des Ausflugs, am Abend des 15. September 1907: »Ich habe die Lösung des typischen Arbeiterhauses gefunden.« Eine offenbar viel spätere Äußerung, von Jean Petit überliefert, führt aus, was ihn an der Kartause von Ema vor allem faszinierte: die Polarität von Individuum und Kollektivität.[5]

Das Wort enthält den ganzen Le Corbusier, seinen Optimismus und seinen Glauben an die Mis-

Der Blick aus dem Freien ins Freie: Le Corbusier, *Villa Savoye* in Poissy, 1929-31.
Das Fenster im Dachgarten der Villa begrenzt einen bildmäßigen Ausschnitt der Umgebung.

Der Blick aus dem Freien ins Freie: *Certosa* bei Florenz.
Blick aus dem Eingangshof durch ein Fenster in den Hof und die Arkaden vor der Kirche auf der oberen Ebene.

sion des Architekten, diesen für die Moderne charakteristischen Standeshochmut. Es demonstriert auch das Vertrauen auf einfache Lösungen, das den arrivierten Architekten bei seinen städtebaulichen Globalvorschlägen so oft zu verhängnisvollen Simplifikationen führte. Nicht nur Le Corbusier war als Sozialingenieur überfordert. Im Falle der Kartause traf seine Interpretation aber den interessantesten Punkt. Die Anlage und Verknüpfung der Mönchshäuser und die Zuordnung der Zellen zu den der ganzen Gemeinschaft zugänglichen Teilen ist in der Tat eine imponierende Leistung abendländischer Klosterbaukunst.

Die überlieferten Skizzen Le Corbusiers sind mit einer Ausnahme den Mönchswohnungen und ihrem Zusammenhang gewidmet. Sie zeigen Ansichten, Schnitte und Grundrisse: den winzigen Flur, der in ein kleines Dreizimmer-Appartement führt, in den mittleren Aufenthalts- und Arbeitsraum, das Oratorium und die Schlafkammer, sowie zur Galerie. Von dort aus geleitet im Freien eine Treppe zum tiefer gelegenen, ummauerten

Gärtchen. Unter dem Wohngeschoß stecken Keller, darüber, unter dem deutlich abgehobenen Traufdach, eine Remise. So gerechnet, sind es eigentlich sogar dreistöckige Häuser. Auf der Hauptetage, jenseits der Zellentür, faßt nach verbindlicher Kartäuser-Tradition ein großer Kreuzgang die Wohnungen an drei Seiten zusammen. Bei der Certosa von Galluzzo sind es elegante lichte Kreuzgratgewölbe vom Ende des 15. Jahrhunderts. Unter ihnen konnten die weißen Kutten unangefochten von der Unbill der Witterung in den Mönchschor der Kirche, ins Refektorium, in den Kapitelsaal oder den Hof der Fratres huschen.

Vom »fait essentiel«, der Lehre von Certosa, hat Le Corbusier schon im unrealisierten Entwurf eines Ateliergebäudes aus dem Jahre 1910 Gebrauch gemacht. Als er 1922 mit seinem langjährigen Partner Pierre Jeanneret den Typ der »immeuble villas« ersann, kam ihm die Erinnerung an das »heitere Glück« im Val d'Ema aufs neue, wie eine Offenbarung, wie ein Überfall. Er skizziert auf der Menükarte, bei Architekten offenbar ein berufsspezifisches Merkmal der Inspiration. Die Häuschen der Certosa, mit Terrassengarten im Winkel der L-förmigen Wohnung, und der Korridor, der den gemeinsamen Innenhof umläuft, werden nun in vier Lagen übereinandergeschichtet. Der große Hof, das »Claustrum

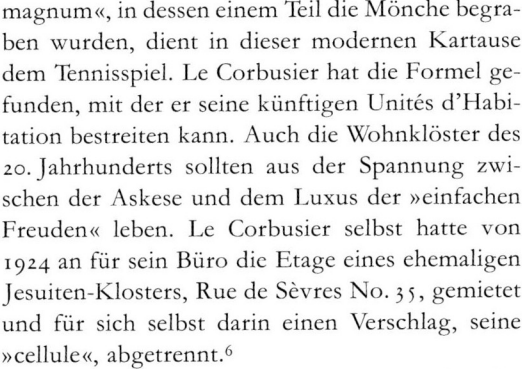

Die Rampe als organisierendes Element der Raumfolge: *Certosa* bei Florenz.
Die überwölbte flach ansteigende Treppe war ursprünglich von einer nicht überdeckten Rampe für Roß und Reiter begleitet.

Die Rampe als organisierendes Element der Raumfolge: *Villa Savoye* in Poissy, 1929-31.
Auch bei Le Corbusier ergänzt eine teils im Freien verlaufende Rampe den Aufstieg über die innenliegende Treppe.

magnum«, in dessen einem Teil die Mönche begraben wurden, dient in dieser modernen Kartause dem Tennisspiel. Le Corbusier hat die Formel gefunden, mit der er seine künftigen Unités d'Habitation bestreiten kann. Auch die Wohnklöster des 20. Jahrhunderts sollten aus der Spannung zwischen der Askese und dem Luxus der »einfachen Freuden« leben. Le Corbusier selbst hatte von 1924 an für sein Büro die Etage eines ehemaligen Jesuiten-Klosters, Rue de Sèvres No. 35, gemietet und für sich selbst darin einen Verschlag, seine »cellule«, abgetrennt.[6]

Der Augenmensch Le Corbusier entnahm der Kartause von Ema nicht nur Konzepte, sondern auch Formen. Die auf der Bergkrone zusammengedrängte sakrale Miniaturstadt bietet dem Auge und dem Fuß bei jedem Schritt Überraschungen, die sich ihrer Lage und ihrem sonderbaren Programm, der Einbeziehung des Palazzo Acciaioli,

verdanken. Es ist kein Zufall, daß nicht die in der Ebene ausgebreitete Kartause von Pavia die Kreativität Le Corbusiers angeregt hat, obwohl der frischgebackene Architekt sie auf seiner Reise in die Toskana 1907 ebenfalls besichtigt hatte. Um den sozialen Gehalt von Architektur freizusetzen, bedurfte Le Corbusier der Faszination, die das »großartige Spiel der Formen im Licht« ausübte.

Der Weg durch die Certosa von Galluzzo ist ein kompliziertes, spannungsreiches Bewegungsritual. Der Zugang führt durch einen Torgang in einen unteren Eingangshof. Sieht man von hier aus die steile Gebäudewand empor, geht der Blick aus dem Außenraum des Hofes durch ein Fenster des Bauwerks nicht ins Innere, sondern wieder in einen Außenraum. Er erklärt sich erst dem Eingeweihten als der höher gelegene Vorhof der Kirche. Wie in einem Bilderrahmen wird dem Auge ein verfremdeter Ausschnitt aus der Realität zugeteilt, vergleichbar den blicklenkenden und blickbegrenzenden Fenstern vor den Freiterrassen in Le Corbusiers berühmten Villen.

Nach einer Kehrtwendung erreicht der Gast der Certosa auf einer überwölbten Treppe das obere Niveau der Klosteranlage. Alte Photos zeigen, daß ursprünglich eine Rampe für Pferde und Wagen die Treppe begleitete – die Treppe innen, die Rampe draußen.[7] In der Villa Savoye in Poissy hat Le Corbusier auch dieses Spiel übernommen und variiert. Die »promenade architecturale«, die Erschließung der Architektur im kinematographischen Wechsel ihrer Bilder, entwickelte sich zu einem zentralen Element seines Denkens. Durch sie wurden die feingliedrigen Villen in den Vororten von Paris wie die mächtigen Bauten der indischen Provinzkapitale Chandigarh zu Raumtheatern, in denen der Nutzer sich als Spieler erlebt.

Die Wanderung durch die Certosa, durch enge Passagen und intime Arkadenhöfe findet ihr – einst nur den Ordensmitgliedern erlaubtes – Ziel in der lichten Weite des großen Kreuzgangs, an dem die Mönchshäuser liegen. Zur Einfassung und zum Belag des Hofwegs hat Le Corbusier sich Notizen gemacht. Auch die Bestückung der weiten Fläche mit Zisterne, Kreuzessäule und ausgegrenztem Gräberfeld konnten ihm nicht entgehen. Ein halbes Jahrhundert nach seinem Besuch hatte Le Corbusier für das Kloster eines anderen Reformordens, der Dominikaner von La Tourette, selber ein solches Geviert zu entwerfen, selber den Konflikt zwischen Einsamkeit und Gemeinschaft, Individuum und klösterlichem Kollektiv zu lösen. Wie die hohen Mauern um die Kräuter- und Gemüsegärtchen der Mönche im Val d'Ema nur die Berge und den Himmel, nicht aber die tiefer gelegene profane Außenwelt zulassen, so unterwarf auch Le Corbusier in seinen Dachgärten und Balkons die Natur der Kontrolle: Idealisierung und Konzentration durch Auswahl dessen, was dem Auge zugeführt wird. Den Zusammenhang zwischen dem späteren Werk und den Erfahrungen in der Certosa gerade in diesem Punkt erkannte schon Pater Couturier, als er die Skizzen des Carnets in Le Corbusiers Appartement studierte und ihm auffiel, wie auch dort die Horizontale – in diesem Fall der Balkonbrüstung – Baumkronen und Hügel am Horizont nur als beabsichtigten Ausschnitt ins Blickfeld einließ.[8]

Das Werk Le Corbusiers hat viele Wurzeln. Der Hügel in der Toskana ist einer der zahlreichen Orte, die zu Stationen im Leben des Architekten wurden. Wer würde abwägen wollen, welche Eindrücke schwerer wogen, die prähistorischen Megalithgräber, der Parthenon, der barocke Städtebau des Grand Siècle, die arabischen Kashbahs, die Rennwagen und Ozeandampfer seiner Tage – oder die klösterliche Zitadelle im Val d'Ema? Entgegen landläufiger Verdächtigungen hat die Moderne, haben zumindest ihre Großen, die Geschichte nicht geächtet, sondern Nutzen aus ihr gezogen. Ihr Zugriff war fester als bei Vorgängern und Nachfolgern, und sie waren energischer darauf bedacht, Lehren aus der Lektüre der Historie zu gewinnen, als die Reisenden anderer Generationen. Aber Lehren waren es, und nicht nur jene flüchtigen Zitate, mit denen sich der touristische Historismus begnügt.

Anmerkungen

1 Eine genaue Rekonstruktion der Reise findet sich in: Giuliano Gresleri. ›Camera con vista e disattesi itinerari‹. In: *Le Corbusier. Il viaggio in Toscana*. Katalog Palazzo Pitti, Florenz. Venedig, 1987. – Vgl. auch: Giuliano Gresleri. *Le Corbusier. Viaggio in Oriente*. Venedig, 1984.
2 Giuliano Gresleri (Hrsg.). *Le Voyage d'Orient. Carnets*. 6 Bände. Mailand, München, 1987. Carnet 6, Band 5.
3 P. Marie-Alain Couturier. *Se garder libre. Journal (1947-1954)*. Paris, 1962. S. 44. – Le Corbusier. *Précisions sur un état présent de l'architecture et de l'urbanisme*. Paris, 1930, 1960. S. 91 f.
4 Vgl. hier und im folgenden: Giovanni Leoncini. *La Certosa di Firenze nei suoi rapporti con l'architettura certosina*. Salzburg, 1980.

5 Giuliano Gresleri. ›Camera con vista …‹ A. a. O. S. 16. – Jean Petit. *Le Corbusier lui-même*. Genf, 1970. S. 44. – Peter Serenyi, der sich bereits 1967 mit der Bedeutung der Kartause für Le Corbusier ausführlich beschäftigte, ging so weit zu behaupten, Le Corbusier habe die Wohnung grundsätzlich als Mönchszelle für das einzelne Individuum interpretiert und keinen Sinn für die Familie entwickelt. Vgl. Peter Serenyi. ›Le Corbusier, Fourier and the Monastery of Ema‹. In: *The Art Bulletin*. Heft 4, Jg. 49. 1967. S. 277 f.
6 Vgl. Karen Michels. *Der Sinn der Unordnung. Arbeitsformen im Atelier Le Corbusier*. Braunschweig, Wiesbaden, 1989.
7 Jürgen Joedicke. ›Die Rampe als architektonische Promenade im Werk Le Corbusiers‹. In: *Daidalos 12*. 1984. S. 104 ff.
8 P. Marie-Alain Couturier. *Se garder libre*. A. a. O. S. 44.

Das architektonische Opfer

Ein Motiv der klassischen Moderne

Im selben Jahr, in dem Paul Klee von Walter Gropius als Formmeister für Glasmalerei an das Bauhaus in Weimar berufen wurde, im Jahre 1920, entstand ein Aquarell, das Klee ›Angelus novus‹ betitelt hat. Zu diesem Blatt gibt es eine Deutung Walter Benjamins, die mindestens ebenso bekannt geworden ist wie die gläsern-durchsichtige, großäugige Figur des Bildes selbst.[1] Der neue Engel, schrieb Benjamin, befreite »die Menschen lieber, indem er ihnen nähme«, als daß er sie »beglückte, indem er ihnen gäbe«. Dieser Engel bringt also nicht das Gewünschte, wie ein anderer Bildtitel Klees lautet, er nimmt vielmehr. Trotzdem scheint er nicht der Familie jener »schrecklichen Engel« zu entstammen, jener »fast tödlichen Vögel der Seele«, von denen Rainer Maria Rilke zu annähernd gleicher Zeit in den Duineser Elegien sang; es ist ein hilfreicher Engel. Sein Geschenk besteht darin, daß er die Menschen vom Überzähligen befreit, daß er sie leichter macht, daß er Opfer annimmt. Wenn die Architekten und Künstler jenes historischen, auch: architekturhistorischen Augenblicks ein poetisch-anschauliches Bild für diesen Zeitmoment hätten wählen wollen, Klees ›Angelus novus‹ in der Interpretation Walter Benjamins wäre ein angemessenes Symbol gewesen. Benjamin selbst hat übrigens diese Verbindung zur Architektur gezogen. In derselben Passage, in der er das Kleesche Aquarell erwähnt, ist von Adolf Loos und seinem Kampf gegen das Ornament die Rede, und beide, Klee wie Loos, dienen ihm als Zeugen einer Humanität, die sich, so Benjamin, »an der Zerstörung bewährt«.

Die Begriffe Verzicht, Opfer, Entsagung treten auch in den zeitgenössischen Äußerungen der Architekten auf. Hendrik Petrus Berlage schrieb schon vor der Jahrhundertwende, eine Zeit sei angebrochen, die »das reiche Detail, den Stolz so mancher Architekten, nahezu gänzlich zu opfern« habe, und praktizierte dieses Opfer, soweit es in seiner Zeit möglich war, an den großen kahlen Ziegelflächen der Amsterdamer Börse.[2] Adolf Loos wollte die Baukunst als Kunst nur dem Grabmal und dem Denkmal vorbehalten und alles, was einem Zweck dient, aus dem Reiche der Kunst ausschließen.[3] Walter Gropius und Johannes Jacobus Pieter Oud sprachen von notwendigen Verzichten. Le Corbusier bekannte, auf dem Nullpunkt beginnen zu müssen, »denn nichts mehr existiert von den alten Werten«.[4] Als der Zusammenschluß junger italienischer Architekten, der sich ›gruppo 7‹ nannte, 1926 an die Öffentlichkeit trat, tat er es mit einem Dokument, in dem der Begriff »rinuncia«, Verzicht, ein Schlüsselwort ist. »Wir müssen lernen, daß die neue Architektur wenigstens für eine Zeitspanne und zu einem Teil eine Architektur des Verzichts sein wird. Und dieser Mut muß aufgebracht werden: Die Architektur kann nicht mehr individuell sein.«[5] Die Moderne trat unter dem Zeichen des Verzichts an. Was immer sie bedeuten mochte und was immer sie an Neuem, Zukunftsträchtigem entwickelte, sie war auch ein großer Abschied, das Ende einer privilegierten Ausdruckskultur.

Abschied von was? Das sichtbarste Anzeichen für die große Lossagung war das Verschwinden des Ornaments. Ornament erschien nun nicht mehr als die aus dem Baugebilde hervortretende überschüssige Kraft, die den Bau an seinen bedeutenden und konstruktiv wichtigen Stellen auszeichnet, sondern als applizierter und deshalb auch verzichtbarer Schmuck, als überzähliger Dekor, als Barbarei. Schließlich galt es nur noch als das »Universal-Heilmittel für baukünstlerische Impotenz«, wie Oud es klassifizierte.[6] Sehr deutlich läßt sich die Abwertung des Ornaments gerade bei einem Architekten beobachten, der kein gewaltsamer Neuerer war, sondern eine zögernde, bewahrende Natur, bei Heinrich Tessenow. Ornament entsteht laut Tessenow, wenn der Mann abends

Paul Klee, *Angelus Novus,* 1920. Aquarell.
»Man muß schon ... Klees ›Neuen Engel‹, welcher die
Menschen lieber befreite, indem er ihnen nähme, als
beglückte, indem er ihnen gäbe, gesichtet haben, um eine
Humanität zu fassen, die sich an der Zerstörung bewährt«
(Walter Benjamin).

präsentative Elemente gab und solche, die lediglich seinen praktischen Funktionen dienten oder
gesellschaftlich untergeordnet waren – also die
Teilung des Bauwerks in das Herrschaftsreich und
in das Personalreservat. Geopfert wurden Individualität und Originalität, denn das große, von der
Geschichte überlieferte Repertoire an Formen und
Erfahrungen hatte nicht nur erstarrte Formeln geboten, sondern von Fall zu Fall auch die Materialien zu hochindividuellen Amalgamen zur Verfügung gestellt. »Wiederholen wir uns unablässig«,
mahnte Adolf Loos seine Zeitgenossen schon
1914.[8] Geopfert wurden der feine Handwerker-
fleiß, das kostbare Einzelstück, das jahrhunderte-
alte Sachwissen, das vor den neuen Konstruktionen und Materialien versagte. Geopfert wurden
die Kompetenz und der Geschmack in der Herstellung des schönen Luxus, solange jedenfalls, bis
sich aus der Anwendung anderer Designstrategien
ein neuer Luxusbegriff ergab. Geopfert wurde in
den Augen vieler schlichtweg die Kunst.

»Alle kunst ist komposition und mithin zweck-
widrig. Alles leben ist funktion und daher un-
künstlerisch«, dekretierte der zweite Bauhausdi-
rektor Hannes Meyer. Es versteht sich, daß Meyer
für das Leben und gegen die Kunst war. Er forderte die Expropriation nicht nur der Expropria-
teure, sondern auch der neun Musen und stellte
fest: »Die Entwertung aller Kunstwerke ist
unleugbar«.[9] Ein Manifest, das schwedische Funktionalisten 1931 unter dem Titel ›acceptera‹ her-
ausgaben, verlangte »Fort mit der Schönheit!«,
wobei Schönheit definiert war als »kultureller
Ausdruck«, als »Kennzeichen von Persönlichkeit«
und vor allem als »Qualitätsmerkmal der sozialen
Oberschicht«.[10]

Solche Verzichtserklärungen, die natürlich nicht
von allen Neuerern in gleichem Maße und mit den
gleichen Argumenten vertreten wurden, waren
keine freiwilligen Akte. Sie erfolgten unter der
Nötigung der Umstände. Entscheidungen von solcher Tragweite fallen nicht im luftleeren Raum.
Das poetische Bild vom Engel, der nimmt, statt
zu geben, ist eines, der Zwang der Verhältnisse
ein anderes. Die Spielräume für Entscheidungen
waren drastisch eingeengt angesichts der gesamt-
europäischen Wohnungsnot, die sich über viele
Jahrzehnte hinweg angebahnt hatte und nach dem

seinen Bogenpfeil schnitzt, »so halb fleißig und so
halb auch faul« und ein ganzes bißchen schon
müde. Mit frischem Geist am nächsten Morgen
würde er das Ornament nicht schnitzen. Am
Abend aber mag es durchgehen, es »überstrahlt
im besten Fall ein männliches Arbeiten mit einem
unwillkürlichen Lachen«.[7] Doch wer im 20. Jahrhundert schnitzte schon Bogenpfeile? Wo Orna-
mente auftraten, sind es in aller Regel die von
der Maschine gestanzten Dekorationen, und die
Künstler zogen nur eine Konsequenz aus geänderten Produktionsbedingungen, wenn sie auf dieses
Ressort verzichteten.

Der Verzicht auf das Ornament war nur die
auffälligste, er war sozusagen eine symbolische
Handlung. Geopfert wurde nicht nur das Ornament. Geopfert wurden das Detail, die unwirt-
schaftliche Raumkubatur, die sozial bedingte,
komplizierte Organisation des Hauses und des öffentlichen Gebäudes, in denen es bevorzugte, re-

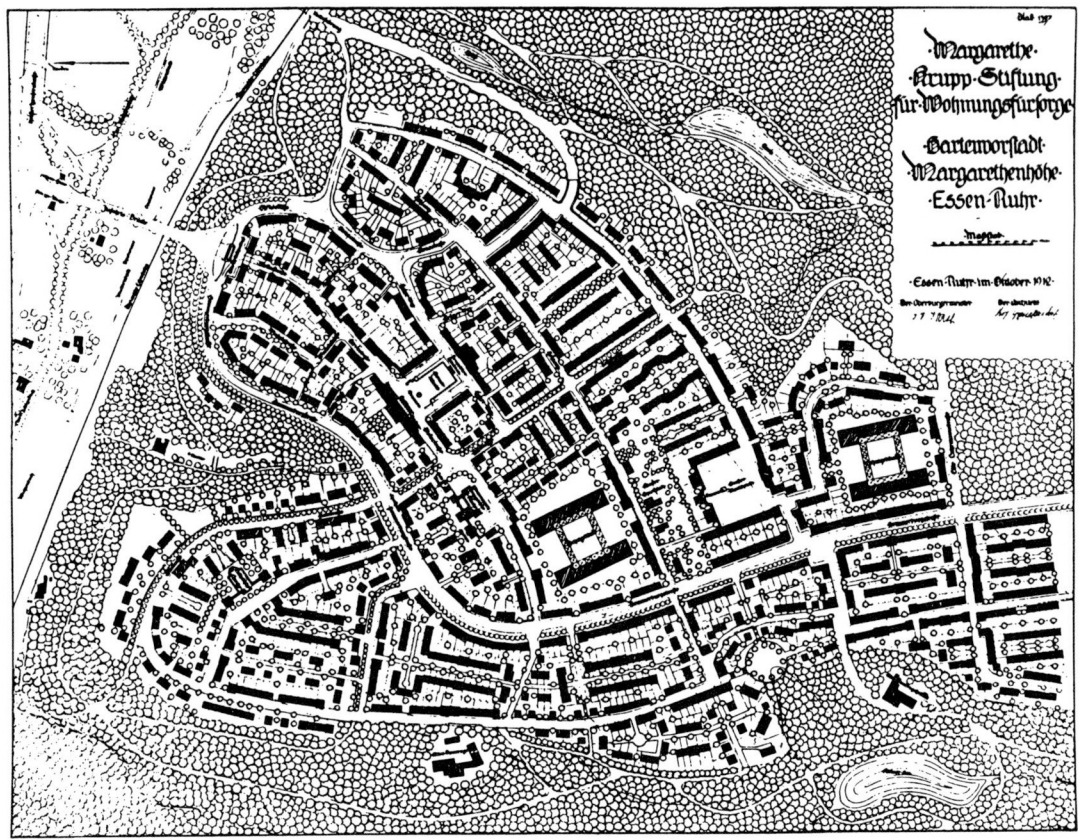

Ersten Weltkrieg kulminierte. Baustoffe waren knapp, die Baupreise inflationär, der private Wohnungsbau war während der Kriegsjahre zum Erliegen gekommen. Staatliche Subventionen sollten in vielen Ländern den Bau von Notwohnungen stimulieren, wo nicht die öffentliche Hand den Wohnungsbau selbst übernahm. Nach Lage der Dinge mußte dies in den meisten Ländern eine Architektur sein, die nur die schlichtesten Ansprüche erfüllte. Behelfsbau, Selbsthilfe, Ersatzbaustoffe: Das waren die Themen, zu denen die Öffentlichkeit von den Architekten Vorschläge erwartete. Die Furien des Krieges hatten längst genommen, was der feinsinnige Engel erst davontragen sollte.

Der Krieg war der explosive Ausbruch von Konflikten, auf dessen Folgen die Architektur reagieren mußte. Aber die langfristig angelegten Veränderungen waren nicht weniger konfliktreich, und sie betrafen die Architekten nicht minder.

Rapides Bevölkerungswachstum, räumliche Konzentration in Industrierevieren und Großstädten, bis dahin unvorstellbare Wanderungsbewegungen, ständiger Nutzungswandel in den Metropolen, der Internationalismus der Wirtschaftsbeziehungen waren ein Erbe des 19. Jahrhunderts, und ebenso die neuen Konstruktionstechniken und -materialien, die Spezialisierung der Gewerke, die Verwandlung des Bauplatzes in einen Maschinenpark mit Drehkränen, Preßluftbohrern und nächtlicher Baustellenbeleuchtung. Auf der Seite der Bauherren hatte Anonymisierung um sich gegriffen, der Bauherr sich vom Nutzer getrennt. Die Auftraggeberperson mit eigenem Gesicht, eigenem Urteil und eigenem Willen wurde durch anonyme Konsortien abgelöst. Das alles erzwang ökonomisches Denken, Veränderungsbereitschaft, Schnelligkeit, Standardisierung, Wandel der Qualitätsmaßstäbe und, wenn man Kriterien der Handwerkskultur anlegt: Abstriche am Niveau.

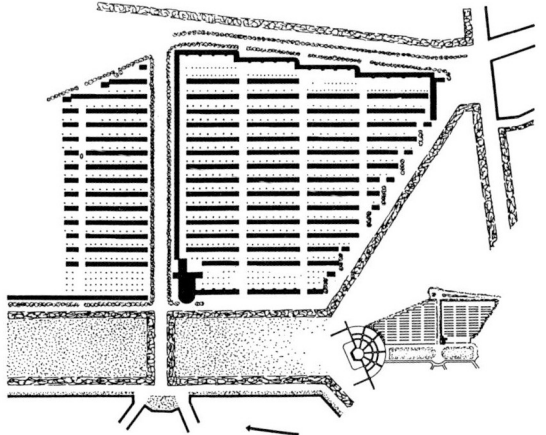

Die Ästhetik der Industriegesellschaft: Otto Haesler und
Karl Völker, *Wettbewerbsentwurf für die Siedlung Dammerstock*
bei Karlsruhe (2. Preis), 1929.
»Die Frage lautete: Wie lassen sich die besten Wohnungen
– angepaßt der unterschiedlichen wirtschaftlichen Kraft und
den unterschiedlichen kulturellen Ansprüchen der verschiedenen Bevölkerungsschichten – mit größtem Nutzeffekt
und geringstem Aufwand schaffen?« (Otto Haesler).

Die Ästhetik der Handwerkskultur: Georg Metzendorf,
Gartenvorstadt Margarethenhöhe in Essen, 1912 (Bebauungs-
plan). – Trotz der Beschränkung auf wenige Haus- und
Wohnungstypen malerische Gruppierung und kleinstädti-
sche Idylle. Straßennamen lauten: ›Schön Gelegen‹, ›Am
Gehölz‹, ›Trautes Heim‹, ›Sonnenblick‹.

Tatsächlich sind auch schon vor den akuten
Notsituationen der unmittelbaren Nachkriegsjahre Strategien des Opfers entwickelt worden. Es
gab schon lange vor 1914 die Diskussionen um
die Rolle der Maschine, um die Bedeutung des
Typus, um den Abbau überholter, nicht mehr
durch die Lebenswirklichkeit gedeckter Konventionen. Aber diese Entwicklung wurde überlagert, dann zeitweise verdrängt von einem Strang
der mitteleuropäischen Geistes- und Kulturgeschichte, der auf die Erlösungskraft der Kunst
setzte. Um die Jahrhundertwende hieß diese Haltung Jugendstil, Art Nouveau, Sezessionsstil.
Kurz vor dem Ersten Weltkrieg begann sich bei
geänderten Inhalten, geänderten Formen, aber un-
vermindertem Anspruch das Wort Expressionismus auch für die Architektur, für einen Teil der
Architektur durchzusetzen.

Gemessen an dem ehernen Gang der Geschichte, an den durchgehenden Themen der Industriegesellschaft nimmt sich der Architekturexpressionismus wie eine Handlung kollektiver
Verdrängung aus. Er hat nichts geändert an den
neuzeitlichen Entfremdungsprozessen, am explo-
siven Wachstum der Stadtlandschaften, am Aufstieg der Dienstleistungsgewerbe; er hat nichts
geändert an den sozialen Eckdaten. Er hat allenfalls dazu beigetragen, daß diese Probleme im Ge-
sichtsfeld der Öffentlichkeit eine Zeitlang in den
Hintergrund rückten und statt dessen andere Werte
in den Vordergrund traten: die Steigerung des
Ausdrucks auf Kosten von Zweckmäßigkeit und
praktischem Gebrauch, die souveräne Verachtung
aller Grenzen, die Nutzen und Wirtschaftlichkeit
der Architektur setzen, die angestrebte Totalität
des Kunsterlebnisses, in die Nutzer und Betrachter
kompromißlos einbezogen werden sollten.

Die Versuchung ist groß, aus dem Abstand unserer Jahre diese hitzige und sensationelle Epoche
als Fluchtbewegung zu deuten, zumal die Biographien der beteiligten Baukünstler Stoff zu dieser
Vermutung beitragen. Die Briefe und Dokumente
der ersten Monate und Jahre nach 1918 bezeugen,
wie sehr die Architekten des Expressionismus sich
als Einsame, als Rufer in der Wüste fühlten. Die
Utopien, die sie niederschrieben und -zeichneten,
waren Produkte ihrer allzu reichlichen Mußestun-
den, Ergebnisse einer Zeit ohne Bauaufträge.
Viele von ihnen lebten an entlegenen Orten wie
Insterburg, Berchtesgaden oder Itzehoe. Daß wir
über ihr Tun und Treiben so gut informiert sind,
ist nicht zuletzt der Tatsache zu verdanken, daß sie
aufgrund ihrer Isolation zu einem ausführlichen
schriftlichen Gedankenaustausch genötigt waren.
Resignation war den hochfliegenden Plänen beige-
mischt. Wenn die Blütenträume nicht reifen würden, so schrieb Bruno Taut an seine Freunde von
der ›Gläsernen Kette‹, »so ist es wenigstens für
jeden ein schönes Dokument der Erinnerung«.[11]

Aber den Expressionismus als ein folgenloses
Zwischenspiel hochgradiger Künstlerwillkür auszugeben und das Neue Bauen der zwanziger Jahre
gegen ihn auszuspielen als die endlich wieder erreichte Normalität nach einem verirrten Individualismus: Diese Rechnung geht nicht auf. Von
seiner Motivation her, sozusagen von innen her
gesehen, war der Expressionismus eine soziale
Kunst. Er reagierte auf die Übelstände des Hoch-

Die Ästhetik der Industriegesellschaft: Wilhelm Riphahn, *Miethaus* in Köln-Kalkerfeld, um 1930.

Die Ästhetik der Handwerkskultur: G. J. Rutgers, *Miethaus* in Amsterdam-Süd, 1921.

kapitalismus, auf erlittenes gesellschaftliches Unrecht, auf den Krieg. Bruno Taut, Erich Mendelsohn, Otto Bartning hatten einen Sozialismus im Sinn, der freilich über dem Parteiwesen stehen sollte. Verbrüderung, eine neue Gemeinschaft der Menschen, Solidarität waren Stichworte, auf die sie hörten. Der Expressionismus, lautet eine zeitgenössische Äußerung, »ist – wie der Sozialismus – der gleiche Aufschrei gegen die Materie, gegen den Ungeist, gegen die Maschine, gegen Zentralismus, für den Geist, für Gott, für den Menschen im Menschen.«[12]

Für den Geist, für Gott, für den Menschen entwarfen die Künstler des Expressionismus ihre Kristallkathedralen, ihre alpinen Kunstlandschaften und ihre neuen Siedlungen, die nach der Auflösung der Städte entstehen sollten. Wenn man so will, erstrebten auch sie eine Konvention, Konvention freilich nicht im Sinne eines formelhaft geregelten Zusammenlebens, sondern im ursprünglichen Wortverstand von »convenire«, der Zusammenkunft von Menschen zu einem gemeinsamen Tun, ein Kon-vent, der zugleich ein Advent ist. Das Streben der Expressionisten nach

einer noch nicht erreichten, vielleicht auch unerreichbaren Konvention in diesem Sinne trat als bizarrer Individualismus auf, ohne sich der Intention nach mit Individualismus zu decken. Seine Bizarrerien sind die Entstellungen, die gegenwärtige Realität der uneingelösten Zukunft auferlegt.

Aber die Vorstellung von einem willkürlichen Individualismus ist auch in einem anderen Sinne einzuschränken. Die Expressionisten setzten sich nicht nur als sozial engagierte Künstler für neue verbindliche Werte und Verhaltensregeln ein. Da sie ein bestimmtes Ausdrucksrepertoire entwickelten, zog die Gemeinsamkeit des Stils der individuellen Formenwahl eine Grenze. Botschaften sind nur entzifferbar, wenn sie sich einer lesbaren Sprache bedienen. Dieser Spiel-Regel, die zugleich eine Stil-Regel ist, hatten sich auch Expressionisten zu unterwerfen. Als Stil entwickelte auch der Expressionismus seine Konventionen. Anders wäre der »sich für jeden Beschauer wiederholende Vorgang einer seelischen Handlung«, von der Heinrich de Fries gesprochen hat,[13] so, nämlich als Wiederholung für jeden, nicht möglich gewesen. Die Formen der Einbegreifung, die Überwältigungstech-

niken gegenüber dem Zuschauer, die heftige zuk-
kende Bewegung, das Gläserne, Kristallene, der
höhlenhafte Raum, der an Tropfsteinhöhlen erinnert, das animistisch bewegte Organische, das sich
zugleich die Gußtechniken des Stahlbetons zu eigen machte, die grenzensprengende Integration,
die Aneignung zeitlich oder räumlich fernliegen-
der Kulturen wie der Gotik und des Morgenlandes
waren Ausdrucksweisen, die dem Individuellen
großen Spielraum ließen, die sich auch von Vorgängern und Nachfolgern stärker absetzten als andere Epochen der Kunst. Aber Stil und insofern
Konvention waren sie doch. Baukunst funktioniert wie jede Kunst nur, wenn sie einen wahr-
nehmbaren, der Sprache vergleichbaren Zusammenhang herstellt, auf Grund dessen sich Bedeutungen überhaupt erst artikulieren können.

Solche Zusammenhänge schufen die Architekten des Expressionismus auch verbaliter. In ihren
Schriften sparten sie nicht mit Verweisen und Berufungen auf andere Autoren. Es ging ihnen nicht
nur darum, sich bei akzeptierten Autoritäten
Rückhalt zu verschaffen. Sie suchten vielmehr eine
Gemeinschaft der Geister herzustellen, in der die
deutschen Mystiker ebenso ihren Platz hatten wie
der skurrile Poet und Fürsprecher der Glasarchi-
tektur Paul Scheerbart, Frühsozialisten ebenso wie
Sozialreformer, Wirtschaftstheoretiker ebenso wie
Anarchisten, Praktiker der Gartenstadt- und Anhänger der Genossenschaftsbewegung. Vor allem
Bruno Taut, der führende Kopf und das organisatorische Talent des deutschen Architekturexpressionismus, liebte es, eine solche Bruderschaft über
die Zeiten und Räume hinweg zu beschwören,
von der Offenbarung des Johannes bis zu Karl
Liebknecht. Eine besondere Rolle in diesem unsichtbaren Konsortium kam Friedrich Nietzsche
zu, dem »einzigen freien Deutschen«, dem
»erhabenen Nietzsche«, dem »Bruder Christi«, wie
ihn Autoren des literarischen Expressionismus
nannten.[14] Das »Monument des neuen Gesetzes«,
das Taut 1919 zeichnete und mit beschrifteten
Glastafeln schmücken wollte, enthielt wie selbstverständlich auch ein Nietzsche-Zitat. Nietzsches
Preislied auf den schöpferischen Einzelnen, auf
die, wie Josef Hoffmann es in der holländischen
Expressionisten-Zeitschrift ›Wendingen‹ formulierte, »unendliche Wirkung eines großen Men-

schen«,[15] fand ein dankbares Echo. Kreativität als
rauschhafte Offenbarung entsprach Erfahrungen,
wie sie die Expressionisten machten, wenn sie auch
die in der Selbstachtung des Übermenschen enthal-
tene Verachtung des Pöbels nicht nachvollzogen.

Die reine dünne Höhenluft, die Zarathustra auf-
sucht, um dem Schlamm der großen Städte zu
entgehen, durchwebt auch die montanen Visionen
der Expressionisten. »In die Höhe will es sich
bauen mit Pfeilern und Stufen, das Leben selber,
in weite Fernen will es blicken und hinaus nach
seligen Schönheiten – darum braucht es Höhe!«
Dem ›Zarathustra‹ liegt ein topologisches Schema
zugrunde. Niederung und Höhe sind philosophisch besetzte Begriffe. Nietzsche dachte in räumlichen Vorstellungen, das machte seine Lektüre
für Architekten besonders einleuchtend. Von den
»neuen Häusern« heißt es: »Wahrlich keine große
Seele stellte sie hin, sich zum Gleichnisse!« Auch
die Expressionisten wollten, daß große Seelen die
Architektur sich zu Gleichnissen bauten, und die
Gebäude, die sie entwarfen, waren wahrlich keine
»kleinen Häuser«. »Über dich selbst sollst du hinaus bauen«, ist ein »Haus der Erhabenheit« auf
einer Skizze Josef Emanuel Margolds beschriftet.
Bis weit in die Biographien hinein reichte die
Nachfolge Nietzsches. In den Briefen der Wiener
und frühen Weimarer Zeit, die Reginald Isaacs in
seiner Gropius-Monographie erstmals zugänglich
gemacht hat, stilisierte der Bauhaus-Gründer sich
als einsamer und gefährlicher Wanderer, der wie
Zarathustra sternengleich seine Bahn zieht, gleichgültig ob sie den Gesetzen der Menschen entspricht oder nicht.[16]

Wenn die dem Expressionismus verpflichteten
Baukünstler sich einer breiteren Öffentlichkeit
verständlich machen wollten, empfahl es sich, auf
weniger anstößige Zeugen als den Bürgerschreck
Nietzsche zurückzugreifen. Ein Autor aus dem
bürgerlichen Lager, der als Fürsprecher einer anderen sozialen Ordnung nicht nur für die Expressionisten wichtig wurde, war der deutsche Soziologe Ferdinand Tönnies. Sein Buch ›Gemeinschaft
und Gesellschaft‹ erschien schon im Jahre 1887,
aber es erlebte 1920 eine dritte, 1922 eine vierte
und fünfte Auflage. Was Tönnies in die Diskussion
einbrachte, war die schlagkräftig formulierte Anti-
nomie des Begriffspaars, das den Buchtitel aus-

macht. Als »Gemeinschaft« galten ihm diejenigen Gesellungsformen, die sich im Haus, im Dorf und in der Stadt darstellen und denen Vertraulichkeit, Wärme und Eintracht eigen sind. Ihnen entspricht, was Tönnies den »Wesenwillen« nannte, das Prinzip der Einheit des Lebens. Dem steht die »Gesellschaft« gegenüber, die sich in der Großstadt, im Staat und in der Welt äußert. Sie ist bestimmt durch Mechanik, Trennung und Spannung. Den Willen, der hier regiert, nennt Tönnies den »Kürwillen«, den nur auf Zwecke gerichteten Willen. Dieses konservative, ja restaurative Weltbild scheint um 1920 eine außerordentliche Aktualität besessen zu haben. Walter Gropius bezog sich auf Tönnies.[17] Adolf Behne, ein Wortführer des expressionistischen Bauens, sprach im Sinne von Tönnies vom »sociallebendigen Gebilde Volk« (im Gegensatz zum Staat). Tönnies selbst faßte ausdrücklich die Architektur ins Auge, als er in einem Vorwort von 1922 schrieb: »Wenn ich das Buch heute der schaffenden deutschen Jugend widme, so will das sagen, daß ich an der deutschen Zukunft nicht verzweifle, und daß ich dem sinnvollen Zusammenwirken einer neuen Generation, in Arbeit und Gedanken, das Verständnis für die soziale Baukunst zutraue, dessen die Volksgemeinschaft so dringend bedarf.«[18]

Die »soziale Baukunst« war ein Erbe, das die expressionistischen Jahre der Neuen Architektur, dem Neuen Bauen übermachten. Es ist richtig, daß der philanthropische Arbeiterwohnungsbau des 19. Jahrhunderts, die englische Reformbewegung und der Genossenschaftsbau starke soziale Engagements eingegangen waren, die auch die folgenden Generationen verpflichteten. Aber das Erlebnis der Brüderlichkeit, der Glaube an eine versöhnte Gesellschaft der wechselseitigen Hilfe und der Gleichheit ihrer Mitglieder war, ungestört durch die Notwendigkeit praktischer Kompromisse, nie so intensiv erlebt und erfahren worden wie im Expressionismus. Die Hoffnung, die sich auf den Zeichenblättern in blütenartig angeordneten Wohngemeinschaften, in Volkshäusern, Gedenkhallen und gemeinschaftlichen Heiligtümern niedergeschlagen hatte, wirkte als Impuls in den großen moralischen und realen Leistungen des Wohnungsbaus in den späteren zwanziger Jahren weiter. Allerdings: Diese Leistungen waren nur

unter den Bedingungen des Verzichts möglich. Sie hatten sich einzulassen auf wirtschaftliche Konditionen, bei denen schon ein halbes Prozent ansteigender Hypothekenzinsen sämtliche Einsparungen durch eine Industrialisierung des Bauens oder durch die Reduktion der Wohnungsgrößen zunichte machen konnte.

Den Gedanken des Verzichts hatten auch die expressionistischen Jahre gekannt. Er war aber in eine quasi geschichtsphilosophische Spekulation eingebunden und wurde nicht in jener unmittelbaren Aktualität empfunden, die er nach 1922, 1923 erhielt. Seine besondere Ausprägung hing mit dem Verhältnis der Expressionisten zur Kategorie der Zeit zusammen. Die Künstler waren sich wohlbewußt, daß ihre Hoffnungen auf Wiedergeburt, auf ein Zeitalter des Geistes und der Menschenliebe nicht in der von Not und Nachkriegselend, von Konkurrenzdenken und Profitstreben gezeichneten Gegenwart zu verwirklichen waren.

Rudolf Schwarz, *Architekturskizze*, um 1920.
»Das Urereignis der Baukunst ist: Hervorbringung großer überpersönlicher Gestalten« (Rudolf Schwarz).

Die Jetztzeit ist die Epoche der Dürre, ist »ungeistige Zeit« und »windige Gegenwart«.[19] Nicht zufällig treten Bilder auf, mit denen einst die Mystiker die Zeiten der Gottferne beschrieben hatten: Dürre, Trockenheit und Leere. Ebenso werden für die erhoffte Zukunft religiöse Visionen beschworen: das ewige Jerusalem, das neue Zion, die adventliche Erfüllung. Mit der Anstrengung des Willens kann diese Erfüllung der Geschichte nicht erzwungen werden. Den Gegenwärtigen bleibt nur, was Erich Mendelsohn 1919 beschrieben hat: »Da können wir nichts mehr tun, als das bescheidene Maß unserer Arbeit beitragen, gläubig und in freiwilliger Dienstbarkeit.«[20] Gropius in seiner romantischen Phase hat seine Freunde und Schüler immer wieder ermahnt, zwischen »Sternensehnsucht« und »Alltagsarbeit« zu unterscheiden und über dem einen nicht das andere zu vergessen.[21] Die Zeiträume waren weit gedacht, zu seinen Lebzeiten hat wohl kaum einer mit der Wiederkehr eines erfüllten Daseins und mit der Neugeburt einer großen Baukunst gerechnet. »Die endliche Geburt, die völlige Erneuerung, werden wir alle nicht mehr erleben«, schrieb Adolf Behne 1919.[22] Bescheidene Bewährung im Alltag bedeutete in dieser Optik nicht Verzicht ein für allemal, sondern im Gegenteil die geduldige Vorbereitung dessen, was dermaleinst am Ende der dürren Tage kommen würde.

Erst als diese eschatologische Perspektive sich schloß, als Geschichte wieder als Kontinuum gedacht wurde, als die große Ernüchterung einsetzte, wurde Bescheidung endgültig zum Opfer, Genügsamkeit zum Verzicht. Was noch gelingen konnte, mußte hier, heute gelingen. Zukunft war nicht mehr ein ferner Glückszustand, der auf den Schwingen des Geistes über die Erde hereinbrechen würde, sondern das und nur das, was in mühsamen Schritten projektiert und durchgesetzt wurde. Wer neue »Konventionen« stiften wollte, konnte nun nicht mehr, dem lateinischen Wortsinn des »convenire« nachempfindend oder mittelalterliche Mönchskonvente imaginierend, die noch unvorstellbaren Lebensformen einer kommenden Bruderschaft aller Menschen meinen. Er mußte an durchsetzbare, akzeptable Normen denken, und das hieß: wirtschaftlich planen, höchstmögliche Wirkung bei geringstmöglichem Aufwand erzie-

len, Rationalisierungsvorteile selbst bei Luxusprodukten erwirtschaften. »Unsere Zeiten stellen … größere Forderungen, unausweichliche Forderungen. Wir müssen sie erfüllen, und unsere junge Generation ist bereit, sie zu erfüllen, bereit, auf unsere Individualität zu verzichten, um ›Typen‹ zu erschaffen«, fährt das Manifest des italienischen ›gruppo 7‹ im Jahre 1926 fort, nachdem es die »Architektur des Verzichts« gefordert hat.[23]

Wenn man diesen Wandel im Denken, der sich innerhalb ganz weniger Jahre vollzog, schlagwortartig mit intellektuellen Positionen bezeichnen will, so war es der Weg, der von Friedrich Nietzsche zu Frederick Winslow Taylor führte, dem Begründer der wissenschaftlichen Betriebsführung. Taylor war nicht der einzige, aber der in seiner Nachwirkung erfolgreichste Wissenschaftler, der sich mit der Steigerung der Produktivität durch die Rationalisierung der Betriebsabläufe befaßte. Seine Untersuchungen wandte er ausdrücklich auch auf das Bauwesen an. In seiner Schrift ›Shop management‹ von 1903, die unter dem Titel ›Die Betriebsleitung insbesondere der Werkstätten‹ 1909 in deutscher Sprache erschien und in den zwanziger Jahren ihre volle Wirkung erreichte, berichtet er von einem mehrjährigen Experiment, die einzelnen Gewerke eines Bauunternehmens durch Fragmentierung des Arbeitsvorgangs, durch Zeitstudien und ein System der Strafen und Belohnungen zu rationalisieren. Diese »wissenschaftliche« oder jedenfalls normenbestimmte Organisation der Arbeit hat auf moderne Architekten eine große Anziehungskraft ausgeübt. Le Corbusier vermerkte mit Stolz, daß sein Gebäude für die Heilsarmee in Paris von einem Bauunternehmen ausgeführt worden sei, das nach Taylors Prinzipien der Betriebsorganisation arbeitete.

Sowohl Nietzsche wie auch die von den Expressionisten so gern herangezogene Mystik waren von einem diskontinuierlichen Zeitbegriff ausgegangen. Die künftige Epoche des Übermenschentums oder die unio mystica sollten von einer grundsätzlich anderen Qualität sein als die erbärmliche Gegenwart. Die Voraussetzung von Taylors Arbeit dagegen war der Begriff einer vollständig kontinuierlich ablaufenden Zeit, deren einzelne Einheiten Rückschlüsse auf jede andere Zeiteinheit erlaubten. Anders wären die Arbeitsvorgänge nicht berechenbar, die Ergebnisse solcher Untersuchungen nicht beliebig anwendbar gewesen. Das »sorgfältige Studium der für die Arbeiten notwendigen Zeit« stellt in Taylors Prioritätenliste daher auch den ersten zu berücksichtigenden Punkt überhaupt dar, die »vollständige Normalisierung aller Einzelheiten, welche die Arbeitsgeschwindigkeit beeinflussen«, einen weiteren.[24] Mit anderen Worten: Der Arbeitsforscher wie der Produktionsleiter haben für die Kontinuität der Zeit und der in ihr verlaufenden Arbeitsvorgänge zu sorgen. Taylors Forderungen fanden nicht nur in der Produktion Berücksichtigung, sie hatten ähnliche oder noch größere Rückwirkungen auf Entwurf und Grundriß. Die arbeitsökonomische Anordnung der Verkehrswege in Stadt und Haus, der wirtschaftliche Verlauf der Ganglinien, die Konzentration der Bewegungsflächen, die gesonderte Bedienung der verschiedenen Funktionen sind in den späteren zwanziger Jahren ausführlich diskutiert und berücksichtigt worden.

Zweckmäßige Möbelstellung in der Arbeitsküche, aus: Erna Meyer, *Der neue Haushalt,* Stuttgart 1926.

Die Zeit des Schönen sei vorüber, nur die Not und das strenge Bedürfnis seien an der Tagesordnung, schrieb Goethe während der Italienischen Reise und beschloß, sich der Chemie und der Mechanik, praktischen Fertigkeiten also, zuzuwenden. Das Dichten hat er darüber doch nicht aufgegeben. Dem eigenen Tun einen höheren Sinn zuzuweisen, auch wenn es von äußeren Notwendigkeiten gelenkt wird, ist offenbar ein menschliches Grundbedürfnis. Die Architekten der Avantgarde haben ihre Arbeit und sich selber nicht nur als Opfer gesehen, und sie haben sich auch nicht nur mit der Einsicht beschieden, der Notwendigkeit müsse eben das sacrificium individui gebracht werden. So ist auch über dem architektonischen Opfer der zwanziger Jahre eine ganze Rechtfertigungsphilosophie errichtet worden. Die neue, schlanke, spartanische, kühle, technikbewußte Form erschien sehr bald nicht mehr als das Ergebnis der »Not und des strengen Bedürfnisses«, auch nicht mehr nur als das Resultat zeitgemäßer Produktionsmethoden, sondern als Symbol der Moderne.

Von Antoine Pompe, dem belgischen Architekten, gibt es eine bildliche Darstellung, die diese sich abzeichnende Verklärung illustriert. Über der Inschrift »Architektur vor 1914« sieht man einen

üppig mit überreifen Früchten, mit exotischen Blüten- und Blattwerk, mit Pilzen und Disteln überwachsenen Baum. Die »Architektur nach 1918« ist dagegen durch ein kahles, mageres Stämmchen vertreten, armselig und geplündert in seiner Erscheinung. Aber es ist klar, welchem der beiden Bäume die größeren Wachstumskräfte zuzutrauen sind. Das hypertrophe Gewächs »vor 1914« bricht unter seiner eigenen Last fast zusammen. Das Stämmchen »nach 1918« ist dagegen beschnitten und ausgelichtet, wie es der kluge Gärtner im Frühjahr tut, bereit zu neuem Austrieb nach der winterlichen Vegetationsruhe.

Eine verbale Argumentationslinie lief über die wahrnehmungspsychologischen Begründungen. Die puristischen Räume mit ihren sparsamen Einrichtungen sollten einfache Wahrnehmungsbilder und ruhige seelische Wirkungen erzielen, sollten Konzentration und geistige Arbeit ermöglichen. Alexander Klein, in den zwanziger Jahren ein Systematiker des Wohnungsbaus, erhoffte sich von solchen Askesen die »Vermeidung ständigen und unproduktiven Verlustes an Nervenkraft« und verschrieb dagegen eine »Abgewöhnungskur«, die in der Begründung und Befolgung von Normen lag. Je karger die Umgebung, desto größer der innere Reichtum.[25] Befreiung von Lebensballast, hieß die Parole. »Entlastetes Bauen bedeutet eine neue, nicht abzusehende Möglichkeit der Gestaltung, die mehr geben kann als platten Nutzen«, rühmte Alfred Gellhorn 1928.[26] Abgelöst von allen Zufälligkeiten, befreit vom Strandgut der Historie und von den Ablagerungen der eigenen Biographie, bedient von den unsichtbaren Geistern der Technik sollte der Mensch im leeren, reinen Raum von allem Überflüssigen dispensiert sein. Das Flügelrauschen des Engels, der die Menschen befreit, »indem er ihnen nimmt«, wird hier besonders hörbar. Seit langem hatte die kulturkritische Großstadt-Literatur auf die Gefährdungen verwiesen, die von den modernen Metropolen mit ihrer Flut sinnlicher Reize und dem Tempo aller Wahrnehmungen und Bewegungen ausgingen. Nun sollte die Askese nicht nur als Schutz vor der Überbeanspruchung großstädtischer Nerven dienen, sondern in der Stille von Raum und Form zugleich die Konzentration auf die tieferen, bleibenden Erfahrungen sichern. Hygiene der Wahrnehmung war ebenso gewollt wie die physische Hygiene im staubfreien und mit chromblitzendem Mobiliar ausgestatteten Living Room.

Antoine Pompe, *Architecture avant-1914. Architecture après-1918.*

Ein anderer Argumentationsstrang war aus sozialethischen Motiven geflochten. Die Einheitlichkeit der Häuser, ihre Reihung zu Zeilen von gleichem Abstand und gleichem Lichteinfallswinkel sollte den Willen zur demokratischen Gleichbehandlung ausdrücken. »Das sicherste Kennzeichen wahrer Gemeinschaft ist die Befriedigung gleicher Bedürfnisse mit gleichen Mitteln«, dekretierte Hannes Meyer 1926, und Bruno Taut zog zwei Jahre später die Schlußfolgerung, die nachformulierte, was Adolf Loos lange zuvor formuliert hatte: »Wiederholung ist also nicht unerwünscht, sondern im Gegenteil das wichtigste Kunstmittel.«[27] So waren auch ästhetische Gestaltungsmittel des Neuen Bauens ausdrücklich gesellschaftlich bezogen: »Jedes Element oder Bauglied muß gleichzeitig helfend und geholfen wirksam sein, stützend und gestützt«, heißt es bei Josef Albers;[28] und damit war natürlich nicht nur ein konstruktiver Zusammenhang beschrieben.

Die Konventionen, die hier erstrebt sind, sollten alle Gesellschaftsklassen übergreifen. Henry Ford, dessen Memoiren Ende 1923 unter dem Titel ›Mein Leben und Werk‹ in Deutschland erschienen und in mehreren hunderttausend Exemplaren aufgelegt wurden, hielt die Verschwendung für das Ergebnis »mangelhafter Erkenntnis unserer Handlungen oder von Nachlässigkeit bei ihrer Verrichtung«.[29] Bauhausmeister Albers hat es in der Begründung seiner Vorkurs-Experimente kaum anders ausgedrückt. Es gab in den zwanziger Jahren eine Allianz zwischen Progressivität und aufgeklärtem Kapitalismus. Daß die moderne Architektur in den späteren zwanziger Jahren vor allem im Villenbau und im sozialen Wohnungsbau Einzug hielt, mochte als Hinweis auf diese erwünschte Überwindung sozialer Grenzen gelten. Die reichen wie die kleinen Leute wurden mit derselben Ästhetik bedient (und auch mit den gleichen Schmutzspuren und Bauschäden nach den ersten Frostperioden) – wenn auch mit sehr unterschiedlichen Quadratmeterzahlen und Ausstattungsstandards.

Die technikbezogene Form ergab sich denn auch nur zum Teil aus den Erfordernissen der materiellen Produktion, aus Rationalisierung, Standardisierung und Materialgerechtigkeit. So avanciert war der Produktivstand des Bauwesens nicht, wie es die Frankfurter und Dessauer Experimente suggerieren. Die meisten kleinen Wohnmaschinen waren herkömmlich aus Steinen aufgemauert. Erst der Finish, sozusagen die letzten Zentimeter der Bauhaut aus Feinputz und Anstrich, machte den technoiden Charakter aus, eine Art prognostischer Mimikry, die sich dem Industriezeitalter und seinen Egalisierungstendenzen anpaßte, weil es zugleich eine Gesellschaft der Gleichen versprach. Der holländische Architekt Mart Stam, damals 24 Jahre alt, notiert unter der Überschrift ›Kollektive Gestaltung‹: »So wird eine Gestaltung entstehen, die nicht aus der besonderen Veranlagung des Künstlers oder aus einer phantastischen Eingebung des Augenblicks geboren wird, sondern gegründet ist auf dem Allgemeinen, Absoluten.«[30] Die Strategie des Verzichts nahm mit solchen Begründungen vitalistische Züge an, und das war ein dritter Argumentationszusammenhang. Dem vermeintlichen Zeitgeist sich fügend, erreichte die Moderne jenen Punkt, so Sigfried Giedion, »mit dem das Bauen sich in den allgemeinen Lebensprozeß einreiht«.[31] Individuelle Abweichungen von der kollektiven Norm erscheinen als Störfaktoren in der Selbstvollendung des modernen Lebens. »Nur wer als meister in der arbeitsgemeinschaft anderer den lebensprozess selbst meistert, ... ist baumeister«, definiert Hannes Meyer, und bei Moholy-Nagy heißt es: »Was wir brauchen, ist ... die sich selbst aufbauende Synthese aller Lebensmomente zu dem alles umfassenden Gesamtwerk (Leben), das jede Isolierung aufhebt.«[32] Das »Gesamtwerk Leben« ersetzt das Gesamtkunstwerk, die einzelnen Designakte gelten als Äußerungen der Lebenstotalität.

Das Opfer, das die Architekten gebracht haben, als sie von Künstlern aus eigener Souveränität zu Vollstreckern des vermeintlichen Lebenswillens wurden, forderte Opfer erst recht von Bewohnern und Benutzern. Kritik an den rigorosen Verhaltensregelungen durch Architektur ist, das macht die Größe der Epoche aus, bereits von Zeitgenossen (und nicht nur von den konservativ-reaktionären) ausgesprochen worden. »Mir gähnt ein Strom von Langeweile entgegen«, klagte der Kunsthistoriker Cornelius Gurlitt.[33] Der Geheimrat Gurlitt war bereits ein alter Herr und Emeritus. Aber auch Parteigänger des Neuen Bauens wie Alexander Schwab oder Adolf Behne haben besonnene bis leidenschaftliche Kritik an der Wohnaskese und dem Schematismus des Zeilenbaus geübt. Nicht daß diese Generation, der Not gehorchend, sich auf die Not einrichtete, kann ein Vorwurf sein. Aber unbeschadet der großartigen quantitativen und qualitativen Leistungen der zwanziger Jahre wird man sagen müssen, es war ein Fehler, daß die Architekten und ihre Wortführer den Zwangscharakter der gefundenen Lösungen und Strategien nicht in der Erinnerung bewahrten. Die Avantgarde entschloß sich, zu wollen, was sie mußte, und sie vergaß in ihrem Verklärungsgeschäft, daß sie wollte, weil sie mußte. Irgendwann unterließ sie die Frage, wo denn der Lohn des Opfers geblieben war, wie der Saldo aussah.

Der Kult der inszenierten Rationalität, der strengen Askese und vornehmen Kargheit suchte den Preis an unterdrückter Sinnlichkeit vergessen zu machen, den er kostete. Verluste wurden verschwiegen, Klagen über das Verlorene als reaktionär gebrandmarkt, die Einbußen an persönlichem Spielraum, an Verwirklichungschancen der Einzelnen oder der selbstorganisierten Gruppen übergangen. Die Rechte und Eigenarten der Individuen und die unterschiedlichen Verhaltensweisen der gesellschaftlichen Klassen gingen im Postulat eines Allgemeinen auf. Wohnung und Arbeitsstätte waren nicht mehr erkennbare oder gar unverwechselbare Gehäuse, die sich bestimmte Einzelne oder bestimmte Gruppen aneignen konnten, sondern sie waren jetzt als vorläufige Orte, als provisorische Stationen auf der Lebensreise gedacht. Die Architekten der strengen Moderne übersetzten nicht vorhandene Lebensgewohnheiten in gebaute Form, sondern schrieben durch gebaute Form neue Lebensgewohnheiten vor. Konventionen wurden nun nicht mehr, wie im Expressionismus, als eine Hoffnung in unabsehbar ferner Zukunft gesehen, deren Erfüllung man bei aller Heftigkeit des Wünschens geduldig abzuwarten habe. Sie wurden zu einer auferlegten rigorosen Regel gemacht, die jetzt, sofort Gültigkeit haben sollte, und die Philosophie der Entsagung kehrte das erzwungene Opfer zu einer gewollten, vorgeplanten, ja emphatisch bejahten Handlung um: Die Ästhetik für Notzeiten etablierte sich als verordnetes Dauerglück.

Der Moderne ist die Bereitschaft zur Preisgabe alter Individualrechte nicht gelohnt worden, schon in den späten zwanziger Jahren nicht, als die großen Baugesellschaften, ob gemeinnützig oder nicht, auf gemeinschaftsstiftende und gestaltsetzende Siedlungen wie Berlin-Britz und Onkel Toms Hütte die rigorosen Zeilenbau-Projekte Karlsruhe-Dammerstock oder Berlin-Haselhorst folgen ließen, und in der Wiederaufnahme der modernen Architektur nach NS-Zeit und Zweitem Weltkrieg erst recht nicht. Anonymität, Reproduzierbarkeit und Massenauflage der Bauprodukte haben zu keiner Befreiung geführt. Die erbrachten Opferleistungen ließen sich leicht kassieren, die Erlöse wurden anderweitig verwendet, den Betroffenen kamen sie nicht zugute. Der Engel Paul Klees hatte, wie wir heute wissen, auch unerbittliche Züge, die Klee nicht mitgemalt hat; er war, wie Benjamin gesehen hat, »ein Geschöpf aus Kind und Menschenfresser«.[34]

Anmerkungen

1 Walter Benjamin. ›Karl Kraus‹ (1931). In: *Walter Benjamin. Gesammelte Schriften.* Bd. II/1. Frankfurt, 1977. S. 367. – Vgl. O. K. Werckmeister. *Versuche über Paul Klee.* Frankfurt, 1981. S. 98 ff. – Michael Müller. ›Architektur für das ›Schlechte Neue‹‹. In: Michael Müller. *Architektur und Avantgarde.* Frankfurt, 1984.
2 H. P. Berlage. ›Bouwkunst en impressionisme‹. In: *Architectura 2.* Heft 23, 23. 6. 1894. S. 110.
3 Adolf Loos. ›Architektur‹. In: Franz Glück (Hrsg.). *Adolf Loos. Sämtliche Schriften.* Band 1. Wien, München, 1962. S. 310-317.
4 Zit. nach Reyner Banham. *Die Revolution der Architektur.* Reinbek, 1964. S. 219 f.
5 ›Architettura‹. In: *Rassegna.* Jg. 9, Serie II., Bd. 18, Fasc. 103, Dezember 1926.
6 J. J. P. Oud. *Holländische Architektur. Bauhausbücher 10.* München, 1926. S. 69.
7 Heinrich Tessenow. *Hausbau und dergleichen.* Berlin, 1920². S. 47 f.
8 Adolf Loos. ›Heimatkunst‹ (1914). In: Franz Glück (Hrsg.). *Adolf Loos ... A. a. O.* S. 341.
9 Hannes Meyer. ›Die neue Welt‹ (1926). ›bauen‹ (1928). In: Claude Schnaidt. *Hannes Meyer.* Teufen, 1965. S. 94.
10 ›acceptera‹ (1931). In: *Aufbruch und Krise des Funktionalismus. Bauen und Wohnen in Schweden 1930-1980.* Stockholm, 1976. S. 75.
11 Bruno Taut. Rundbrief. 24. 11. 1919. In: Iain Boyd White, Romana Schneider (Hrsg.). *Die Briefe der gläsernen Kette.* Berlin, 1986. S. 19.
12 Herbert Kühn. ›Expressionismus und Sozialismus‹. In: *Neue Blätter für Kunst und Dichtung.* Heft 2, Jg. 2, 1919-1920. S. 360.
13 Heinrich de Fries. ›Raumgestaltung im Film‹. In: *Wasmuths Monatshefte für Baukunst.* Heft 3-4, Jg. 5, 1920-1921. S. 65.
14 Wolfgang Paulsen. *Expressionismus und Aktivismus.* Diss. Bern, 1934. S. 75 ff.
15 Josef Hoffmann. ›Over de toekomst van Weenen‹. In: *Wendingen.* Jg. 3, 1920. S. 21 ff.

16 Reginald R. Isaacs. *Walter Gropius. Der Mensch und sein Werk.* Bd. 1. Berlin, 1983.
17 Karl Heinz Hüter. *Das Bauhaus in Weimar.* Berlin, 1976. S. 64.
18 Ferdinand Tönnies. *Gemeinschaft und Gesellschaft.* Berlin, 1922. S. vi f.
19 Bruno Adler. *Utopia. Dokumente der Wirklichkeit.* Weimar, 1921. unpag.
20 Erich Mendelsohn. ›Das Problem einer neuen Baukunst‹. 1919. In: Erich Mendelsohn. *Das Gesamtschaffen des Architekten.* Berlin, 1930. Braunschweig, Wiesbaden, 1988. S. 21.
21 Vgl. zum Beispiel: Walter Gropius. In: *Flugblatt zur Ausstellung des Arbeitsrats für Kunst im Frühjahr 1919.*
22 Adolf Behne. ›Wiedergeburt der Baukunst‹. In: Bruno Taut. *Die Stadtkrone.* Jena, 1919. S. 131.
23 ›Architettura‹. In: *Rassegna.* A. a. O.
24 Frederick Winslow Taylor. *Die Betriebsleitung insbesondere der Werkstätten.* Berlin, 1912². S. 126 f.
25 Alexander Klein. ›Beiträge zur Wohnungsfrage‹. In: Fritz Block (Hrsg.). *Probleme des Bauens.* Potsdam, 1928. S. 123 f.
26 Alfred Gellhorn. ›Intensivierung der Baukunst‹. In: Fritz Block (Hrsg.). *Probleme des Bauens.* A. a. O. S. 22.
27 Hannes Meyer. ›Die neue Welt‹. In: Claude Schnaidt. *Hannes Meyer.* A. a. O. S. 92. – Bruno Taut. *Die neue Baukunst in Europa und Amerika.* Berlin, 1929. S. 6.
28 Josef Albers. ›Werklicher Formunterricht‹. In: *bauhaus. Zeitschrift für Gestaltung.* Heft 2, 1918. S. 3.
29 Henry Ford. *Mein Leben und Werk.* Leipzig, 1923. S. 22.
30 Mart Stam. ›Kollektive Gestaltung‹. In: *ABC. Beiträge zum Bauen.* Heft 1, Jg. 1, 1924. S. 2.
31 Sigfried Giedion. *Bauen in Frankreich.* Leipzig, o. J. (1928).
32 Hannes Meyer. ›bauen‹ (1928). In: Claude Schnaidt. *Hannes Meyer.* A. a. O. S. 96. – Laszlo Moholy-Nagy. *Malerei, Fotografie, Film. Bauhausbücher 8.* München, 1927².
33 Cornelius Gurlitt. ›Normen, Typen und das Wohnungsbauprogramm‹. In: *Die Baugilde.* 1926. S. 1181.
34 Walter Benjamin. ›Karl Kraus‹ (1931). A. a. O. S. 367.

Die Manipulation des Menschen

Albert Speer im Gespräch

Das folgende Gespräch mit Albert Speer,[1] ab 1937 »Generalbauinspektor für die Neugestaltung der Reichshauptstadt« und von 1942 bis zum Ende des Naziregimes Rüstungsminister, fand am 6. April 1977 in Heidelberg im Hause Speers statt, vier Jahre vor seinem Tode. Es bewegt sich um die kunsthistorische Einschätzung der NS-Architektur, um ihre Quellen, Motive und Mitarbeiter. Darüber war mit Speer zu reden. Er war auch jederzeit bereit, die Irrwege dieses Bauens wie die Verwerflichkeit des Regimes einzugestehen, das hinter der Architektur stand. Dennoch haben die Erinnerungen an das Gespräch und die Lektüre der Tonbandabschrift etwas Gespenstisches für mich. Dieser leise und freundliche Mann war dem Zentrum des Terrors näher als fast jeder andere, und er war imstande, von dem Herrschaftssystem, das Millionen von Menschen das Leben kostete, zu sprechen, als sei es nur geschaffen worden, einem Architekten die Verwirklichung seines Lebenstraumes zu ermöglichen.

Speer hat mehr als jeder andere Nationalsozialist aus dem engsten Kreis um Hitler Einsicht gezeigt, Reue bekundet, Schuldbekenntnisse abgelegt. Aber der Bauherr Hitler hatte offenbar für seinen Ersten Architekten nicht an Faszination verloren. Für ihn war Hitler uneinsichtig, geschmacklos, verehrte einen Baumeister der dritten Garnitur, Paul Ludwig Troost, als seinen großen Lehrer, und trotzdem: War Hitler in den Augen Speers nicht ruhmbegierig wie die Römer, toleranter gegenüber Architekten, als man denken sollte, und spendabel wie heute keiner mehr? Die Frage nach der fortdauernden Faszination durch einen Mann, der eine der größten Unrechtsherrschaften der Weltgeschichte ins Werk gesetzt hat und den gebauten Verwirklichungen seines Ehrgeizes Myriaden von Zwangsarbeitern geopfert hätte, habe ich damals nicht gestellt. So ist es eine Unterhaltung zwischen höflichen und rücksichtsvollen Gesprächspartnern geblieben. Immerhin und vielleicht gerade deswegen geht aus ihr die Fragwürdigkeit des Ästhetischen hervor, das sich auf sich selber konzentriert.

PEHNT: Es gibt die These, daß fast alle Formen, die der Nationalsozialismus in seiner Architektur verwendet hat, schon vorher nachweisbar sind. Herr Speer, ist in Ihren Augen die NS-Baukunst eine Fortsetzung oder etwas Neues gewesen?

SPEER: Ich habe immer den Standpunkt vertreten, daß es der nationalsozialistischen Zeit nicht gelungen ist, eine eigene Kultur zu schaffen, obwohl das proklamiert wurde und ein Ziel war – weder auf dem Gebiet der Literatur noch des Theaters und auch nicht auf dem Gebiet der Architektur. In der Architektur ist deutlich zu sehen, woher die einzelnen Formelemente stammen und woher auch die Kombination der Formelemente stammt. Das einzig Neue und von der Ideologie her Verursachte sind meiner Ansicht nach die Aufgaben für den Architekten gewesen, also etwa einen Rahmen für eine Kundgebung von mehreren hunderttausend Menschen auf einem großen Platz nun so zu gestalten, daß er trotz seiner Größe immer noch als Architektur wirksam ist. Oder, noch weitergehend, die Ziele des Staates, die Weltherrschaftspläne in der Architektur auszudrücken.

PEHNT: Aus dieser Aufgabenstellung mag sich erklären, warum konservative Architekten nicht recht zum Zuge kamen, die in den zwanziger Jahren die Architektur der Nazis vorbereitet zu haben schienen. Zunächst sah es so aus, als ob Leute wie Paul Schultze-Naumburg die Architektur des Dritten Reiches repräsentieren würden.[2]

SPEER: Das war auch unsere Sorge am Seminar der Technischen Hochschule bei Professor Tessenow[3] in Berlin. Sie wissen, daß ich dort als Assistent mit einer Gruppe von sehr aktiven Studenten war, die alle dem Nationalsozialismus anhingen.

Albert Speer
Geb. 1905 in Mannheim. 1928-31 Assistent am Lehrstuhl
Heinrich Tessenows an der Technischen Hochschule Berlin-
Charlottenburg. 1932 erster Auftrag für die NSDAP. 1937 von
Hitler zum Generalbauinspektor, 1942 zum Rüstungs-
minister ernannt. 1945-66 Gefängnishaft in Nürnberg und
Spandau. Gest. 1981 auf einer Reise in London.

Aus dieser Tessenowschen Perspektive fanden wir
Schultze-Naumburg einen antiquierten Romantiker. Aus der heutigen Perspektive sieht man, daß
beide Romantiker waren und eigentlich verwandt
miteinander waren. Aber damals sah man das
nicht so, sondern sah Welten zwischen Tessenow
und Schultze-Naumburg. Daher entstanden auch
Briefe an die Parteileitung, von einem der Semi-
narmitglieder, und es kamen beruhigende Antworten aus München, vom Braunen Haus, es wäre
nicht daran gedacht, daß die Linie Schultze-Naum-
burgs die Staatsarchitektur, die große Architektur,
würde. Hitler war in seinen architektonischen Vorstellungen, was das repräsentative Bauen anging,
bereits völlig festgelegt durch Professor Troost,
und Troost war nun ganz anders in seinen Anschauungen als Schultze-Naumburg. Hitler hat

später immer wieder gesagt, mein Lehrmeister der
Architektur ist Troost. Er hat also diesen Stil –
Stil ist übertrieben –, diese Bauten nicht als seine
eigene Schöpfung gesehen, sondern als Architek-
turbeispiele, die aus dem Geiste Troosts kamen.

PEHNT: Wie hat man damals im Kreise um Tessenow über diese Dinge geurteilt, denn die Linie
Troost konnte doch kaum im Sinne Tessenows
gewesen sein?

SPEER: In der Zeit vor 1933 war Troost eine
unbekannte Größe. Er hat auch in der Architektur
keine Rolle gespielt, außer in der Möblierung und
Ausstattung des Dampfers Europa. Was hinter
Troost stand oder was Troost übernommen hat,
war die Architektur der großen bekannten Architekten, die vom Jugendstil zu einem Neoklassizismus übergewechselt waren. Peter Behrens, Olbrich, Bruno Paul, sie hatten alle einmal im Jugendstil geschwelgt. Irgendwann wurden sie
dieser Schwelgerei überdrüssig, und dann entstanden sehr schöne, für meine Augen sehr schöne
Bauten, das Haus Feinhals in Köln von Olbrich,
die Petersburger Botschaft von Behrens. Man
kann es sogar sehen bei Gropius, der für die Kölner Werkbund-Ausstellung 1914 einen Bau entworfen hat, der auch in diese Richtung blickt. Das
Ornamentlose können Sie da schon sehen, das
war eben eine Reaktion auf die Übertreibung des
Jugendstiles, eine ganz verständliche Reaktion.
Troost war unter diesen Leuten, die bedeutende
Architekten waren, einer der Mitläufer, wenn man
so sagen will.

PEHNT: Sie sehen es also fast als einen Zufall
an, diese Geschmackserziehung Hitlers durch den
Münchner Kreis um Frau Bruckmann. Aber wahrscheinlich kam auch die Einsicht hinzu, dieser re-
duzierte Klassizismus könnte ein geeignetes Instrumentarium für die enormen Bauaufgaben der
Nazis bieten?

SPEER: Es ist sehr die Frage, ob die neoklassizistische Architektur, die auf diesem Zufallswege zu
Hitler gekommen ist, die richtige Architektur für
diese Riesenbauten war, die Hitler durch seine
politischen Vorstellungen inauguriert hat. Heute
stehe ich auf dem Standpunkt, daß die klassizistischen Formelemente, die uns zur Verfügung standen – praktisch nur Säulen, Pilaster, Fensterum-
rahmungen, Profile, Simse –, daß diese Elemente

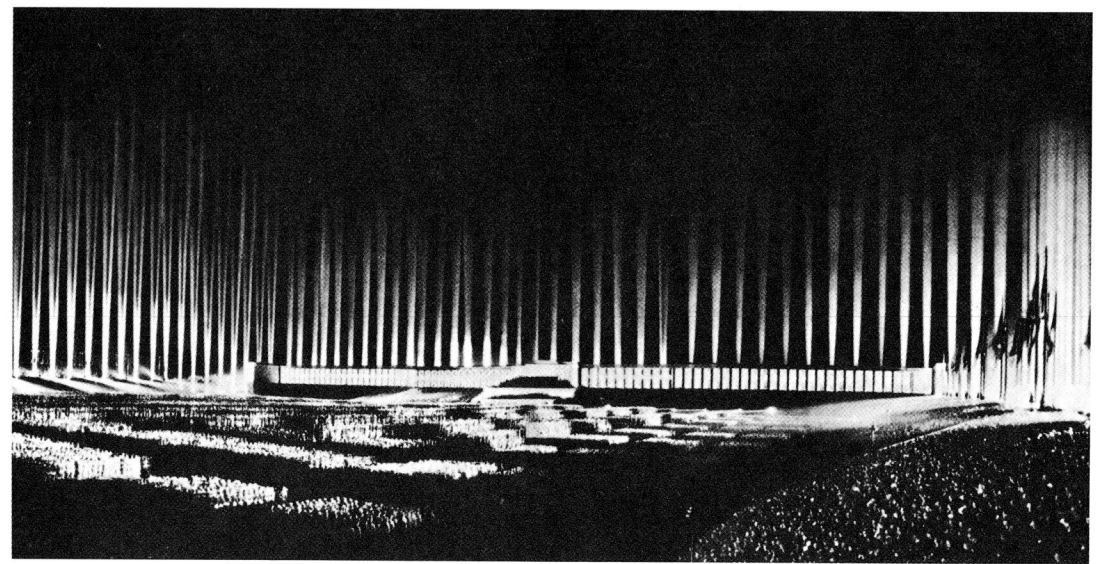

gerade nicht geeignet sind, bei übergroßen Bauten verwendet zu werden. Wenn ich meine Phantasie gehen lasse, könnte ich mir viel eher vorstellen, daß Bauten, bei denen man die Größe wirklich hätte ablesen können, möglich gewesen wären mit dem, was Poelzig gemacht hat. Denn da sind durch viele Details Beziehungspunkte zu den menschlichen Verhältnissen; ich denke jetzt an den Entwurf zum Salzburger Festspielhaus oder an den Entwurf für das Haus der Freundschaft in Konstantinopel. Da sind trotz Übergröße immer noch Vergleichsmöglichkeiten gegeben. Bei uns war das nicht der Fall. Bei dem abnormsten Beispiel, der großen Kuppelhalle für Berlin mit fast 300 m Höhe und 250 m Durchmesser, nahmen eben die Säulen des Portikus auch Riesendimensionen an.

Und diese Vergrößerung mit dem Storchschnabel hat natürlich, ähnlich wie bei der Peterskirche in Rom, zur Folge, daß man eigentlich die Größe nicht realisieren kann.

PEHNT: Was im Grunde auch für die Absichten der Nationalsozialisten abträglich gewesen wäre. Denn wenn ich mir die Figur eines Führers in dieser riesigen Kuppelhalle vorstelle, so wäre sie allenfalls durch akustische Mittel wie Lautsprecher und Verstärker zur Wirkung gekommen, aber nicht als optischer Eindruck.

SPEER: Das war mein Problem. Ich hatte erkannt, daß Hitler in diesen riesigen Versammlungsräumen, schon auf dem Nürnberger Zeppelinfeld auf dieser gewaltigen Tribüne, aber auch in der großen Halle in Berlin zu einem Nichts zusammengeschrumpft wäre. Genau das Gegenteil dessen wäre erreicht worden, was man erreichen wollte. Es sollte eine Glorifizierung der Person Hitlers sein, eine Überhöhung, und es wird eine Verkleinerung. Ich habe dann, ohne viel darüber nachzudenken, den Kunstgriff gemacht, hinter Hitler irgendein Symbol aufzubauen, das die Größe hat, die eigentlich Hitler hätte haben müssen, gewissermaßen als eine Transponierung seiner Größe, seiner realen Größe auf die gedachte Größe. Heute hätte man die Möglichkeiten zur Verfügung, wenn man daran denkt, was in einem Stadion die großen Anzeigeflächen alles mit Computertechnik leisten können. Man könnte heute das Gesicht Hitlers auf eine Riesenfläche projizieren, und könnte ihn dort in der Größe wirken lassen, wie er eigentlich hätte sein sollen.

PEHNT: Herr Speer, wenn man sich die NS-Architektur vor Augen führt – man kann es ja eigentlich nur noch in Publikationen –, fragt man sich manchmal: Stand da am Anfang ein bewußtes Konzept der Menschenbehandlung, also Einschüchterung durch riesige Achsen, durch furchteinflößende Dimensionen? Oder ergaben sich diese Gesichtspunkte als Nebenwirkungen aus der Größe der jeweiligen Aufgaben?

Albert Speer, ›Lichtdom‹ auf dem Zeppelinfeld in Nürnberg, 1937.
Um das Versammlungsfeld des Reichsparteitags waren 130 Flakscheinwerfer aufgestellt. Speer hielt diese Inszenierung für seine schönste Raumschöpfung und die erste ihrer Art – irrtümlich, denn auch die früheren Weltausstellungen arbeiteten mit ähnlichen Lichteffekten.

Tribüne des Zeppelinfeldes im heutigen Zustand, 80er Jahre.

SPEER: Nein, es war genau umgekehrt. Die Größe der Aufgaben entstand dadurch, daß man die Menschen beeindrucken wollte. Das Beeindrucken der Menschen war die Hauptabsicht von Hitler, wenn er über seine Vorstellungen irgendeines Baues sprach. Er hat beispielsweise davon geschwärmt, wie ein kleiner Bauer, der aus der Provinz irgendwo herkommt, nun in die große Halle in Berlin tritt, diesen riesigen Raum um sich sieht und durch diesen Eindruck einfach zerschmettert sein müßte. Das waren seine Vorstellungen. Auch der sogenannte Lichtdom in Nürnberg war für ihn und auch für mich ein Höhepunkt in der Beeindruckung von Menschen, mit dem politischen Ziel, den Menschen einzuordnen, unterzuordnen, seine Persönlichkeit zu eliminieren, damit er sich einordnet in das Gesamte.

PEHNT: Die Manipulation von Menschen war ein Zweck der Architektur.

SPEER: Ja, und in diesem Wunsch liegen die Größenordnungen begründet. Sie waren natürlich auch begründet in dem anderen Wunsch Hitlers, auf die Nachwelt Denkmale seiner eigenen Zeit zu überliefern und damit also ähnlich wie die Römer sich durch Bauten unsterblich zu machen.

PEHNT: Sie haben vorhin gesagt, Sie könnten sich heute vorstellen, daß ein Mann wie Poelzig die neuen Aufgaben vielleicht angemessener gelöst hätte. Joachim Petsch geht so weit zu sagen, der

Faschismus könne sich grundsätzlich jeder Form bedienen.[4] Es gab, das ist das Interessante, in den allerersten Jahren nach der Machtergreifung 1933, 1934 noch Versuche, vor allem von den Studenten her, auf andere Möglichkeiten, etwa auf Mies van der Rohe hinzuweisen. Ist das ein Gedanke, den Sie nachvollziehen können? Bei den Faschisten in Italien sind durchaus auch Parteibauten von Leuten wie Terragni, also von Vertretern der modernen Architektur, errichtet worden.

SPEER: Nein, ich glaube nicht, daß die moderne Architektur, wie sie von Mies van der Rohe oder Gropius vertreten wurde, ein Ausdruck für die ideologischen Forderungen gewesen wäre, die Hitler gestellt hat. Mit Poelzig ist das etwas anderes. Sie haben vielleicht in Erinnerung, daß nur Hitler verhindert hat, daß die nordische Malerei, wenn man das mit dem saloppen Begriff sagen will, von Munch, von Nolde zur Staatsmalerei wurde. Der maßgebende Mann im Propagandaministerium, Weidemann, ein sehr alter Parteigenosse, er war stellvertretender Gauleiter in Essen, hatte also eine gewisse Profilierung von der Parteiseite her, setzte sich sehr dafür ein, daß Nolde und die ganze Richtung von Nolde die offizielle Richtung wurde. Und da hätte Poelzig hineingepaßt.

PEHNT: Was heute auffällt, ist die Heterogenität der einzelnen Bauaufgaben in den dreißiger Jahren. Es waren sehr verschiedene und unterschiedliche Handschriften, der Klassizismus bei den Parteibauten, Regionalismus bei Jugendherbergen oder kleineren Bauten, dann wieder diese Burgenromantik etwa bei Clemens Klotz. Ist diese Verschiedenartigkeit damals reflektiert worden, vielleicht in dem Sinne, daß man mit verschiedenen Stilebenen verschiedene soziale Schichten ansprechen wollte?

SPEER: In dieser Zeit gab es mehr Individualismus, als man heute wahrhaben will. Es konnte beispielsweise passieren, daß Himmler mit seiner Wewelsburg[5] zu einem ganz übertriebenen Germanenkitsch kam und auch mit seinen Ideen, daß Hitler das belächelte und seine Witze darüber machte, daß aber nichts geschah. Hitler interessierte sich eigentlich nur für die Staatsarchitektur, die er förderte, und das waren die großen Parteiforen in den einzelnen Gaustädten, das waren besonders die Pläne für Berlin, Nürnberg, Hamburg, München und dann Linz. Alles andere wurde bei ihm nicht zur Genehmigung vorgelegt, sondern die anderen hatten mehr oder weniger freie Hand. Sie waren natürlich alle darauf bedacht, den Beifall Hitlers zu bekommen.

PEHNT: Der Neoklassizismus für die großen Parteibauten stimmte überraschenderweise mit der Entwicklung in anderen Ländern überein, die keineswegs eine faschistische Staatsform hatten. Ist das damals gesehen worden, hat man vielleicht eine gewisse Übereinstimmung mit Tendenzen im Ausland als Ausweis des Regimes willkommen geheißen? Oder war es eine parallel laufende Entwicklung?

SPEER: Es war eine parallel laufende Entwicklung, die natürlich bekannt war. Unsere großen Architekturzeitschriften brachten hier und da Beispiele von dem, was in Washington oder sonstwo oder in Rußland gebaut wurde. Das war auch nicht weiter beunruhigend, weil man eigentlich nicht die Absicht hatte, unbedingt einen eigenen Stil zu haben, der nur dem Nationalsozialismus gehörte. Sorge hatte Hitler nur, daß in diesen Staaten, besonders in der Sowjetunion, jemand die Größenordnung übertrumpfen konnte, die wir planten. Und das ist eigentlich ein kindliches Spiel gewesen. Er war beunruhigt, daß der Sowjetpalast in der Sowjetunion eine Höhe von fast 300 Metern

erhalten sollte. Es gelang dann schließlich, die Höhe herauszufinden, und als er zwanzig, dreißig Meter niedriger werden sollte als die Kuppelhalle in Berlin, war Hitler sehr zufrieden. Ich bin davon überzeugt, wäre er höher gewesen, hätte ich alle Pläne noch einmal zeichnen können. Das zeigt, wohin das Interesse ging, auf einen Wettbewerb der megalomanen Maßstäbe.

PEHNT: Ich frage, weil ein Vorwurf, den man von völkischer Seite immer wieder dem Neuen Bauen gemacht hat, ja gerade die Internationalität des Bauens gewesen ist. Aber auf dem Wege über diese klassizistische Architektur bildete sich auch wieder etwas wie Internationalität in den dreißiger Jahren heraus.

SPEER: Das hat eigentlich niemanden gestört. Es gab ja immer noch nationale Unterschiede, die damals viel größer schienen als heute aus der Entfernung. Wenn ich an neoklassizistische Bauten denke wie die von Perret in Paris, dann ist natürlich zu dem, was ich machte, ein wesentlicher Unterschied. Auch was die Russen mit ihrem Neoklassizismus machten, war irgendwie doch typisch russisch, ebenso das, was in England geschah oder in Amerika, es entstammte der englischen Tradition oder der Tradition des Kolonialstils. Also, es gab nationale Unterschiede, die heute nicht mehr so sichtbar sind wie damals.

PEHNT: Wenn Sie sich selber in einer Tradition sahen, welche war das? War das Schinkel für Sie und seine preußische Disziplin?

SPEER: Ja, ich kam ja von Tessenow her, und die Schule Tessenows war bekannt durch ihre Kargheit. Einiges, was ich in der ersten Zeit entworfen habe, besonders für Nürnberg, ist transponiert, doch es geht von dieser Kargheit aus. Ich denke jetzt an das Zeppelinfeld, das noch weniger Stilelemente zeigt als beispielsweise die Bauten von Troost. Nun hatte ich bewußt einen Unterschied gemacht zwischen dem, was in Nürnberg auf einem Gelände entstehen konnte, das weit vor der Stadt liegt, also mit der dortigen traditionellen mittelalterlichen Architektur kaum in Berührung steht, und den Bauten, die in Berlin in einer Tradition stehen, die auf Gilly und Schinkel zurückgingen. Wenn ich die Reichskanzlei entworfen habe, dachte ich an Schinkel und war mir aber meiner Unvollkommenheit bewußt. Die Unvollkommen-

Ludwig und Franz Ruff,
Kongreßhalle in Nürnberg,
Baubeginn 1933.
Das NS-Kolosseum am
Dutzendteich, das 50 000
Menschen fassen sollte,
blieb unvollendet.

heit kam auch daher, daß es fast nicht möglich ist, einen repräsentativen Verwaltungsbau irgendwie den Bauten von Schinkel anzunähern.

PEHNT: Spielten damals Vorstellungen französischer Revolutionsarchitektur mit hinein? Bei Wilhelm Kreis und den Totenmalen, die er für Rußland entworfen hat, liegen die Parallelen auf der Hand. Bei Ihrer Architektur ist mir das weniger deutlich.

SPEER: Ich kannte das Buch von Emil Kaufmann über die Revolutionsarchitektur[6] schon als Student, und es war damals für uns Studenten sensationell. Aber wenn Sie das Buch durchblättern, stellen Sie fest, daß Boullée in dem Buch überhaupt keine Rolle spielt, sondern es konzentriert sich auf die Lebensarbeit von Ledoux, und Ledoux war für uns kein Vorbild. Boullée habe ich richtig bewußt erst in der Gefangenschaft kennengelernt, als die ersten großen Bücher über ihn herauskamen. Da sah ich allerdings starke Parallelen, die für mich vielleicht vermittelt wurden durch meine Liebe zu Gilly. Denn Gilly und Boullée sind ja sehr verwandt. Und wenn ich ein Vorbild für mich annehmen wollte, ein unerreichbares Vorbild, dann war es eigentlich mehr Gilly als Schinkel.

PEHNT: Sie haben vorhin gesagt, das Problem der Größenordnungen habe Ihnen Schwierigkeiten gemacht. Wurde denn auch die Megalomanie an sich nicht eigentlich in Frage gestellt? In Ihrem ›Spandauer Tagebuch‹ sind Blätter aus Ihrem Atelier abgebildet, auf denen sich Ihre Mitarbeiter

über die überzogenen Größenordnungen lustig machen. Gegen Ende des Krieges wurde ein neuer Wettbewerb für Berlin angekündigt. Hätten Sie da Ihre eigenen Planungen in Frage stellen lassen, oder hätte dieser Wettbewerb den zentralen Teil Berlins mit der Nord-Süd-Achse nicht betroffen?

SPEER: Dieser Wettbewerb für Berlin war eine Propaganda-Idee von Goebbels. Er wollte damals zeigen, daß wir noch weitsichtig planten und uns mit der Zukunft Berlins nach dem Kriege beschäftigten. Das war auf ganz anderer Ebene längst in die Wege geleitet. Ich hatte mir viel früher von Hitler einen Generalauftrag zur Planung der bombengeschädigten Städte geben lassen.[7] Diese Planung war im vollen Gange, und in der Planung war auch Berlin einbegriffen. Es gelang uns tatsächlich, eine Zahl von guten Städteplanern für diese Aufgabe zusammenzubringen, die ohne Rücksicht auf Parteibuch oder sonst irgendetwas ausgesucht waren. Ich brauche nur die beiden Namen Hillebrecht und Hebebrand zu nennen, die in dieser Arbeit tätig waren bei uns.[8] Das war aber keine Planung mehr, um große Bauten zu machen. Es lag die Idee zugrunde, daß nach dem Kriege eine sehr große Bautätigkeit einsetzen müsse, um den Mangel an Wohnbauten, der durch die Fliegerangriffe eingetreten war, wieder auszugleichen. Es war mehr oder weniger eine Art Festlegung von Straßenzügen und von Bauhöhen und derartigem, um die künstlerische Seite haben wir uns da kaum bemüht.

Generalbauinspektion unter Albert Speer, *Modell der ›Großen Achse‹ in Berlin*, Fassung von 1942. Blick vom neu geplanten Südbahnhof zur Kuppelhalle.
Laut Aktenvermerk Speers aus dem Jahre 1942 wäre keiner außer ihm in der Lage gewesen, »diese Leistung sowohl künstlerisch als auch organisatorisch oder nur machtmäßig durchzuführen«. Zwischen zwei neuen Durchgangsbahnhöfen hätte sich das Mittelstück der Triumphstraße in einer Länge von etwa sieben Kilometern erstreckt. Allein der Teil zwischen dem von Hitler entworfenen Triumphbogen und der Kuppelhalle maß fünf Kilometer.

Berlin im Jahre 1945. Mit Abrissen für die Neuplanungen hatte der Generalbauinspektor bereits 1938 begonnen. Die ersten Zerstörungen durch die alliierten Bomber wurden von den Planern zynisch als »wertvolle Vorarbeit für die Zwecke der Neugestaltung« begrüßt.

PEHNT: Sie hätten Ihre ältere Zentralplanung für Berlin, die Nord-Süd-Achse vor allem, übernommen in diese neue Planung?

SPEER: Die Nord-Süd-Achse wäre übernommen worden. Durch die Folgen der Bombenangriffe hätte sie ja noch besser durchgeführt werden können. Ich kann es nicht mehr sagen, wie es gedacht war, aber wir hätten aller Voraussicht nach die Flächen, die für die repräsentativen Bauten vorgesehen waren, freigelassen, um einer weiteren Zukunftsentwicklung nicht vorzubauen.

PEHNT: Sie hätten sicherlich bei diesen Aufbauarbeiten nach einem von den Nazis gewonnenen Krieg im Wohnungsbau auf Präfabrikation und Typisierung in weit größerem Maße zurückgreifen müssen, als das bis dahin, in den dreißiger Jahren, geschehen ist.

SPEER: Ich hatte mich schon vor Beginn des Krieges damit beschäftigt und meinen Stab zur Lösung von Serienfabrikation im Wohnungsbau angesetzt. Und da kam selbstverständlich bald das Problem der Serienfabrikation von vielgeschossigen Häusern, fünf-, sechs- oder achtgeschossigen Häusern. Unsere Überlegungen waren ziemlich weit gediehen. Es gab bereits in der Konstruktion fertige Versuchsbauten, die teils in Gleitschalung, teils mit vorgefertigten Großbauelementen gebaut werden sollten, mit Methoden der rationellsten Fertigung. Der Chef dieser ganzen Bemühungen war Professor Neufert.[9]

PEHNT: Sie hätten doch dann zwangsläufig auf Erfahrungen der zwanziger Jahre zurückgreifen müssen, auf die Arbeit von Architekten wie Ernst May.

SPEER: Ja, ohne weiteres. Es war ja nicht meine Sache, es war Sache von Neufert, der aus der Gropius-Schule kam. Er war Assistent bei Gropius, das hat mich in keiner Weise gestört. Das ist auch eine Art Freizügigkeit, an die man sich heute nicht mehr erinnert, daß zum Beispiel Herbert Rimpl, das war der Hauptarchitekt von den Hermann-Göring-Werken und Heinkel-Werken, einer der engsten Mitarbeiter Mies van der Rohes gewesen ist, wo auch seine ganze architektonische Sprache herkommt.

PEHNT: Fabrikbau war eine Art Freiraum. Sie haben auch versucht, Tessenow mit heranzuziehen.

SPEER: Ja, und nicht nur Tessenow. Auch Eiermann, der mit mir gut bekannt war, hatte ich am Ende des Krieges beim Bau von Behelfskrankenhäusern herangezogen, um ihn zu beschäftigen. Und Poelzig, der Sohn Poelzigs, hat auch für mich gearbeitet. Das soll man aber nicht so nehmen, wie es Petsch macht, daß man daraus eine Belastung konstruiert, indem man sagt, die Leute haben alle schon für den Nationalsozialismus gearbeitet. Die haben nicht für den Nationalsozialismus in dem Sinne gearbeitet, die haben einfach Aufträge angenommen wie jeder andere Architekt auch.

PEHNT: Haben Sie eigentlich noch Bauten geplant, nachdem Sie aus der Spandauer Haft zurückkamen?

SPEER: Ich hätte gern gebaut, es war eigentlich meine Sehnsucht. Dann wären die Bücher nicht geschrieben worden. Aber nun hatte ich insofern Pech, als gerade die Rezession Erhards damals war, und meine Auftraggeber, die ich mir so vorstellte, keine Aufträge vergeben konnten.

PEHNT: Wie hätte es ausgesehen, was Sie gebaut hätten?

SPEER: Ich wurde einmal zu einem internen Wettbewerb für ein Verwaltungsgebäude eines mittleren chemischen Werkes in Ludwigshafen

aufgefordert. Ich machte mich daran zusammen mit dem Büro eines früheren Mitarbeiters[10] und dachte nun also, daß ich etwas Besonderes entwerfen könnte. Je mehr ich mich damit beschäftigte, desto mehr wurde es eine der ganz normalen Kisten. Es ist einfach so, ein Bürobau muß rationell sein, die einzelnen Räume müssen auswechselbar sein, die Entfernungen zu den Fahrstühlen, zu den Treppen sind gegeben. Damit ergeben sich die Außenmaße. Die Fenster müssen möglichst groß sein, damit ergeben sich die großen Glasflächen. Es bleibt für den Architekten eigentlich keine Wahl übrig, wenn er nicht einen Bauherrn findet, der ähnlich wie Hitler sagt, ich gebe Ihnen 50% Zuschlag, damit können Sie Ihrer Phantasie freien Lauf lassen.

Anmerkungen

1 Albert Speer. *Erinnerungen*. Berlin, 1969. – Albert Speer. *Spandauer Tagebücher*. Berlin, 1975. – *Albert Speer. Architektur*. Frankfurt am Main, Berlin, Wien, 1978.
2 Paul Schultze-Naumburg (1869-1949) hatte sich mit seiner neunbändigen Publikationsreihe *Kulturarbeiten* (1869-1949) Verdienste um Denkmalpflege und Heimatschutz erworben, redete aber seit den zwanziger Jahren einer aberwitzigen Rassenkunde das Wort. Seine Hoffnungen gingen jedoch im Dritten Reich nicht in Erfüllung. Hitler sprach sich schon 1934 gegen die »rückwärts gewandten völkischen Veteranen« wie gegen die modernen »Kunstverbrecher« aus.
3 Heinrich Tessenow (1876-1950) war neben Hans Poelzig der angesehenste Architekturlehrer an der Technischen Hochschule Berlin-Charlottenburg. Um ihn sammelten sich politisch konservative oder rechts orientierte Studenten. Seine eigene kritische Position gegenüber dem Nationalsozialismus ist nicht zuletzt durch Speer selbst bezeugt.
4 Joachim Petsch. *Baukunst und Stadtplanung im Dritten Reich*. München, 1976. S. 76.
5 Heinrich Himmler, Reichsführer SS, ließ die Wewelsburg bei Paderborn zu einem ideologischen Zentrum, einer »Reichsführerschule« und einem privaten Wohnsitz umbauen. Die gigantischen Pläne sahen auch die Errichtung einer »SS-Stadt« vor.
6 Emil Kaufmann. *Von Ledoux bis Le Corbusier*. Wien, 1933.

Neudruck: Stuttgart, 1985. Als Kaufmanns Buch erschien, war Speer bereits als selbständiger Architekt etabliert und mit den ersten Arbeiten für NS-Prominenz beauftragt.
7 Der Erlaß über die Vorbereitung des Wiederaufbaus bombengeschädigter Städte nach dem Krieg, datiert vom 11. Oktober 1943, bevollmächtigte Speer, die betreffenden Städte auszuwählen und ihre Planungen zu lenken und zu beeinflussen. Vgl. Werner Durth. *Deutsche Architekten. Biographische Verflechtungen. 1900-1970*. Braunschweig, Wiesbaden, 1986. S. 203 ff. – Werner Durth, Niels Gutschow. *Träume in Trümmern. Planungen zum Wiederaufbau zerstörter Städte im Westen Deutschlands 1940-1950*. Braunschweig, Wiesbaden, 1988.
8 Rudolf Hillebrecht, nach dem Kriege langjähriger Stadtbaurat in Hannover, und Werner Hebebrand, später Oberbaudirektor in Hamburg, arbeiteten für den Baustab Speer, der entsprechend dem Erlaß vom Oktober 1943 den Wiederaufbau nach dem Krieg vorbereiten sollte.
9 Ernst Neufert, Autor des meistgelesenen deutschen Architekturbuches *Bauentwurfslehre* (erstmals 1936 erschienen), war seit 1938 mit Aufträgen Speers zu Normierung und Wohnungsbau beschäftigt. Nach 1945 gehörte Neufert zu den einflußreichsten Autoren und Hochschullehrern.
10 Otto Apel, den Speer seit seiner Assistenzzeit bei Tessenow kannte.

Die Dienstbarkeit der Kunst

Architektur und Plastik in den zwanziger und dreißiger Jahren

In der Geschichte der neueren Kunst hat der Begriff des Gesamtkunstwerks im Dienst der unterschiedlichsten kunstpolitischen Absichten gestanden. Als Instrument war er offensichtlich ebenso geeignet wie als Ziel. Positive Assoziationen waren ihm von vornherein sicher. Der Gedanke an eine Zusammenführung aller Kunstarten zu einem Ganzen verband sich mit so vorteilhaften Werturteilen, daß er bis in unsere Tage mehr Fürsprecher als Gegner gefunden hat. Totalität galt stets mehr als Partikularismus. Dabei wurde fast immer die Vereinigung der einzelnen Gattungen als eine Wieder-Vereinigung verstanden und weckte entsprechende Hoffnungen auch im gesellschaftlichen Raum: Erinnerungen an mittelalterliche Kultgemeinschaften und Sehnsucht nach einer pfingstlichen Universalsprache in Romantik und Neugotik; die Wiedererweckung griechischen Gemeinsinns durch eine Kunst, die zum Werk des Lebens wird, bei Richard Wagner; die Sehnsucht nach brüderlicher, im gemeinsamen Werk verbundener Menschengemeinschaft im Expressionismus. Durch das »große, allgemeinsame Kunstwerk der Zukunft« sollen laut Wagner die Kunstarten zur Kunst, die Menschen zum Volk werden.[1]

»Das Gesamtkunstwerk gibt es nicht«, schrieb Harald Szeemann zu seiner Ausstellung, die dem nicht verwirklichten ästhetischen Versöhnungswerk gewidmet war.[2] Aber als Utopie war es um so wirksamer. Harmonisierungsforderung und Erlösungswunsch stellen seit Jahrhunderten ein Programm dar, das die Geister in Bewegung setzte. Das Verhältnis von Architektur und Plastik bildet eine der möglichen Teilbeziehungen zwischen den Künsten. Durch Tradition, Anbringungsort und Stofflichkeit ist diese Beziehung enger und näherliegend als die meisten Verbindungen anderer Disziplinen. Skulpturen sind oft genug aus demselben Material Holz oder Stein gemacht wie der Bau, an dem sie auftreten, nicht selten als dessen unablös-

bare Teile. Infolgedessen gehört die Vereinigung von Skulptur und Bau zu den Forderungen, die ein aufs Gesamtkunstwerk gerichteter Wille stets als erste erhoben hat. Auch der Faschismus hat sie sich zu eigen gemacht. Bezeichnenderweise sollte das Münchener Haus der Deutschen Kunst später der Malerei vorbehalten sein, der Architektur und der Skulptur dagegen ein eigenes Haus auf der anderen Seite der Prinzregentenstraße errichtet werden. Die enge Verbindung von Baukunst und Plastik war als ein erster Schritt zu künftigen ästhetischen und gesellschaftlichen Vereinnahmungen gemeint. »Die Einheit, die das ganze Reich umfaßt, ist noch nie so lebendig geworden wie in unseren Tagen«, äußerte der Bildhauer Paul Wynand und folgerte auf kürzestem Wege, so müsse auch die Architektur »zwangsläufig wieder der Schwesterkunst, der Plastik, die Hand reichen«.[3] Die Vereinigung beider Künste erschien als unmittelbare Vorwegnahme, ja als Spiegelbild der politischen Vorgänge.

Dagegen läßt sich das Verhältnis, das die moderne Architektur der zwanziger Jahre zur Bildenden Kunst und speziell zur Plastik unterhalten hatte, nicht leicht auf eine bequeme Formel bringen. Die Moderne hatte auf alle Bauteile verzichtet, die der Skulptur einen selbstverständlichen Platz einräumten. Die Wand hatte ihre Tiefe verloren und war zu einer gespannten Membran geworden, die weder Nischen als Hüllräume für die plastische Figur anbot noch als Träger von Reliefs in Frage kam. Anthropomorphe Säulen und Pfeiler, die durch Sockel und Kapitell in ihrer Höhenerstreckung begrenzt sind und in ihren Fuß- und Kopfzonen die größere Formendichte plastischer Gestaltungen rechtfertigen, waren durch Stützen ersetzt worden, die ihren tragenden Dienst in der schnellsten und direktesten Weise versahen. Oft waren sie Elemente eines Gerüstsystems und rechtfertigten schon deshalb keine individualisie-

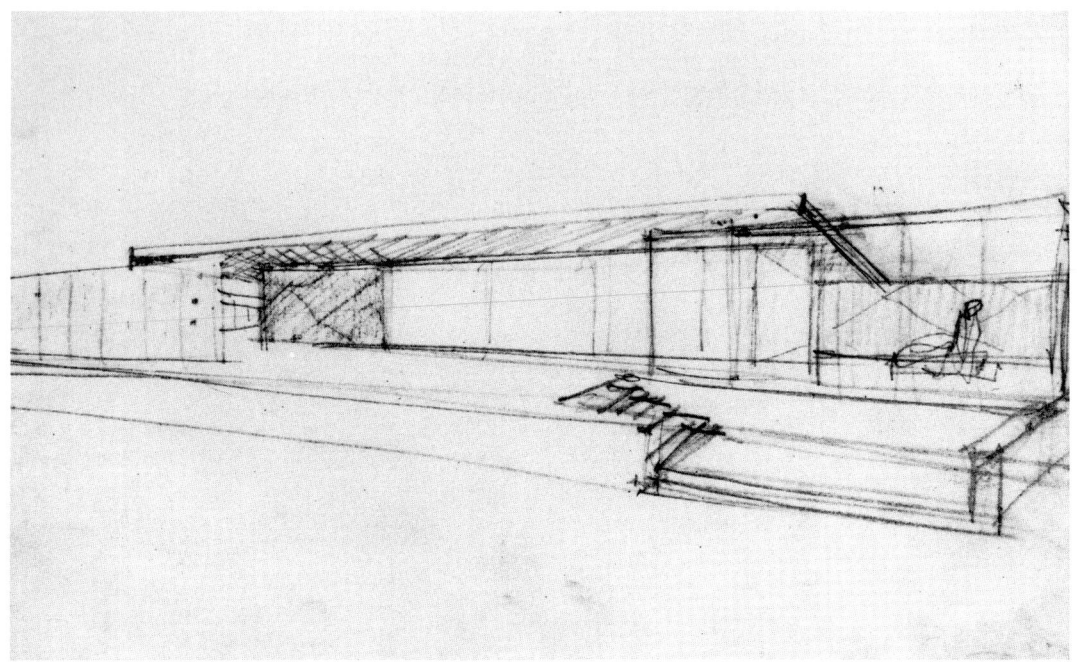

rende Aufmerksamkeit. Zumindest der Idee nach waren die Räume der klassischen Moderne als Teile eines größeren Zusammenhanges gedacht. Eine Auszeichnung einzelner Partien durch Skulptur hätte das Gleichgewicht und die Gleichrangigkeit der Teile gestört, den Fluß des Raumes unterbrochen und Auge wie Körpergefühl an der freien Bewegung gehindert.

Wenn Plastik mit dieser Architektur in eine Beziehung treten wollte, mußte sie sich innerhalb des Bauwerks ihren eigenen, von der tragenden Substanz unabhängigen Ort suchen. In den Innen- und Außenräumen der programmatischen Moderne ermittelte sich dieser Platz im Spiel der Kräfte. Manchmal wurde der Skulptur ein Sockel zugebilligt, oft aber hatte sie sich mit dem Bodenniveau zu begnügen, das zugleich die Arbeits- und Lebensebene der Bewohner ist. Auf dieser Spielfläche schreibt kein Koordinatenkreuz, keine vorgegebene Achsenbeziehung, keine Symmetrie der Plastik Situation, Größe und Volumen vor. Die Skulptur wird zum Glied eines Ensembles, dessen sämtliche Elemente (zumindest der ästhetischen Fiktion nach) ihre jeweilige Position der Gesamtheit ihrer wechselseitigen Einflüsse, quasi in Selbstbestimmung, verdanken.

Diese Bindungslosigkeit der Plastik innerhalb der neuen Architektur ist von Wilhelm Lotz, einem aktiven Mitarbeiter der Werkbund-Zeitschrift ›Die Form‹, bereits 1927 beschrieben worden. Lotz geht von der Ästhetik der Moderne aus, die er als Abkehr von einer bildmäßigen Auffassung des Bauwerks und als Hinwendung zu einer räumlich-körperlichen Architektur charakterisiert. Der Plastik bleibe »vorerst« nur eine Möglichkeit: »Sie schafft rein aus ihrem Wesen und Geist heraus Gebilde, die irgendwo an der Architektur ihren Platz finden können, wo sie gut im Verhältnis und sinngemäß stehen.« Sich und seine Zeitgenossen tröstet der Autor mit dem Hinweis: »Wo Plastik ohne innere Verbindung mit der Architektur steht und nicht notwendig in deren Struktur gehört, verbindet sie trotzdem mit ihr ein ähnlicher Geist, als Kinder einer gleichen Zeit.«[4]

Die freie Assoziation von Bau- und Kunstelementen, die Ludwig Mies van der Rohe, Walter Gropius, Le Corbusier und viele andere moderne Architekten in ihren Villen und Ausstellungspavillons praktizierten, lassen unterschiedliche Interpretationen zu. Die Kunstwerke begaben sich ihres illusionären Charakters und nahmen den gleichen Realitätscharakter an wie die übrigen Dinge

Ludwig Mies van der Rohe, *Deutscher Pavillon* auf der Internationalen Ausstellung von Barcelona, 1928-29. Entwurfsskizze. Kunstbibliothek, Berlin. – Die Auswahl der Plastik für das Wasserbekken im kleinen Binnenhof war zum Zeitpunkt der Skizze noch nicht entschieden.

Le Corbusier, *Villa Les Terrasses* in Garches, 1926-1927.
Der liegende Akt von Henri Matisse im Wohnraum des ersten Obergeschosses, Eigentum Sarah Steins. Für die Bronze hatte Le Corbusier einen in die Balustrade integrierten Sockel entworfen, der sie wie frei im Raum schweben läßt.

des täglichen Gebrauchs. Dem Menschen, der diese Bauten bewohnt oder benutzt, begegneten sie von gleich zu gleich. Den Bauzeichnungen Mies van der Rohes ist oft nicht zu entnehmen, ob die Silhouetten in Gartenhof oder Wohnraum einen Bewohner darstellen oder eine plastische Figur: Es ist eine Verdichtung, eine Konzentration von Energie im Raum, die sich als Mensch oder als Skulptur »lesen« läßt. Oskar Schlemmer hat in seinen (auf das Wandbild bezogenen) Reflexionen dieses Wechselverhältnis von Bau und Raum einerseits und menschlicher Figur andererseits formuliert: Die »Körper-Einheit soll sich mit der Maß-Einheit von Raum und Fläche zu einem Ganzen verschmelzen. Maß und Gesetz!« Das Ensemble aus Bau und Figur (der realen menschlichen Gestalt wie ihrem Abbild in der Skulptur), das einer »Verschmelzung« allerdings nie zugeführt wurde, ist humanistisch bestimmt. Seine Ordnung erfährt es durch die Gestalt des Menschen. Schlemmer warnt davor, Maß und Gesetz vorzeitig als Rezept und Dogma anzuwenden, da so die »Freiheit im Gesetz« zur Fesselung würde.[5]

Gleichzeitig aber enthält die Freiheit der Skulptur im Raum auch ein Moment der Willkür, der Isolation und Zufälligkeit. So zwingend die Posi-

tion der Bronzen auf den Innenraum-Photos erscheint, die Le Corbusier von der noch nicht in Gebrauch genommenen Villa Stein in Garches (1927) machen ließ, man kann sie sich anderswo im Raum ebenso »zwingend« vorstellen. Der Lehmbruck-Torso vor der Onyxwand in Mies van der Rohes Haus Tugendhat in Brünn (1928-1930) wäre auch um Meter verschoben oder in einem anderen Teil des Raumes denkbar. Welche Rolle die Plastik bei großen öffentlichen Repräsentationsbauten übernommen hätte, ist damals kaum erprobt worden, da solche Aufträge nicht an die modernen Architekten gingen. Das Zusammenwirken von Bau und Skulptur blieb auf den privaten Hausbau einzelner Mäzene oder auf demonstrative Ausstellungsbauten beschränkt. Der soziale Massenwohnungsbau bot wegen seiner knappen Kalkulation so gut wie keine Chancen, mit Integrationsmodellen von Kunst und Architektur zu experimentieren. Ist es zu kühn, die Preisgegebenheit, ja Ortlosigkeit der Skulptur im Raum, aber auch die Auftragslage der Architekten und Künstler mit der Klage vieler moderner Künstler in Verbindung zu setzen, in einer »kalten, beziehungslosen Gegenwart« lebe die Kunst »ohne Resonanz und das Gefühl des Getragen-

Kurt Schönfeld und Ernst Wendel, *Wehrkreisdienstgebäude*
(heute Bundesarbeits- und Bundessozialgericht) in Kassel,
1937-38.
Dem Rossebändiger auf der linken Seite der Portaltreppe
entspricht ein Pendant auf der anderen Seite.

seins«? Derselbe Schlemmer, der die Freiheit und
Ungebundenheit der künstlerischen Schöpfung
forderte, betrauerte, daß »die Dienstbarkeit der
Kunst« nicht mehr gelinge.[6]

Eine ununterbrochene Reihe von Versuchen,
das wechselseitige Verhältnis von Bau und Skulptur zu bestimmen, liegt im Werk Mies van der
Rohes vor. Auffälligerweise bevorzugte Mies (wie
auch andere seiner Kollegen) gegenständliche
Bildhauer wie Wilhelm Lehmbruck, Georg Kolbe
oder Aristide Maillol und nicht, wie der Charakter
seiner Bauten es hätte nahelegen können, abstrakte
Künstler. Nur die figürliche Tradition steuerte den
kontrastierenden Reiz bei, den die fließenden
Räume und makellosen Flächen erforderten. In
dem Glasraum auf der Stuttgarter Werkbundausstellung von 1927 sitzt der Mädchentorso Wilhelm
Lehmbrucks hinter einer offenbar unterschiedlich

getönten Spiegelglaswand, die einen Raum von
anderer Qualität als den real betretbaren Raum
suggeriert. Im Barcelona-Pavillon von 1929 ist
eine Figur Georg Kolbes, ›Der Morgen‹, als selte-
nes Fundstück über einer dunklen Wasserfläche in
Szene gesetzt. Im Hof des Hauses auf der Berliner
Bauausstellung von 1931 wirkt eine andere Arbeit
Kolbes, ein zögernd schreitender weiblicher Akt,
den erhaltenen Photos nach zu urteilen wie eine
lichte Erscheinung aus einer anderen Welt.[7] Die
Skulpturen durchbrechen das rationale Bausystem, ein gewollter Einbruch irrationaler Lebens-
wärme und Bewegungsdranges in die geordnete
Architekturkomposition findet statt. Der scheinbar industriellen Perfektion des Bauwerks tritt die
handwerklich gefertigte Kunst gegenüber. Diese kontrastierenden, manchmal sogar surrealen
Kombinationen von Bau und Plastik beruhen auf
Konfrontation statt auf Verschmelzung, auf Antagonismen statt auf Versöhnung. Wenn hier eine
Einheit beider Kunstgattungen zustande kommt,
so ist es die fragile Einheit, die aus der Spannung
zwischen Gegensätzen entsteht und mit ihr er-
lischt. Die Plastik hat sich in diesem dialektischen
Verhältnis als Gegenpol zur Architektur einen hohen Grad von Unabhängigkeit bewahren können,
der von den Künstlern durchaus geschätzt wurde.
In diesem Sinne gilt Kolbes Wort: »Neues Bauen
und neue Plastik vertragen sich vortrefflich ...
Ich verlange vom Baumeister nicht Wandfläche,
sondern Raum.«[8]

Gegen diese prekäre Balance mobilisierte die
NS-Kunstapologetik jenen Begriff des Gesamtkunstwerks, von dem die Moderne der zwanziger
Jahre zwar ausgegangen war, den sie aber inzwischen reflektiert und überarbeitet hatte. Daß die
Auferstehung der Künste unter der Führerschaft
der Baukunst am heftigsten in den Tagen nach der
verfemten Novemberrevolution gefordert worden
war, daß der »neue Bau der Zukunft, der alles in
einer Gestalt sein wird: Architektur und Plastik
und Malerei«[9] ein Desiderat der Arbeitsräte, der
Novembergruppe, der Kreise um die mißliebigen
Architekten Bruno Taut und Walter Gropius gewesen war, hinderte die Machthaber des NS-Staates
nicht, sich der alten Formeln zu bedienen. Unter
den Bildenden Künsten stehe die Baukunst als
Führerin, schrieb Rudolf Wolters, der Mitarbeiter

Albert Speers; der Aufstieg des Bauens werde auch die übrigen Künste beleben. Die Vokabeln schie-nen aus den expressionistischen Jahren zu stam-men, paraphrasierten aber Formulierungen, die Hitler in seinen Kulturreden benutzte.[10]

Es kann jedoch keine Rede davon sein, daß die Vision von damals sich im Dritten Reich erfüllt hätte. Zu einer sich wechselseitig steigernden und belebenden Gemeinschaft der Künste kam es nicht. Die verbalen Kraftakte waren freilich impo-nierend. Vorbehalte, die von der Avantgarde der ersten Nachkriegsjahre gegenüber den eigenen Zukunftsträumen gemacht worden waren, wur-den ohne viel Federlesens weggewischt. In den Manifesten von 1919 war immer wieder einschrän-kend darauf hingewiesen worden, daß die erhoffte Vereinigung alles Getrennten nur gelingen werde, wenn sie mit einer geistig-sittlichen Erneuerung zusammenginge. Vorbereitet werden könne sie nur in kleinen Zirkeln verwandter Geister. Bis zu dem fernen Zustand, in dem die Kunst die Herrschaft übernehmen werde, bedürfe es des Ver-zichtes auf alle Prätentionen und der geduldigen Übung in handwerklichen Fertigkeiten.

Von solcher Selbstbescheidung war die NS-Epo-che durch Welten getrennt. Um 1918/19 war das Gesamtkunstwerk eine Utopie. Nach 1933 wurden diesem Ideenkomplex nur die sofort anwendbaren Elemente entnommen. Was als Gnade gedacht war, die eines fernen Tages die »Nacht des Chaos« beenden sollte,[11] wurde nun als realisierbare Ge-genwart ausgegeben. Aus der Utopie war ein Herrschaftsinstrument geworden. Statt des alles umfassenden Schöpferdranges, der die Zukunft hätte gestalten sollen, konzentrierte sich die pro-klamierte Zusammenarbeit der Künste jetzt auf strategische Positionen, die den Ablauf der Staats- und Parteizeremonien regulierten. Die Architek-ten wiesen der Plastik taktisch bestimmte Stellen zu, an denen sie dem Volks- und Parteigenossen Anweisungen über sein Verhalten zu geben hatte. Die Stellen und Denkmäler seitlich der Auf-marschachsen, die Reliefs an den Wangen der Frei-treppe, die Wappentiere und Hoheitssymbole über den Portalen und Gesimsen der Staats- und Partei-bauten legten Wege fest, bestimmten Hierarchien, schrieben in ihrer Frontalität und in ihrem Pathos dem Besucher Haltung vor und belehrten ihn in der Diskrepanz der Größenverhältnisse über die Nichtigkeit des Individuums.

Außerhalb dieser Ordnungsaufgaben war ein Schmuckbedürfnis, das aus dem Überfluß kreati-ver Kraft geschöpft hätte, so wenig vorhanden wie in der Architektur des Neuen Bauens. Es blieb daher bei der »Ausschmückung hervorragender Punkte«, wie Gerdy Troost formuliert,[12] und diese Punkte waren nicht frei im Zusammenwirken vie-ler Elemente ermittelt worden wie in der klassischen Moderne, sondern von vornherein fixiert. Die Skulptur suchte sich nicht ihren Ort im Raum, sie erhielt ihn von der Architektur vorgeschrieben. Rezepte, die in der Repräsentationsarchitektur früherer Jahrzehnte, auch in der konservativen Architektur der zwanziger Jahre, angewendet worden waren, wurden weiterhin befolgt, wenn auch in der Rigorosität der Anwendung übersteigert und in den Größenordnungen überzogen. Die Freiplastiken sind nun durch Achsen- und Symmetriebeziehungen, durch Sockel und gepflasterte Platzflächen in die Disziplin der architektonischen Anlage ebenso eingebunden wie die mit dem Bauwerk materiell verbundenen Arbeiten. Oft gibt die kahle Wandfläche als Hintergrund auch bei vollrunder Plastik eine bedeutungserhöhende und die Silhouette fixierende Unterlage ab. Ein dialektisches Verhältnis zwischen Bau und Skulptur wie in den zwanziger Jahren war ausgeschlossen.

Andererseits war auch ein nur absichtsloses Schmücken des Baukörpers nicht mehr möglich. Es verbot sich aufgrund der politischen Zweckbestimmung aller öffentlichen Kunstäußerungen im Dritten Reich, aber auch weil Künstler und Architekten dieser Epoche sich dem Verzicht auf das naiv dekorierende Ornament so wenig entziehen konnten wie die Künstler und Architekten anderer Epochen des 20. Jahrhunderts. So wirken die Reliefs und wandverbundenen Plastiken als applizierte Embleme, als der Fläche aufgeheftete Broschen, die Freifiguren als Positionsbesetzungen auf vorgegebenen Ordnungslinien. Die Kahlheit und Leere der unbesetzten Wand- und Bodenflächen wird durch die Konzentration der Skulptur auf »hervorragende Punkte« unterstrichen. An die Stelle einer Assoziation frei beweglicher Formindividuen war nun die Indienstnahme der Plastik durch die Architektur und die in ihr verkörperten Absichten getreten. Aus »Dienstbarkeit« war Dienstverpflichtung geworden.

Anmerkungen

1   Richard Wagner. *Gesammelte Schriften und Dichtungen*. Leipzig, 1887-1888². Band III. S. 63.
2   Harald Szeemann. ›Vorbereitungen‹. In: *Der Hang zum Gesamtkunstwerk*. Katalog, Aarau, 1983². S. 16.
3   Paul Wynand. ›Wie die Plastik in heutiger Zeit stehen soll‹. In: *Die Kunst für Alle*. Jg. 49, 1933/34. Zit. nach: Bettina Güldner, Wolfgang Schuster. ›Das Reichssportfeld‹. In: *Skulptur und Macht*. Katalog Akademie der Künste. Berlin, 1983. S. 47.
4   Wilhelm Lotz. ›Plastik und Architektur‹. In: *Die Form. Zeitschrift für gestaltende Arbeit*. Heft 1, Jg. 2, 1927. S. 10.
5   Oskar Schlemmer. ›Zu den Wandbildern für das Museum Folkwang in Essen‹ (1930). In: Wulf Andreas Herzogenrath. *Oskar Schlemmers Wandgestaltungen*. München, 1973. S. 180.
6   Oskar Schlemmer. ›Zur Lage heutiger Kunst‹ (1932). In: Wulf Andreas Herzogenrath. *Oskar Schlemmers Wandgestaltungen*. A. a. O. S. 180.

7   Vgl. Wolf Tegethoff. *Die Villen und Landhausprojekte von Mies van der Rohe*. Krefeld, Essen, 1981.
8   Georg Kolbe. ›Neues Bauen gegen Plastik?‹ (Umfrage Werner Hegemanns). In: *Wasmuths Monatshefte für Baukunst und Städtebau*. Heft 8, 1932. S. 381. Zit. nach: Bettina Güldner, Wolfgang Schuster. *Skulptur und Macht*. A. a. O. S. 37.
9   Walter Gropius. *Programm des Staatlichen Bauhauses in Weimar*. Weimar, 1919.
10   Albert Speer (Hrsg.). *Neue deutsche Baukunst*. Berlin, 1941. S. 7, 14. Vgl. Adolf Hitler. ›Rede zur Eröffnung der Zweiten deutschen Architektur- und Kunsthandwerkausstellung‹. In: *Völkischer Beobachter*. 11. 12. 1938.
11   Walter Gropius. Redeentwurf, um 1919. Ms. im Bauhaus-Archiv, Berlin.
12   Gerdy Troost (Hrsg.). *Das Bauen im Neuen Reich*. Bayreuth, 1939. S. 151.

Esperanto oder Dialekt

Internationalität im modernen Bauen

Die großen Kunstäußerungen des Westens waren immer beides: national und übernational. Die Gotik ist im nachhinein als vaterländisches Gut der Franzosen, Deutschen oder Engländer in Anspruch genommen worden, aber sie war ein europäisches Ereignis, so sehr sie in jedem Lande ihre Sonderarten hervorbrachte. Renaissance, Barock und Klassizismus haben zwischen Blois und Blenheim, Paris und Petersburg, Vicenza und Versailles zu den unterschiedlichsten Ausprägungen gefunden, aber sie beriefen sich allesamt auf die Antike als verpflichtendes Erbe. Das 19. Jahrhundert schließlich war ein Zeitalter nationaler Großmachtpolitik, aber es war trotz aller Chauvinismen durch seine gemeinsame Begeisterung fürs Exotische, seine archäologischen Entdeckungen, seinen belesenen Historismus geeint. Trotzdem gewann der Begriff der Internationalität mit dem Entstehen der modernen Architektur eine Aktualität, die er zuvor nicht besessen hatte.

Für diese Entwicklung gibt es Gründe unterschiedlicher Art. Zum einen fühlte sich die Avantgarde dem Geist moderner Technik verbunden, und dieser Geist wehte, wo er wollte. »Die Künstler warfen die vereinsamenden Schranken um und begannen in die Werkwelt einzubrechen«, schrieb Walter Gropius im Jahre 1924,[1] ein Jahr bevor er seiner Beispielsammlung modernen Bauens den Titel ›Internationale Architektur‹ gab. Technische Erfindungen, wie sie mit der Entwicklung des Stahl- und Stahlbetonbaus, mit der Rationalisierung der Baustelle und den ersten Versuchen präfabrizierten Bauens auch für den architektonischen Entwurfsprozeß entscheidend geworden waren, übersprangen die Zollschranken. Die Arbeiter am technischen Werk konnten sich ungeachtet der nationalen Konkurrenzkämpfe, die sich die Volkswirtschaften lieferten, als Gefährten auf dem gleichen Weg betrachten. Maximierung der Leistung bei Minimierung des Aufwandes, das Ziel aller technischen Entwicklungen, ließ sich auch auf die

Erich Mendelsohn und Serge Chermayeff, *De La Warr Pavilion* in Bexhill-on-Sea, 1934-35. Treppenhaus. »Internationalität ist ein Vorzug unserer Epoche« (Hannes Meyer) und ermöglichte den Emigranten, in den Gastländern Fuß zu fassen. Das Kurhaus, benannt nach dem Bürgermeister des Seebades an der britischen Kanalküste, war Mendelsohns erster größerer Bau in Großbritannien.

Praxis und die Ästhetik des Bauens übertragen. Der Dienst an diesem Ideal erweckte bei Technikern und Architekten, die sich moderner Technik verbunden fühlten, ein Gefühl der Gemeinsamkeit. »Dem internationalen Zuge der Technik und Wirtschaft als den auftraggebenden Mächten folgt notwendig auch die künstlerische Architektur«, heißt es in einem zeitgenössischen Aufsatz mit dem bezeichnenden Titel ›Neue Baukunst als Ausdruck neuer Zeit‹. Walter Gropius stellte eine »durch Weltverkehr und Welttechnik bedingte Einheitlichkeit des modernen Baugepräges über die natürlichen Grenzen« hinaus fest, und Hannes Meyer, sein Nachfolger im Direktorat des Bauhauses, resümierte: »Die konstruktive Form kennt kein Vaterland; sie ist zwischenstaatlich und Ausdruck internationaler Baugesinnung. Internationalität ist ein Vorzug unserer Epoche.«[2]

Weltverkehr und Weltwirtschaft waren in den zwanziger Jahren Stichworte, die im besiegten Nachkriegsdeutschland einen positiven Klang hatten. Sie signalisierten die Wiederaufnahme in die Völkergemeinschaft und verhießen dank neu geknüpfter Handelsbeziehungen wirtschaftliche Genesung. Nicht nur die privaten Bauherren des kosmopolitischen Großbürgertums, der Finanz- und Kulturelite, nicht nur Wohnungsbaugesellschaften, die den Siedlungsbau für eine international organisierte Arbeiterschaft auf ihre Fahnen geschrieben hatten, engagierten sich für die Moderne, sondern auch kommerzielle Institutionen wie Warenhaus- und Pressekonzerne. Sie waren auf weltweite Kommunikation angewiesen und suchten ihre internationalen Verpflichtungen in der Form ihrer Bauten zu zeigen. Radio und Funkspruch, Oceanliner und Luftschiff verknüpften die Kontinente miteinander, und die Avantgarde identifizierte sich freudig mit solchem Kosmopolitentum. »De 8«, verkündete das Manifest der holländischen Avantgardegruppe, »ist idealistisch in ihrem Glauben an eine internationale kulturelle Kooperation.«

Das Stichwort Kooperation deutet auf ein weiteres Motiv des Architektur-Internationalismus, auf das Erlebnis weltbürgerlicher Solidarität, das der mörderische Erste Weltkrieg aktualisiert hatte. Zu einem alle Grenzen überschreitenden Pazifismus bekannten sich viele große Architekten der Moderne. Henry van de Velde, der als in Deutschland lebender Belgier die Folgen eines engstirnigen Chauvinismus zu spüren bekommen hatte und nach dem Kriege umgekehrt den Anfeindungen seiner Landsleute wegen seiner Tätigkeit in Deutschland ausgesetzt war, gehörte zu den Internationalisten ebenso wie sein zeitweiliger Gegenspieler Hendrik Petrus Berlage, der als Fürsprecher »des ökonomischen Gleichheitsprinzips aller Menschen«[3] während der Kriegsjahre ein »Pantheon der Menschheit« entwarf. In den Berli-

ner Künstlerkreisen um ›Novembergruppe‹ und ›Arbeitsrat für Kunst‹ war das Bekenntnis zu weltumspannender Menschheitsliebe und harmonischer Menschengemeinschaft ohnehin selbstverständlich und führte bald nach 1918 zu intensiven Kontakten mit russischen, holländischen und französischen Gesinnungsfreunden. »Das Vaterland zerfällt. Wir lernen Esperanto. Wir werden Weltbürger« (Hannes Meyer).[4] Die progressiven Architekten nahmen diese »neue Welt« in rationalen, auf das Allgemeingültige zielenden Arbeitsprinzipien vorweg. In gemeinsamen Ausstellungen, Publikationen und vor allem in der 1928 gegründeten Vereinigung CIAM, den Congrès Internationaux d'Architecture Moderne, gaben sie dem Gleichklang der Meinungen eine organisatorische Basis.

Internationalität wurde mit solcher Selbstverständlichkeit praktiziert, daß Philip Johnson und Henry-Russell Hitchcock bei ihrer berühmten Ausstellung ›The International Style‹ im New Yorker Museum of Modern Art 1932 und in der sie begleitenden Publikation zwar ausführlich argumentierten, warum sie das Tabuwort »Stil« wieder benutzten. Aber den anderen Teil ihrer Begriffsprägung, »International«, zu begründen, hielten sie nicht mehr für notwendig. Für sie war selbstverständlich, daß »Stil« sich auf die vitalen Kuläußerungen aller Nationen und Kontinente zu erstrecken habe. Wenn sie den internationalen Stil in Parallele zu Ägypten, China, der griechischen Antike und zu »unseren eigenen Ahnen im Mittelalter« setzten,[5] fiel ihnen offenbar nicht auf, daß die alten Stilbegriffe jeweils nur innerhalb bestimmter Kulturkreise gültig gewesen waren. Der neue Stil wurde wie selbstverständlich für die gesamte zeitgenössische Welt in Anspruch genommen.

In Europa, wo die Avantgarde ein gutes Jahrzehnt lang skeptisch stimmende Erfahrungen hatte sammeln können, war den Modernen zu dieser Zeit schon der Optimismus der ersten Stunde abhanden gekommen. Enttäuschungen über die Ergebnisse der eigenen Arbeit zwangen dazu, allzu rigorose Positionen zurückzunehmen. Die Ausbreitung der modernen Architektur, die doch mit soviel Energie betrieben worden war, begann ihre Nachteile zu erweisen: »Das Schlimmste war dies:

Das ›neue Bauen‹ wurde in vielen Ländern Mode! Nachahmung, Snobismus und Mittelmäßigkeit verfälschten die tiefen und weitgreifenden Absichten der Erneuerung, die auf Wahrhaftigkeit und Vereinfachung gegründet waren«, erkannte Gropius.[6] Vor allem aber sahen sich die Modernen in der Auseinandersetzung mit den Konservativen, die seit dem Ende der zwanziger Jahre an Schärfe zunahm, genötigt, ihre Argumente zu differenzieren.

Anfangs hatten die Avantgardisten die neue Architektur mit dem Hinweis auf ihre internationale Gültigkeit und auf das einheitliche Weltbild, das ihr in allen Kulturländern zugrunde lag, zu stützen versucht. Nun kehrte sich das Argument gegen sie. »Die Propagierung eines ›stil international‹ ist eine Gefahr für die Kulturarbeit des deutschen Volkes«, hieß es jetzt.[7] Tradition stand gegen das Kosmopolitentum, die Seele gegen die Rationalität, die Individualität gegen die Gleichmacherei, die Bodenständigkeit gegen die Industrialisierung und schließlich die Rasse gegen »nebelhaftes Weltverbrüderungsgefühl« (Karl Willy Straub).[8] Paul Schultze-Naumburg spielte besonders routiniert auf dieser Klaviatur der Gefühle und polemisierte gegen jene »Architektengruppe, die auf eine planmäßige Loslösung des Bauens von allem Volkstum hinarbeitet«.[9] Hämische Vergleiche zwischen den weißen Kuben und Quadern der neuen Architektur und denen des orientalischen Bauens gingen in das Standardrepertoire konservativer Architekturkritik ein.

Unter dem Eindruck dieses polemischen Trommelfeuers suchte die andere Seite darzulegen, daß die Moderne sehr wohl in der Lage war, feinere Unterscheidungen zu treffen. Sie empfahl die Verwendung ortsüblicher Baustoffe und die Rücksichtnahme auf Klima, landesübliche Lebensgewohnheiten und soziale Strukturen. Diese Argumentation hatte den Vorzug, die Formel des Funktionalismus zu erweitern, ohne sie aufgeben zu müssen. Erst jener Funktionalismus, der über die Determination durch Zweck und Konstruktion hinausging, war der wahre. Sigfried Giedion bemühte sich schon 1928 in seinem Buch ›Bauen in Frankreich‹, eine Synthese zwischen internationalem und nationalem Bauen herzustellen. Jedes Land spiele innerhalb der internationalen Bewegung seine vorbestimmte Rolle. »Daraus entwickelt sich ganz selbstverständlich eine befruchtende Varietät der Typen auf gemeinsamer Grundlage.«[10] Ein Jahr später faßte Bruno Taut diese Hoffnung in die schöne Formulierung: »Die Erde soll reicher werden; denn in den Bauten, aus den Bauten spricht ihr Geist.«[11] Tatsächlich reflektierte die moderne Architektur in den dreißiger Jahren außerhalb Deutschlands zumindest ansatzweise solche Überzeugungen. Probleme des Regionalismus, der Repräsentation und des differenzierteren gesellschaftlichen Ausdrucks wurden hier und da aufgegriffen. Importbeschränkungen in vielen

Hendrik Petrus Berlage, *Entwurf für ein Pantheon der Menschheit*, 1915. Graphitzeichnung von D. Roosenburg. Nederlands Documentatiecentrum voor de Bouwkunst, Amsterdam. – Mitten im Ersten Weltkrieg entworfen, sollte dieses Architekturdenkmal ein von acht Pfeilern umstandener oktogonaler Kuppelbau sein. »Dieses Pantheon habe ich mir gedacht nach dem Krieg mitten in Europa auf einem Hügel gebaut, der die Ebene übersieht« (Hendrik Petrus Berlage).

Staaten und die durch Aufrüstung bedingte Stahlknappheit trugen zu einer Besinnung auf örtliche Ressourcen bei.

Besonders riskant nahmen sich im polemischen Zusammenhang der frühen dreißiger Jahre die Versuche Walter Gropius' und Hugo Härings aus, nach 1933 den NS-Machthabern die moderne Architektur als die wahre deutsche Baukunst nahezulegen. »Wir können es nun heute eindeutig nachweisen, daß das ›neue bauen‹ in der hauptsache deutsches geistesgut ist«, schrieb Gropius 1934 an den damaligen Präsidenten des Bundes Deutscher Architekten, Carl Christoph Lörcher – und handelte sich von seinem Adressaten den Vorwurf ein, sich noch immer der Schreibweise seines eigenen Volkes, nämlich der Großschreibung der Substantive, zu verschließen. Häring seinerseits griff bei diesem verzweifelten Rechtfertigungsversuch auf die Polemik zurück, die er schon in den zwanziger Jahren gegen Le Corbusier geführt hatte. Das »neue bauen«, wie Häring es verstand, war ein Ausdruck des nordischen Kulturkreises und seiner Wendung zur »organhaften Baukunst« im Gegensatz zum lateinischen Formwillen der »architecture moderne«.[12]

Die politische Entwicklung nach 1933 schloß in Deutschland alle Selbstkorrekturen der Moderne aus, wie sie bis zu einem gewissen Grade in Skandinavien, in der Schweiz oder in Südamerika stattfanden. Daß die NS-Machthaber in ihren Staats- und Parteibauten selber einem Internationalismus der Säulenreihen, der Symmetrie und Aufmarschachsen und der kolossalen Größenordnungen huldigten, der in faschistischen wie kommunistischen wie kapitalistisch-demokratischen Staaten gepflegt wurde, scheint sich ihnen nicht als Problem gestellt zu haben. Zumindest die großen internationalen Ausstellungen der dreißiger Jahre, vor allem die Weltausstellung 1937 in Paris, hätten ihnen deutlich machen müssen, daß der deutsche Neuklassizismus kein Exklusiverzeugnis »edelster germanischer Tektonik« (Adolf Hitler) war.

Es nimmt sich wie eine Wiederholung der Geschichte aus, wenn nach dem Zweiten Weltkrieg der Begriff der Internationalität eine abermalige Aufwertung und, in entsprechender Frist, eine erneute Abwertung erfuhr. Als sei die Dialektik von Nationalität und Internationalität noch nicht genügend eingeübt, veranstaltete die Architekturgeschichte einen zweiten Durchlauf dieser Ausein-

Weltausstellung in Paris, 1937. Ausstellungsgelände nördlich der Seine. – Auf der Pariser Weltausstellung trafen sich die neuen Klassizisten aller Länder: Links der Pavillon der UdSSR von Boris Michailowitsch Iofan, rechts das Deutsche Haus von Albert Speer, im Hintergrund das Palais de Chaillot von Jacques Carlu, Louis-Hyppolite Boileau und Léon Azéma.

andersetzungen. Wieder kam das Bekenntnis zur Internationalität vorerst zögernd zustande. Die materiellen Voraussetzungen der im Ausland zu Ruhm und Ehren gekommenen Moderne waren im zerstörten Nachkriegsdeutschland jahrelang nicht gegeben. Weder verfügten die Bauherren über ausreichendes Kapital noch waren auf dem Baumarkt jene Materialien greifbar, mit denen sich die schlanken Gliederbauten des Internationalen Stils realisieren ließen.

Aber die Prämissen für eine rasche Verarbeitung der internationalen Konvention waren auch nicht von den beteiligten Personen her gegeben. In den Büros und in den Stadtbauämtern saßen jene Architekten, die im Dritten Reich bei unterschiedlicher Kompromißbereitschaft mit dem Regime überdauert hatten. Ihre Neigungen gingen überwiegend in Richtung eines traditionalistischen Bauens, das unterhalb der Ebene der Partei- und Staatsbauten im Dritten Reich einen großen Sektor des Bauwesens bestimmt hatte und über die dreißiger bis in die zwanziger und zehner Jahre dieses Jahrhunderts zurückreichte. Nach wie vor wurden in diesen Kreisen »gesunder Konservatismus« und »bodenständige Bauweise« gefordert, wurde Internationalismus mit »Modeströmungen« gleichgesetzt.[13]

Wenn hier Vorbilder akzeptiert wurden, so waren es eher die eines wohltemperierten Empirismus, wie er in Skandinavien und teilweise auch in der Schweiz zu finden war.

Es bedurfte des wirtschaftlichen Aufstiegs, des allmählichen Nachrückens einer jüngeren Architektengeneration, aber auch der Bemühungen der amerikanischen Besatzungsmacht, um die internationale Einheitsfront herzustellen. Daß die Importe zum guten Teil Re-Importe waren, Entwicklungen, die vom Werk und der Lehre emigrierter deutscher Architekten beeinflußt waren, machte es leichter, die Nachhol-Lektionen zu lernen: Es konnte der nationalen Eigenliebe schmeicheln. Walter Gropius, Mies van der Rohe, Richard Neutra gaben Gastspiele und erhielten Wiedergutmachungsaufträge, von denen allerdings nur die wenigsten realisiert wurden. Die Architektur der US-Konsulate und der Amerikahäuser demonstrierten den technologischen und ästhetischen Standard, den die Moderne jenseits des Atlantik erreicht

Helmut Hentrich und Hubert Petschnigg, *Verwaltungshochhaus Phoenix-Rheinrohr* (heute Thyssen) in Düsseldorf, 1955-1960.

hatte. Die USA wurden zu einem bevorzugten Reiseziel deutscher Architektengruppen.

Der Internationalismus der fünfziger Jahre war ein Amerikanismus. Als der Entwurf des Düsseldorfer Dreischeibenhauses von Hentrich & Petschnigg (1957-1960) Gordon Bunshaft, dem Chefdesigner von Skidmore, Owings and Merrill, vorgelegt wurde und dessen rückhaltlose Billigung erfuhr, nahm sich dieser Akt nicht nur in der Firmengeschichte von Hentrich & Petschnigg wie ein Ritterschlag für die deutsche Nachkriegsarchitektur aus. Nicht anders wurde das freundliche Echo registriert, das den deutschen Pavillons von Egon Eiermann und Sep Ruf 1958 auf der Weltausstellung in Brüssel zuteil wurde. Man fühlte sich wieder akzeptiert, politisch, ökonomisch und nun auch in der architektonischen Repräsentanz, suchte mitzuhalten, ohne durch Masse, Größe oder auftrumpfenden Avantgardismus die anderen zu überbieten. »Auch Baugesinnungen machen nicht halt an den Grenzen eines Staates«, stellte der damalige Bundespräsident Theodor Heuss, selbst ein Architekturkritiker von Graden, fest und fügte

›Internationaler
Regionalismus‹:
A. Bonnema, *Wohnquartier
Vier Vierkanten* in
De Hoorn bei Alkmaar,
1976-79.
72 Holzhäuser an einem
zur Bucht geweiteten
Kanal.

›Internationaler
Regionalimus‹:
Erik Asmussen, *Robygge-
huset* in Järna (Schweden),
1977-78.
Gemeinschaftshaus im
Park eines Rudolf-Stei-
ner-Seminars, nach skan-
dinavischer Tradition farbig (hellblau) gestrichen.

die Hoffnung hinzu: »Aber es wäre schön, wenn
... etwas von der deutschen Melodie in der Welten-
symphonie des neuen Bauens spürbar würde.«[14]

An den Geschicken der internationalen Szene
hat die deutsche Architektur seitdem getreulich
teilgenommen. Bei jenen Institutionen, die weltweite Interessenverflechtungen, Repräsentanz und
Leistungsfähigkeit zu demonstrieren suchten,
blieb das internationale Repertoire von Skelettbau
und Vorhangfassade in möglichst perfektem tech-
nologischem Styling bis heute verbindlich. Daß
die unterschiedslose Bearbeitung architektoni-

scher Aufgaben über die Kontinente hinweg zu
unzulässigen Vereinfachungen führte, ist stets be-
klagt worden, in den siebziger Jahren mit mehr
Nachdruck als in den Sechzigern. Als Gegenpol
zum Begriff »International« löste jetzt der Begriff
»Regionalismus« den des »Nationalstils« ab. Er
entsprach genauer der Einsicht, daß Architekten
sich auf die Bedingungen des Ortes und die lokalen
Kulturen einzulassen hätten, als es die Modernen
bis dahin für nötig befanden. Aber auch die Forderung nach regionalem Bauen ist international ab-
gesegnet und führt bisweilen zu ähnlichen Ergeb-

nissen, obwohl deren Urheber ganz unterschiedliche Traditionen für sich beanspruchen. Charles
Moores Sea Ranch an der kalifornischen Westküste
Amerikas steht der Holzbausiedlung im holländischen Alkmaar näher als die vielen tausend Kilometer Distanz vermuten lassen sollten.

Mit der Internationalität des Bauens werden wir
zu leben haben, auch wenn sich der Internationalismus als Stil verabschieden sollte und niemand
mehr (wie Gropius) die »für alle Länder überein-
stimmenden Gesichtszüge« als »Zeichen von zu-
kunftsweisender Bedeutung und Vorboten eines
allgemeinen Gestaltungswillens von grundlegend
neuer Art« deuten wird.[15] Aber die Kommunika-
tionswege der Architektur sind zu gut ausgebaut,
als daß ein Zusammenbruch des weltweiten In-
formationssystems, des Publikationsmarkts, des
Kongreßtourismus, der internationalen Vortrags-
zyklen und Wettbewerbskonkurrenzen zu erwarten ist. Er wäre auch nicht wünschenswert. Erfahrungen in der Bewältigung akuter werdender
Weltprobleme, zu denen auch die des Bauens gehören, werden gebraucht, wo immer sie gemacht
werden. Denn ein Regionalismus, der nicht zugleich über seine eigenen Begrenzungen blickt,
könnte auch eine Fragmentarisierung von Wissen
bedeuten, das schon vorliegt. Daß andererseits die
an anderem Ort gemachten Erfahrungen nicht zu
gedankenlosen Übernahmen und Anwendungen
führen, wird eine beständige Sorge bleiben müssen. Zu lange triumphierte in der Architektur dieses Jahrhunderts das Abstrakte und Allgemeine
über das Konkrete und Besondere. Von einem
dialektischen Spiel zwischen Internationalität und
Regionalismus ist mehr zu erwarten als vom blin-
den Sieg einer der beiden Parteien.

Anmerkungen

1 Walter Gropius. ›Der Baugeist der neuen Volksgemeinde‹.
In: *Die Glocke*. Heft 10, Jg. 10, 5.6.1924. S.311.
2 Karl G. Bensel. ›Neue Baukunst als Ausdruck neuer Zeit‹.
In: *Die Baugilde*. Jg.1927. S.1168. – Walter Gropius, *Internationale
Architektur*. München, 1925. S.7. – Hannes Meyer. ›Die neue
Welt‹ (1926). Zit. nach: Claude Schnaidt. *Hannes Meyer*. Teufen,
1965. S.92.
3 H.P. Berlage. *Grundlagen und Entwicklung der Architektur*.
Rotterdam, 1908. S.115.
4 Hannes Meyer. *Die neue Welt*. A.a.O. S.90.
5 Henry-Russell Hitchcock, Philip Johnson. *The International
Style. Architecture since 1922*. New York, 1932. Zit. nach: New
York, 1966. S.95.
6 Walter Gropius. Zit. nach: Juan Pablo Bonta. *Über Interpretation von Architektur*. Berlin, 1982. S.53.
7 J. Wienkoop. Leserzuschrift in: *Deutsche Bauzeitung*. Jg.1926.
S.720.
8 Karl Willy Straub. *Die Architektur im Dritten Reich*. Stuttgart,
1932. S.40.
9 Paul Schultze-Naumburg. *Kunst aus Blut und Boden*. Leipzig,
1934. S.43.
10 Sigfried Giedion. *Bauen in Frankreich*. Leipzig, 1928. S.68.
11 Bruno Taut. *Die neue Baukunst*. Stuttgart, 1929. S.67.
12 Walter Gropius an Carl Christoph Lörcher, 20.2.1934. Carl
Christoph Lörcher an Walter Gropius, 28.2.1934. Bauhaus-Archiv, Berlin. – Hugo Häring. ›Zur Wiedererweckung einer deutschen Baukultur‹. Ms. im Bauhaus-Archiv, Berlin.
13 H. Strobel. ›Internationales und regionales Bauen‹. In: *Der
Baumeister*. Jg. 50/5, 1953. S.377. Vgl. Joachim Petsch. ›Zum
Problem der Kontinuität nationalsozialistischer Architektur in
den fünfziger Jahren am Beispiel der Zeitschrift ›Baumeister‹.‹
In: *Die Dekoration der Gewalt*. Gießen, 1979. S.231ff. – Werner
Durth. *Deutsche Architekten. Biographische Verflechtungen*. 1900-
1970. Braunschweig, Wiesbaden, 1986.
14 Theodor Heuss. In: *Planen und Bauen im neuen Deutschland*.
Köln, Opladen, 1960. unpag.
15 Walter Gropius. *Internationale Architektur*. München, 1925.
S.5.

Retter in der Not

Der National Trust, eine britische Institution

Unter den Herrenhäusern von Cambridgeshire ist Wimpole Hall das eindrucksvollste. In der flachbewegten Landschaft des englischen Südostens übt das Haus, ein Schloß nach unserem Sprachgebrauch, über die Felder, Wiesen und Gehölze der Umgebung eine diskrete Herrschaft aus. Sein Ziegelsteingemäuer wird von hellen Bändern aus Haustein eingefaßt, die Mittelpartie bekrönt ein Dreiecksgiebel. Vasen und Gottheiten zieren die Balustraden. Englische Architektenprominenz des 17. und 18. Jahrhunderts hatte ihre Hand im Spiel. Der Bauherr, ein exzentrischer Londoner Kaufmann, war mit dem großen Christopher Wren befreundet. Dessen Schüler, der Londoner Kirchenbaumeister James Gibbs, wurde mit Erweiterungen beauftragt. Sir John Soane arbeitete ein paar Jahrzehnte später ins vorhandene Gehäuse einen Kuppelsaal ein, damit ein angemessener Empfangsraum für Bälle, Konzerte, Scharaden und andere ländliche Vergnügungen entstand. Es ist die Art von Architektur, die wir Kontinentalen als unverwechselbar britisch empfinden, zurückhaltend, vornehm, diszipliniert, repräsentativ, aber zugleich auch wohnlich.

Wimpole Hall hat viele Herren gesehen. Zumeist entstammten sie geadelten Kaufmannsfamilien. Letzte Eigentümerin war Elsie Bambridge, die einzige überlebende Tochter des Schriftstellers Rudyard Kipling. Heute zeigt ein Schild mit Eicheln und Eichenblättern an, wer hier das Sagen hat, der National Trust. Mrs. Bambridge hat ihm Haus und Park vermacht, dazu verpachtbares Ackerland und die Nutzungsrechte an den Werken ihres Vaters, deren Copyright inzwischen allerdings ausgelaufen ist. Jetzt residiert hier als Statthalter des Trust Verwalter Michael Candler mit Familie. Er bewohnt nicht die Staatsräume, sondern ehemalige Dienstbotenzimmer, die über labyrinthische Korridore und Stiegen zu erreichen sind.

Wimpole Hall stellt seinen neuen Herren Aufgaben. Das Haus war zwar vergleichsweise gut in Schuß, als der Trust es übernahm. Am Park dagegen ist viel zu tun. Wimpole besaß einen klassisch-strengen Garten mit langen Alleen, Wasserbassins und Gräben, Bosketts und Bastionen, der im Laufe des 18. Jahrhunderts zu einem englischen Landschaftsgarten umgestaltet wurde, komplett mit chinesischer Brücke und neogotischer Pseudoruine. Das alte Muster der früheren Anlage schlägt wie in einem Palimpsest durch die späteren Schöpfungen von Capability Brown und Humphrey Repton durch.

Die große Allee des alten formalen Gartensystems, die fünf Kilometer lange Auffahrt von Süden, an der sich die amerikanischen Flugzeugpiloten während des Zweiten Weltkrieges orientiert haben sollen, erlag vor wenigen Jahren der Ulmenkrankheit. Zur Zeit sind Gärtner, Helfer des Trust und freiwillige Jugendgruppen dabei, statt dessen Linden zu pflanzen. Auf dem Gutshof von Wimpole Hall, der gegen Ende des 18. Jahrhunderts einer der fortschrittlichsten landwirtschaftlichen Betriebe des Landes war und dessen Scheune Sir John Soane höchstpersönlich entwarf, wurde nicht nur ein Museum für allerlei landwirtschaftliches Gerät eingerichtet. Denkmalpflege erstreckt sich auch auf die Fauna. Seltene Rindersorten werden hier gezüchtet, die British Whites und die Longhorns mit ihren ausladenden Hörnern, wie sie ähnlich schon die römischen Besatzer auf der Insel Britannia gesehen haben.

Wimpole Hall ist eine der rund 300 historischen Stätten, die der Trust dem Publikum zugänglich gemacht hat. Diese gemeinnützige, private Institution – ›National Trust for Places of Historic Interest or National Beauty‹, wie ihr vollständiger Titel lautet – ist ein englisches Phänomen. Sie ist Eigentümer von Bergen und Mooren, von Küsten und Wäldern, von Gärten und Seen, von Wasserfällen

Wimpole Hall (Cambridgeshire), 17./18. Jh. – Nach dem Tod der letzten Eigentümerin ging das Haus, der größte Herrensitz in Cambridgeshire, 1976 in das Eigentum des National Trust über.

und Kanälen, von Dünen und Inseln. Ihr gehören Schlösser, Abteien und große Herrenhäuser. Manchmal enthalten sie weltberühmte Kunstsammlungen wie die von Petworth House in Sussex mit ihren Van Dycks und Turners, mit Hieronymus Bosch und Rogier van der Weyden.

Aber das Schild mit dem Eichenlaub hängt auch an Kapellen und Gerichtshöfen, an Mühlen und Markthallen, an Taubenhäusern und Postämtern, an historischen Scheunen und Brücken. Das Haus, in dem der romantische Lyriker William Wordsworth geboren wurde, ist im Besitz des Trust und die reetgedeckte Bauernhütte, die der Urgroßvater des viktorianischen Erzählers Thomas Hardy errichtet hat. In England zu reisen, erinnert an das Märchen von König Drosselbart: Wo immer man unterwegs ist, ein- und derselbe Name steht auf allem, was schön, denkwürdig und erhaltenswert ist. Der National Trust ist der größte private Eigentümer des Landes, der drittgrößte überhaupt nach Krone und Staat.

Dabei betreibt der Trust keine Erwerbspolitik um jeden Preis. Seine Aufsichtsgremien verhalten sich zögernd, wenn ihnen die Übernahme weiterer Besitztümer angetragen wird. Angus Stirling, Generaldirektor der Stiftung, betrachtet den Trust als »Sicherheitsnetz, als letzte Rettungsmöglichkeit«. Entscheidungen, ob der Trust eingreifen kann und

soll, werden sorgfältig geprüft. Der Trust besteht darauf, daß es sich um Gebäude von nationaler Bedeutung handelt, die anders nicht erhalten werden können. Das Angebot ihrer Stiftung allein reicht nicht aus. Renovierung und künftige Bewirtschaftung müssen finanziell abgesichert sein. Entweder gewähren die Stifter weitere Zuwendungen an Kapital oder Grund und Boden, oder es müssen andere Quellen aufgetan werden, Zuschüsse der Grafschaften oder Mittel aus dem National Heritage Fund und anderen ähnlichen Quellen. Sponsoren sind willkommen.

Den National Trust gibt es seit dem Jahre 1895. Gegründet wurde er von der engagierten Sozialreformerin Octavia Hill, dem Rechtsanwalt Robert Hunter und dem Kanonikus Hardwicke Rawnsley, einem Geistlichen, der sich die Erhaltung des Lake District zur Lebensaufgabe gemacht hatte. Diese drei Bürger zogen die praktische Konsequenz aus den in der englischen Reformbewegung verbreiteten Bemühungen, Kunststätten und Naturschönheiten vor den zerstörerischen Folgen der Industrialisierung zu retten. Zwölf Jahre nach seiner Gründung erhielt der Trust durch ein Parlamentsgesetz das Recht, sein Eigentum für unveräußerlich zu erklären. Unveräußerlich ist fast alles, was er heute besitzt. Es kann zwar verpachtet oder vermietet, nicht aber verkauft oder mit Hypothe-

Stourhead (Wiltshire), begonnen 1740. – Mit Stourhead hat der National Trust die Verantwortung für eine der bedeutendsten englischen Gartenschöpfungen übernommen.

ken belastet werden – ein Grund mehr für die gewissenhafte Prüfung, die der Trust sich auferlegt, bevor er die Verantwortung für ihm angetragenes Gut übernimmt. Was in seine Hände gelangt, bleibt in seinen Händen.

Daß dem Trust mehr Anträge gemacht werden, als er akzeptieren kann, hängt mit dem englischen Erb- und Steuerrecht zusammen. Die Übergabe ererbten Besitzes an eine gemeinnützige Stiftung befreit die oftmals hochbelasteten Erben von der Erbschaftssteuer. Zudem wird ihnen und ihren unmittelbaren Nachkommen ein kostenloses Wohnrecht in ihrem früheren Besitztum eingeräumt, das bei den späteren Generationen in Mietverträge überführt werden kann. Dem Trust liegt daran, daß die Häuser weiterhin bewohnt und gepflegt und nicht zu sterilen Museen werden. Allerdings müssen die Besitzer sich verpflichten, ihre Domizile zu bestimmten Zeiten der Öffentlichkeit zugänglich zu machen.

Der National Trust beschränkt sich nicht auf den Erwerb und die Pflege einzelner Kultur- oder Naturdenkmäler. Zugunsten ganzer Stadt- oder Landschaftsbilder betreibt er eine Politik der Vorbeugung und Abschreckung wie in der Kur- und Badestadt Bath, einer der reizvollsten und eigenartigsten städtebaulichen Schöpfungen des georgianischen England. Bath ist umgeben von grünen Höhenzügen. Um diese Silhouette zu retten, hat der Trust sich eine Reihe strategisch wichtiger Grundstücke gesichert und damit auch Konflikte mit Bauunternehmern und Grundstücksspekulanten in Kauf genommen.

Bath ist einer der Fälle, in denen der National Trust sich an die Öffentlichkeit mit Bitten um Spenden wendet. Von solchen Aktionen außerhalb seiner normalen Aktivitäten hat er ein gutes Dutzend gleichzeitig laufen. Die fraglos wichtigste, die schon 1965 auf den Weg gebracht wurde, ist das Unternehmen Neptun, der Versuch, die englischen Meeresküsten vor Bebauung, Entstellung und Zerstörung zu bewahren. Fast achthundert Kilometer Küste hat der Trust bereits an sich gebracht, um sie vor den Begehrlichkeiten des Staates und der kommerziellen Unternehmer, der Ölgesellschaften, der Energiebehörden oder der Militärs zu schützen. Nicht zuletzt gilt es, die Küste vor dem Entwicklungsdruck zu bewahren, den die Freizeitindustrie mit ihren Campingplätzen und Vergnügungsetablissements auf die Meeresufer ausübt. Auch Naturgewalten wie die Sturmkatastrophe von 1987, die eine Viertel Million Bäume in seinen Besitzungen entwurzelte, lassen den Trust die Hilfe der Öffentlichkeit suchen.

Sein Londoner Hauptquartier hat der Trust in Queen Anne's Gate, unweit von Parlament und Whitehall. In dem neubarocken Bürohaus entfalten vergleichsweise wenige Leute große Geschäftigkeit. Nur die zentralen Abteilungen sind hier untergebracht, Verwaltung, Rechtsabteilung, Finanzen, Public Relations. Mit Experten der verschiedensten Restaurierungshandwerke, mit Fachleuten für Graphik, Gemälde, Metallarbeiten, Bücher, Textilien, Teppiche, Steinmetzarbeiten oder Gärten arbeitet man von Fall zu Fall zusammen. Für die Aktivitäten im Lande sind sechzehn regionale Büros verantwortlich, die von ehrenamtlichen Komitees geleitet werden, vor Ort das lokale Wissen sammeln und die örtlichen Interessen beurteilen. Daß die Verwaltungskosten nur sechs Prozent des Gesamtetats ausmachen, ist der Stolz der Leute von Queen Anne's Gate. Es gehört zum Image des Trust, daß er als eine kleine wendige Organisation gilt, keine umständliche Regierungsbehörde, sondern ein privates Unternehmen, bei dem sich listenreiche Köpfe engagieren – David im Kampf gegen die Goliaths. Der kulturelle Auftrag wird nicht nur als gewichtige Bürde genommen, er verträgt sich mit vielen andern Initiativen: den Geschenkläden des Trust, wo man Souvenirs, Krawatten, Gewürzseifen und wilden Honig kaufen kann, dem Versand von Christmas Pudding und Zitronenmarmelade zu Weihnachten, den Coffeeshops und Restaurants, die er betreibt, den Festen und Ausflügen, die er arrangiert.

Ungeachtet der Konflikte über mögliche Strategien, die innerhalb der Gremien und öffentlichen Versammlungen auch des Trust aufbrechen können, ist diese Einrichtung eine jener angelsächsischen Institutionen, die sich der ungeteilten Zuneigung ihrer Mitbürger erfreuen. Mehr als anderthalb Millionen besitzen den Jahresausweis, der für umgerechnet fünfzig Mark den Zugang zu den Häusern und Parks des Trust öffnet. Jeder fünfzigste Engländer, Waliser oder Nordire ist Mitglied, die Schotten haben ihren eigenen Trust. Wer in anderen Ländern diesem Vorbild nacheifern will (wie in der Bundesrepublik die Deutsche Stiftung Denkmalschutz), hat zu berücksichtigen, daß der Erfolg dieser urbritischen Institution auf mindestens drei ebenso britischen Komponenten beruht.

Zum einen ist die neugierige Teilnahme am Leben der oberen Fünftausend, die in den »stately homes« des Trust residierten oder noch residieren, unvermindert lebhaft. Auch aus diesem Grunde schätzt es der Trust, wenn die vormaligen Eigentümer nach wie vor ihre Schlösser bewohnen. Ein anderes Nationalinteresse, auf das der Trust zählen kann, ist die Vorliebe für Gärten und Parks. Man muß die Besucher gehört haben, wie sie kenntnisreich die Vorzüge einer Azaleensorte oder die Farbnuancen einer Hortensienart diskutieren, um die Rolle richtig einzuschätzen, die Bäume und Gewächse im Haushalt des britischen Gemüts spielen. Und drittens besteht in Großbritannien eine außerordentliche Bereitschaft, sich für eine überschaubare Allgemeinheit nützlich zu machen, auch wenn es sich nicht in klingender Münze auszahlt.

In allen dem Publikum geöffneten Häusern des Trust sind die reizenden, strickenden Damen und weißhaarigen Gentlemen anzutreffen, die auf die Räume aufpassen und bereitwillig Auskünfte erteilen. Es sind pensionierte ältere Herrschaften, die ehrenamtlich ein-, zweimal in der Woche kommen, um dem Trust zu helfen. In Wimpole mit seinen 70 000 Besuchern im Jahr rekrutieren sich die fünfzehn Aufsichtspersonen, die täglich gebraucht werden, aus einem Kreis von sechzig Mitarbeitern, die aus Royston oder Cambridge, manchmal bis zu dreißig Kilometer weit, anreisen und unentgeltlich ihren Dienst versehen. Geduldig erklären sie, wie Goldblatt auf Stuck oder Holz aufgelegt wird und warum Mrs. Bambridge, die letzte Eignerin von Wimpole Hall, eine Vorliebe für süddeutsche Möbel hatte.

Der Trust kann auf Unterstützung auch bei jungen Leuten rechnen. Sie kommen an Samstagen oder wochenweise in Jugendlagern, den »Acorn Camps«, zusammen, säubern überwachsene Fußwege, bauen Treppenstufen in steile Hänge oder

Junge Helfer aus einem Acorn Camp des National Trust.

Vater, Mutter und Geschwister nun ihrerseits durchs Haus führen.

Kein Zweifel, der National Trust hat in den letzten Jahren seine Haltung der Öffentlichkeit gegenüber revidiert. Wer so viel von der Allgemeinheit fordert, muß ihr auch viel geben. Die makellose Erhaltung des ihm anvertrauten Erbes ist eine Sache, die Öffnung dem großen Publikum gegenüber eine andere. Es wäre zu einfach, meint Verwalter Michael Candler, wenn man sagte: Ermutigt nicht die Leute herzukommen, erhaltet, bewahrt, was ihr habt, in makellosem Zustand. Der Trust steht unter einem gewissen Konkurrenzdruck durch die Schlösser, die noch im Besitz der großen Familien sind. Viele von ihnen geben dem Publikum, was das Publikum liebt, Ponyreiten und Jahrmarkt, Vergnügungsparks, Freigehege mit exotischen Tieren und was immer die Kassen ihrer Lordschaften füllen kann.

Mancherorts begibt sich auch der Trust aus der vornehmen Reserve. Öffentlichkeitsarbeit und Marketing sind keine unfeinen Begriffe mehr. In Wimpole wird dafür geworben, daß die Leute hier einen »day out« machen, einen Tag draußen für die ganze Familie, mit Besichtigung von Schloß und Park, von Farm und Kinderfarm, mit Dorfmärkten, Wettbewerben für Schäferhunde, Blumenfestivals, Antiquitätenmessen und Konzerten: Volkstänzen in historischen Kostümen wie Bachsonaten im Gelben Saal. Der Trust betreibt seine Rettungsarbeit für die Allgemeinheit. Ihre Unterstützung braucht er. Seine Mitarbeiter sind sich im klaren, daß sie der Gesellschaft nur erhalten können, was die Gesellschaft sich zu eigen macht.

reparieren Zäune und Mauern. Lange Pausen für Kaffee, Tee und Lunch sind eingeplant. Der Spaß an der Sache ist mindestens ebenso wichtig wie die Arbeit, die von den jungen Leuten in den 180 Camps geleistet wird. Es gibt passionierte Acorn Camper, die im Sommer von Lager zu Lager ziehen und nur zwischendurch ein paar Tage einlegen, um zu Hause ihre Wäsche zu waschen. Besuch von Schulklassen wird nachdrücklich gefördert, nicht zuletzt weil es die Mitglieder von morgen sind. Dem pädagogischen Berater des Trust, John Hodgson, macht es besonderes Vergnügen, wenn er beobachtet, wie die Kinder am nächsten Wochenende mit ihren Eltern wiederkommen und

Im Dialog mit der Natur

Frei Otto im Gespräch

PEHNT: Architekten, Herr Otto,[1] befassen sich normalerweise mit Häusern, mit Verwaltungsgebäuden, mit Kirchen, mit Schulen. Sie machen etwas ganz anderes. Sie bauen oder konstruieren und entwickeln Zelte, Seilnetze, Gitterschalen, Tragluft-Architektur, pneumatische Architektur, also von der Luft getragene, gestützte Architektur. Fassen Sie selber sich als Architekt auf, ist das eine Ingenieurstätigkeit, oder sind das Begriffe, die in dieser Trennung für Sie gar nicht relevant sind?

OTTO: Die Begriffe zwischen Architekt und Ingenieur sind für mich nicht relevant. Ich bin natürlich Vollblut-Architekt und lehre an einer Ingenieurfakultät an der Universität Stuttgart. Aber es geht hier wohl doch um ein Gebiet, das direkt in die Architektur gehört. Ich interessiere mich für die Grundlagen der Architektur, und die Architektur hat als Grundlage die Konstruktion. Insbesondere kümmern wir uns um die ältesten Konstruktionen der Menschheit, wie sie von frühesten Zeiten bis auf heute gekommen sind, und stellen immer wieder fest, daß wir sie gar nicht richtig kennen.

PEHNT: Und diese älteste Tradition ist für Sie nicht die monumentale, die – wenn man so sagen will – Schwer-Architektur, es ist Leichtbau-Architektur. Es sind also nicht die Pyramiden, sondern es sind die Zelte, die möglicherweise neben den Pyramiden gestanden haben?

OTTO: So einfach ist es sicher nicht. Der Mensch baut ja schon immer. Das älteste bekannte Haus ist 40 000 Jahre alt, und sicher hat der Mensch, solange es Menschen gibt, Häuser gehabt. Die Anthropologen meinen sogar, vielleicht sind die Häuser noch älter als der Mensch, denn die höheren Primaten hatten auch schon Häuser. Aber es gibt einige Grundstrukturen, einige »Ur-Häuser«. Das ist das Zelt, das ist die Stütz-Balken-Konstruktion aus Baumstämmen und ist dann, vermutlich später kommend, das Gewölbe. Die Pyrami-

Frei Otto
Geb. 1925 in Siegmar (Sachsen). 1957 Gründung der Entwicklungsstätte für den Leichtbau, Berlin. Seit 1964 Professur an der Technischen Universität Stuttgart und Leitung des Instituts für leichte Flächentragwerke. Leichtbaukonstruktionen (Zelte, Seilnetze, Gitterschalen, pneumatische Konstruktionen), Grundlagenforschung.

den und die Monumentalarchitektur sind ja letztlich viel, viel jünger. Sie sind so alt, wie es Architektur und den Beruf des Architekten gibt, eben 4000 bis 5000 Jahre alt.

PEHNT: Sie haben eben die Unterteilung von Architekten-Architektur und Ingenieurskonstruktion als für Sie nicht sehr belangvoll bezeichnet. Wäre für Sie denn ein Kriterium – das Architektur mit der Ingenieurskonstruktion verbindet – der Versuch, mit einem möglichen Minimum an Aufwand, an Materie, an Energieeinsatz bei der Konstruktion ein Maximum an Wirkung herzustellen?

OTTO: Ja, das war schon immer der Trend im Bauwesen. Das heutige Bauingenieurstum ist ja verhältnismäßig jung. Aber es hat natürlich die Wurzeln im alten Baumeistertum, als man diese beiden Berufe noch nicht kannte. Der Trend, mit wenig Aufwand viel zu leisten, geht durch die gesamte Technik, und auch die Bautechnik kennt den Trend. Und meiner Ansicht nach ist dieser Trend richtig. Man kann ja sagen, wenn man mit wenig Aufwand viel leisten kann, kann man bei-

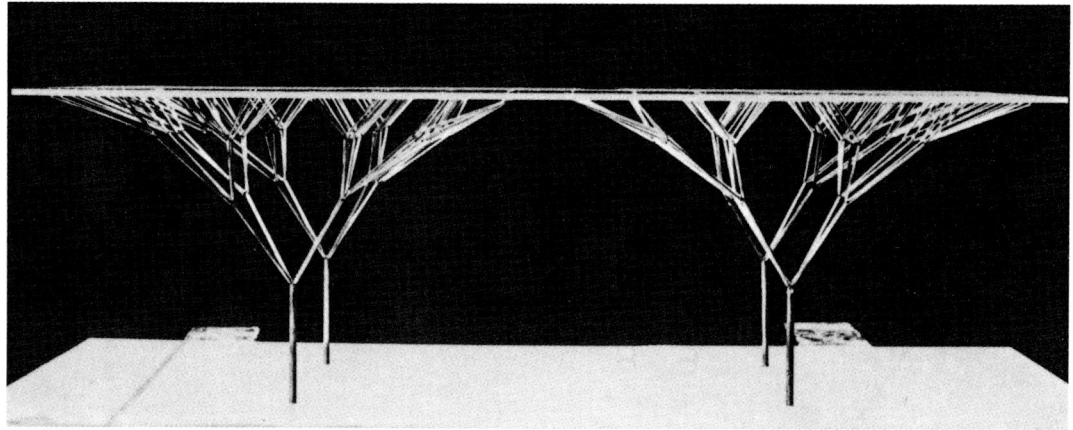

Schaumartige
Verzweigungs-
strukturen.

Modell von Baumstützen
aus Stahlrohr.
Die Kräfte aus der auf-
liegenden Deckenplatte
werden von den nach
oben verzweigten
Stützen harmonisch auf-
genommen.

spielsweise auch für das gleiche Geld für den Menschen – und das Bauen soll ja für den Menschen
sein – mehr leisten. Und das ist eigentlich das
Ziel unserer Arbeit. Wir möchten aber doch sehr
deutlich betonen, daß es nicht nur darauf ankommt, ein technisch perfekteres Produkt zu machen, daß es auch sehr wichtig ist, Objekte zu
haben, die diesem Trend nicht unbedingt folgen.

PEHNT: Also nicht ein Entweder-Oder, sondern
Sowohl-als-auch und Jedes-an-seinem-Platz?

OTTO: Es gibt auch heute nur wenig Bauten, die
ein Beispiel sein können für das, was möglich ist.
So bin ich zum Beispiel der Meinung, daß man bei
den Baukonstruktionen, das sind ja nur immer
einige Prozent heutiger Bauten, 20 bis 30 Prozent,

mindestens 60, vielleicht 80 Prozent an Energie
und Material sparen könnte.

PEHNT: Für die eigene Arbeit, Herr Otto, hat
diese Arbeitsweise Konsequenzen, die Ihre Kollegen vom – sagen wir es mit dem Schlagwort –
Schwerbau eigentlich nicht kennen. Sie schreiten
von Lösung zu Lösung fort mit der Folge, daß
unter Umständen ältere Lösungen, die Sie gefunden haben, heute von Ihnen verworfen werden
müssen. Das ist dann doch die Denkungsweise des
Ingenieurs, des Technikers.

OTTO: Wenn tatsächlich heute eine Lösung gefunden werden kann, die besser ist als die von
gestern, dann wird man nicht zur gestrigen zu-
rückkehren. Aber wenn man an den Grundlagen

Bambuszelte in Holz übertragen: *Tempel des Shinto-Schreins Hiyoshi-Taisha* (auch: *San-no*) bei Otsu in der Umgebung von Kyoto. Nach Zerstörung im 16. Jh. wiederaufgebaut.

arbeitet, dann findet man oft Lösungen aus vergangenen Jahrhunderten, die unseren heutigen wieder entsprechen. So arbeiten wir seit einigen Jahren, praktisch seit 1960, an der Stütze, insbesondere an der verzweigten Stütze, um viele Kräfte von einem Dach oder von einer Geschoßkonstruktion auf wenige Punkte ableiten zu können, damit man darunter Raum schafft für andere Aufgaben, für den Menschen, der sich dort bewegen kann. Auch diese Konstruktion ist noch nicht weit genug erforscht, und immer wieder entdecken wir, daß Baumeister vergangener Epochen auf diesen Gebieten schon sehr viel gewußt haben. Dieses Nachvollziehen, aber gleichzeitig mit neuesten Methoden ab und zu neue Dinge zu entdecken, macht sehr viel Spaß. Deshalb sehen wir unsere Arbeit durchaus in der Historie und zugleich vom Standpunkt der fortschrittlichsten Ingenieurwissenschaften.

PEHNT: Das ist eine Beschäftigung mit der Geschichte, die in einer ganz anderen Weise verläuft als das, was wir in der zeitgenössischen Architektur zur Zeit landauf, landab sehen. Dort herrscht ein zitierender Historismus, während Sie die Lösungen der Geschichte auf mögliche Prinzipien hin befragen, die in ganz anderer Weise heute wieder anwendbar sind.

OTTO: Ich würde Ihnen gerne Beispiele nennen. Zum Beispiel in Fernost ist der japanische, chinesische, indonesische Tempel mit dem geschwungenen Dach sehr weit verbreitet. Es war mein eigener Städtebaulehrer, der lange Zeit in Indonesien gelebt hat, der dort gefunden hat, daß das vermutlich die Urform des Bambusdaches ist. Aber nur dann, wenn der Bambus am Ende verbunden wird. Bambus hält auf Biegung nicht viel, sondern eigentlich nur auf Zug. Er krümmt sich dabei. Und wir entdeckten, daß das eigentlich alles einmal Bambuszelte gewesen waren, die man dann in den letzten fünfhundert Jahren hauptsächlich aus Holz baute, indem man das Holz mühselig in diese gekrümmte Form brachte. Ich war in diesen Ländern und habe sogar noch Bambusdächer dort entdeckt. Für mich ist ganz klar, da ist ein streng konstruktiver Ursprung.

PEHNT: Das wäre also vergleichbar mit der Entstehung des griechischen Tempels, des Steintempels aus der Holzarchitektur, die im Stein ihre Spuren hinterlassen hat.

OTTO: Auch dazu könnte ich etwas sagen. Auch diesen Punkt haben wir versucht zu hinterfragen. Aufgrund unserer Untersuchungen möchte ich neben die Version, daß der griechische Tempel ein Holzbau ist, den die Nordländer dort eingeführt haben, eine ganz andere stellen, nämlich daß diese Säulen Schilfbündel sind, die zusammengetäut wurden. Sie haben genau die richtigen Proportionen, wie Schilfbündel. Schilfarchitektur sowohl für Stützen als auch Gewölbe gibt es im Bereich des Zweistromlandes. Schilf war Hauptbaumaterial; man schneidet es einfach ab, es ist sehr billig. Die Steinsäule bekommt die richtige Form, weil das Schilfbündel haargenau auch die Entasis, die Schwellung des Schaftes zeigt. In sehr frühen Zeiten in Ägypten, da sieht man oben noch Blätter. Bei der dorischen Säule sind sie wieder verschwunden, bei der korinthischen, ja vielleicht auch ionischen, kommen sie wieder, und auch die Kanneluren sind da. Und dann noch etwas anderes. Die Form der Säule stimmt nicht mit der von Holz überein. Wir haben untersucht, welche Säulenform richtig wäre. Ist es die glatte Zylindersäule, ist es der Kegel, ist es die gebauchte Form, gleich welchen Materials? Sicher ist, daß Steinsäulen, wie sie im alten Griechenland bekannt sind, ein Vielfaches dessen tragen könnten, was sie wirklich tragen. Unter vielfach verstehe ich hundertfach oder beinahe tausendfach. Wir haben Untersuchungen angestellt. Diese griechischen Säulen sind überdimensioniert. Sie wären auch nicht in Holz, sondern in Schilf richtig dimensioniert.

PEHNT: Das ist eine These, die Gottfried Semper erfreut haben würde, den Architekten und Theoretiker aus dem 19. Jahrhundert, für den die textile Kunst, das Flechten und das Anfertigen von Matten ein Ausgangspunkt der Architektur, für ihn eigentlich der wichtigste Ausgangspunkt gewesen ist. Herr Otto, es sieht jetzt so aus, als ob Sie vorwiegend historische Forschung betreiben, und das ist gewiß nicht der Fall. Wenn Sie Kontakte zu anderen Disziplinen halten, dann sicherlich noch sehr viel intensiver zu den Naturwissenschaftlern hinüber, zu Botanikern, zu Biologen, zu Zellforschern, zu Biophysikern. Kann man sagen, daß auch in der Natur dieses Prinzip, mit einem Minimum an Aufwand ein Maximum an Leistung zu erreichen, verfolgt wird? In der Genesis doch wohl nicht. Denn die Natur spielt ja sehr viele Möglichkeiten durch, bevor sie sich auf dem Wege der Selektion für bestimmte Möglichkeiten entscheidet, und sie löscht andere Möglichkeiten wieder, die sie im Laufe ihrer Entwicklung schon hat anklingen lassen. Trifft dieses Prinzip der Minimalisierung des Aufwandes auf die Natur zu?

OTTO: Im Prinzip ja, insbesondere in der Auslese. Es hat ja eine sehr, sehr lange Auslese gege-

Pflanzenbündel in Stein übersetzt: Ägyptisches Pflanzenkapitell im Vorhof des *Isis-Tempels von Philae,* 380 v. Chr.-18 n. Chr.

ben, und insofern kann man erwarten, daß jedes Objekt der lebenden Natur ein Produkt eines solchen Ausleseprozesses ist. Man kann dennoch nicht sagen, daß jedes Objekt der lebenden Natur optimal sei. Wenn die Geschichte der Natur weitergehen sollte, dann wird in Jahrmillionen ein kleiner weiterer Schritt getan sein. Bei unseren Untersuchungen der Urformen der Konstruktionen – wir verstehen Konstruktionen als Objekte, die in der Lage sind, Kräfte weiterzuleiten – müssen wir uns natürlich nicht nur die Konstruktionen des Menschen ansehen, sondern wir sehen uns alle an; der nichtlebenden Natur und der lebenden Natur. Letztlich ist ein Baum, wie wir eben sagten, und eine Steinsäule oder eine Säule aus Stahl die gleiche Konstruktion. Es gibt Modellgesetze, die uns sagen, daß der dünne Stachel einer Kieselalge, wenn er ähnlich belastet wird, also in Richtung des Stachels, mit der Säule vergleichbar ist, und wenn er gebogen wird, mit einem Balken. Diese Modellgesetze kennen wir, und mir persönlich ist es ganz egal, ob ein genialer Ingenieur oder ein Objekt der Natur eine wertvolle, optimale Form erzeugt hat.

PEHNT: Nun hat man es sich sicherlich nicht so vorzustellen, daß Sie über das Mikroskop gebeugt dasitzen und Naturformen untersuchen und dann Ihre Arbeit in der Übertragung von Naturprinzipien sehen. Man könnte natürlich auf diesen Gedanken kommen, weil eine gewisse Ähnlichkeit Ihrer Konstruktionsformen mit Naturformen da ist. Ich erinnere an die Seilnetze und an Spinnennetze. Aber ich glaube, Ihr Entwicklungsweg geht nicht von der Natur aus.

OTTO: Es ist genau umgekehrt, und das schockiert immer einige Leute. Sie meinen, wir gucken uns solche Spinnennetze an, und dann seien wir in der Lage, große Seilnetzkonstruktionen zu bauen.

Oft genug wird gesagt, das Münchner Dach von Behnisch ist nichts anderes als ein großes Spinnennetz. Es waren die Naturforscher und die Biologen, die zu uns gekommen sind, nicht umgekehrt. Wir haben vor zwanzig Jahren eine Gruppe ›Natur und Bauen‹ gegründet, zu der die führenden in- und ausländischen Biologen und Anthropologen gehören. Die haben uns gesagt, ihr kennt die Leichtkonstruktion, ihr kennt die Schalen, die Gewölbe, ihr kennt die Zelte, die Netze so gut, ja auch die Biegebalken, und ihr habt euch damit beschäftigt, wo die Grenzen des Möglichen im Optimieren sind. Bitte helft uns, wir wollen gerne wissen, was ist in der lebenden Natur Selektion und was ist Zufall, was ist genetisch codiert und was ist Umweltbeeinflussung. Es stellte sich heraus, daß wir doch einiges sagen konnten. So, wenn

Behnisch & Partner, Frei Otto u. a., *Olympiapark* in München, 1967-72. Über den Mulden der Sportstätten wölben sich Seilnetze, die durch entgegengesetzt gekrümmte Seile stabilisiert, an Stahlmasten aufgehängt und in Widerlagern verankert sind.

beispielsweise ein Paläontologe in mein Institut kam, mir eine große Muschel auf den Tisch legte und fragte, ob die Muschel, die vor 10 000 Jahren ausgestorben ist, weniger fest war als andere? Das ist unsere oft – sagen wir einmal – praktische Tätigkeit. Wir sehen aber nicht in die lebende Natur hinein, um sie für die Technik zu plündern. Wir sahen mit unserer völlig andersgearteten Entwicklungsrichtung des Leichtbaus plötzlich Methoden, wie man auch die lebende Natur betrachten kann. Unsere Biologen meinten, ihr habt uns eine neue Brille gegeben, die lebende Natur anzusehen, weil wir mit eurem Wissen über die Konstruktionen plötzlich in der lebenden Natur mehr entdecken.

PEHNT: Wenn Sie nun diese Vergleiche zwischen Formen der Natur ziehen und dem, was der Mensch, was die Konstrukteure bisher ersonnen haben: Wie fällt dieser Vergleich aus? Ist der Komplikationsgrad natürlicher Lösungen nicht unendlich viel höher als der des Menschen?

OTTO: Ja, das stimmt, aber nicht immer. Es gibt einige Gebiete, da hat der Mensch mit seinen Produkten die lebende Natur erreicht und ist sogar über die lebende Natur hinausgegangen. Ich denke zum Beispiel an die Fasern. Die Fasern der lebenden Natur sind zwar viel komplizierter als die der Technik, dennoch kann die Technik heute höhere Festigkeiten bei gleichem Gewicht erreichen.

PEHNT: Das ist immerhin ein Kompliment für den Menschen. Denn der entwicklungsgeschichtliche Vorteil der anderen Arten ist ja sehr viel größer. Sie haben sehr viel mehr Zeit gehabt, ihre jeweiligen Konstruktionsprinzipien auszudifferenzieren, als es der Letztankömmling auf dieser Welt, der Mensch, hatte.

OTTO: Aber die lebende Natur ist im ganzen viel komplexer. Zumeist werden mit den Objekten der lebenden Natur viele Probleme auf einmal gelöst. Zum Beispiel besitzen der Knochen oder der Baumstamm im Inneren und in der gesamten Form offensichtlich Optimalqualitäten, die bisher nicht erreicht worden sind. Diese Formen dienen vielen Funktionen und sind ein komplexes Ganzes, das nicht so einfach zu erfassen ist. Von allen Produkten der Technik kommt das Haus als ältestes Produkt der Technik am nächsten in der Komplexität – ich meine nicht nur das einfache Haus, sondern auch die hochkomplizierte Häuserstadt, aber vielleicht auch ein schwimmendes Hotel oder ein fliegendes Hotel, ein Super-Großflugzeug – diesen Objekten der lebenden Natur, insbesondere den höheren Arten. Was da alles notwendig ist an Infrastruktur und innerer Struktur, an konstruktivem Aufwand und Detail!

PEHNT: Dieser Dialog mit der Natur, der Versuch, das Bauen in eine Entwicklungslinie zu bringen, bei der man nach dem Aufwand von Leistung und Ertrag fragt, glauben Sie, daß dieser Weg auf einen Punkt hinlaufen könnte, wo sich so etwas wie Harmonie der einzelnen Produkte des Menschen untereinander einstellen könnte? Im Moment ist es doch so, daß jede Erfindung und jede Konstruktion, auch jeder Bau des Menschen nebeneinander gestellt wird, als hätte er wenig mit dem anderen zu tun. Es entsteht kein Biotop, keine Lebensform, die sich selber regulierte. Glauben Sie, daß man hier einen Faden hat, der zu einem solchen Zustand führen könnte?

OTTO: Sie haben gefragt, ob ich daran glaube. Da ich es nicht weiß, ist das Wort »glauben« richtig. Ja, ich glaube daran und habe sogar Anhaltspunkte, daß der Glaube berechtigt sein könnte. Für uns ist interessant, daß offensichtlich der Mensch eine Fähigkeit hat, Formen zu sehen und sie sogar als schön zu empfinden, wenn diese Formen in irgendeiner Weise diesem Trend des Optimierens entsprechen oder aus diesem Trend einer langen Evolution heraus gewachsen sind. Gerade jene Objekte sind die Extreme an Entwicklung, die der Mensch in irgendeiner Weise »als besonders« empfindet. Entweder als sehr, sehr schön oder in der Umkippung als häßlich, denn das Häßliche liegt oft sehr nahe beim Schönen, oder auch manchmal, sofern sie mit dem Menschen direkt etwas zu tun haben, als beängstigend.

PEHNT: Dann ist also der ästhetische Sinn eine Art Leitwarte des Menschen, die ihn auf bestimmte Möglichkeiten aufmerksam macht?

OTTO: Was ist denn der ästhetische Sinn? Sie haben nicht »Ästhetik« gesagt, die Ästhetik ist für mich die Lehre davon. Es geht um die Ästhesie, um das Wahrnehmungsvermögen. Es geht auch um etwas ganz Wichtiges: In der Biologie spielt eine enorme Rolle der erste Blick, weil ein Tier und auch der Mensch oft in einer Zehntelsekunde

Atelier Frei Otto und Planungsgruppe Gestering, *Fertigungspavillons des Möbelwerks Wilkhahn* in Bad Münder, 1987-88. – Die Zeltdächer in einer Konstruktion aus hölzernen Hängestäben wurden vor eine bestehende Werkshalle gesetzt.

bis Zwanzigstelsekunde entscheiden muß, ob das Gegenüber ihn töten will oder freundlich ist, ob er also wegrennt oder den anderen selber angreifen will. Das ist der Lebenskampf, und dieser schnelle und erste Blick ist entscheidend. Natürlich kommt hinter dem ersten Blick die lange, langjährige Erfahrung, auch das ist von großer Bedeutung.

Sie haben das Wort Biotop genannt. Ich bekenne mich mit aller Deutlichkeit zur Technik, für mich ist die Technik ein Teil der Natur. Aber es kommt darauf an, daß die Produkte der Technik eingebunden werden können in die Gesamtvision oder in das Gesamtbild oder in die Gesamtumwelt einschließlich allem, was zur Natur gehört, also Pflanzen, Tiere und auch Menschen. Wenn heute so viel vom menschlichen Bauen gesprochen wird, so mag ich auch diesen Ausdruck nicht sehr, denn das Bauen soll ja nicht nur für den Menschen sein. Wenn man es in einer Gesamtheit sieht, dann wäre das Bauen die Bewahrung eines Biotops, in der alle Elemente der lebenden Natur einschließlich des Menschen in irgendeiner Weise, die man anregend nennen könnte, nicht nur existieren, sondern bewußt leben könnten.

PEHNT: Und haben wir, die Menschen als Gattung, noch genug Zeit, zu diesem Biotop zu kommen?

OTTO: Ja, das ist die große Frage. In der gesamten Menschheitsgeschichte und in der gesamten Naturgeschichte sind gerade unsere Jahrzehnte von entscheidender Bedeutung. Der Mensch ist zum ersten Male in der Lage, die lebende Natur völlig durcheinanderzubringen und sich selbst zu töten. Pflanzen und Tiere sollten auch einen Sitz im Parlament haben. Aber auf der anderen Seite ist der Mensch zum ersten Male in der Lage zu erkennen, daß es nicht nur ein biblischer Auftrag ist, Herr über die Welt zu sein, sondern daß dieses Herr-über-die-Welt-zu-sein auch eine besondere Verpflichtung beinhaltet. Ich glaube, daß unsere Arbeit an diesem Problem zwischen Technik und Natur, daß die Erkenntnis der Natur aufgrund des technischen und historischen Wissens eine Hilfestellung liefern könnte.

Anmerkung

1 Frei Otto. *Das hängende Dach*. Berlin, 1954. – Frei Otto (Hrsg.). *Zugbeanspruchte Konstruktionen*. 2 Bde. Frankfurt, Berlin, 1962, 1966. – Frei Otto u. a. *Natürliche Konstruktionen*. Stuttgart, 1982. – Frei Otto. *Schriften und Reden 1951-1983*. Braunschweig, Wiesbaden, 1984. – Conrad Roland. *Frei Otto. Spannweiten*. Frankfurt, Wien, 1965. – Philip Drew. *Frei Otto. Form und Konstruktion*. Stuttgart, 1976.

Selbstbewußte Nachbarschaft

Zum Werk Gottfried Böhms

In der Geschichte aller künstlerischen Gattungen gibt es Arbeiten, an denen sich die Absichten einer Epoche wie in einem Spiegel ablesen lassen. Und es gibt Arbeiten, die so quer zu allem stehen, was die Mehrheit vertritt, daß die Zeitgenossen sich nur zu helfen wissen, indem sie ignorieren oder als entschuldbare Sonderfälle zu erklären suchen, was sie nicht einzuordnen wissen. Solche Zumessungen von Gunst und Ungunst werden gewöhnlich über kurz oder lang revidiert. Die Außenseiter erweisen sich dann als Erscheinungen, die ihrer Epoche in gleichem Maße, wenn auch auf kompliziertere Weise verpflichtet sind als ihre im Rampenlicht stehenden Gegenspieler. Minoritäten neigen zu einem höheren Reflexionsgrad, da ihre Situation sie dazu zwingt, ihre Positionen zu definieren und zu überdenken. Diese Reflexion muß sich nicht verbal-analytisch vollziehen, sie kann sich auch ausschließlich mit künstlerischen Mitteln ausdrücken. In welchem Medium auch immer, von den Außenseitern sind in aller Regel lohnendere, weil unerwartete Aufschlüsse zu erwarten als von ihren konjunkturbegünstigten Kollegen, deren Äußerungen noch einmal wiederholen, was längst bekannt ist.

Um 1960, als Gottfried Böhm schon über ein Jahrzehnt als Architekt praktiziert hatte (zum ersten Mal findet sich sein Name 1946 neben dem des Vaters Dominikus Böhm auf einem Plan für das nicht realisierte Knabenkonvikt in Prüm), stand der Funktionalismus noch auf der Tagesordnung, wenn er auch bereits umstritten war. In der Bundesrepublik schätzte man ihn nicht zuletzt wegen des Hauches von Internationalität, den er vermittelte. Daß die großen deutschen Emigranten einen wesentlichen Anteil an ihm hatten, erleichterte seine Rezeption im westlichen Teil Deutschlands. Walter Gropius und vor allem Ludwig Mies van der Rohe waren Götter der damals jungen Generation, auch für Gottfried Böhm. Das Bekenntnis der Altmodernen zu Funktionalität, konstruktiver Logik, industrialisiertem Bauen und weltläufiger Verbindlichkeit öffnete eine andere Welt als die, in der Gottfried Böhm aufgewachsen war. Reisen in die USA glichen Expeditionen in die Zukunft. 1951 besuchte der junge Böhm während einer Amerikareise Gropius in Harvard und zweimal Mies van der Rohe in Chicago. Die Eindrücke, die er empfing, konnten nicht stärker von der baumeisterlichen Bedächtigkeit des Vaters abweichen. Als einen Architekten, der die Lektionen des letzten Bauhausdirektors verarbeitet hatte, führte ihn die Buchreihe ›Neue deutsche Architektur‹ noch 1962 vor, mit dem eigenen Wohnhaus in Köln-Weiß von 1955.[1] Daß der Vierkantbau sich an drei Seiten mit Ziegelmauerwerk abweisend verschloß, interessierte weit weniger als die schlanken Stahlprofile und die wandhohen Verglasungen im Atrium und an der Rheinseite. Dagegen paßten Böhms hochoriginelle Kirchenbauten der fünfziger Jahre nicht ins damals gewünschte Bild und wurden unterschlagen.

Für die Öffentlichkeit war Gottfried Böhm bis zur Einweihung des Bensberger Rathauses im Jahre 1967 wenig präsent: ein Kirchenbauer, den die einschlägigen Fachpublikationen berücksichtigten, aber keine öffentliche Figur. Einen kuriosen Rückschluß auf die damalige Einschätzung

Gottfried Böhm
Geb. 1920 in Offenbach.
1952-55 Zusammenarbeit
mit dem Vater Dominikus
Böhm. Seit 1963 Profes-
sur für Stadtbereichspla-
nung und Werklehre an
der Technischen Hoch-
schule Aachen. 1986
Pritzker Preis für Archi-
tektur.

Um die Mitte geschart:
Dominikus Böhm,
Frauen-Friedenskirche
(Projekt v) in Frankfurt
am Main, 1927. Nicht aus-
geführt.

Böhms läßt das Buch eines amerikanischen Autors zu, John Burchards pathetisch betitelter Reisebericht ›The Voice of the Phoenix‹ von 1966,[2] mit dem die bundesrepublikanische Nachkriegsarchitektur sich zum ersten Mal ausführlich von einem ausländischen Verfasser gewürdigt sah. Gottfried Böhm figuriert bei dem sonst gut informierten

Um die Mitte geschart: Gottfried Böhm, *Kirche im Weinberg* in Bernkastel-Kues, 1959. Nicht ausgeführt.

Burchard als »Bruder« Dominikus Böhms, der dessen Qualitäten nicht erreiche und bedauerlicherweise mehr ein Ingenieur sei als ein Künstler. Die letztere Behauptung, obwohl so falsch wie die beiden anderen, dürfte auf das Interesse zurückgehen, das Gottfried Böhm in der Tat an konstruktiven Lösungen wie dem Betongewebedach und dem Faltwerk gefaßt hatte. Der Architekt selbst sieht hier Mies van der Rohes Engagement für eine aus technischen Vorgaben entwickelte Architektur nachwirken, auch wenn die Ergebnisse in ihrer starken Plastizität weit eher an die Rabitzschalen denken lassen, mit denen Dominikus Böhm schon in den frühen zwanziger Jahren gearbeitet hatte.

Allen anderen Orientierungen zum Trotz ist das Werk des Vaters[3] der wichtigste Referenzpunkt in der Arbeit Gottfried Böhms. Für dramatische Vater-Sohn-Konflikte boten beide Lebensläufe keine Gelegenheit. Die Mitarbeit im Büro Dominikus Böhms hatte die Beteiligung an zahlreichen Bauten des Vaters zur Folge. Nach dessen Tod 1955 führte der Sohn manche Projekte des Vaters zu Ende, andere hatte er später zu betreuen oder zu ergänzen. Das Werkverzeichnis Dominikus Böhms enthält für die Jahre nach dem Zweiten Weltkrieg viele Wiederaufbauten, bei denen die Armut der Mittel, aber auch der Wille zur eigenen Leistung jede ängstliche Anpassung oder gar

Wand und Decke, eine plastische Einheit: Dominikus Böhm, *St. Johann Baptist* in Neu-Ulm, 1926.

Wand und Decke, eine plastische Einheit: Gottfried Böhm, *Wallfahrtskirche Maria Königin des Friedens* in Velbert-Neviges, 1963-72.

wortgetreue Renovierung ausschlossen. Wenn Dominikus Böhm dennoch neue Kirchen bauen konnte, waren es durchweg kleine, gedrungene Baukörper in ländlichen Situationen oder Vorortgemeinden, oft mit leichten, textil wirkenden Gewebe- oder Schalendecken auf schwerem Außenmauerwerk. Der ganz große Wurf, der sich seinen bedeutenden Sakralbauten der zwanziger und frühen dreißiger Jahre an die Seite stellen ließe, war trotz des publizistischen Erfolges von St. Maria Königin in Köln-Marienburg nicht mehr darunter.

Mit der Übernahme durch Gottfried Böhm (und der Baukonjunktur der späten fünfziger und sechziger Jahre) nahm die Produktion des Büros bei aller Kontinuität eine Entwicklung, die das Formenrepertoire und die Raumvorstellungen des Vaters in neue Zusammenhänge und Größenordnungen stellte.[4] Die zylindrischen Türme, Taufkapellen oder Apsiden mit ihren Kegeldächern und die bleistiftartigen Turmkörper mit bündig aufsitzenden Zeltdächern bestimmten eine ganze Werk-

gruppe Dominikus Böhms; in Gottfried Böhms Architekturlandschaften traten sie zu freien Konstellationen zusammen. Die Herz-Jesu-Kirche in Schildgen (1957-1960) und das Kirchenprojekt für Bernkastel-Kues (1959) wirken, als seien die dicht um einen zentralen Turm gescharten Kegeldächer in Dominikus Böhms Entwurf für die Frankfurter Frauen-Friedenskirche (Projekt v, 1927) aus ihrem Verband gelöst worden und hätten sich zu einer Karawanserei mit vielen Spitzzelten neu gruppiert. Perforierte Schirmwände, die als Raumgitter fungieren, und Umschließungen besonders ausgezeichneter Raumteile, bei denen schreinartige Bauwerke innerhalb von Bauwerken entstehen, finden sich bei Böhm senior wie junior. Bei Gottfried Böhm waren sie mehrfach durch die Fassadenruinen kriegszerstörter Kirchen motiviert, in die sich die Neubauten einnisteten.

Am folgenreichsten war die Weiterführung der Raumeindeckungs-Prinzipien. Dominikus Böhm hat in den zwanziger Jahren in der Benediktinerabtei Vaals (1922), in Neu-Ulm (1926) oder Frielingsdorf (1926-1927) Putzschalen verwendet, die an Konstruktionseisen befestigt waren. Sockel- und kämpferlos schnellten die Scheingewölbe empor. Mit diesen scharfgratigen Rabitzkonstruktionen überspielte er die Trennung von tragenden Wänden und getragener Decke und kam zu prismatischen Räumen von starker emotionaler Ausstrahlung, vor allem wenn er sich gotisierender Formverschneidungen bediente. Gottfried Böhm standen solche Beispiele vor Augen, als er seine »Gewebedecken« entwickelte.[5] Diese aufgehängten Betonschalen erschienen ihm konstruktiv richtiger als die Raumverwandlungen, die das Spiel mit den Rabitzschalen ermöglichte. Wunsch und Wille nach einer plastischen Architektur waren hier wie dort wirksam.

In anderen Bauten, in Mainz-Bischofsheim (1926) und St. Engelbert in Köln-Riehl (1930), hatte auch Dominikus Böhm sich für echte Betonschalen von parabolischem Querschnitt entschieden, die solider, fester und vertrauenswürdiger wirkten als seine dem optischen Eindruck nach papierdünnen Rabitzkonstruktionen der frühen zwanziger Jahre. So ging auch Gottfried Böhm in den späten fünfziger Jahren von den scheinbar textilen Betondecken zu Faltwerken über, die Massivität und plastische Wirkung ausstrahlten. Als er zudem die regelmäßig geschnittenen Faltwerkssysteme, wie er sie in der Kölner Universitätskirche (1963-1965) verwendet hatte, aufgab und erstmals in St. Gertrud in Köln (1960-1966) freier mit dem Faltwerk umging, stand der Weg zu den großen Architekturplastiken der sechziger Jahre offen. Wand und Decke wurden nun ineinander übergeführt, Bildvorstellungen aus dem Assoziationsbereich von Zelt und Pilgerfahrt gegen solche aus der mineralischen Welt ausgewechselt. Auch dafür gab es ein Vorbild im Werk des Vaters, die Erweiterung der Dorfkirche in Birken im Westerwald (1929), wo ein achtflächiges Dach (freilich nicht aus Beton, sondern mit Holzbindern konstruiert) einen vierseitigen Bau zur Kristallform steigert. Zentralisierende, gemeinschaftsbildende Raumtendenzen finden sich beim Vater wie beim Sohn.

Die konsequente Entwicklung eines Repertoires über zwei Generationen hinweg stellt in unseren schnellebigen Zeiten eine staunenswerte Ausnahme dar. In ihrer Folgerichtigkeit erinnert sie an die Pflege von Traditionen und die Weitergabe von Erfahrungen, wie sie in den großen Baumeisterfamilien des Mittelalters und des Barock üblich waren. Bei Gottfried Böhm führte die Hartnäckigkeit, mit der er die Arbeit des Vaters auf ihre Tauglichkeit und Verwendbarkeit in heutigen Jahren überprüfte, zu einem merkwürdigen Resultat. Nachdem er sich durch das spätere Werk des Vaters bis zu dessen expressivem Frühwerk zurückgearbeitet hatte, dabei aber auch Mittel der technischen Realisierung einbeziehen konnte, die der damaligen Generation nicht zur Verfügung gestanden hatten, fand er zu Bau- und Raumschöpfungen, in denen sich die kühnsten Träume der expressionistischen Jahre erfüllten. Was in den Zeichnungen und schriftlich festgehaltenen Projekten des Freundeskreises um Bruno Taut aufs Papier fixiert blieb, wurde nun dreidimensionale Wirklichkeit. Das gewaltige Betonmassiv der Wallfahrtskirche in Neviges (1962-1964), in dem die widersprüchlichen Bilder von Kristall und Zelt eine Einheit eingingen, scheint wie eine Übersetzung von Vorschlägen Wassili Luckhardts aus den Jahren um 1920. Die in einem lockeren Oval gereihten Einzelhäuser des Refrather Kinderdorfes (1962-1967), die einen inneren Ring gemeinschaftlich genutzter Bauten und in ihm wiederum einen kristallinen Sakralbau umgeben, erinnern an das Schuldorf, das Bruno Taut ein halbes Jahrhundert zuvor für Karl Ernst Osthaus in Hagen entworfen hatte. Nimmt man die suggestiven Zeichnungen Gottfried Böhms mit ihren breiten Schraffuren und dichten Texturen als Vergleichsmittel (und nicht die Photos der ausgeführten Bauten), so wird die Parallelität vollständig.

Im Bauboom der späten fünfziger und frühen sechziger Jahre fiel dem Sakralbau eine besondere Aufgabe zu. Die zahlreichen Kirchen und Gemeindezentren, die von beiden Konfessionen errichtet wurden, boten Freiräume, in denen die Kosten-Nutzen-Rechnungen der spekulativen Bauherren und die Förderungsvorschriften des Sozialen Wohnungsbaus außer Kraft gesetzt waren. An diesen Orten, die von den Regeln dieser Welt nicht erfaßt sind und Zeichen für eine andere setzen wollen, hatte ein Denken in Bildern noch seine

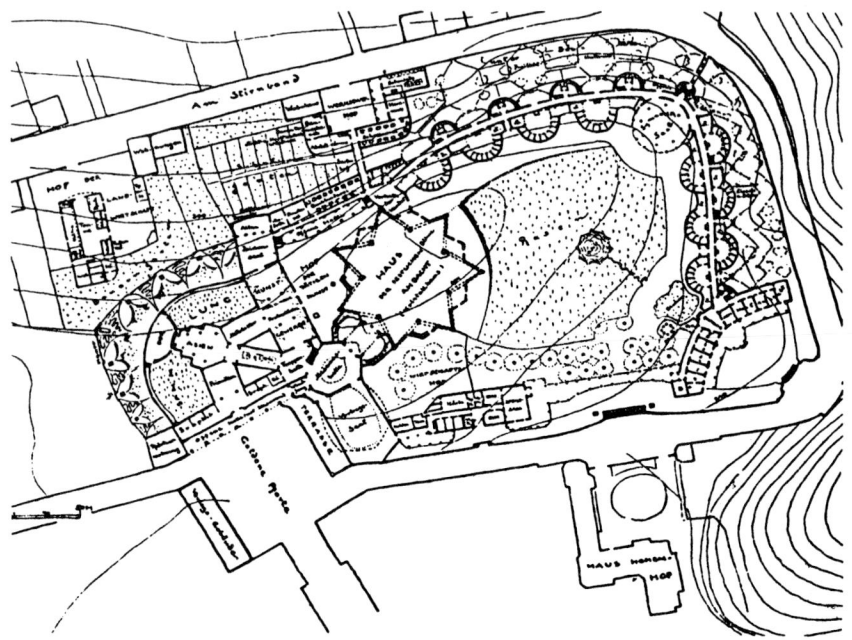

Heimstatt. Rudolf Schwarz, der als Freund seines Vaters und – im Jahre 1950 – als sein zeitweiliger Dienstherr in der Wiederaufbaugesellschaft der Stadt Köln im Leben Gottfried Böhms eine Rolle spielte, sprach von den Kirchen wie von großen »Geschöpfen, die beinahe so etwas waren wie Engel, und man konnte sie nennen, jedes hatte einen anderen Namen, der sein innerstes Wesen betraf.«[6] Eine derart anspruchsvolle Auffassung von ihrer Arbeit hatten nicht alle Kirchenbauer. Aber gewiß

ist, daß der Sakralbau in mageren Zeiten der Baukunst einen abgeschirmten Bezirk bot, der dem Rentabilitätsdenken der pragmatischen Architektur enthoben war und in dem Gestaltentscheidungen überhaupt diskutiert wurden. Fast jede neue Siedlung jener Jahre weist Situationen auf, wo die standardisierten Banalitäten der Wohnungsbaugesellschaften konfliktreich auf die hochindividuellen Baugestalten der Sakralarchitektur trafen.

Der Ring der Häuser:
Gottfried Böhm, *Kinder-
und Jugenddorf* in Bergisch
Gladbach-Refrath, 1963-
1967.

Der kompensatorische Charakter, der religiöse Architektur seit Le Corbusiers Kapelle in Ronchamp kennzeichnet, liegt auf der Hand. Er gilt erst recht für jene Wiederkehr expressionistischen Formwillens,[7] dem Gottfried Böhm sich so spektakulär verschrieb. Was landauf, landab bar jeder erkennbaren Gestaltungsabsicht blieb, das führte in den raren Gegenbeispielen zu Bekundungen der schöpferischen Passion, als wäre wenigstens hier zu demonstrieren, was Baukunst trotz allem vermag. Das Pathos, gelegentlich auch das Outrierte mancher Bauten Böhms aus den sechziger Jahren erklärt sich daraus. Unter lauter Unorten einen Ort zu schaffen, die Ausnahme durchzusetzen gegen die Langeweile der Regel: das forderte dazu heraus, sämtliche Register zu ziehen und den verfügbaren Instrumenten alles abzunötigen, was sie hergaben. Die sechziger Jahre sahen so manchen Ausbruchversuch, in einigen Fällen legitimiert durch die Erinnerung an die eigenen Anfänge wie bei Hans Scharoun, in anderen mit bewußtem Rückgriff auf Erfahrungen der bildenden Künste wie etwa bei Juan O'Gorman in Mexiko, André Bloc in Frankreich, Friedrich Kiesler in den Vereinigten Staaten oder Fritz Wotruba in Österreich.

Die Kirchen Böhms in Düsseldorf-Garath, Neviges oder Köln-Melaten nehmen in dieser Gruppe eine sehr expressionistische, sehr deutsche Position ein. Seine Bauten scheinen sich auf den Bürgerstolz mittelalterlicher Städte zu berufen wie beim Rathaus in Bensberg (1962-1964), wo sich dem vieltürmigen barocken Schloß eine Bürgerburg entgegenreckt, oder wie in Köln-Chorweiler (1966-1974), wo er in den desolaten Wohnungsbau der Satellitenstadt urbane Elemente wie den beiderseits bewohnten Straßenraum und den Bürgerplatz einführt. Das Selbstverständliche, Gesetzte, breit Gelagerte, Warme und Erdennahe, das die späteren Kirchenbauten Dominikus Böhms ausstrahlen, ist in Gottfried Böhms Aufträgen den größeren Dimensionen und den mächtigen Schutzgebärden gewichen, als müsse die soziale Leistung, das Umfangen, Wohnlichmachen, Abschließen und Abwehren mit gewaltiger Anstrengung einer feindlich oder gleichgültig gestimmten Umgebung abgerungen werden; und so war es in der Tat ja auch. Auch Gottfried Böhms ganz und

Gottfried Böhm, *Rathaus* in Bergisch Gladbach-Bensberg, 1962-71.
Der große Treppenturm greift das Spiel der alten Türme auf. Selbstbewußt konkurriert das bürgerliche Rathaus auf den erhaltenen Resten des Alten Schlosses mit dem feudalen Barockschloß auf dem Höhenrücken. Der freie, kraftvolle, aber nicht respektlose Umgang mit Geschichte wäre in späteren, zaghafter gewordenen Tagen (und nach dem publizistischen Erfolg des Denkmalschutzjahres 1975) schwerlich akzeptiert worden. Ironie der Entwicklung: Kaum hatte Bensberg sein neues stolzes Stadtsymbol erhalten, verlor der Ort bei der nordrhein-westfälischen Gebietsreform seine kommunale Selbständigkeit.

gar nonkonformistische Bauten sind ein Reflex des allgemeinen Konformismus.

Die Architektur brüstet sich seit den siebziger Jahren gern damit, erst sie habe die Geschichte wiederentdeckt. Diese Behauptung trifft nicht zu. Daß der Pragmatismus effizienter Bedarfserfüllung ein weites Revier menschlichen Bewußtseins ausspart, daß Erinnerung, Kontinuität und damit auch Erfahrung ungenutzt bleiben, wo Wirtschaftlichkeit und platte Zweckmäßigkeit die einzigen Urteilskriterien sind, ist verantwortungsbewußten Architekten auch vor zwanzig, dreißig Jahren deutlich gewesen. Vor allem in Italien haben Baumeister wie Franco Albini, das Team BBPR, Gian-

Die Wiederkehr der Passage:
Emanuele Rocco,
Galleria Umberto I.
in Neapel, 1887-1890.

10
Die Wiederkehr der Passage:
Gottfried Böhm,
Züblin-Haus in Stuttgart-Möhringen,
1981-84.
Die gewaltige, von Brücken durchquerte
Halle verbindet zwei parallele Büroflügel
und überdeckt einen großen inneren Platz:
Sehnsucht nach dem Urbanen draußen auf
dem Vorortgelände.

carlo de Carlo, Carlo Scarpa und Gino Valle, genötigt durch die Präsenz eines ebenso reichen wie gefährdeten historischen Erbes, schon in den fünfziger Jahren eine Strategie der schöpferischen Auseinandersetzung mit den überlieferten Baudenkmälern entwickelt. Für Gottfried Böhm war das kreative Verhältnis zur Vergangenheit von Anfang an eine Selbstverständlichkeit. Er lernte es schon im Büro des Vaters kennen, beim Wiederaufbau zerstörter Kirchen, und es bestimmt noch seine jüngsten Arbeiten, wie den Mittelbau des Saarbrücker Schlosses. Böhm hat sich stets an das Wort Auguste Rodins gehalten: »Eine Kunst, die Leben in sich hat, restauriert die Werke der Vergangenheit nicht, sondern setzt sie fort.« Die Ergebnisse halten sich, ohne der überlieferten Substanz zu nahe zu treten, von schüchterner Denkmalpflege ebenso weit entfernt wie von blutloser Zitatenhäufung. Das Selbstbewußtsein, mit dem Böhm dem gewachsenen und gewordenen Zeugnis gegenübertritt, mit dem er den alten Bergfried der Bensberger Burg übertrumpfte oder den Paderborner Dom mit seinem neuen Diözesanmuseum abdeckte, um einem überdimensionierten Platz wieder Maßstäbe zu geben, erschien damals und erscheint heute manchem Ängstlichen allzu gewagt. Rekonstruktionen auch bei ungesicherter Urkundenlage finden heute offenbar mehr Freunde als die Bewahrung und schöpferische Fortsetzung des Überlieferten. Böhm dagegen steht auf der Seite derer, die der Meinung sind, daß selbständiges Weiterdenken des Vorhandenen die Geschichte ernster nimmt, als es spiritistische Geistersitzungen und Vergangenheitsbeschwörungen vermögen. Das Neue, Hinzugefügte bleibt als Neues, Hinzugefügtes jederzeit erkennbar. Böhm ist in gleichem Maße damit beschäftigt, Orte zu schaffen wie sich auf Orte zu beziehen.

In der Herausforderung durch geschichtlich geprägte Stadträume und Architekturen hat Böhms Sprache sich entwickelt. Die Herausforderung des Vorhandenen als Herausforderung wahrzunehmen, war nicht der geringste Teil seiner Leistung. Komplikationen betrachtete er nicht als Erschwerung, sondern als Bereicherung seiner Arbeit. Daß eine gewisse Theatralik, auch eine sozialromantische Neigung zu bühnenhaften Auftrittsmöglichkeiten, die ein spielerisches Als-ob in alltägliche

Lebenssituationen tragen, nicht überhandnahmen, dazu trug ein äußerer Faktor bei: Die komplizierten Schalarbeiten für die skulpturalen Betongebilde wurden zu teuer. Böhm ging um 1970 zu einem Gerüstbau über, bei dem Stahl in tragenden oder Ausbauteilen einen größeren Part als zuvor übernahm. Für die architektonische Bildfindung ergab sich aus diesem Wechsel eine größere Variabilität. Zum Teil schuf Böhm nun Anlagen, bei denen gleiche oder ähnliche Einheiten zu ausgedehnten Komplexen zusammentraten, deren Elemente jeweils als Individuen erkennbar bleiben. Die Wallfahrtskirche im Allgäuer Wigratzbad (1972-1976) und das Gemeindezentrum in Kettwig (1973-1977) legen die Assoziation einer kleinen Stadt oder eines Zeltlagers nahe. Diese Vorstellung war schon in Böhms Frühwerk anzutreffen, aber sie kann zugleich mit den additiven Bildungen holländischer Strukturalisten zusammengesehen werden.[8] In Böhms Entwürfen akzeptieren die gleichberechtigten Einheiten allerdings die Herrschaft eines dominierenden Zeichens, eines Campaniles oder eines durch Größe, Höhe und Sonderart hervorgehobenen Elements. Die Projekte eines Aldo van Eyck, Herman Hertzberger oder Piet Blom meiden dagegen hierarchische Festlegungen, es sei denn, ein andersartiger, raumbeanspruchender Zweck mache sie unvermeidlich. Bei den Holländern ist der einzelne Bau der Ausschnitt einer unendlich fortsetzbar zu denkenden Struktur, bei Böhm eine Gruppenform, eine aus Individuen gebildete, vielgestaltige Gesamtindividualität.

Gelegentlich hat Böhm, unerwartet auch für Kenner seines Werks, sich einer Ästhetik der Maschine genähert. Das Rathausprojekt für Wesseling, einer Stadt der Raffinerien, sollte aus schlanken Rundschäften gebündelt werden (1969), an der Fassade des Düsseldorfer Landesamtes für Datenverarbeitung laufen die Schlangen der Klimatisierungsrohre offen sichtbar entlang (1969-1976). Liegt es nur an dem rostenden CorTen-Stahl, wenn dennoch nicht der Eindruck eines perfekt technisierten Gehäuses zustande kommt, sondern der eines auf breitem Sockel sich erhebenden fossilen Reliktes aus dem frühen Industriezeitalter? Bei den großen Wettbewerben oder frei eingereichten Projekten der folgenden Phase bedient Böhm sich zunehmend ordnungsstiftender, manchmal sogar ornamental wirkender Planfiguren. Bauaufgaben wie die Bonner Bundesbauten (1974-1983), der Düsseldorfer Landtag (1979) oder die Kölner Museen (1979) sind für ihn stets auch städtebauliche Aufgaben, vor allem wenn sie eine gewisse Größenordnung überschreiten und ihnen öffentliche Wirksamkeit zukommt. So hat er sich auf urbane Traditionen besonnen, ohne daß solche Erinnerungen in den zeitüblichen Historismus einmündeten: auf Höfe und Platzfolgen barocken Zuschnitts oder auf die glasüberdachten Passagen des 19. Jahrhunderts mit ihren überkuppelten Knoten- und Gelenkpunkten. Er traut den bürgerschaftlichen und parlamentarischen Institutionen einen Willen zur Selbstdarstellung zu, den deren auf Zeit gewählte Vertreter meist nicht aufzubringen wagen. Er nimmt das Recht des Künstlers auf Unbefangenheit für sich in Anspruch und löscht Bedeutungen, die für viele noch weiterbestehen. Der barocke Grundriß, den er für das Düsseldorfer Parlamentsgebäude empfahl, war gewiß für viele Bürger zu sehr mit feudalen Assoziationen belastet, als daß ein solches modernes Schloß für Volksvertreter allgemein akzeptabel gewesen wäre.

Nachdem die sechziger Jahre dem Expressionisten Böhm zur Erscheinung verhalfen, hat sich danach das barocke Temperament eines Baumeisters erwiesen, dessen Person eher Vorsicht und Zurückhaltung, eher Askese als Pathos erwarten läßt. Zwischen dem historischen Expressionismus und dem Barock bestanden ja durchaus auch Affi-

nitäten. Den Expressionisten, deren Entwürfe die realisierten Bauten Böhms nach Masse und Bewältigungskraft in den Schatten stellten, galt nach der Gotik und nach dem Orient die Zeit des Barock und des Rokoko als produktive Epoche. Hohe und niedere Kunst waren verschmolzen (auch Böhm scheut sich nicht, Treppenhäuser eigenhändig auszumalen, wenn ihn die Lust dazu ankommt); die Volumen gaben sich bewegt wie die Räume, die sie bildeten; ausgreifende Synthesen waren gewollt und verwirklicht. Für das Festliche, den axialen Binnen- oder Stadtraum, den point de vue, die perspektivisch wirksame Komposition hat auch Böhm eine neue Empfänglichkeit ausgebildet. Daß er sogar unter den Postmodernen verbucht worden ist,[9] darf aber nicht zu der Vermutung führen, hier werde mit jener intellektuellen List verfahren, die neuzeitliche Kalamitäten mit historisierenden Kulissen verstellt. Das raffinierte Spiel, für die Wissenden Quellennachweise und ironische Vorbehalte bereitzuhalten und die Menge mit pittoresker Vielfalt abzuspeisen, spielt Böhm nicht mit. Er formuliert keine reservatio mentalis, wenn er entwirft; er bringt sich ganz ein. Lieber macht er sich angreifbar, als daß er das deutliche Bekenntnis verweigerte. Es ist ein erstaunliches Schauspiel, in diesen Jahren, in denen so wenig tatsächliche Voraussetzungen für eine Baukunst gesellschaftlicher Selbstdarstellung gegeben scheinen, einen Architekten am Werk zu sehen, der sich und seinen Bauherren den großen Atem zutraut.

Anmerkungen

1 Ulrich Conrads, Werner Marschall. *Neue deutsche Architektur 2*. Stuttgart, 1962. S. 28 f. – Zum Werk Gottfried Böhms vgl.: Svetlozar Raev (Hrsg.). *Gottfried Böhm. Bauten und Projekte. 1950-1980*. Köln, 1982. – Svetlozar Raev (Hrsg.). *Gottfried Böhm. Vorträge, Bauten, Projekte*. Stuttgart, 1988. – Veronika Darius. *Der Architekt Gottfried Böhm. Bauten der sechziger Jahre*. Düsseldorf, 1988 (Diss. Bonn, 1983).
2 John Burchard. *The Voice of the Phoenix. Postwar Architecture in Germany*. Cambridge, Mass., London, 1966. S. 76, 134.
3 John Habbel (Hrsg.). *Dominikus Böhm. Ein deutscher Baumeister*. Regensburg, 1943. – August Hoff u. a. *Dominikus Böhm*. München, 1962.

4 Vgl. Veronika Darius. *Der Architekt Gottfried Böhm*. A. a. O.
5 Svetlozar Raev (Hrsg.). *Gottfried Böhm. Bauten und Projekte, 1950-1980*. A. a. O. S. 14 f.
6 Rudolf Schwarz. *Kirchenbau. Welt vor der Schwelle*. Heidelberg, 1960.
7 Vgl. Veronika Darius. *Der Architekt Gottfried Böhm*. A. a. O.
8 Arnulf Lüchinger. *Strukturalismus in Architektur und Städtebau*. Stuttgart, 1981. – Vgl. Veronika Darius. *Der Architekt Gottfried Böhm*. A. a. O.
9 Heinrich Klotz (Hrsg.). *Revision der Moderne. Postmoderne Architektur*. München, 1984. S. 22 ff.

Den Ort suchen, den Ort setzen

Günter Behnisch und Oswald Mathias Ungers im Gespräch

I

PEHNT: Im Jahre 1980 hatte die Internationale Bauausstellung in Berlin, die ja unermüdlich im Ausschreiben von Wettbewerben war, einen Wettbewerb für Tegel ausgelobt, eine Hafen-Situation, bei der es um Wohnbauten und um Freizeiteinrichtungen ging. Wenn ich richtig vermute, hatte die IBA sich international respektable Projekte versprochen. Sie, Herr Behnisch,[1] haben aber etwas ganz anderes bei diesem Wettbewerb gemacht. Sie haben nicht einen fix und fertigen Entwurf geliefert, sondern einen gedanklichen Rahmen entwickelt und darauf verzichtet, alles bis ins einzelne auszuformulieren; Sie haben verzichtet auf die große spektakuläre Form. Was bewegt einen Architekten, diese Strategie einzuschlagen? War das nicht so etwas wie Verzicht auf die Chance des Siegers?[2]

BEHNISCH: Unsere Hauptüberlegung war die: Was will denn die IBA als Beitrag der deutschen Architektur, der deutschen Architekten vorführen? Wir konnten es uns eigentlich nicht vorstellen, daß die Architektur, die aus speziell amerikanischen Zwängen entstanden ist, ein Beitrag unserer Region oder unserer Zeit sein könnte.

PEHNT: Mit Zwängen meinen Sie Zwänge zur Selbstdarstellung?

BEHNISCH: Die amerikanischen Architekten sind in einer anderen Situation als wir. Entweder sind sie sehr stark kommerzialisiert, oder sie sind in einer sehr schlechten Position innerhalb der Gesellschaft. Und sie haben keine Wettbewerbe wie wir. Sie müssen also über das Cover einer Zeitschrift bekannt werden. Wir waren jedenfalls der Meinung, daß wir unsere Probleme und nicht deren Probleme bearbeiten sollten. Obwohl wir natürlich zumindest geahnt haben, daß die gesamte Konzeption der IBA unseren Absichten nicht gerade entgegenkam. Es gibt ja viele Teilprobleme, zum Beispiel Individuum-Gesellschaft, Macht-Individuum, das Kleine und das Große, Art und

Günter Behnisch
Geb. 1922 in Lockwitz bei Dresden. Eigenes Büro in Stuttgart seit 1952, zunächst mit Bruno Lambart, seit 1966 mit Fritz Auer, Winfried Büxel, Erhard Tränkner, Karlheinz Weber, seit 1971 auch mit Manfred Sabatke als Partnern. 1980 Trennung der Partner. Als Behnisch & Partner firmieren seit 1980 Behnisch, Büxel, Sabatke und Tränkner. Seit 1967 lehrt Behnisch als Professor an der Technischen Hochschule Darmstadt.

Einzelmensch usw., es gibt sehr viele Spannungsfelder. Wir stehen dann im Zweifelsfalle auf der kleinen Seite, wenn ich so sagen darf. Wir dachten, wir leben in einer Gesellschaft oder in einem Staat, der doch nicht mehr verbindliche Ziele formuliert hat, sondern der in seiner Verfassung die Verfahren fixiert hat, die bewirken sollen, daß wir Probleme miteinander austragen, und der das, was verboten ist, durch Strafgesetze verboten hat, also der nicht formal organisiert ist, ständisch usw. Da könnten wir uns doch darauf einlassen und die Verfahren

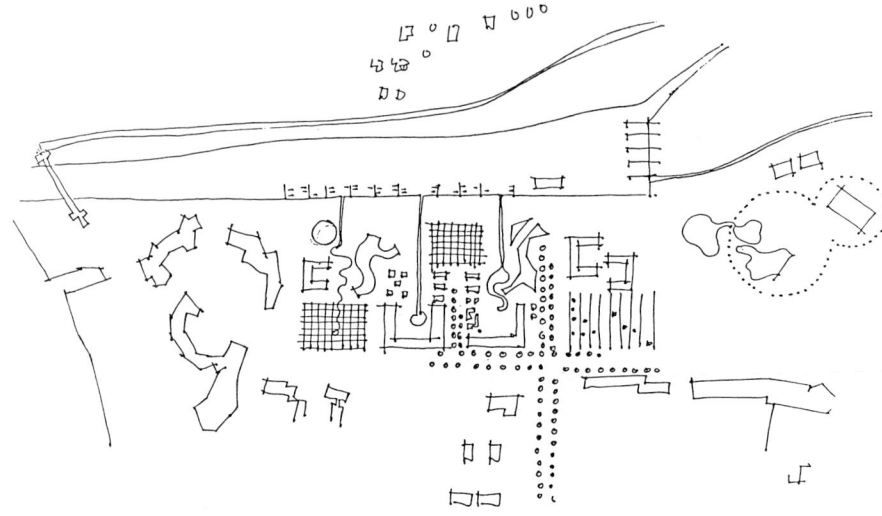

Behnisch & Partner, *Planungsgutachten Tegeler Hafen*, Berlin 1984. Vorschlag für Bebauungsstrukturen, die von unterschiedlichen Architekten ausgeführt werden sollten. »Nicht Einheit in der Form wäre hier das Ziel – vielmehr Übereinstimmung bezüglich des Weges; Vielfalt der Erscheinungsform bei Einheit bezüglich der Idee« (Behnisch & Partner).

einmal festlegen, wie die Macht Staat, die Macht Kapital und die Macht Architekt mit dem Einzelnen umgehen. Der Einzelne, damit meine ich nicht die Idee Mensch, sondern den konkreten Einzelnen. Das ist natürlich beim Wohnungsbau anders als bei dem Erholungsgebiet, das auch geplant war. Dafür hatten wir abgestufte Verfahren vorgeschlagen.

PEHNT: Warum anders? Weil beim Wohnungsbau dem Einzelnen, dem künftigen Nutzer und Bewohner, mehr Spielräume eingeräumt sein sollen als bei den öffentlichen Aufgaben?

BEHNISCH: Richtig. Ich meine, wenn er schon während der Arbeit schikaniert und entfremdet wird, soll er wenigstens in seinem eigenen Bereich noch einen Spielraum haben. Dementsprechend hatten wir auch unseren Entwurf in verschiedenen Stufen angelegt. Bei dem Wohnungsteil hatten wir die städtebaulichen Prinzipien erklärt, die Verfahren geklärt, Vorschläge unterbreitet, aber sonst nur flächenmäßig und höhenmäßig ungefähr ausgelegt, wie es werden könnte: also die Erschließungsstraße war klar, ebenso die Himmelsrichtung und die Besonnung. Aber alles andere wurde offen gelassen. Dann wurden ein paar Modelle entwickelt, wie die erforderlichen Apparate der Realisierung mit dem Einzelnen während der Planung und vor allen Dingen später bei der Verwaltung der Anlage umgehen können. Wir fanden das eigentlich einen interessanten Ansatz, daß einige so funktionierende Beteiligungsgruppen in verschiedenen Abstufungen vorgeführt werden könnten. Dann hatten wir gesagt, damit es tatsäch-

lich klappt, sucht auch noch die Architekten aus, die zu dem Gebäude und der Situation passen. Das war unsere Konzeption. Angehalten waren wir dabei einmal von unseren gesellschaftlichen Bildern, zum anderen auch von der Spezialität des Ortes. Tegel ist ja in dem Moloch Berlin ein Ort, wo das Kleinbürgertum seine Ferien, seine Feiertage, seine Sonntage verbringt, und das sind Freiräume, die erhalten bleiben sollten. Auch die bestehende städtische Struktur war voller Brüche, die geschichtlich entstanden sind. Wir finden Brüche, die Probleme offenlegen, sympathisch. Und die wollten wir nicht verschleiern, sondern unsere neuen Probleme dazutun, so daß das Stadtbild nachher ein Bild der Brüche, Entwicklungen und Probleme der Geschichte hätte sein können.

PEHNT: Der Architekt soll also nach Ihrer Meinung nicht zu früh mit harmonisierenden Formvorstellungen eingreifen; er soll offenhalten, solange es möglich ist. Wobei ich das Gefühl habe, daß bei Ihnen dieser Begriff Form mit einem leicht negativen Akzent versehen ist – ist das richtig?

BEHNISCH: Also ich würde hier – nur als Arbeitsmöglichkeit im Büro – die Begriffe Form und Gestalt unterscheiden. Denn Form haben wir, das kann philosophisch etwas ungenau sein, dem Formalen zuzuordnen, und Gestalt ist, was Mukařovský[3] mit ästhetischem Wert bezeichnet hat. Die Gestalt gibt Auskunft über die Art und Weise, wie wir miteinander und mit der Welt umgehen. Deshalb sind eben die Kräfte, die wir bei unserem Verfahren angewendet haben, wichtig, weil sie Auskunft geben über die Art und Weise, wie wir mit der Welt umgegangen sind. Das heißt also, wir versuchen, eine Architektur mit einem offenen Ende zu machen. Man kann das mit einer mathematischen Funktion vergleichen, die viele Faktoren, aber nur ein Ergebnis hat. Wenn Sie nun sehr frühzeitig das Ergebnis fixieren, müssen sich die Faktoren vorne verändern. Und ich wüßte nicht, welcher Faktor sich vorne verändern wird. Wenn die Form festgeschrieben ist, ist auch das Geld, die Landschaft, die Sonne festgeschrieben. Das einzige, was offensichtlich ein variables Wesen ist, ist der Mensch, und auf den geht es normalerweise auch hinaus.

PEHNT: Wenn Sie sich über Entwurfsprozesse geäußert haben, haben Sie sehr oft Metaphern gebraucht, etwa wie: Wir möchten das tun, was eine Aufgabe will; wir möchten die Kräfte Gestalt werden lassen, die Dinge fragen, was sie aus sich heraus wollen. Das sind Formulierungen, die für jemanden, der nicht in Ihrem Denken steht, etwas Mystisches haben. Was heißt das, die Dinge werden lassen, was sie wollen? Entscheidungen werden doch von Menschen, in diesem Falle von Architekten getroffen, die versuchen, die verschiedenen Entwurfsparameter zusammenzufassen und daraus ihre Schlüsse zu ziehen.

BEHNISCH: Also die Mystik der zwanziger Jahre ist uns völlig fremd. Das sind für uns Arbeitstitel und Arbeitsworte, die wir gebrauchen, um uns in unserem Beruf unterhalten zu können – mehr nicht. Es ist ohnehin problematisch, Gedanken, die sich ja laufend weiterentwickeln, einmal auszusprechen. Sie sind dann fest und eigentlich schon fast tot; sie hemmen die eigene Entwicklung. Und an diesen Worten und Begriffen wird man immer wieder an den Haaren herbeigezogen, man sagt: Das hast du doch gesagt. Sicher hat man das gesagt, aber heute sage ich halt etwas anderes, weil wir einfach weitergehen.

Tatsächlich meinen wir, daß das Individuelle gegenüber dem Allgemeinen, das wir auch leicht im Totalitären sehen, im Zweifelsfalle für uns den Vorrang hat. Das Individuelle von Ort, Zeit, eben alle Faktoren; die Realisierungsmittel sind das Materielle, z. B. die Planungsmethoden, der Raum an sich; das sind alles Eigengesetzlichkeiten – und das Individuelle der beteiligten Personen. Hier sitzt der Architekt in einer außerordentlichen

Machtposition. Wir sind der Meinung, daß Macht auch verpflichtet und daß nicht vom Gewissen verantwortete Macht von Dämonen besetzt wird. Und Dämonen sind ja nicht-verantwortete Kräfte in ihrer Selbständigkeit. Daß also die Apparate, die heute unsere Dämonen sind, dort, wo wir die Macht gesellschaftlich nicht verantworten, eben Besitz ergreifen. Das ist ein Gedanke, den Romano Guardini vor vielleicht dreißig Jahren in seiner kleinen Schrift ›Das Ende der Neuzeit‹ dargelegt hat.[4]

In diesem Zusammenhang sehe ich zum Beispiel auch diese vielen Modewellen, die über die Architektur laufen; nicht als Modewellen, sondern einerseits als verzweifelte Versuche, sich diesen Machtansprüchen zu entziehen, andererseits dialektisch als den Versuch der Mächte, die Architektur für die eigenen Machtkonzentrationen verfügbar zu machen, indem man ihnen quasi ein Höheres, ein unverbindliches Höheres überstülpt, so daß man sagen kann: Wir bauen zwar die große unmenschliche Konzentration, aber es geht ja um Höheres. Dieser Versuchung möchten wir entgehen.

PEHNT: Zu diesen Dämonen, von denen Sie gesprochen haben, würde für Sie auch die Formvorstellung gehören, die von vornherein da ist und dann auf Dinge projiziert wird?

BEHNISCH: Nein, das ist nur ein kleiner Dämon – würde ich sagen. Es ist die Gefahr, unsere Architektur gegenüber anderen Ansprüchen zu verschließen. Ich darf noch einmal wiederholen: Da die anderen Ansprüche gar nicht daran denken, sich hinausdrängen zu lassen, z. B. Rentierlichkeit des Kapitals, Eigengesetzlichkeit der Apparate, geht das eben zu Lasten der davon direkt Betroffenen. Das können wir uns nicht leisten.

PEHNT: Wenn Sie mit dieser Haltung ans Entwerfen herangehen, also den Entwurf solange wie nur möglich offen halten, ihn entwickeln gemäß den Faktoren, die Sie in der Aufgabe sehen, sollte man denken, diese Haltung schlösse aus, daß ein Büro wie Behnisch und Partner nun auch sein eigenes Vokabular hat. Aber die Marke Behnisch und Partner kann man den Entwürfen jederzeit ansehen. Ist das für Sie ein Widerspruch?

BEHNISCH: Ich nehme an, das, was Sie riechen, ist der Geruch der Freiheit da drinnen.

PEHNT: Ich weiß nicht, ob ich Freiheit riechen kann. Es sind zumindest aber Formen, die ich wahrnehmen kann. Es ist eine Neigung zum Leichten, zu einer Architektur, die unbeschwerlich sein möchte, die nicht große Massen entwickelt; eine Vorliebe, die Dinge, die vor der Haut des Gebäudes liegen, wie Gestänge, Lamellen, Markisen, Reinigungsbalkone, auch zu inszenieren.

BEHNISCH: Erstens räume ich gern ein, daß die Gefahr in einem Büro immer ist, daß einmal entwickelte Dinge in Formalismen erstarren, und das ist eine meiner Haupttätigkeiten: erstens die Formalismen hinauszudrängen, und zweitens dafür zu sorgen, daß die sich dauernd im Büro bildenden Machtstrukturen wieder aufgelöst werden. Als Formalismen verstehe ich hier die verselbständigten, von Inhalten und Anlässen abgelösten, ursprünglich jedoch aus diesen heraus entwickelten Erscheinungen im Formalen. Man sollte unser Bemühen, Formalismen zu vermeiden, nicht so deuten, als wollten wir das Formale gering achten. Wir wissen durchaus, daß das Formale eigene Gesetze und eigene Ordnungen hat, die wir uns erarbeiten müssen, und diese müssen ständig erweitert werden, damit alte Ordnungen des Formalen Architektur nicht neuen Inhalten gegenüber verschließen. Wir wissen auch, daß das Formale eine Metapher ist für unser Bild der Welt usw.; eigentlich sogar das Bild unseres Umganges mit der Welt selbst.

Nun zur Sache selbst. Wir meinen, daß wir die Individualität, die sich ja nur im Spielraum und im Freiraum bilden kann, nicht nur den Menschen zubilligen sollten, sondern – jetzt darf ich mich auf Schiller beziehen – auch den Dingen. Ich bin zwar kein Kunst-Architekt, aber Schiller hat es auf die Kunst bezogen. Er sagt, daß in der Kunst auch die Dinge tendenziell frei sein sollen.[5] Das heißt, wenn ganz konkret da ein Geländerstab ist, den ich anfasse, dann ist das ein Geländerstab, den man anfassen können muß, und der muß aus einem Material sein, das man gerne anfaßt. Oder: So ein Holz ist eben von sich aus gerade, linear und in Längsrichtung anders zu beanspruchen als in Querrichtung, und es ist empfindlich gegen Feuchtigkeit. Wenn man versucht, die Dinge als das zu respektieren, was sie in der Natur unter denselben Bedingungen geworden sind, unter de-

nen wir ja auch das geworden sind, was wir sind, und wenn man versucht, auch die Dinge der Technik zu respektieren, ohne sich ihnen zu unterwerfen, dann gewinnen die Dinge an Leichtigkeit, das heißt, sie werden sie selbst. Sie haben ihren Spielraum gefunden, sie können spielen.

PEHNT: Gibt es nicht auch Dinge, die von sich aus schwer sein wollen? Stein beispielsweise?

BEHNISCH: Sicherlich. Wenn wir Stein verwenden, ist er schwer und lagerhaft, ebenso Beton – das hat Frank Lloyd Wright sehr schön beschrieben, das müssen wir nicht wiederholen.[6] Beton hat eine andere Art als Holz. Jedes Ding hat seine Individualität. Wobei ich Dinge nicht nur als Materialien meine. Ich meine unter Dingen das gesamte Material von Architektur, und das ist nicht zuletzt auch die Form; auch die hat eine Eigengesetzlichkeit. In diesem Zusammenhang wäre es sehr interessant, unter der Feld-Theorie nachzusehen, wohin die geometrisch geschlossenen Formen und wohin die diffusen Formen assoziiert werden.[7] Auch das ist für uns wichtig. Form an sich hat eine Eigengesetzlichkeit, aber sie ist im Kontext zu den Assoziationen des Menschen zu sehen.

PEHNT: Nun hat das Büro Behnisch und Partner nicht immer so gebaut, wie Sie es eben geschildert haben. Ich denke an die Ingenieurschule in Ulm, an andere Schulbauten aus der Mitte der sechziger Jahre, wo Sie sich ja auch in Zwänge hineinbegeben haben, die durch Vorfertigung, durch Massenherstellung entstehen.

BEHNISCH: Ich würde es heute nicht mehr tun; aber in unserer Entwicklung waren sie notwendig, auch in der Entwicklung der Technik und der Gesellschaft unserer Zeit.

PEHNT: Sie haben damals geradezu Pionierarbeit in der Verwendung präfabrizierter Teile geleistet.

BEHNISCH: Wir waren damals am Ende unserer Leistungsfähigkeit, weil das ausgehende Handwerk nicht mehr nachkam, und wir dachten, es wäre eine Möglichkeit, die Bedingungen der industriellen Produktion in Architektur zu übertragen. Wir hatten das Glück, daß dieser Entwurf der Ingenieurschule in Ulm aus einem Wettbewerb hervorging. Er hatte von daher architektonische Qualitäten. Diese architektonischen Qualitäten sind überlagert worden von den Bedingungen der Präfabrikation, und beides ergab eine Spannung

Behnisch & Partner, *Fachhochschule Ulm*, 1963. – Anlage aus flachen und mehrstöckigen Gebäuden auf dem Terrain eines alten preußischen Forts. Die Gruppe gilt als erster großer öffentlicher Komplex, der vollständig industriell gefertigt wurde.

und einen gewissen spröden Charme, der diesem Gebäude sehr gut tut. Aber ich räume ein, daß wir daraufhin eine weitere Ingenieurschule gebaut haben, die härter geworden ist. Diese zweite Ingenieurschule ist die heutige Fachhochschule in Aalen. Kürzlich war ich dort nach vielen Jahren, und ich habe gesehen, daß diese Anlage im Laufe der Jahre immer mehr gewinnt. Wohl ist sie von der Vorfertigungstechnik her bestimmt. Daneben ist sie jedoch von hoher architektonischer und technischer Qualität und auch von großer Gelassenheit. Dann haben wir zwei Schulen gebaut, die ich heute nicht mehr sehr gerne anschaue. Aber wir hatten Glück, eine dieser Schulen mußte erweitert werden, und wir haben alles wiedergutgemacht.

PEHNT: Gibt es nicht Aufgaben, die den Architekten nach wie vor dazu zwingen, sich mit solchen industrialisierten Systemen auseinanderzusetzen, weil sie Kostenvorteile mit sich bringen?

BEHNISCH: Dazu möchte ich sagen, daß wir keine handwerklich gestrickten Architekten sind. Wir verwenden beides. Nur nicht total. Über die Zeit sind wir lange hinaus, entweder alles handwerklich oder alles industriell machen zu wollen. Wo das eine richtig ist, da machen wir das eine, wo das andere richtig ist, das andere. Dabei wird es tendenziell so sein, je näher es zum Menschen direkt kommt, sowohl räumlich wie auch in den Beziehungen, wird das Handwerkliche stärker werden.

PEHNT: Gibt es Architektur, die ganz weit weg ist vom Menschen?

BEHNISCH: Ich meine Strukturen in Gebäuden. Das Tragsystem wird relativ rational sein, das hat vielleicht große Stützweiten. Die Raumtrenner, die sind uns schon wieder näher, die können sich befreien von dem Tragsystem. Zum Schluß natürlich die Vorhänge oder die Möbel.

PEHNT: Sie haben es vorhin schon einmal anklingen lassen, daß Sie diesen Entwurfsprozeß, diese Entwurfsphilosophie bezogen sehen auf unsere gesellschaftliche Verfassung mit ihren sehr vielen unterschiedlichen Richtungen, Wünschen und Meinungen. Nun haben Sie ja auch ganz konkret für die Demokratie, und zwar da, wo sie sich am deutlichsten darstellen sollte, geplant.[8] Sie ahnen das Stichwort: Ist Demokratie als Bauherr überhaupt möglich oder ist sie durch die Aufspaltung in die verschiedensten Kommissionen und Unterkommissionen nicht außerstande, einen Bauherrnwillen zu entwickeln und zu formulieren?

BEHNISCH: Ich sage, es muß möglich sein. Sonst sind unsere Vorstellungen vom Bauen in der Demokratie falsch, ebenso die Verfahren, von denen wir glauben, daß sie richtig seien. Aber ich räume gerne ein, daß in Bonn selbst die Sache nicht sehr sinnvoll und nicht sehr glücklich gehandhabt worden ist.

PEHNT: Wenn Sie für die parlamentarische Demokratie geplant haben, haben Sie dann diese Bau-

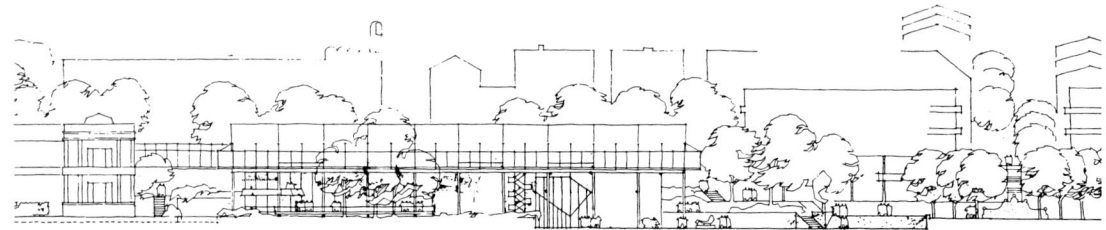

Behnisch & Partner und Kammerer, Belz & Partner, *Wettbewerbsentwurf für die Neue Staatsgalerie* in Stuttgart, 1977.
Pavillon aus Stahl und Glas; Offenheit, Leichtigkeit, Transparenz, Einladung.

James Stirling, Michael Wilford and Ass., *Neue Staatsgalerie* in Stuttgart, 1977-84. Ansicht von Westen.
Monumentales Gehäuse aus Beton und Werkstein; Geschlossenheit, Pesanz, Zitierfreude, Attraktion durch Abweisung.

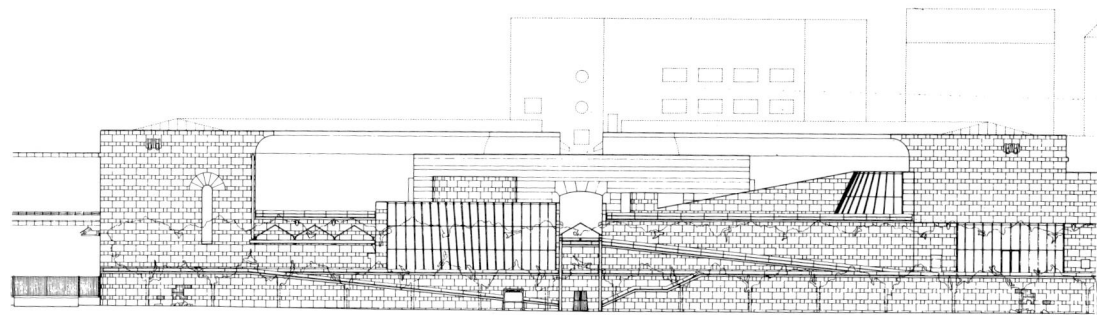

ten als ein Abbild demokratischen Lebens aufgefaßt? Oder war es für Sie wichtiger, eine Plattform, einen Spielraum für demokratische und parlamentarische Vorgänge zu schaffen? Beides muß sich ja nicht notwendigerweise ergänzen, sondern kann auch in Konflikt zueinander geraten. Ich denke an das berühmte Schlagwort von der Transparenz, wo man immer gesagt hat, bitte, was in der Demokratie gebaut wird, muß durchsichtig nach außen sein. Aber wenn man wörtlich genommen Transparentes plant, sieht man nachher auch nur irgendwelche Leute, die Bürovorgänge hinter transparenten Glasscheiben erledigen.

BEHNISCH: Dreierlei. Die Verfahren, die dahin führen, müssen genau mit unserer Verfassung, mit unseren Idealen übereinstimmen. Wir müssen Wege finden, wie wir mit der dezentralisierten Macht zurechtkommen, denn sie räumt uns – Gott sei Dank – Freiräume ein. Und das geht; kleinere und mittlere Gemeinden können das hervorragend. Wir müssen die demokratischen Verfahren

der repräsentativen Demokratie benutzen. Zweitens muß das, was drinnen passiert, offensichtlich für die sein, die später das fertige Produkt sehen. Es kann nicht so sein, daß man den Eindruck hat, da walten geheimnisvolle Mächte. Das hat möglicherweise etwas mit Hineinsehen zu tun, aber mehr noch damit, daß man sieht, das ist da und das ist dort. Die Funktion unserer Verfassung muß offensichtlich sein. Und drittens muß der schöne Schein dem entsprechen. Das heißt, ich kann nicht eine Architektur von Künstlers Gnaden auf einem Sockel aufrichten, die dann alles andere abwehrt. Ich muß mich in Gottes Namen mit meiner Architektur dem »gemeinen« Volk, nämlich uns Einzelnen stellen. Und ich darf keine Materialien nehmen, keine Formen und nichts, was im Prinzip gegen das Einfache verstößt. Man würde mich mißverstehen, wollte man annehmen, ich spräche hier für eine simple (im Sinne von eindimensional oder primitiv) Architektur. Im Gegenteil, die Bauten für den Bundestag in Bonn sollen – soweit wir sie planen – vielfältig und auch hochentwickelt sein. Sie sollten sich jedoch dafür der Materialien, Dinge, Mittel und Methoden bedienen, die im Prinzip jedem zur Verfügung stehen.

PEHNT: Wenn Sie die gegenwärtige Architekturszene betrachten, dann müßte es vieles geben, das konträr zu dem läuft, was Sie eben als Ihre Idealvorstellung geschildert haben. Fühlen Sie sich in der Opposition? Es gab ja konkrete Fälle, wo Sie mit einem zitierenden Historismus konfrontiert worden sind. Ich denke an die Stuttgarter Staatsgalerie, den Entwurf von James Stirling, der 1977 vor dem Ihren den ersten Preis gemacht hat. Wie stehen Sie zu dieser Bewegung eines akut gewordenen Formalismus?

BEHNISCH: Nicht feindlich. Ich versuche ...

PEHNT: Es gab vorhin einen Punkt, wo eine Art Näherung denkbar gewesen ist. Sie haben nämlich auf die Wichtigkeit hingewiesen, die für Sie der Ort, das heißt ja wohl auch die Geschichte des Ortes hat.

BEHNISCH: Nur habe ich andere Geschichtsbegriffe, das ist der Haken daran. Also ich möchte mich auch nicht gemein machen mit diesen Richtungen, ich möchte schon die Verhältnisse klären. Ich habe es vorhin kurz einmal angesprochen, daß das zutiefst in jedem Einzelnen sitzende Ängste und Probleme sind, vielleicht auch der Versuch, Architektur zu retten, als Kunst zu retten in einer Zeit, in der sie immer mehr von fremden Mächten besetzt worden ist – vom Kapital usw. Ich aber sehe den Ausweg nicht in diese Richtung. Ich versuche, mich direkt gegen Administration, gegen Apparate zu stellen. Ich wende mich nur gegen die verschiedenen Wellen, wenn ich meine, darin totalitäre Tendenzen zu sehen. Und da muß ich meinen, daß diese Tendenzen von Welle zu Welle stärker geworden sind. Das macht mir Angst. Für mich ist Architektur im höchsten Maße politisch und gesellschaftlich in einer Zeit, in der es uns aufgegeben ist, uns politisch zu arrangieren. Dazu ein Beispiel: Königstraße, Stuttgart, Fußgängerzone, die einzige lange und gerade Straße in Stuttgart, in der natürlich im Dritten Reich SA, SS, HJ und auch die Wehrmacht marschierten. Glücklicherweise stehen jetzt so viele Bäume herum, daß das nicht wieder sein kann. Aber parallel damit

ist auch der Schloßhof restauriert worden. Walter Rossow hatte vor fünfzehn Jahren im Zuge der Demokratisierung feudaler Reste das Grün des Bürgerschloßplatzes in das Schloß hineingezogen. Als wir den Auftrag bekamen, den Schloßplatz zu renovieren, hat der Denkmalrat des Regierungspräsidiums, ein Gremium, das politisch keine Verantwortung, aber Einfluß hat, beschlossen, daß er zu restaurieren sei wie zu Königs Zeiten, als dort Soldaten exerziert und paradiert haben. Es dauerte kein Jahr, dann standen die mit ihrer Nacht- und Nebel- und Fackelfeier wieder in dem Raum und haben genau dasselbe gemacht – auf ihre Art –, wie früher des Königs Soldaten. Das

Günter Behnisch & Partner, *Neugestaltung der Königsstraße* in Stuttgart, 1973–80. Teilstück.
Querachsen, Ruhezonen, Baldachingruppen, versetzte Baumreihen und Pavillons opponieren gegen die strikte Längserstreckung der Stuttgarter (nun den Fußgängern vorbehaltenen) Hauptgeschäftsstraße.

ist für mich ein Zeichen, ein Schulbeispiel dafür, daß nicht nur Funktionen Formen produzieren, sondern auch Formen, wenn sie in einer geschichtlich-gesellschaftlich anderen Situation entstanden sind, ihre Funktion restaurieren und deshalb restaurativ sind.

PEHNT: Sie setzen jetzt bestimmte Formen mit bestimmten Inhalten gleich, als ob diese Verbindung unlöslich wäre. Ich bin nicht der Meinung, daß jede gerade Straße, wenn sie nur einige Länge hat, gleich eine entsprechende totalitäre Assoziation mit sich bringen muß.

BEHNISCH: Dann müssen Sie sich wirklich einmal mit der Feldtheorie beschäftigen. Es ist völlig unstrittig, daß die Assoziationen dahin laufen: geschlossene Formen = Feudalsystem; diffuse Formen = pluralistische Gesellschaft. Lange Gerade liegt in der Nähe von Krieg und Tod. Quadrat liegt in der Nähe von Staat und Macht. Der alte Nierentisch lag in der Nähe von Individuum und Offenheit – das ist völlig unstrittig, das können Sie nicht bestreiten.

PEHNT: Ich hoffe, Herr Behnisch, Sie werden jetzt nicht Nierentische produzieren?

BEHNISCH: Doch, ich bin wieder daran, die Nie-

rentische zu produzieren. Und ich bin der Meinung, daß die Architektur der fünfziger Jahre, die das produziert hat, tatsächlich offen war und frei war, und daß unsere Architektur heute wieder die Zwänge über die Menschen stülpt im Namen einer sogenannten Kunst, die wir eigentlich nie wieder haben wollten.

PEHNT: Die Zwänge sind nicht fest an Formen gebunden, Herr Behnisch, die werden in den Köpfen produziert. Ich kann mir gut vorstellen, daß für Menschen – und ich gehöre auch noch zu dieser Generation –, für die sich diese Verbindung aus den Erfahrungen in der Nazizeit hergestellt hat, ein solcher Formenapparat unerträglich ist. Aber es gibt auch Menschen, die diese Erfahrung nicht gemacht haben, und ich glaube nicht, daß man ohne weiteres diese Gleichsetzung ...

BEHNISCH: Na gut, sagen Sie mir *eine* totale Regierungsform, die nicht Achsen gemacht hat, gerade, geschlossene Körper. Nennen Sie mir eine aus der Geschichte, Sie sind Historiker!

PEHNT: Die Planung für Washington hat mit großen Achsen gearbeitet und die Formen des feudalen Barock benutzt für die Architektur der demokratischen Reform ...

Günter Behnisch & Partner, *Zweigwerk Leybold AG* in Alzenau bei Frankfurt, 1983-87.
Blick auf die halbrunden, aufgestelzten Bürotürme, die ebenso wie die Laborgebäude von einer durchgehenden Achse erschlossen werden.

Oswald Mathias Ungers
Geb. 1926 in Kaisersesch, Eifel. Seit 1950 eigenes Büro in
Köln. 1963-68 Professor an der Technischen Universität Berlin, 1969-75 an der Cornell University, Ithaca (N. Y.).

BEHNISCH: Sie sagen es anders herum. Nennen Sie eine totale Regierungsform, die nicht das Zeug produziert hat, sondern die freie Form produziert hat!

PEHNT: Wenn Sie die Verbindung von Form und Inhalt für unauflösbar halten, dann muß auch das umgekehrte Argument gelten. Eine Gesellschaft benutzt Formen aus einem anderen Zusammenhang, löscht die alten Bedeutungen und stellt neue Bedeutungen her.

BEHNISCH: Sie weichen aus.

Ungers (aus dem Publikum): Der Faschismus war eine Blut-und-Boden-Ideologie, und die Formen der Blut-und-Boden-Ideologie waren viel stärker als die Formen, die Sie erwähnen.

BEHNISCH: Herr Ungers, sehen Sie sich doch einmal die Achsen in Berlin an, die der Faschismus geplant hat! Ich habe nicht gefragt, ob die Nazis auch etwas anderes produziert haben, ich habe gesagt: Nennen Sie mir eine totalitäre Staatsform, die nicht Achsen …

PEHNT: Herr Behnisch, die NS-Architektur hat mit und auf sehr vielen verschiedenen Ebenen operiert. Sie hat die offizielle Staatsarchitektur ge-

habt, die so vorgegangen ist, wie Sie es gesagt haben. Sie hat aber auch mit ganz anderen Formen gearbeitet, die beispielsweise auf regionale Dinge Bezug genommen haben. Das können Sie an jeder Autobahnraststätte und an jedem Jugendheim aus der Nazizeit sehen. Da ist sehr raffiniert versucht worden, die verschiedenen Ansprüche, die verschiedenen Erwartungen zu erfüllen.

BEHNISCH: Verschiedene Strömungen sind im Faschismus kulminiert. Die haben den Riecher gehabt, das alles aufzupacken. Aber das Totalitäre ist nicht in diesen kleinen Landgaragen zu finden, sondern in den Achsen und den Aufmarschplätzen, ganz eindeutig. So ein Staat hat eben verschiedene Aspekte gehabt, nicht nur den einen.

UNGERS: Überlegen Sie einmal, wo die Folklore hergekommen ist! Es gibt kein totalitäres System, das nicht die Folklore, nicht den Populismus auf die Fahne geschrieben hat als Programm; kein einziges System. Ich halte die Frage des Populismus, Herr Behnisch, für viel schwieriger. Denn im Namen des Volkes ist noch nie Kunst gemacht worden, aber im Namen des Volkes ist einiges passiert.

BEHNISCH: Ich rede ja auch nicht im Namen des Volkes. *Das* Volk ist ein genauso totalitärer Begriff wie *der* Staat. *Das* Volk ist ein totalitärer Begriff, *der* Staat ist totalitär, alles was mit *das* und *der* anfängt, hat Totalität schon in sich.

PEHNT: Es lebe *die* Architektur!

II

PEHNT: Herr Ungers,[9] wenn ich mit einem Kompliment anfangen wollte, dann könnte ich sagen, daß Sie international zu den bekanntesten deutschen Architekten gehören, vielleicht sogar der bekannteste sind zusammen mit Frei Otto, dem Architekten des Leichtbaus. Wenn ich das Gegenteil tun wollte, dann könnte ich sagen, daß Sie zehn oder fünfzehn Jahre lang zu den Architekten gehört haben, die möglicherweise die wenigsten Aufträge hatten. Diese Karriere ist also in einem merkwürdigen Auf und Ab verlaufen. Bis in die sechziger Jahre hinein waren Sie ein Architekt, der eine ganze Menge bauen konnte, wenn auch nicht die ganz großen Brocken, die im deutschen Wirtschaftswunder zu vergeben waren. Danach kam diese lange Pause, und heute scheint es so zu sein, als ob die Aufträge geradezu über Sie hereinbrächen. Ich möchte jetzt nicht auf die biographischen Umstände zu sprechen kommen, die dahinter stecken können. Sie sind eine ganze Zeit in Amerika an der Cornell Universität in Ithaca gewesen. Darum geht es mir jetzt nicht, sondern um die Frage, was am Werk ist es gewesen, das zu diesen ups and downs geführt hat?

UNGERS: Das ist eine persönliche Frage, die ich Ihnen auch gerne beantworten möchte. Ich bin, wie Sie wissen, seit 1950 in Köln. Ich bin auch gleich in das Bauen hineingegangen, also gleich in die Praxis. Ich habe nie in einem Büro gearbeitet und habe sofort, nachdem ich fertig war, an der Hochschule, angefangen zu bauen, weil das für mich ein so starker Wunsch war, daß ich glaubte, man lernt am besten, wenn man mit seinen eigenen Fehlern konfrontiert wird. Und der ganze Prozeß während der fünfziger Jahre, in dem ich versuchte, mich im Gebäude darzustellen, war eigentlich ein Prozeß der Konfrontation mit eigenen Fehlern. Es war aber auch in gewisser Weise ein Prozeß gegen die glatten Kisten, gegen das technologische Bauen der fünfziger Jahre. Diese Dinge wurden von mir aufgeschrieben in einem Manifest, in dem Haus in der Belvederestraße, in dem wir immer noch wohnen. Insofern ist eine Kontinuität geblieben. Wir sind nicht aus diesem Ding weggegangen, obwohl wir lange Zeit in Amerika waren, obwohl wir lange Zeit in Berlin waren. Wir sind immer hier geblieben, auch das hat eine bestimmte Bedeutung. Und zwar war es die Kontinuität des Ortes, die für uns, für meine Frau und für mich und für alle, die da gearbeitet haben, sehr wichtig war. Ich habe mehrmals versucht, mich von dem Platz zu trennen, wo ich meine eigenen Fehler gebaut habe, wo ich mein eigenes Manifest gebaut habe, meine eigene Theorie. Und wer selbst gebaut hat, weiß, wie schwierig es ist, mit den eigenen Fehlern zu leben. Ich habe mich mittlerweile so daran gewöhnt, daß sie einen bestimmten Charme bekommen haben.

PEHNT: Es ist immer noch besser, *Sie* leben mit Ihren Fehlern, als daß es andere tun müßten.

UNGERS: Es ist vielleicht ganz gut, wenn man erlebt, was es heißt, daß nicht immer alle Entscheidungen richtig sein können. Was uns interessierte an diesem Ort, war – wenn man so will – die Banalität oder die Alltäglichkeit des Ortes. Es war nicht nur eine sozial sehr durchmischte Gegend, sie war architektonisch sehr durchmischt. Wir haben uns mit diesem Haus an die Ecke in die Reihe hineingestellt, um einfach zu begreifen, was wir dann in dem Manifest mit genius loci bezeichneten.

PEHNT: Sie meinen das Manifest, das Sie zusammen mit Reinhard Gieselmann verfaßt haben.[10]

UNGERS: Es ist erst einmal der Sinn für den Ort, für den Platz, auf dem man baut. Aber dann nicht einfach diesen Platz nach den bestehenden Gesetzen oder Vorschriften zu erfüllen, sondern ihn architektonisch zu überhöhen. Es war immer, auch in den späteren Jahren, der Versuch der Poetisierung des Ortes, die Poesie in dem Ort zu entdecken und sie in der Architektur weiterzuführen. Natürlich war es eine Überhöhung, nicht ein antagonistisches Statement gegen den Platz. Wir hätten ja mit Glas bauen können, das haben wir nicht getan. Es gab ja Ziegel, wir hätten andere Dächer machen können. Es war für uns nie eine Ideologie: spitzes Dach oder steiles Dach …

PEHNT: An Ihrem Haus haben Sie übrigens beides.

UNGERS: Es war für mich keine Ideologie, wie es heutzutage oft proklamiert wird, demokratische Architektur mit offenem Raum zu bauen oder geschlossene Architektur als totalitäre Architektur auf der anderen Seite. Das, meine ich, sind Dinge, die man eigentlich am Ende des 20. Jahrhunderts überwinden müßte, das sind Antagonismen aus dem 19. Jahrhundert.

PEHNT: Was Sie gesagt haben von der Überhöhung des Ortes, von der Akzentuierung des Ortes, das ist mir an Ihrem Haus ohne weiteres deutlich. Danach sind aber eine ganze Reihe von anderen Entwürfen gekommen, wo Sie, für mich jedenfalls, nicht mit dieser Strategie, den Ort zu charakterisieren, gearbeitet haben, wo Sie zu Großformen gegriffen haben, wo die abstrakten und geometrischen Formen eine Rolle gespielt haben. Sie sind dann in Projekte hineingeraten – ich denke an den Berliner Ruhwald-Wettbewerb, an das Märkische Viertel natürlich –, wo es sehr schwer war, einen Ort zu charakterisieren, weil ja so gut wie kein Ort da war – oder jedenfalls sehr wenig an Charakteristischem für einen Ort. Kann es nicht

Oswald Mathias Ungers, *Haus Ungers* in Köln-Müngersdorf, 1958-59. Bauen am alltäglichen Ort, als Abschluß einer Hauszeile, in einem fast dörflichen Vorort. Zur Bauzeit erschien dieses Haus als ein Manifest, als ein Katarakt der Formen, als Zeugnis des Neuen Brutalismus.

sein, daß dieser – in Bonn nennt man es: – Karriereknick mit einer Änderung in Ihrem architektonischen Repertoire zu tun gehabt hat?

UNGERS: Ich kann es nicht genau beantworten. Natürlich hat es für mich einen anderen Maßstab gegeben, als ich nach Berlin kam. Natürlich hat es ganz andere Maßstäbe für alle von uns gegeben, die zu meiner Generation gehören, als wir Ende der fünfziger, Anfang der sechziger Jahre mit der Frage des Massenwohnungsbaus konfrontiert wurden. Ich kam also aus einem Wohnungsbau, der maximal 150 bis 200 Wohnungen baute; das war auch gestalterisch und vom ganzen ökonomischen Ablauf her zu verkraften. Wir wurden plötzlich in Berlin mit Wohnungsbauten konfrontiert, die lagen bei 1500 bis 2000 Einheiten, in einem solchen Ausmaß und einer so kurzen Zeit. Und hinzu kam die theoretische Auseinandersetzung mit der Frage der Urbanität durch Dichte, wir alle kennen diese Diskussion. Es gibt da sehr viele Fehlinterpretationen, und wir haben auch sehr viele Dinge getan, die sicherlich nicht ganz richtig waren, und zwar aus mangelnder Vorbereitung. Ich hatte ja nie Architektur auf der grünen Wiese gemacht, ich fand sie immer schlecht. Vielleicht wäre ich ein ganz schlechter Architekt, wenn ich Architektur auf der grünen Wiese hätte machen müssen, weil ich nicht weiß, wie man das tut.

PEHNT: Ich glaube, alle Architekten sind schlechter, wenn sie Architektur auf der grünen Wiese machen müssen.

UNGERS: Das war aber die Philosophie der fünfziger Jahre, man muß erst einmal ein freies Grundstück haben, und dann wurde angefangen zu bauen.

PEHNT: Kontinuum von Ort und Zeit, Akzentuierung des Ortes – wir kommen jetzt wieder auf einen Punkt, der schon im Gespräch mit Herrn Behnisch eine Rolle gespielt hat, auf das Verhältnis zur Geschichte, auf Ihr Verhältnis zur Geschichte. Sie sind ein Architekt, der sich sehr viel mit Architekturgeschichte befaßt hat. Worin besteht jetzt der Unterschied zu vielen Ihrer anderen Kollegen, die sich ja auch mit dem Einfügen in einen geschichtlich gegebenen Rahmen beschäftigen? Ich habe das Gefühl, das geschieht bei Ihnen mit sehr viel mehr Selbstgefühl und auch mit einer gewissen Distanz zu dem, was vorhanden ist.

UNGERS: Man muß von vornherein zweierlei unterscheiden: Was ich unter Geschichte verstehe, ist die geschichtliche Prägung eines bestimmten Ortes, nicht Geschichte als Kunstgeschichte oder Stilgeschichte. Und das scheint mir wirklich eine Diskussion zu sein, die bei einigen meiner Kollegen sehr hochgespielt wird. Es werden Stile kopiert oder übernommen, fortgesetzt und wieder angewandt. Damit wird versucht, eine geschichtliche Kontinuität herzustellen. Mir geht es nicht um eine Stilgeschichte der Architektur. Es geht mir auch nicht darum, die Höhepunkte herauszugreifen und sie quasi als Sammelobjekte auf einen Ort zu versammeln, um damit meine humanistische

Bildung nachzuweisen. Mir geht es um die Geschichte eines ganz spezifischen Ortes. Die Geschichte kann zum Teil banal, sie kann zum Teil alltäglich sein, es geht um die Fortsetzung eines geprägten Ortes. In der Zeitung sah ich zufällig einen Text von Ingeborg Bachmann, und sie sagt, sie kann nur an einem Ort leben, wo etwas gewesen ist. Es geht mir um das, was an dem Ort gewesen ist, unabhängig von – sagen wir – der kunsthistorischen Qualität. Ich habe geschichtliche Elemente aufgenommen aus dem Ort, der vielleicht gar keine geschichtliche Qualität hatte im Sinne der Kunstgeschichte oder der Stilgeschichte, um damit den Ort in die Kontinuität eines Weiterlebens hineinzustellen. Ich kann also nur etwas tun an einem Ort, wo etwas gewesen ist. Wenn wir ernsthaft die Dinge betreiben, dann tun wir alle eigentlich etwas, was an einem Ort gewesen ist. Nun ist natürlich klar, daß die Interpretation dieses Ortes im höchsten Maße individuell ist. Natürlich haben Sie ein anderes Empfinden gegenüber einem Ort oder der Poesie eines Ortes, als ich es habe oder irgendein anderer. Insofern ist das, was ich in den Ort unter Umständen hineininterpretiere oder aus dem Ort als Überhöhung herausnehme, im höchsten Grade eine individuelle Interpretation. Die kann man mir aber nicht zum Vorwurf machen. Denn das ist mein Recht als Gestalter, *meine* Interpretation dieses Ortes zu geben.

PEHNT: So wie Sie es jetzt eben sagen, Herr Ungers, klingt es eigentlich, als ob Sie aus jeder jeweiligen Situation Ihre Anregungen nehmen und versuchen, sie weiterzuentwickeln. Mir scheint aber ein anderer Punkt ebenso wichtig oder noch wichtiger bei Ihrer Arbeit zu sein: Nämlich das Entwickeln von Typen, also von Formen, die durch die Geschichte hindurch zeit- und ortsunabhängig sich entwickelt haben, Typen wie die Villa, das Atriumhaus, die Kolonnade. Liegt da nicht ein gewisser Widerspruch?

UNGERS: Das ist ein sehr komplizierter Prozeß. Das eine ist das Entdecken der Poesie; das ist wie jede künstlerische Tätigkeit ein Bewußtmachen über das Entdecken. Andererseits muß man, um Geschichte zu entdecken, die auf die Architektur bezogen ist an einem Ort, sich gewisser Themen oder Ideen bedienen, damit man sie überhaupt entdecken kann. Ein Ort ist im Grunde genommen banal. Wie wollen Sie ihn strukturieren, wie wollen Sie ihn durch ein Bewußtsein geistig und von Ihrer möglichen Phantasieausprägung her strukturieren? Indem Sie aus diesem Ort heraus Bilder quasi idealisieren, mit denen Sie dann wieder zurückgehen in den Ort und ihn verändern. Das heißt, Sie werden zunächst einmal einen Ort daraufhin analysieren, welche Idealbilder sind mehr oder weniger verdeckt im Ort enthalten, wie können diese Idealbilder zunächst einmal bewußt gemacht werden und wie kann dann mit diesem Bewußtsein die Gestaltung des Ortes verändert werden. Es kann ja sein, daß irgendwo zwei Säulen stehen, die unter Umständen eine Arkade vorschlagen. Das heißt, nun werden Sie über das Bild einer Grundidee zurückgehen können in die Realität, um wiederum die Realität zu verändern.

PEHNT: Das kommt mir fast vor wie Goethes Definition der Idee, jetzt nicht die Idee der Urpflanze, auch nicht die Idee eines Urbaues, aber doch wenigstens die Idee bestimmter architektonischer zeitüberdauernder Formen, die für Sie dann zu einer Art Erkenntnisinstrument geworden sind.

UNGERS: In etwa ja. Meines Erachtens wäre es richtig, eine Ideengeschichte der Architektur zu schreiben. Dann wird man feststellen: Es gibt bestimmte Ideen, eine unbegrenzte Zahl von Ideen, die unabhängig von Stilen, von Zeitepochen, von sozialen Ereignissen, von Kriegen oder Nicht-Kriegen existieren. Natürlich sucht man als Architekt nach diesen Ideen, die den Dingen zugrunde liegen. Es hat keinen Sinn, wenn wir Häuser bauen, die keine Idee haben. Das können die Bautechniker viel besser, das kann die Bauindustrie viel richtiger. Die produziert das Ding zusammen, und zwar schneller, besser, billiger, und da regnet es auch nicht durch.

Aber es geht doch einfach darum, daß man sich bemühen muß, dem Haus eine Idee zu geben, sonst ist unsere Tätigkeit eigentlich sinnlos. Oder noch besser ein Thema. Da gibt es nun zwei Künste, die Musik und die Architektur, die sich bemühen müssen um das Thema. Nicht, weil Architektur gefrorene Musik ist, das halte ich für ziemlichen Unsinn. Aber sie bildet nicht ab. Die Malerei bildet ab, die Plastik kann abbilden, die Photographie, selbst die Literatur kann beschreiben. Die Architektur kann weder beschreiben noch abbilden, sie

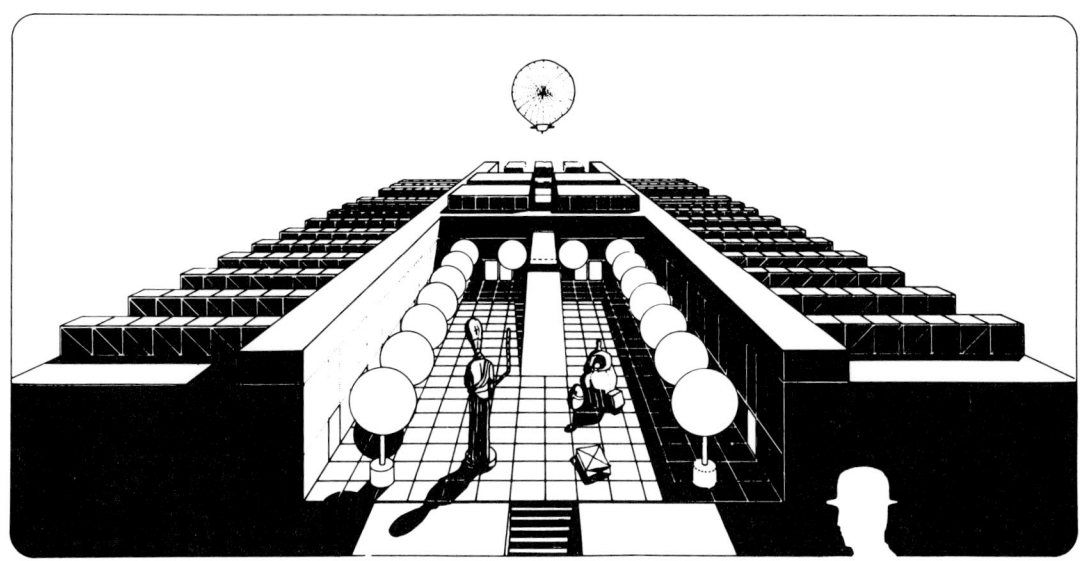

Oswald Mathias Ungers, *Wettbewerbsentwurf für das Wallraf-Richartz-Museum* in Köln, 1975. Eingangshof mit Blick in Richtung Rhein. – »Das Thema und der Inhalt der Architektur kann nur die Architektur selbst sein« (Oswald Mathias Ungers).

muß sich das Thema setzen, sie kriegt es nicht umsonst geliefert. Und das ist die Auseinandersetzung, die Setzung des Themas. Und die ist schwierig, und darum geht es eigentlich bei der Sache. Sie können sie auch damit bezeichnen, indem Sie wie Karl Popper beispielsweise die Idee gleichsetzen mit einer Hypothese.[11] Ich sehe meine Aufgabe als Architekt darin, Ideen zu setzen und Hypothesen aufzustellen, die dann widerlegt werden können, die unter Umständen auch als Idee sich nicht durchhalten lassen, wenn all die anderen Faktoren der Wirtschaft, der Benutzung usw. dazukommen.

PEHNT: Ich finde, es ist ein radikales Statement, das Sie abgeben. Für Sie wäre also das Hauptthema der Architektur die Architektur?

UNGERS: Und das ist auch gemeint mit der Rationalen Architektur. Die Architektur ist immer als eine Funktion von etwas behandelt worden, besonders im 20. Jahrhundert. Sie hat dadurch ihre eigene Sprache, ihre Eigenständigkeit verloren. Aber die Funktion der Architektur könnte ja die Architektur sein, und meines Erachtens sollte sie es sein. Das ist gemeint mit dem Rationalismus, wenn ich das hier sagen darf, soweit ich selbst da irgendwo immer mit eingeordnet werde. Es ist die Rationalisierung der Architektur selbst gemeint, des Themas und der Idee der Architektur, und

es ist nicht damit gemeint, daß wir harte Linien zeichnen. Wir zeichnen nicht harte Linien, oder ich zeichne sie jedenfalls nicht, weil sie als Graphik verkauft werden können bei Leo Castelli in New York, sondern ich zeichne sie, weil sie eine Idee ganz klar und deutlich zum Ausdruck bringen. Ich könnte natürlich auch die kleinen Bäumchen und Männchen und die Hündchen und all das davor zeichnen. Aber es würde damit unter Umständen das Sujet, das Ambiente, wichtiger werden als die Idee, um die ich mich bemühe.

PEHNT: Herr Ungers, Sie haben bisher – wie mir scheint – von Architektur als einer Sprache gesprochen, aber dabei mehr den syntaktischen Aspekt der Sprache behandelt und nicht die semantische Seite, also den Aussagewert, die Aussagekraft einer solchen Architektur, die aus der Architektur lebt. Es gibt von Ihnen Entwürfe, die bestimmte Emotionen ausstrahlen. Ich denke beispielsweise an den Entwurf, den Sie für das Wallraf-Richartz-Museum in Köln gemacht haben, wo man sich – ich glaube, der Vergleich stammt sogar von Ihnen – an Bilder von de Chirico erinnert fühlen kann: eine Platzfolge, die zugleich die Architektur selber ist, eine Achse, die ins Leere hinausgeht, eine Architektur, die sicherlich Gefühle des Unbehagens hervorrufen kann, vielleicht auch will. Darf Architektur alles sagen, was sie sagen kann?

UNGERS: Das führt mich zu der Frage der Sprache, des Ausdrucks von Architektur, der breiten Möglichkeiten der Aussage und damit des Öffnens von Architektur. Unsere Sprache ist so flach geworden, daß wir beispielsweise nur von Eingang sprechen. Wenn wir also mit einem Bauherrn oder mit uns selber reden, wenn wir zeichnen, reden wir von Eingang. Nun wissen wir, Eingang kann eine Tür sein, es kann ein Tor sein, es kann ein Portal sein. Eingang hat viele Aspekte. Eine Tür hat einen ganz anderen Charakter als ein Portal: ein Portal ist festlich, eine Tür ist einfach und simpel, sie erfüllt nur den Zweck. Das Portal erfüllt zwar auch einen Zweck, aber einen ganz anderen. Da gibt es doch große Möglichkeiten, wenn man anfängt, über die Unterschiede nachzudenken. Um auf das Wallraf-Richartz-Museum zu kommen – wo ich polemisch aufgehängt werde, indem man sagt, das ist die Treppe ins Nichts: natürlich habe ich das selbst gesagt; man kann es aber nicht aus dem Zusammenhang herausnehmen. Wenn man meine Auffassung kennt über die morphologische Entwicklung, über das, was ich eben Sprache nannte, über die Poetisierung des Ortes, dann weiß man, daß ein geschlossener Platz vielleicht zu einem Platz führt, der sich beginnt aufzulösen, zu einem Platz, der nur noch in den Kanten gezeichnet wird und schließlich zu einem Platz, der ins Unendliche führt. Das sind doch Ideen, die ich zwar nicht direkt und unmittelbar ausdrücken kann, die ich aber selbst mit architektonischen Mitteln zeigen kann. Es geht eine Treppe zum Rhein hinunter, und damit ist die Kontinuität von Platzfolgen gegeben, die aber auch benutzt werden kann, indem ich am Rhein sitze, indem ich die Schiffe betrachte, indem da ein Ort ist, wo unter Umständen etwas angeboten wird, wo Lebendigkeit stattfinden kann. Von der architektonischen Idee her führt die Treppe in den unendlichen Raum, der sich fortsetzt in ein quasi-Nichts. Auch Bruno Taut hat in der ›Alpinen Architektur‹ von dem Raum des Nichts gesprochen, und keiner hat ihn daraufhin polemisch angemacht. Wir alle haben uns lange daran gewöhnt, daß nichts mehr benannt werden soll: Architektur soll nicht mehr Architektur heißen, ein Platz soll nicht mehr Platz heißen. Wir wollen immer in den Zwischentönen bleiben. Nun wäre es doch vielleicht denkbar, daß man einmal einen ganz klaren Platz macht, daß man wieder einmal das Gefühl hat, es gibt einen deutlichen Platz. Es werden die Ecken nicht abgepflanzt, es werden nicht die Grenzen verwischt, sie werden gezeigt, wie sie sind, um Bewußtsein hervorzurufen.

In diesem Statement, da gebe ich Ihnen gerne recht, liegt natürlich ein gewisser Grad von Provokation. Das müssen Sie jedem Künstler zugestehen, und wenn ich mich so bezeichne, tue ich es jetzt ganz bewußt, weil ich weiß, auch das kann Polemik hervorrufen. Den Betrachter so provozieren, wie Jean Genet es beispielsweise in seinem Buch fertigbringt, aus einem Kohlentrimmer, der aus dem Dreckkasten kommt, einen Mann zu machen, der einen schwarzen Mantel trägt, wo Schweiß zu Perlen auf dem Mantel wird.[12] Das heißt, Situationen so weit zu verändern und auf das Bewußtsein so stark wirken zu lassen, daß selbst diejenigen, die dann nicht in der Lage sind, in einem Platz einen Platz zu sehen, sondern immer noch den Kohlentrimmer mit dem dreckigen Anzug, zur Reaktion aufgerufen sind. Ich meine, dann wäre das genau das, was erreicht werden sollte, die Reaktion auf die Dinge. Lesen Sie Genet! Genet wollte auch nicht ein Krimineller sein, ein Ausgeflippter, den man beim Händchen nehmen muß und wieder in die Gesellschaft zurückführt, sondern er war ganz bewußt das, was er war. Ein Platz will auch ganz bewußt einmal ein Platz sein und nicht nur eine Halbheit und nicht nur nivelliert und nicht nur angeglichen. Und es will auch einmal Architektur ganz bewußt nur Architektur sein. Die Bernini-Kolonnaden am Petersplatz und das Kapitol von Michelangelo als totalitäre Architektur abzuhandeln, das zeigt doch deutlich den geistigen Verfall. Nichts will mehr das sein, was es ist, es ist nichts mehr das, was es sein möchte.

PEHNT: Das ist mir doch eine sehr interessante Formulierung, daß zwei Architekten die Dinge das sein lassen wollen, was sie sind, und darüber zu so konträren Meinungen kommen. Herr Ungers, Sie haben sich vorhin vorsichtig, aber deutlich abgesetzt von Richtungen der Architektur, die frei mit den Zitaten spielen, ohne daß dort diese

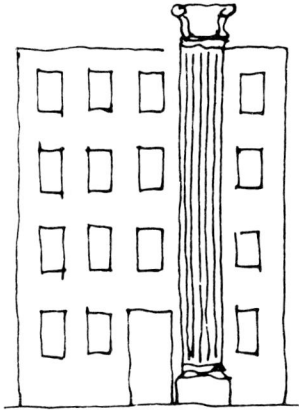

Oswald Mathias Ungers, *Skizze für ein Wohnhaus im Sanierungsgebiet von Berlin-Kreuzberg,* 1980. Die ionische Säule vor der Hausfassade sollte den Fahrstuhl aufnehmen. »Das Gebäude als Stückwerk, als ein aus mehreren unterschiedlichen Teilen zusammengefügtes ›uneinheitliches‹ Objekt« (Oswald Mathias Ungers).

PEHNT: Aber hier sind Sie ja nun der Urheber.

UNGERS: Das weiß ich. Ich habe aber nur eine Erklärung, daß bei ihm eine gewisse Freude an der Ironie mit dabei war, eine Freude an der Provokation. Und natürlich auch Freude daran, was ein poetisches, ein künstlerisches Mittel ist, zu verfremden: Dinge aus dem Kontext zu nehmen. Das ist auch von Brecht gemacht worden, das haben die Surrealisten getan. Und damit werden Spannungen erzeugt. Ein Element, das in dieser Straße ist, wird herausgenommen und verfremdet, indem man es in der Proportion verändert und gleichzeitig auch seinen Sinn verändert, indem es zum Aufzugsschacht wird. Das sind künstlerische Mittel: Teile herauszunehmen und in ihrer Proportion zu verändern.

PEHNT: Wobei Sie Gefahr laufen, daß diese Dinge, die Sie als künstlerische Mittel benutzen und mit denen Sie bestimmte Assoziationen verbinden, von anderen, also beispielsweise von den Kreuzberger Mietern, sicherlich nicht so gesehen werden?

UNGERS: Vielleicht freuen die sich, wenn sie statt eines banalen Aufzugschachts eine Säule stehen hätten.

PEHNT: Herr Ungers, Sie haben des öfteren den Namen Palladio genannt. Sicherlich wäre es für Ihr Geschichtsverständnis aufschlußreich zu hören, welches waren andere historisch wichtige Figuren für Sie?

UNGERS: Villa Adriana bei Tivoli, weil sie ein Universum des Geistes darstellt. Sie ist nicht nur

Beziehung auf den Ort, von der Sie ausgehen, gegeben wäre. Nun kann ich mich auch an Entwürfe von Oswald Mathias Ungers erinnern, bei denen Zitate eine große Rolle spielen. Bei einem Entwurfskolloquium des Internationalen Design-Zentrum in Berlin, wo es um Fassaden für Kreuzberg ging, haben Sie ganz große Konsolen als Balkons an die Wände geklebt und eine große dicke Säule, die mittlerweile durch viele Architektenprojekte geht, aber auch vor Ihnen schon …

UNGERS: Nein, es war die erste freistehende Säule, außer Palladio …

PEHNT: Gut, aber jedenfalls war auch das ein Beleg für ironisches Zitieren. Hatten Sie das als ernsthaften Entwurf gedacht, oder war es eine Lockerungsübung für die Phantasie?

UNGERS: Ich bin nie dahintergekommen, warum Adolf Loos eine Säule für die ›Chicago Tribune‹ gemacht hat …

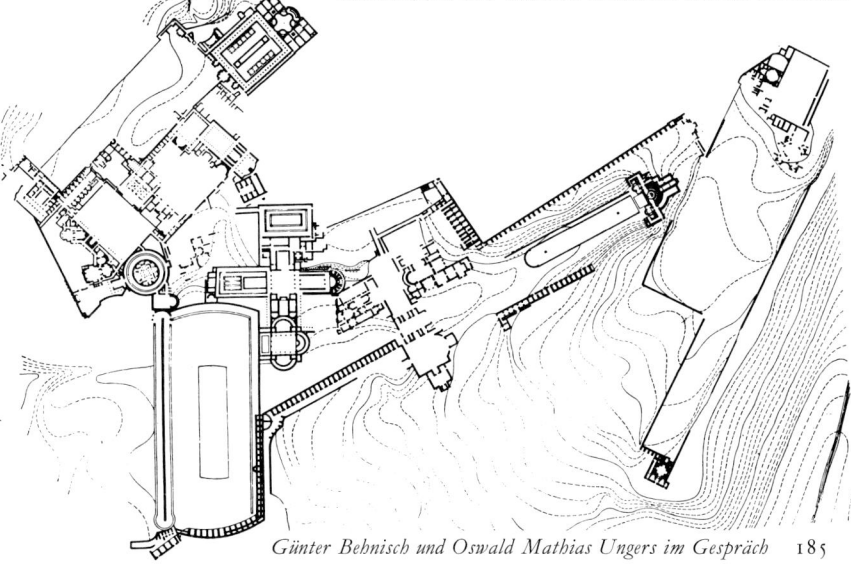

Villa Adriana in Tivoli. 2. Jh. n. Chr. Erinnerungszitate aus Geschichte und Geographie, zusammengetragen in einem konfliktreichen Lageplan.

Günter Behnisch und Oswald Mathias Ungers im Gespräch 185

Peter Joseph Lenné und Karl Friedrich Schinkel, *Schloß und Park Glienicke bei Potsdam*, Baubeginn 1816.
Bruchstücke antiker Säulen, der Natur übergeben. »Der freie, der individuelle Geist sucht die Gegensätzlichkeit, die Verschiedenartigkeit, die Widersprüche« (Oswald Mathias Ungers).

eine Kollektion von Architekturstücken gewesen, die der Kaiser Hadrian gesammelt hat, sondern in ihr wollte er die geistige Welt in einem Mini-Universum versammeln, eine enzyklopädische Idee. Diese enzyklopädische Idee finden Sie dann weiter bei Schinkel mit seiner Idee einer Akropolis, die eigentlich eine Akropolis für Berlin war. Schinkel hat ja auch nicht das Pantheon genommen und in sein neues Museum am Lustgarten hineingebaut, weil ihm nichts Besseres eingefallen ist oder weil er sich der Geschichtsbücher bedienen wollte wie einer meiner berühmten Kollegen aus London, der dann wie ein Connaisseur durch die Geschichte geht, sondern er hat den Pantheon-Raum darstellen wollen als ein Symbol für das Universum. In dem Universum hat er nicht die Götter, sondern die Philosophen und Dichter versammelt. Gleichzeitig hat er damit einen Ort bezeichnet, der ein Universum der damals bekannten Welt war. Das ist eine humanistische Idee, nicht Antagonismus, sondern Ausgleich, Angleichung, Verständnis der verschiedenen Kulturen. Da gibt es dieses wunderbare Bild mit der Terrasse von Schloß Glienicke mit der Galerie, der Arkade, dem Plateau, wo das Schiff ablegt und fährt dann in die Welt hinaus, wie das Raumschiff, das andere Sterne entdecken will – damals waren die Maßstäbe noch etwas kleiner. Schinkels Glienicke war mein Textbuch der Architektur. Ich habe in Glienicke Archi-

tektur gelernt, wenn man so will. Sie können durch Glienicke laufen und sehen gar nichts, Sie können durch Glienicke gehen, und das Leben wird poetisch. Und dann würde ich auch meinen, daß solche Ideen bei Ledoux vorhanden sind, Häuser für einen Köhler zu machen, die wie ein Meiler aussehen. Und Aalto hat mich viel beeinflußt in der Art, wie er mit einem Ort umgeht.

Lassen Sie mich noch etwas anderes anfügen. Ich habe vorhin kurz Popper erwähnt, mit seinem Buch von der Hypothese und dem Widerlegen der Conjecture, der Refutation. Es muß ja Kreation am Anfang stehen, meines Erachtens – wenn ich sage »muß«, dann beziehe ich das auf mich –, damit eine Reaktion stattfinden kann. Sie müssen ja zunächst einmal die Gestalt schaffen, auf die reagiert werden kann. Und wenn dann die Refutation, dieses Zurückweisen, dazukommt, und das ist ein in der Wissenschaft ganz bewährtes Prinzip, das auch auf die Kunst zutreffen kann, dann werden Sie Ihre zunächst gemachte Hypothese, Ihre zunächst gemachte Gestalt, Ihr zuerst gefundenes Thema variieren müssen. Aber das Individuum kann reagieren. Und das ist die Aufgabe des Architekten, daß wir die Gestalt zunächst erst einmal setzen müssen, damit dieser Prozeß beginnen kann. Sie können ja nicht als der »human engineer« – human engineering wird an den amerikanischen Universitäten gelehrt – herausfinden, was die Leute wollen, und dann werden sie engineered, nein, Sie müssen die Gestalt setzen, damit Sie den anderen ernst nehmen als denjenigen, der reagiert, ablehnt, weiter mitdenkt, anregt oder das Ganze einfach nur von sich weist. Und da haben wir das Individuum mit drin, und das ist die soziale Aufgabe des Architekten, denn er ist ja dafür angetreten, die Gestalt zu setzen.

Behnisch (aus dem Publikum): Vielleicht darf ich versuchen, den Unterschied, wie ich ihn sehe, herauszuarbeiten. Ich versuche nicht, Gestalt zu setzen, sondern den Ort zu suchen und das zu suchen, was da von sich aus zur Welt kommen will. Und ich möchte da nicht zu hart eingreifen. Ein Begriff wie Hof oder Halle ist mir schon zu angewandt. Ich meine, daß da vielleicht Menschen die Chance haben sollen, sich zu treffen, und deshalb liegt mir viel daran, das zu ermöglichen, und zwar um ihnen vier Wände zu bauen, nicht um den Typus Hof zu bauen. Wenn ich von Dämonen gesprochen habe: Die Dämonen setzen heute Gestalt, wo sie wollen. Die setzen die Fabrik-Gestalt, sie setzen alle möglichen Gestalten. Aber da, wo wir die Macht und den Einfluß haben, sollten wir nicht aufgezwungene Gestalten wiederholen. Sondern wir sollten den Zwang wegnehmen und mehr Luft geben. Selbst auf die Gefahr hin, daß es diffuser wird.

UNGERS: Herr Behnisch, ich würde Ihnen gern rechtgeben, wenn Gestalt-Setzen etwas Absolutes bedeutete. Das bedeutet es aber in meinem Sprachgebrauch nicht, sondern daß Gestalt gesetzt wird im Sinne Poppers, als Hypothese, als Thema. Es muß ja zunächst einmal, um überhaupt eine Diskussion in Gang zu bringen, etwas gesetzt werden, und dann erst kann man ablehnen. Natürlich mache ich mir, bildlich gesprochen, die Finger schmutzig, indem ich Gestalt setze. Aber wer weiß, wie ich arbeite, der weiß auch, wie die Verwandlungen und Veränderungen einsetzen, sobald andere Ebenen dazukommen. Nur den anderen Weg, den Weg der human engineers, man hält sich außen vor und sieht dann, wo das hingeht, diesen Weg halte ich für mich nicht für gangbar.

BEHNISCH: Ich weiß nicht, ob Sie Goethes Italienische Reise gelesen haben, wie er nach Oberitalien einfällt, wie die Italiener ihm erscheinen, das lustige Völkchen, das immer tanzt und Wein trinkt. Und je weiter er nach dem Süden kommt, um so vorsichtiger wird er. Und als er in Rom einzieht, schreibt er in einem Brief an Charlotte von Stein: Jetzt will ich erst einmal schön stille sein und warten, was sich in mir bildet.[13] Auf diese Art und Weise würde ich gern Architektur machen.

Anmerkungen

1   Das Gespräch mit Günter Behnisch und Oswald Mathias Ungers fand am 14.12.1980 im Kölnischen Kunstverein statt, zuerst mit Behnisch, dann mit Ungers auf dem Podium. Beide äußerten sich auch aus dem Publikum heraus. – *Behnisch & Partner. Bauten und Entwürfe*. Stuttgart, 1975. – *Architekten Behnisch & Partner. Arbeiten aus den Jahren 1952-1987*. Stuttgart, 1987.
2   Die Arbeit von Behnisch & Partner wurde angekauft. Den ersten Preis erhielten Charles Moore & Partner.
3   Jan Mukařowský. *Kapitel aus der Ästhetik*. Frankfurt, 1970.
4   Romano Guardini. *Das Ende der Neuzeit*. Würzburg, 1950.
5   Schiller nennt ein »organisches Produkt«, »wo nicht bloß das Ganze lebt, sondern auch die einzelnen Theile ihr eigenthümliches Leben haben«. Friedrich von Schiller. ›Von den nothwendigen Grenzen des Schönen‹. In: *Die Horen*. Heft 9, 1795. S. 108.
6   Frank Lloyd Wright. ›In the Nature of Materials‹. In: *Architectural Record*. 1928. Deutsch: ›Die Natur der Baustoffe‹. In: Frank Lloyd Wright. *Schriften und Bauten*. München, Wien, 1963. S. 166 ff.
7   Vgl. Jan Mukařowský. A. a. O.

8   Behnisch & Partner sind seit dem 1972 ausgeschriebenen Wettbewerb für Bundestag und Bundesrat mit Planungen für die Bonner Bundesbauten beschäftigt.
9   Oswald Mathias Ungers. *Morphologie*. Köln, 1982. – Oswald Mathias Ungers. *Die Thematisierung der Architektur*. Stuttgart, 1983. – *O. M. Ungers. 1951-1984. Bauten und Projekte*. Braunschweig, Wiesbaden, 1985.
10   Reinhard Gieselmann, Oswald Mathias Ungers. ›Zu einer neuen Architektur‹. 1960. In: Ulrich Conrads. *Programme und Manifeste zur Architektur des 20. Jahrhunderts*. Braunschweig, Wiesbaden, 1981². S. 158 f.
11   Karl Raimund Popper. *Conjectures and Refutations. The Growth of Scientific Knowledge*. London, 1968³.
12   Jean Genet. *Querelle*. In: Jean Genet. *Œuvres complètes*. Paris, 1953. Deutsch: Hamburg, 1955. Reinbek, 1974.
13   Vgl. Johann Wolfgang von Goethe an Charlotte von Stein, 7.-11.11.1786, 24.11.1786. In: *Goethes Werke. Weimarer Ausgabe*. IV. Abteilung, 8. Band. Weimar, 1890. S. 47, 66.

Rückkehr in die Stadt

Stadt- und Wohnungsbau in der DDR

Die überzeugten und orthodoxen Zuckerbäcker von einst als überzeugte und orthodoxe Rasterpriester und Funktionalisten von heute: das war die Sorte von Architekten, die Franziska Linkerhand vor allem verdrossen. Ihresgleichen hatten vordem die Ostberliner Stalinallee alias Frankfurter Allee gebaut (wie Franziska fand: eine wirkliche Straße), nach ihrer großen Bekehrung zum industrialisierten Bauen aber mit den vorfabrizierten Betongroßplatten die Phantasie im Namen der Realität und die Emotionen im Namen der Ökonomie vertrieben. Was die junge Dame, ihres Zeichens selber Architektin, dagegen schätzte, war der Blick aus der Wohnung des Freundes auf die alte Geschäftsstraße der Bezirkshauptstadt, auf Trottoirs und Schaufenster, auf den glühbirnenbekränzten Eingang des Kinos, die Neonschrift am Warenhaus, die Backsteinkirche zwischen alten Kastanienbäumen und das Café mit dem Vorgärtchen, gerade breit genug für drei Marmortische.

Franziska Linkerhand ist die Titelfigur eines Romans, den die 1973 verstorbene Autorin Brigitte Reimann unvollendet hinterließ.[1] Die Skepsis, die sie ihrer jungen Architektin mitgab, ist eine Momentaufnahme der Selbstzweifel, die auch in der DDR umgingen. So ist der Vorwurf der Monotonie nicht nur im Westen der zeitgenössischen Architektur gemacht worden. Auch in der DDR gab es eine entsprechende Diskussion, die aber an den Plandaten nichts zu ändern vermochte. Franziskas Plädoyer für das anregende Durcheinander der gewachsenen Altstädte liest sich wie ein östlicher Reflex jener Stimmen, die zehn Jahre zuvor von der amerikanischen Architekturjournalistin Jane Jacobs angeführt worden waren.[2] Dagegen war es erst in unseren Tagen den westlichen Vertretern eines neuen Klassizismus vorbehalten, wie die Genossin Linkerhand in der Stalinallee die Qualitäten eines gefaßten Straßenraumes zu entdecken.

Ludwig Engelhardt, *Denkmal für Karl Marx und Friedrich Engels* auf dem Marx-Engels-Forum in Ost-Berlin, 1977-86. Marx und Engels in Betrachtung des Ostberliner Fernsehturms. Die gesamte Gruppe besteht aus Elementen, die von verschiedenen Künstlern entworfen wurden und sich nach Stil und Material unterscheiden: die Bronzefiguren der sozialistischen Patriarchen, Reliefs in Marmor und Bronze, die das Reich der Notwendigkeit und das der Freiheit versinnbildlichen, polierte Stahlstelen, in die Dokumentarfotos eingebrannt sind. Von älteren Anlagen unterscheidet sich der kreisförmige Platz durch seine unmonumentale Konzeption: niedrige oder keine Sockel, keine Mittelachse, die freundliche Behäbigkeit der dargestellten älteren Herren.

In der DDR blieben alle Bedenken dort, wo es der Name von Brigitte Reimanns Titelfigur suggeriert: Sie wurden linker Hand liegengelassen. Die Entwicklung ging den Weg, der durch Parteitagsbeschlüsse und die Eigengesetzlichkeit eines einmal installierten technischen Systems vorgezeichnet war.[3] Auf dem VIII. Parteitag der SED 1971 war der Sozialpolitik ein gewisser Vorrang eingeräumt und die Beseitigung der Wohnungsnot bis 1990 verkündet worden. Um dieses Ziel zu erreichen, forcierten die staatlichen Lenkungsbehörden die Industrialisierung des Bauwesens noch stärker, als bis dahin ohnehin schon geschehen. Die Wohnungsbauserie 70, ein Bausystem aus stockwerkshohen Wandtafeln in der sogenannten Schottenbauweise, das heißt mit tragenden Querwänden, wurde für die gesamte Republik eingeführt. Mit ihr und ihren Varianten werden heute siebzig Prozent des Wohnungsbaus in der DDR bestritten. Versuche, andere, kleinteiligere, elastischer verwendbare Fertigteilsysteme zu entwickeln, bedürfen besonderer Tapferkeit der Planer.

Daß ein einheitliches System mehr Spielarten zuläßt, da seine Elemente in größeren Auflagen produziert werden können, war die Hoffnung. Erfüllt hat sie sich kaum, und dies nicht nur, weil die Werke in den einzelnen Bezirken nicht sämtliche Positionen des Fertigbaukatalogs verfügbar halten. Die Durchschlagskraft des genormten Systems ist vielmehr so groß, daß sie jede Variation belanglos erscheinen läßt. Damit die Rationalisierungsvorteile sich voll auswirken konnten, waren großflächige Wohngebiete Voraussetzung. Um die wichtigeren Städte der DDR lagern sich heute Trabanten wie Berlin-Marzahn und -Hohenschönhausen, Dresden-Prohlis und -Grobitz, Halle-Neustadt, Leipzig-Grünau, von denen manche sechsstellige Einwohnerzahlen erreichen werden.

Grünau im Südwesten der Messestadt ist einer der Orte, für die Franziska Linkerhands Wort von der Vertreibung der Phantasie im Namen der Ökonomie zutrifft. Braunkohlengruben treten hier dicht an den Stadtrand heran. Wenigstens einen Vorteil brachte der Kohleabbau für die Stadtplanung mit sich, er ermöglichte in einem ausgekohlten Loch des Tagebaus die Anlage eines großen Sees zum Baden, Segeln und Angeln. Die abgeräumte Ebene zwischen Kulkwitzer See und Stadtrand wurde mit den acht durchnumerierten Wohnkomplexen Grünaus verplant: sechsstöckige Blocks, die – gegen den Einspruch von Stadtpla-

nern und Architektenverband – ohne Aufzüge geblieben sind, lange elfgeschossige Wände von Häusern, sechzehnstöckige Hochhäuser als Akzente dort, wo das Wohngebiet an den Haltestellen der Schnellbahn größere Dichten erreichen soll. Die durchschnittliche Wohnungsgröße liegt bei 63 Quadratmetern, fünf mehr als in der Republik sonst üblich, und im Ministerium für Bauwesen deshalb mit Mißfallen betrachtet.

Der Mensch als Einzelwesen mit seinen widerborstig unterschiedlichen Neigungen und Bedürfnissen kommt in der Architektur und den spartanischen Außenanlagen dieses Massenbaus nicht vor, weder als Objekt der Planung noch gar als aktiv mitbestimmendes oder mithandelndes Subjekt. Aber gerächt hat er sich, auf den Balkons und in den Loggien vor der eigenen Wohnung. Mit Reliefs und Ziergittern, Ampeln und Spiegeln, kupfernem Kunstgewerbe und verklinkerten Fenstergewänden, Markisen und Schabraken stellt die zu kurz gekommene Individualität sich auf den wenigen, ihr zugestandenen Quadratmetern Fassade dar. Kitsch ist ein Gradmesser für unerfüllte Bedürfnisse.

Nicht die Rücksicht auf verdrängte Subjektivität war es, sondern abermals die wirtschaftliche Raison, die eine neue Wende in der Baupolitik eingeleitet hat. Vom Generalsekretär der SED und vom Bauminister angefangen bis zu jedem Mitarbeiter in den Büros der Stadtarchitekten heißt das Losungswort seit den achtziger Jahren »komplexe Rekonstruktion«. Es ist der DDR-Begriff für Stadterneuerung. Alle Überlegungen im Wohnungsbau müßten stets ihren Ausgangspunkt bei der Unterhaltung, Instandsetzung und Modernisierung des vorhandenen Wohnungsbestandes haben, ermahnte der zuständige Ressortminister Wolfgang Junker die DDR-Architekten, und Erich Honecker empfahl ihnen, sich der intensiven Stadtentwicklung und dem innerstädtischen Bauen verstärkt zuzuwenden. Solche Ratschläge waren auch in den siebziger Jahren schon erteilt worden, doch nun wurden sie mit dem unüberhörbaren Ton der Dringlichkeit vorgebracht. Dieser Kurswechsel, der entsprechende Entwicklungen im Westen mit einiger Verzögerung nachvollzog, bedeutete natürlich nicht den Verzicht aufs Bauen im großen

Maßstab. Aber Planungen in der Größenordnung von Berlin-Marzahn, -Hohenschönhausen oder Leipzig-Grünau, die auf 100 000 Bewohner ausgelegt sind, werden schwerlich wieder auf die Reißbretter kommen. Die DDR erlebte die zweite große Richtungsänderung ihrer Stadtplanung.

Die erste geschah in den späten fünfziger und frühen sechziger Jahren, als in den kriegszerstörten Stadtzentren die großen zusammenhängenden Bauflächen seltener wurden. Industrialisierung des Bauwesens erzwang damals den Verzicht auf innerstädtische Bebauungen, auf die provisorischen Nachkriegszeilen oder die vergleichsweise aufwendigen, jedenfalls später als unbezahlbar geltenden Arbeiterwohnpaläste, die an repräsentativen Orten der Innenstädte wie der Berliner Stalinallee,

Sanierungsbedürftige Bausubstanz in der Dresdener Neustadt.
»Dabei wird sichtbar, um wieviel differenzierter und komplizierter die Aufgaben sind, die beim innerstädtischen Bauen vor den Architekten und Städtebauern stehen, vergleicht man sie mit der bisherigen Vorbereitung des Neubaus auf der sogenannten grünen Wiese« (Wolfgang Urbanski, 1982).

dem Dresdener Altmarkt, dem Leipziger Ring oder der Rostocker Langen Straße entstanden waren. Der Wohnungsbau verlagerte sich mehr und mehr auf die grüne Wiese, weil die Präfabrikation des Bauens plane Flächen für die Kranbahnen und Manövrierraum für die Großtafel-Transporter erforderten. Wenn der Wohnungsbau in die Städte zurückkehrte, so weil sich in der volkswirtschaftlichen Rechnung manche Posten geändert hatten, andere übersehen worden waren.

Das entscheidende Faktum war der dramatische Verfall der überalterten Bausubstanz. In der DDR machten noch im Jahre 1978 die vor 1919 entstandenen Wohnungen fast die Hälfte, in der Bundesrepublik dagegen nur ein Viertel des Bestandes aus. Mochten solche Häuser auch einigermaßen den Zweiten Weltkrieg überstanden haben, die vieljährige Vernachlässigung hat ihnen seitdem schwer zugesetzt. An den Arbeitervierteln des 19. Jahrhunderts oder den gründerzeitlichen Bürgerquartieren, die unmittelbar die Cities von DDR-Städten umgeben, sind alle Stadien der Zerstörung ablesbar. Die Dächer sind notdürftig geflickt, die Dachtraufen undicht, die Mauern durchfeuchtet, die durchgerosteten Böden gußeiserner Balkons nach unten abgekippt. Soll ein beträchtlicher Teil aller Wohnungen nicht gleichzeitig verlorengehen, muß gehandelt werden. In der Bundesrepublik waren und sind die alten Städte durch den Investitionsdrang der Banken, Versicherungen, Verwaltungen und Handelsbetriebe gefährdet. Diese Sorge müssen DDR-Planer nicht hegen. Aber auch ihre Probleme erwachsen aus ihrem sozialen System, und die Folgen sind noch katastrophaler.

Auf den privaten Wohnungsbesitzer ist nicht zu zählen. Die staatlich festgelegten Mieten, der Stolz der DDR-Wohnungspolitik, sind politische Preise, die indirekt von allen Bürgern der DDR aufgebracht werden müssen. Die niedrigen Mieten decken nicht einmal die Bewirtschaftungskosten, geschweige denn die Darlehenszinsen, die ein privater Eigentümer aufzuwenden hätte, wollte er sein ramponiertes Haus renovieren. Aber auch bei den volkseigenen oder genossenschaftlichen Wohnungsbaubetrieben wird scharf gerechnet. Kenner der Szene befürchten, daß sich die Rekonstrukteure vorzugsweise jener besser erhaltenen Bauten annehmen, die rasche Erfolgsmeldungen erlauben, und den gefährdeten Bestand weiter verkommen lassen werden.

Die Sorge um die Erhaltung von Wohnungen ist ein Motiv. Ein anderes ergab sich aus der Entdeckung, daß die Autostraßen und Erschließungswege, die Straßen- oder S-Bahn, die Schulen, Kindergärten und Konsumgeschäfte, die Turn- und Schwimmhallen, Kultur- und Freizeitzentren, die auf den Feldern vor der Stadt erst gebaut werden müssen, in der Stadt schon vorhanden sind. Auch in der DDR wohnen in den heruntergekommenen alten Stadtteilen weniger junge Familien als in den neuen, so daß dort vorhandene Einrichtungen wie Schulen oder Kinderhorte nicht mehr ausgelastet sind. Was also draußen durch das Bauen in der großen Serie gespart wurde, mußte für die Infrastruktur aufgewendet werden, eine Rechnung, die durchaus zugunsten des innerstädtischen Bauens sprechen konnte. Wolfgang Urbanski, früherer Präsident des DDR-Architektenbundes, hat seinen Kollegen vorgerechnet, für eine Neubauwohnung müßten rund 80 Tonnen Material produziert, transportiert und eingebaut werden. Instandsetzungen erforderten nur einen Bruchteil davon. Vom Verlust an Äckern, Weiden und Gärtnereien durch die großen Neubaugebiete, oder dem Zeitaufwand, der sich für die Bewohner aus den langen Wegen vom Stadtrand zur Arbeitsstätte ergibt, ganz zu schweigen.

Eine Reihe von DDR-Städten, die repräsentative Aufgaben im Staat übernommen haben oder im Tourismus eine Rolle spielen, erhielten bereits in den siebziger Jahren attraktive Fußgängerbereiche in ihren alten Kernen. Von den Zufällen der Geschichte und der malerischen Vielfalt renovierter Altbauten wurde verständnisvoller Gebrauch gemacht; darin unterscheiden sich diese autofreien Zonen von den breiten, schematischen und kahlen Schneisen der früheren Jahre. In Potsdam zieht sich das von wiederhergestellten Wohnhäusern gesäumte Rückgrat der zweiten barocken Stadterweiterung, das früher Brandenburger Straße hieß und heute Klement-Gottwald-Straße heißt, von der ziegelsteinernen katholischen Kirche bis zur Potsdamer Ausgabe des Brandenburger Tores. In Weimar werden die Goethe-Touristen zwischen Markt und Frauenplatz an frisch restaurierten Re-

Anger in Erfurt, Bebauung im wesentlichen aus dem 19. und 20. Jh., restauriert 1976-78.
»Die Stadt ist die wirtschaftlichste und kulturreichste Siedlungsform für das Gemeinschaftsleben der Menschen, was durch die Erfahrung von Jahrhunderten bewiesen ist. Die Stadt ist in Struktur und architektonischer Gestaltung Ausdruck des politischen Lebens und des nationalen Bewußtseins des Volkes« (*Die sechzehn Grundsätze des Städtebaues*, Regierungsbeschluß der DDR vom 27. Juli 1950).

naissancegiebeln, kleinstädtischem Fachwerk und neuen Lückenfüllern vorbeigeschleust.

Eine der lebendigsten Mischungen, die von kurmainzischem Barock über prächtige Neugotik bis zur Bauhaus-Moderne reicht, bietet der Erfurter Anger. Auf dieser Marktstraße wurde einst der für den Wohlstand der Domstadt wichtige Waidhandel betrieben, das Geschäft mit dem aus der Waidpflanze gewonnenen blauen Farbstoff, der vor der Entdeckung des Indigos ganz Europa mit dem begehrten Färbemittel versorgte. In Dresden ist die trichterförmige Mittelachse im barocken Straßenfächer der Dresdener Neustadt rekonstruiert worden, wenn auch am Neustädter Markt maßstablos ausgeweitet und ohne die beiden anderen vom Markt ausstrahlenden Straßen. Die Dresdener Planer denken sich diese »Straße der Befreiung«, an der sie erhaltene Bürgerhäuser mit vergleichsweise zurückhaltender Neubebauung verbunden haben, als Teil einer kilometerlangen Fußgänger-Magistrale, die über die Elbe und durch die Altstadt hindurch bis zum Hauptbahnhof und später sogar darüber hinaus geführt werden soll. Bei solchen städtebaulichen Prestigeobjekten würde Franziska Linkerhand weder die belebten Trottoirs noch die Cafés mit den Marmortischchen vermissen.

Nach den Fußgängerparadiesen haben sich die Planer in der DDR auch anderer im Westen erprobter Aufwertungsstrategien entsonnen. Gibt es ein Stadtelement, das stärker dem bürgerlichen Kapitalismus verhaftet wäre als die Passage, dieser ins Interieur gewendete Boulevard, dieses Erzeugnis des liberalistischen Wirtschaftssystems, diese Kultstätte des Warenzaubers? Unbeeindruckt von solchen Gefährdungen finden sich in der DDR Autoren und Architekten, die, wie der Architekt und Hochschullehrer Gerd Zimmermann, sich für diesen Ort des gepflegten Müßiggangs einsetzen. Zimmermann trägt die Einsichten Johann Friedrich Geists, des Wiederentdeckers der Passage,[4] aus dem Jahre 1969 vor und illustriert sie mit Beispielen aus der kapitalistischen Welt, auch aus der Bundesrepublik mit Vorzeigeexemplaren aus Hamburg, Wulfen oder Frankfurt. Es liegen auch bereits Projekte für DDR-eigene Passagen auf den Reißbrettern. Diplomanden der Weimarer Hochschule für Architektur und Bauwesen haben sie in Zusammenarbeit mit dem Büro des Chefarchitekten von Leipzig für Preußergäßchen oder Burgplatz entworfen.[5]

In der Tat ist Leipzig – neben der Berliner City – die Stadt auf dem Terrain der heutigen DDR, die über eine alte Passagentradition verfügt. Die sächsische Handels- und Messestadt barg abseits der Straßen ein System der Höfe und Durchgänge. »Durchhäuser« hießen Gebäudeflügel, die durch die Tiefe eines Straßenblocks reichten, mit Höfen verbunden und durch Tore verschlossen waren. Im 19. Jahrhundert wurden einige dieser Durchhäuser-Höfe verglast. Später entstanden Messehäuser, die von verglasten Passagen durchzogen

waren. Die Mädler-Passage, jedem Besucher von Auerbachs Keller wohlvertraut, ist unter den erhaltenen die bekannteste. Als der Kofferfabrikant Mädler sie 1913 eröffnete und die berühmten Wein- und Bierhallen entgegen allen Befürchtungen unversehrt geblieben waren, dichtete ein Leipziger: »Wir priesen dankbar den Mäzen, bis feuchte Lippen lallten: / Gott segne jeden Koffer dir! Der Keller ist erhalten!«[6]

Der DDR-Theoretiker ist bemüht, den Passage-Planern ein gutes Gewissen zu verschaffen, wenn sie sich mit der Passage befassen. Waren nicht diese Konsumtempel im Paris des späten 18. Jahrhunderts entstanden, Ausdruck der selbstbewußt gewordenen Bürgerklasse und somit Teil der revolutionären Tradition? Und hat nicht die Passage in den »Phalanstères«, den Wohnpalästen des Frühsozialisten Charles Fourier, ein Vorbild jenseits alles unmoralischen Kommerzdenkens? Es gilt also, auf die kapitalistische Geschäftemacherei zu verzichten, und das Ziel, die Emanzipation der demokratischen Stadtöffentlichkeit, wird – beim Geiste Fouriers! – hervortreten. Ein paar pluralistische Freizeitbedürfnisse bleiben zugestanden.

Hans-Kristian Sturm und Ulrich Kirchner, *Entwurf eines Messehauses mit Passagen*, Preußergäßchen, Leipzig, 1986.

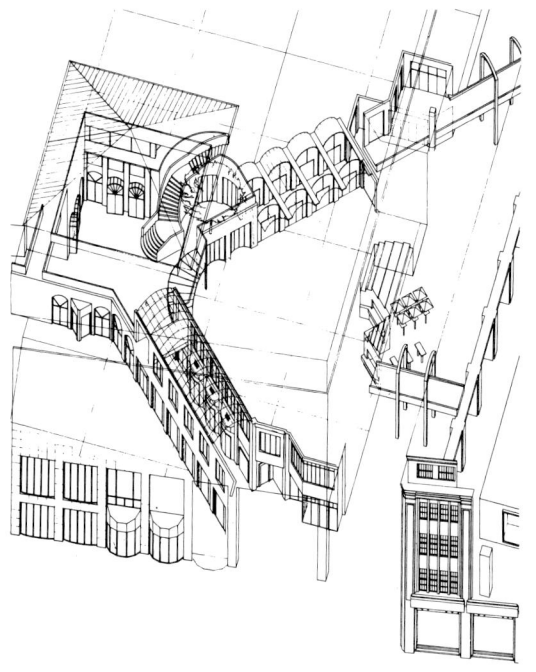

Für die Zukunft erhofft sich der Autor der östlichen Passagen-Ehrenrettung einen »sozial-kulturellen Bedeutungsgewinn des öffentlichen Stadtraums«, der als Alternative gegen das Privatiersdasein in den Datschen zu sehen sei. Auch gegen das Kaufhaus wird die Passage – wie schon bei Benjamin – ausgespielt. Das Kaufhaus fördere den Massenkonsum und erzeuge leerlaufende Konsumideologie, während ihr lichtvoller Widerpart zum Stadtraum des selbstbestimmten Individuums stilisiert wird. Die Passage, und nur sie, sei die »architektonische Geste des Voranschreitens«.

Schließlich hat auch der Griff in die Kiste historischer Versatzstücke, der in der Bundesrepublik so gern getan wird, seine Pendants in der DDR. Der Ostberliner Römerberg ist das Nikolaiviertel.[7] Rund um St. Nikolai liegen Berlins Anfänge oder, genauer, die der östlichen Hälfte der Doppelstadt Cölln-Berlin, die später dem gesamten Gemeinwesen den Namen gab. Die Pfarrkirche der Furtsiedlung wurde angemessenerweise St. Nikolaus, dem Heiligen der Schiffer und Kaufleute, gewidmet. Die zerstörte und nun wieder eingedeckte und helmbekrönte gotische Halle des 14. und 15. Jahrhunderts ist schon das dritte Bauwerk an diesem Ort. Mochte Karl Scheffler, der so viel Klarsichtig-Boshaftes über die märkische Metropole gesagt hat, St. Nikolai auch dürftig und unpersönlich finden, die behäbige Backsteinmasse mit ihrem drei Schiffe übergreifenden Satteldach und ihrem zusammengewachsenen Turmpaar verfehlt ihre Wirkung nicht. Gegen das Raster der Stadtgründung behauptet sie, ebenso wie die zweite Pfarrkirche St. Marien, eigensinnig die diagonale, strikt nach Osten orientierte Richtung. Der Bau des markgräflichen Burgschlosses verlagerte den Schwerpunkt der Doppelstadt flußabwärts, und die barocken Stadterweiterungen taten das ihre. Aber ein Stück Alt-Berlin ist auch in dem Wenigen gegenwärtig, das der Krieg von dieser Ursprungszelle der Stadt übriggelassen hat, die ausgebrannte Kirche, das Knoblauchhaus, das Palais Schwerin.

Berlins Stadtmitte gehört heute zu den Orten, wo das Auge immer viel zu schnell am Ziel ist und die Füße immer viel zu spät. Schon die preußischen Könige hatten mit dem gewaltigen Schloßbau, dessen kriegsbeschädigte Reste 1950 gesprengt wurden, mit Tiergarten, Lindenachse und Lindenforum ihrer Hauptstadt große Dimensionen zu geben versucht. Die Amtswalter im sozialistischen Nachfolgestaat haben sie darin weit überboten. Das Berliner Zentrum zwischen Alexanderplatz und Schloßinsel, das sind lange, breite und windige Autoschneisen, Leerflächen von enormen Ausmaßen, nicht enden wollende Blöcke von Behördengebäuden oder Wohnungsbauten und eine mit Bäumen bestandene und mit Brunnen bestückte Zone, die sich vom modernistischen Pavillon-Schnickschnack um den Fernsehturm über die bemerkenswert unheroische Denkmalsanlage des Marx-Engels-Forums bis zum Palast der Republik erstreckt.

Gegen die Weitläufigkeit, die Leere, die Repräsentanz und Achsenstrenge des grünen Zentrums sind gleich nebenan Kleinteiligkeit, Enge, Dichte, Wärme und Winkelglück gesetzt. Die Stichworte beim Aufbau des Quartiers hießen Unverwechselbarkeit, Beschaulichkeit, Intimität, Geschlossenheit, reichere Wahrnehmungserlebnisse. Es sind die Vokabeln, die Günter Stahn, der verantwortliche Architekt, benutzt, wenn er sein Projekt erklärt, neben den weit weniger überraschenden Hinweisen auf das verpflichtende Wohnungsbauprogramm der IX. und X. Parteitage und die große Fürsorge der Parteiführung gegenüber den Bürgern der sozialistischen Gesellschaft.

Stahn hatte mit seinen Kollegen vom VEB Ingenieurhochbau einen vom Magistrat ausgeschriebenen städtebaulichen Wettbewerb gewonnen. Der gelernte Maurer und promovierte Architekt scheint zu wissen, was er will, und es auch durchsetzen zu können – ein Stadtbürger aus Überzeugung, der in seinen freien Stunden lieber durch die Stadt wandert oder in den Kneipen ein Bier trinkt, als ins Grüne zu fahren. An Kneipen fehlt es im Nikolaiviertel nicht, auch nicht an kleinen Läden, Gewürz- und Teestuben, Korbflechtereien, Souvenirgeschäften für Geschenkartikel. Kunstgewerbe drinnen und Kunstgewerbe draußen: In keiner erhaltenen historischen Stadt gibt es soviel schmiedeeiserne Tore, Ladenschilder, gußeiserne Straßenlaternen wie hier. Das Nutzungssortiment enthält zahlreiche Restaurants, Cafés, Weinstuben und einen Berliner Biergarten, die, damit die Gemütlichkeit auch ökonomisch betrieben werden

Günter Stahn (VEB BMK Ingenieurhochbau Berlin), Rekonstruktion des Nikolaiviertels in Berlin, 1979-87.
»Modelle und Zeichnungen illustrieren das Bemühen, den straßen- und platzraumbegrenzenden Baukörpern mit den heute möglichen Mitteln des industriellen Bauens wieder eine umhüllende ›Haut‹ zu geben, die feinnervig auf spezifische räumliche und funktionelle Situationen reagiert« (Günter Stahn).

kann, von einer zentralen Vorbereitungsküche beliefert werden. Fast 800 Wohnungen sind der andere wichtige Bestandteil des Programms. Daß diese Appartements, besonders die an der Spree gelegenen, zu den begehrtesten der Republik gehören, läßt sich vermuten, zumal die im Westen üblichen Probleme gemischter Amüsier- und Wohnquartiere sich im Ordnungsstaat DDR in Grenzen halten.

Was am Nikolaiviertel frappiert, ist der sorglose Umgang mit dem geschichtlichen Bestand nun auch in der DDR. Die Rekonstruktion des barocken Ephraim-Palais, Sitz des Hofbankiers König Friedrichs II., Veitel Ephraim, ist eine Entscheidung, die auch Denkmalpfleger strenger Observanz gebilligt hätten. Es stand am Platze, wenn auch um ein paar Meter versetzt, und es konnte mit originalen Teilen errichtet werden, die in West-Berlin ausgelagert waren. Aber es werden auch Baudenkmäler herbeizitiert, die hier nichts zu suchen hatten und für die nur Bauaufmessungen vorlagen. Das »Restaurant zum Nußbaum«, ein buckliges Giebelhaus, in dem Heinrich Zille ver-

kehrte, war einst auf der Fischerinsel zu Hause. Die Gerichtslaube gehörte zum mittelalterlichen Rathaus. Der »Drachentöter« aus dem Schloßhof, eine Darstellung des Heiligen Georg, ziert nun den flußseitigen Eingang ins Quartier.

Für den entwerfenden Architekten ist der Fall klar. Was hier nicht wieder erstehen würde, hätte nirgendwo sonst eine Chance gehabt. Also riskierte er den Touch von historischem Freilandmuseum, den Hauch von Williamsburg. Daß hier eine populäre Entscheidung getroffen worden ist, steht außer Frage, aber auch, daß die Gemütswerte auf Kosten der Erkenntniswerte gehen. Das Nikolaiviertel ist ein bedenklicher Schritt weg von der Authentizität, zu der auch die Authentizität des Ortes gehört, hin zur bloßen Attraktivität, weg von einer verantwortlich konservierenden und restaurierenden Denkmalpflege, hin zu einer Denkmalpflege der Gefälligkeiten. Der Erfolg bei Berliner Publikum wie Touristen ist enorm.

Im Nikolaiviertel haben die Planer diese Geisterbeschwörung zu Bildwirkungen genutzt, die ihnen die Alltagspraxis in der DDR kaum je erlaubt. Tor- und Platzsituationen wurden ersonnen, Blickachsen zu Kirche, Fernsehturm und Rotem Rathaus gezogen, Engführungen und Aufweitungen eingesetzt, als habe die berühmte Urbanistenfibel des späten 19. Jahrhunderts, ›Der Städtebau nach seinen künstlerischen Grundsätzen‹, nicht Camillo Sitte, sondern Karl Marx zum Verfasser gehabt. Sogar das DDR-Dogma des industrialisierten Wohnungsbaus wurde gebogen und gebeugt, bis es auf die komplizierte Aufgabe paßte. Die Grundstücke, die völlig neu, also ohne historisches Zitat bebaut werden mußten, wurden als Ortbetonkonstruktionen errichtet, die Fassaden aus den Sortimentskatalogen gewählt, Paßstücke in Auftrag gegeben. Entlang dem Spreeufer steht nun eine engbrüstige, giebelreichere, »mittelalterlichere« Zeile, als sie die Vedute der gleichen Situation von 1830 mit ihren vielachsigen, breitgelagerten Bürgerhäusern zeigt. Andererseits verhalf die Nötigung, auch hier auf das vorgefertigte Sortiment zurückzugreifen, dem Quartier zu einem Hinweis auf seinen fiktiven Charakter, den man bei perfekteren Inszenierungen vermißt. Angesichts der unübersehbaren Trennfugen und der Flächigkeit der Wandtafeln mit dem zentralen Lochfenster, die alle Neubauten zwischen den erhaltenen oder versetzten historischen Gebäuden verkleiden, wird niemand auf den Gedanken kommen, diese »Milieu-Insel« habe die Katastrophen ihrer Geschichte unbehelligt überstanden. In der Zwangswahl der zeitgenössischen Mittel liegt die Spur der Wahrheit, daß nämlich der ganze Zauber Illusionstheater ist.

Spätere Generationen werden in der Berliner Stadtmitte einen dramatischen Wechsel der Planungsprinzipien beobachten können: Von der Dynamit- und Aufmarschstrategie der fünfziger Jahre, denen die Reste des Königsschlosses zum Opfer fielen, über die pflichtgetreue Bewahrung dessen, was zu retten war, an Lindenforum und Gendarmenmarkt bis zu den Versuchen unserer Tage, mehr Geschichte haben zu wollen, als die Geschichte uns hinterlassen hat. Ostberliner Stadtplaner nehmen die Entwicklung philosophisch, nämlich dialektisch, als die Bewegung einer Sache aus den ihr innewohnenden Widersprüchen. Es erspart ihnen die offene Kritik an der eigenen Vergangenheit, die der Entwurf des Nikolaiviertels unausgesprochen enthält.

Die Standards der repräsentativen Flanierstraßen und Vorzeigequartiere sind eine Sache, die Alltagspraxis eine andere, und die Vorzugsstellung Berlins hat in der übrigen Republik schon hinreichende Kritik ausgelöst. Der Kampf um die Rückgewinnung der alten Stadt wird aber anderswo ausgetragen, in den heruntergekommenen Straßenzügen des späten 19. und frühen 20. Jahrhunderts. Weder die finanziellen Mittel noch das handwerkliche Potential reichen aus. Die Baukombinate, an die Massenfertigung in den Neubaugebieten gewöhnt, sehen sich vor neue Situationen gestellt. Wo bisher geklotzt werden konnte, muß nun Feinarbeit geleistet werden. Statt der langen Schemablöcke vom Fließband wird das sorgfältig zugeschnittene Paßstück für die Baulücke oder die Renovierung alter und von Fall zu Fall unterschiedlicher Altbauten verlangt. Wer Zeit seines Lebens mit Betontafeln der Laststufe 2 Megapond umgegangen ist, soll sich nun von Haus zu Haus mit jeweils anderen Bedingungen vertraut machen. Handwerkliche Qualitäten werden auf der Baustelle aktuell, die in der DDR bisher nur in den Werkstätten der Denkmalpflege gefragt waren. Die Rückgewinnung der Stadt hängt davon ab, wer den Wettlauf gewinnt: die Rekonstruktion oder der fortschreitende Verfall.

Anmerkungen

1 Brigitte Reimann. *Franziska Linkerhand*. Berlin, 1974. München, 1977.
2 Jane Jacobs. *The Death and Life of Great American Cities*. New York, 1961. Deutsch: *Tod und Leben großer amerikanischer Städte. Bauwelt Fundamente 4*. Frankfurt, Berlin, 1963.
3 Vgl. G. Krenz. *Architektur zwischen Gestern und Morgen. Ein Vierteljahrhundert Architekturentwicklung in der DDR*. Berlin, 1974, 1975². – Gerlid Staemmler. *Rekonstruktion innerstädtischer Wohngebiete in der DDR. Inos-Berichte zur Stadtforschung 7*. Berlin, 1981. – Frank Werner. *Stadt, Städtebau, Architektur in der DDR*. Erlangen, 1981. – Hans Stimmann. *Stadterneuerung in Ost-Berlin*. Berlin, 1985.
4 Johann Friedrich Geist. *Passagen. Ein Bautyp des 19. Jahrhunderts*. München, 1969, 1978².
5 Gerd Zimmermann. ›Passagen. Zur Wiederkehr eines Bautyps‹. In: *Architektur der DDR*. Heft 8, 1988. S. 24 ff.
6 Johann Friedrich Geist. *Passagen*. A. a. O. S. 198 f.
7 Günter Stahn. *Das Nikolaiviertel am Marx-Engels-Forum. Ursprung, Gründungsort und Stadtkern Berlins*. Berlin, 1985. – Peter Mugay. *An der Wiege Berlins. Spaziergang durch das Nikolaiviertel*. Berlin, 1988.

Die Erfindung der Denkmäler

Zeitgenössisches Rekonstruktionswesen am Beispiel Xanten

Den Landesbaudirektor und Xantener Projektleiter Gundolf Precht müßten die Architektur-Avantgardisten (sofern dieses Wort in retrospektiven Zeiten noch einen Sinn hat) aus vollem Herzen beneiden, wenn sie ihn nur kennten. Da entwerfen die berühmten Stars antikisch Monumentales, das sie sich auf den römischen Kaiserforen und dem Forum Romanum vorstellen, oder Phantasien über die Villa des Plinius. Die internationalen Architekturzeitschriften schätzen es, ihren Lesern dergleichen Schau- und Lesestoff zu bieten. Doch gebaut werden Tempel und Amphitheater, Tortürme und Hospiz vom Kollegen Precht in der ehemals römischen Provinz Niedergermanien. Unbeachtet von der Szene, aber mit voller Billigung der Öffentlichkeit und ihrer Institutionen greifen die Denkmal-Rekonstrukteure ins volle historische Menschenleben, wie sie es sich denken und uns glauben machen, daß es vor Jahrhunderten oder Jahrtausenden so und nicht anders gewesen sei.[1]

Frei imaginierte Monumente sind mittlerweile keine Seltenheit mehr. Die Kulissen am Mainzer Marktplatz und am Frankfurter Römerberg, die Parodie eines neogotischen Hauses gegenüber dem Kölner Dom, die Reinkarnation des Hannoveraner Leibnizhauses am falschen Ort und im falschen Verhältnis zur Nachbarschaft, die gebaute Spekulation über die Paderborner Kaiserpfalz, die sozialistische Idylle des Ost-Berliner Nikolaiviertels können sich immerhin noch auf Planmaterial, Photos, aufgehendes Mauerwerk oder ausgelagerte Baureste als Indizien berufen. Archäologen begnügen sich mit noch weniger. Kaum zwanzig Jahre ist es her, daß die Charta von Venedig, eine Resolution der internationalen Denkmalpflege, verkündete: Jede Rekonstruktion ist von vornherein auszuschließen. Erlaubt blieb lediglich, was der Fachjargon Anastylose nennt, der Wiederaufbau vorhandener, aus dem Zusammenhang gelöster Teile, etwa die Errichtung von Säulen aus noch vorhandenen Säulentrommeln.[2]

Wer mit solchen strengen Regeln im Kopf sich der Stadt Xanten am Niederrhein nähert, reibt sich die Augen. Auf der grünen Wiese nördlich von Stift und Altstadt erheben sich die römische Stadtmauer mit Wehrtürmen und Toren, die ansehnliche Partie eines Amphitheaters, in dem einst 12 000 Zuschauer den Gladiatorenkämpfen und der Tierhatz beiwohnten, Teile eines korinthischen Hafentempels und neuerdings ein Haus, das die Experten nach seiner Lage am ehemaligen Rheinhafen und den Grundrißbefunden als Herberge nebst Schenke, Schola und Thermen deuten. Schon stehen die um einen Hof gruppierten Flügel, der zweistöckige Säulengang des Hofportikus, die Vorhalle an der Straßenfront, neu, makellos und von abstrakter Glätte wie alle Gebäude der Colonia Ulpia Traiana. Neu sind sie in der Tat; entstan-

Steinmetz bei der Herstellung eines römischen Kompositkapitells, bestimmt für Rekonstruktionen im Archäologischen Park Xanten.

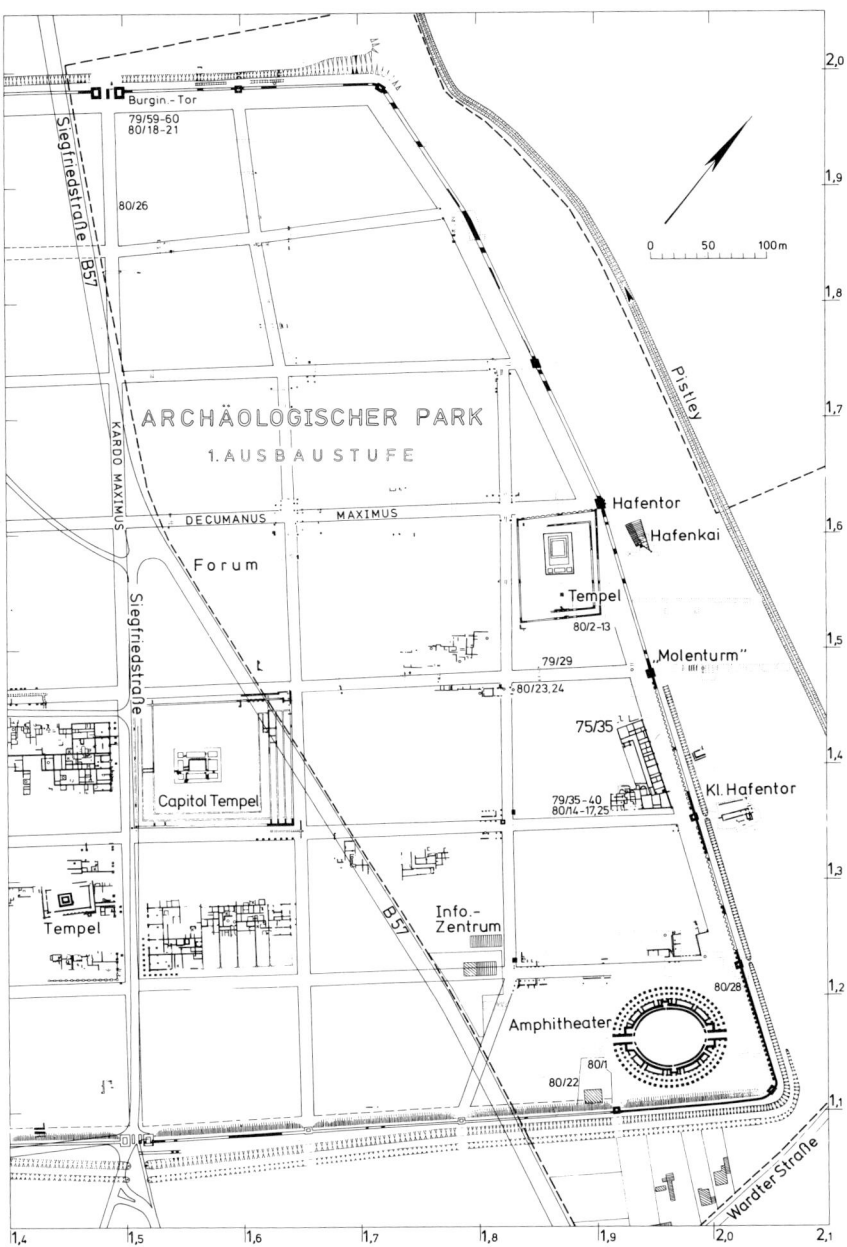

Östliches Stadtareal der Colonia Ulpia Traiana in Xanten, gegründet um 100 n. Chr. (Lageplan).

den auf den Zeichenbrettern der Planer seit dem Jahre 1973, als das Land Nordrhein-Westfalen und sein Landschaftsverband Rheinland sich für die Anlage eines Archäologischen Parks entschieden.

Der Bauplatz ist ehrwürdig. Zwei große zivile Städte haben die Römer in der Provinz Niedergermanien gebaut. Die eine, Köln, hat sich im Laufe ihrer Geschichte fast zu einer Millionenstadt ge-

mausert. Die andere, Xanten, als Bürgerkolonie unter Kaiser Marcus Ulpius Traianus gegründet, stand damals kaum hinter Köln zurück. In Römertagen barg sie zehntausend Einwohner hinter ihren Mauern, hat aber ihre Größe inzwischen nicht einmal verdoppelt. Was die Archäologen besonders erfreut: Das mittelalterliche und damit das heutige Xanten entstand nicht auf dem 1 km mal

1 km großen Geviert der römischen Bürgerkolonie, sondern auf einem südlich anschließenden Gräberfeld vor den Toren der Römerstadt. Ein Märtyrergrab war Anlaß zum Bau christlicher Sanktuarien, später eines Stiftes und der Kaufmannssiedlung. Überall sonst, ob in Köln oder Trier, Mainz oder Augsburg, sind die römischen Reste schwer entwirrbar unter den heutigen Citys verborgen; in Xanten liegen sie in großenteils ungestörten Ackerböden. Daß in unseren Jahrzehnten Gewerbe und Wohnungsbau auf das antike Areal übergriffen und sich auszubreiten drohten, war eines der Motive bei der Gründung des Archäologischen Parks.

Ihr denkmalpflegerisches Gewissen entlasten die Planer der alt-neuen Colonia mit der Rechtfertigung, daß ihre Rekonstruktionen das Tätigkeitsfeld der Wissenschaftler sichern helfen. Dank des Projektes Archäologischer Park konnte das Terrain durch die öffentliche Hand erworben werden. Die Xantener Modellbauten im Maßstab 1 : 1 sind die Konzessionen, die der Öffentlichkeit gemacht werden, damit die Archäologen Ruhe und Kontinuität für ihre wissenschaftliche Arbeit finden. Werden sie anderswo von den Baggern der Baustellen verfolgt und zu Notgrabungen gezwungen, so haben sie hier freie Hand, ihre Schnitte nach den Erfordernissen des Faches zu legen. Die Grabungsstätten, derzeit an Kapitol und Forum, sind ins Besichtigungsprogramm einbezogen; die Wissenschaft stellt sich selbst bei der Arbeit aus. Jüngstes Ergebnis ist in Xanten die Erkenntnis, daß vor der römischen Stadtgründung unter Trajan bereits eine städtische Vorgängersiedlung – und nicht, wie man bislang annahm, ein Bauerndorf – aus der Epoche des Kaisers Caligula bestand. Das rationale Planungsschema bekundet römischen Ordnungswillen und muß von römischen Ingenieuren und Architekten angelegt sein.

Während die Ausgrabungen selbstverständlich nach den strikten Regeln des archäologischen Handwerks vor sich gehen, sind die Rekonstruktionen weitgehend ein Werk der Fiktion. Säulentrommeln werden in Spezialmaschinen abgedreht, Kanneluren, Basen und Kapitele nach Vergleichsbeispielen in Handarbeit gemeißelt. Die Internationalität der Architektur im Römischen Reich, die vergleichsweise langsamen Veränderungszyklen des antiken gesellschaftlichen Lebens, die modulare Ordnung der großen Sakralbauten und öffentlichen Gebäude mögen Analogieschlüsse erleichtern. Sicherheit verschaffen sie nicht.

Bei den Profanbauten ist das Wagnis noch größer. Erschlossene Grundrisse sind oft nur schwer zu deuten. Über das aufgehende Mauerwerk, dessen sich spätere Jahrhunderte bis ins 19. hinein als Steinbruch für ihre eigenen Bauten bedienten, sind nur Vermutungen möglich. Wie hoch die Gebäude waren, wieviel Geschosse sie hatten, wo die wahrscheinlich hölzernen Treppen verliefen, bleibt Mutmaßungen überlassen. Was der niederrheinische Boden nicht preisgibt, müssen Pompeji, Herculaneum und Ostia liefern. Die Xantener Jupitersäule hat ihr Vorbild im Stuttgarter Landesmuseum. Wissenschaftliche Colloquien, auf denen, wie man hört, heftige Diskussionen stattfinden, begleiten die Rekonstruktionsarbeit. Aber an den vollendeten Nachbildungen ist der Zweifel ihrer Erbauer nicht abzulesen. Von ihnen geht, wie von allem Gebauten, die Autorität des Faktischen aus.

Verbal wird in Xanten keine Roßtäuscherei betrieben. Darin unterscheidet sich die Colonia wohltuend von anderen Orten, an denen die Geister der Vergangenheit beschworen werden. Informationstafeln an den Gebäuden und gedruckte Führer betonen, daß es sich um Nachbildungen handelt. Über der mächtigen, zugänglich gebliebenen Fundamentplatte des Hafentempels wölbt sich eine moderne Betonkonstruktion, die den Tempelaufbau trägt und sichtbar den heutigen Eingriff demonstriert. Gleichwohl triumphiert die Suggestivkraft des Dreidimensional-Anschaulichen über das relativierende Wissen. Mit den allerbesten Absichten und einer imponierenden Sachkenntnis ist eine Versammlung von Geschichtszeugnissen zusammengetragen worden, die nichts bezeugen als unsere Vorstellung davon, wie Geschichte allenfalls gewesen sein könnte.

Ein mächtiger Motor, der das Geschäft der Rekonstruktionen antreibt, ist die Freizeit-, Touristik- und Bildungsindustrie. Der Sektor Freizeit gilt als Wachstumsbranche, die auch bei wirtschaftlichen Krisen prosperiert. Innerhalb des Freizeitbudgets verwenden die Bundesbürger ihre meisten Ausgaben für Urlaub und Reisen. Wer aber reist, braucht Ziele, und die Inszenierung der Vergan-

Rekonstruktion des Hauses am Kleinen Hafentor der Colonia Ulpia Traiana, Xanten. – Dreiflügeliges Haus mit vorgelagerten Säulenhallen und Thermenanlage. Der Grundriß läßt auf eine Herberge schließen.

genheit hilft der Gesellschaft, den offenkundigen Bedarf zu befriedigen. In Xanten ist dieser Zusammenhang eindeutig. Die Rekonstruktionen werden mit Landesmitteln aus dem Erholungs- und Freizeitprogramm finanziert. Der Archäologische Park gehört zu einer geplanten Freizeitlandschaft, die sich ihrerseits in ein System von Freizeitzentren und -parks an Rhein und Ruhr einfügt. Das Konzept sieht vor, einen alten versandeten Rheinarm auszukiesen, Wasserflächen anzulegen und nicht zuletzt der Colonia Ulpia Traiana wieder zu

einem Rheinhafen zu verhelfen. Jährlich machen weit über 200 000 Besucher von dem Xantener Angebot Gebrauch. In der neuen Taberna können sie römisches Fladenbrot und Spezialitäten nach den Rezepten des Gourmets Apicius verzehren.

Zugunsten der modernen Römerstadt am Niederrhein lassen sich mancherlei Gründe anführen. Für den zeitgenössischen Umgang mit Geschichte ist sie dennoch charakteristisch. Das Authentische des originalen Dokuments scheint immer weniger gefragt zu sein. Was zählt, ist die pädagogische

Teilrekonstruktion des Amphitheaters der Colonia Ulpia Traiana, Xanten, um 120 n. Chr., rekonstruiert 1976-81. Bei der Anlage handelte es sich um eine Kampfstätte für Gladiatoren und Tierhetzen, die rund 12 000 Zuschauer fassen konnte. »Die Grenzen der aus den archäologischen Grabungsfunden zu entwickelnden Rekonstruktionen liegen in der äußerst dürftigen Kenntnis des aufgehenden Mauerwerkes, was zu sorgfältigster Abstraktion und Verzicht auf Detaillösungen verpflichtet« (Gundolf Precht).

Unterweisung des milde interessierten Touristen, der es so detailliert gar nicht wissen will, oder die malerische Wirkung fürs Auge und seinen Stellvertreter, die Kameralinse. Allenthalben sind Translozierungen, Umsetzungen des Baudenkmals an andere Stelle, an der Tagesordnung, als gehörte der präzise Ort nicht zum Urkundencharakter des Bauwerks. Repliken werden unabhängig von Quellenlage und materiell erhaltener Substanz vorgenommen, als bestünde Historizität nur für die Optik.

Ergebnis ist ein kurioser Effekt. Mehr und mehr werden Hochglanz und Makellosigkeit zum Ausweis des Alten. Was ehrwürdiger Abstammung ist, hat sich in glänzender Schale und untadeliger Vollständigkeit zu zeigen. Der Umkehrschluß liegt nahe: Was nicht nur alt ist, sondern auch alt aussieht, kann nichts wert sein. Echte Relikte werden abgeräumt, wenn sie den Schein stören oder der Statik des neu Konstruierten im Wege sind. Der Begriff der Denkmalpflege droht seinen Sinn zu verkehren. Bei der angeblich denkmalerhaltenden Sanierung wird in aller Regel mehr geopfert als gerettet: die Decken und Holztäfelungen, das Treppenhaus und der Dachstuhl, die Fenster und die Dachziegel, und wo es an Schmuck fehlt, läßt sich jedes gewünschte Detail aus kunststoffdurchtränkter Steinmasse nachkneten. Daß die Zeit Wunden schlägt, daß Risse und Spuren, Lücken

und Beschädigungen zum Schicksal gehören, scheint in der Euphorie des Rekonstruierens in Vergessenheit zu geraten, obwohl die Diskussion über diese Grundfrage eines verantwortlichen Umgangs mit Vergangenheit vor drei, vier Generationen ausgiebig geführt worden ist. Altern als ein Lebenszustand eigener Würde wird nicht mehr erlebbar, in der Gesellschaft so wenig wie an ihren Geschichtszeugnissen. Darüber geht das einzige verloren, was am überlieferten Bestand unersetzlich ist: seine materielle Authentizität.[3]

Die Situation ist um so paradoxer, als gleichzeitig mit aufwendigen Rekonstruktionen, die der Neuerfindung der betreffenden Denkmäler gleichkommen, die Not der Denkmalpfleger nicht geringer geworden ist. Vielerorts scheint der Wettlauf zwischen erhaltenden Maßnahmen und rapidem Verfall schon entschieden, zerstäuben Bildstöcke und Bauornamente, Gewände und Figuren im sauren Regen zu Gips, sehen Fachleute bereits die »gesichtslose Kultursteppe« nahen. Originale Substanz verkommt, während kostspielige Prestigeaktionen inszeniert werden. Die Kulisse am renommierten Ort ersteht schöner als sie je gewesen, während dem heruntergekommenen Fachwerkhäuschen aus dem 13. Jahrhundert der Abbruch droht. Das fingierte Geschichtszeugnis triumphiert, das reale Geschichtszeugnis geht unter: Läuft es darauf hinaus?

Anmerkungen

1 Landeskonservator Rheinland. *Xanten. Europäische Beispielstadt. Arbeitsheft 9.* Köln, 1975. – *Colonia Ulpia Traiana. Veröffentlichungen zum Aufbau des Archäologischen Parks Xanten.* Bonn.
2 Die Charta von Venedig erhielt ihren Namen parallel zur Charta von Athen, dem 1933 verabschiedeten Dokument der modernen Architektenbewegung. Abdruck u. a. in: Friedrich Mielke. *Die Zukunft der Vergangenheit.* Stuttgart, 1975. S. 33 ff.
3 Vgl. u. a.: Norbert Huse (Hrsg.). *Denkmalpflege. Deutsche Texte aus drei Jahrhunderten.* München, 1984. – Georg Mörsch. ›Die Wirklichkeit der Denkmäler‹. In: *Schweizer Ingenieur und Architekt.* Heft 9, 1984. unpag.

Anarchitektur

Lucien Kroll im Gespräch

Lucien Kroll
Geb. 1927 in Brüssel. Seit 1957 Atelier Lucien Kroll.
1970-71 Professur an der École Saint-Luc de Saint-Gilles, Brüssel, 1979-81 an der Universität Grenoble.

PEHNT: Es gibt Architekten, die von vornherein die Lösungen im Kopf haben, Lösungen, die sie, mit Variationen, auf alle Fälle ihrer Praxis anwenden. Sie, Lucien Kroll,[1] gehen vom einzelnen Fall aus. Jedes Problem ist ein Problem für sich, und man kann es nicht lösen, indem man fertige Rezepte anwendet. Sprechen wir also von einem besonderen Fall, von einem der vielen besonderen Fälle Ihrer Arbeit, von Alençon und seinem Neubauquartier Perseigne. Sie sind im Jahre 1976 dorthin als Berater gerufen worden. Alençon-Perseigne, im Grenzgebiet zwischen Bretagne und Normandie gelegen, ist eine sogenannte ZUP, wie es in Frankreich heißt, eine »zone d'urbanisation prioritaire«: Türme und Scheiben in vorgefertigten Betontafeln und nach üblichen rechtwinkligen Strickmustern. Man hat Sie geholt, als Reparaturen fällig waren und die Bewohner gegen ihre unwirtliche Lebenswelt protestierten. Alençon ist inzwischen ein abgeschlossenes Abenteuer. Wenn man die sichtbaren Spuren Ihrer Wirkung bilan-

ziert, so ist das Ergebnis enttäuschend. Ein Block zeigt die Veränderungen, die Mieter und Bewohner mit Ihrer Hilfe vorgenommen haben. Eine Straße ist in ihrer Rechtwinkligkeit korrigiert und durch einen schmalen Garten- und Hügelstreifen ergänzt worden. Eine kleine Schulstadt zieht sich diagonal durch die Siedlung.

KROLL: Ja, aber man darf es nicht darstellen als eine Summe aus eins und eins und eins. Das stimmt zwar, aber es war nicht die Idee. Die Idee war: 7000 Einwohner in einer Siedlung des Sozialen Wohnungsbaus, hinter denen eine Revolte gegen die Bauherren lag. Eine neue politische Vertretung war gewählt worden, und es gab so etwas wie den Willen, die Rehabilitation des Quartiers mit den Bewohnern zusammen zu betreiben. Die Bewohner verstanden sich als die Bauherren.

Im übrigen war es doch etwas komplizierter. Es gab die institutionellen Eigentümer, die offiziellen Agenturen usw. Es gab die Stadt und ihre Verwaltung, die Ministerien, also die notwendigerweise geschlossenen Einheiten. Die Bewohner sind beweglich, sie unterscheiden sich, sie diskutieren. Daß die geschlossenen Institutionen mit ihnen, die keine juristische Existenz besaßen, die einfach nur da waren, Kontakt aufnahmen, schien unmöglich.

PEHNT: War es aber nicht auch schwierig, die unterschiedlichen Absichten und Wünsche der Bewohner zu formulieren oder gar zu harmonisieren?

KROLL: Das war die Befürchtung. Aber diese Befürchtungen sind theoretisch. Die hat man nur, bevor man anfängt. Wir haben an der Tür geklingelt bei denen, die es wollten. Das erste Ergebnis war, jeder wollte etwas anderes als sein Nachbar. Wenn man sich also entschlossen hätte, ihm dieselben Dinge aufzudrängen, wäre man bei einem Unisono angekommen. Aber das macht keinen Sinn.

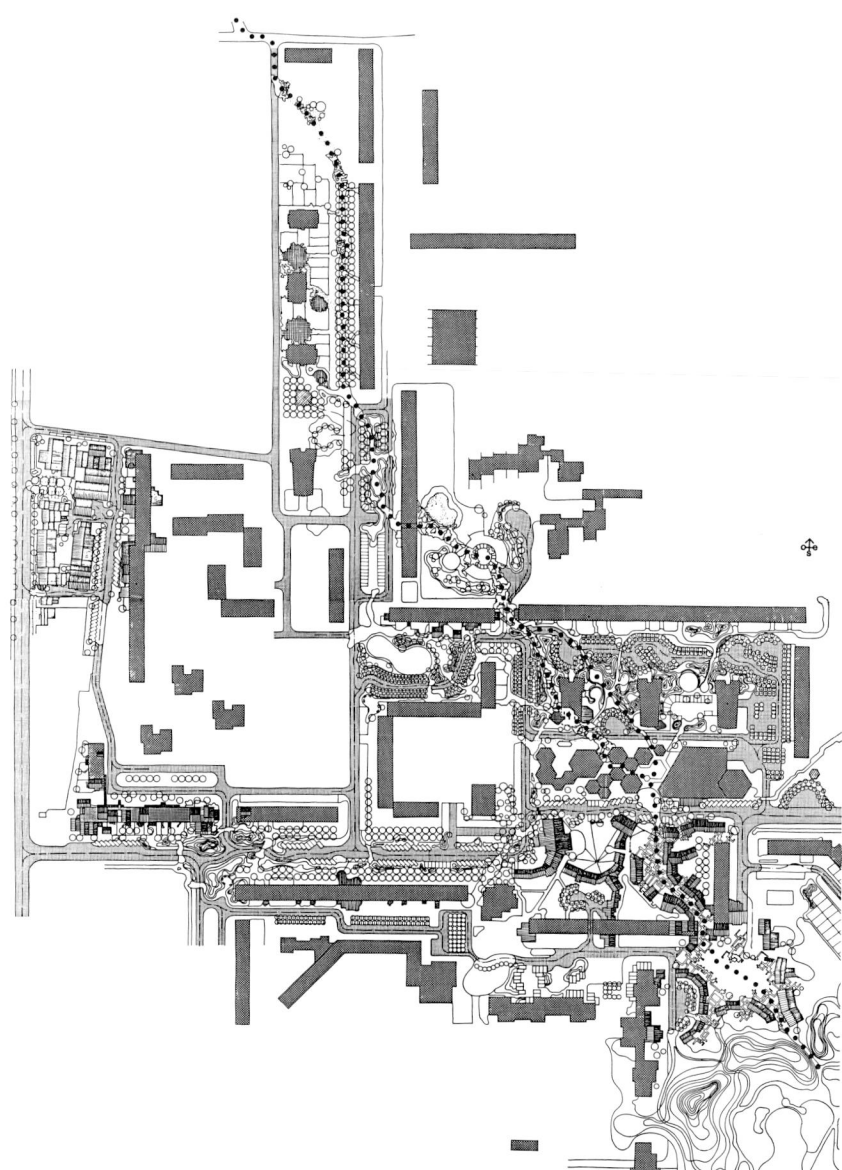

Atelier Lucien Kroll, *Umgestaltung einer Siedlung des Sozialen Wohnungsbaus* in Alençon-Perseigne, 1978. Lageplan mit neuen Wegebeziehungen, Umgestaltung des Terrains, zusätzlichen Bauten. »Kein Gesamtplan (Schlachtplan) ... Nur die Wünsche der Bewohner unter einen Hut bringen. Dann entsteht ein sehr einheitliches Mosaik, das sich aus den instinktiven Bedürfnissen der Bevölkerung und dem alltäglichen Leben ergibt« (Lucien Kroll).

Die Bewohner sind unterschiedlich, warum soll die Architektur dieselbe sein? Das wäre eine absurde Reaktion. Die einzige Frage ist, kann man eine unterschiedliche Architektur machen? Ich sage: ja. Die Verwaltung sagt: nein. Deswegen habe ich in Alençon gesagt: Ich will es beweisen, und man hat mir zehn Wohnungen zur Bearbeitung gegeben, einen Teil eines Prototyps, den es dort gibt.

Aber was ich sagen will: Es handelt sich nicht darum, daß man hier etwas macht und dann da etwas und dort etwas. Es sind 7000 Bewohner, die nach und nach eine Aktion entwickeln sollen, die ihr Milieu verändert. Und wir müssen ihnen helfen, weil wir sie durch unsere Autorität dazu verurteilt hatten, ihre Ausdrucksmöglichkeiten zu unterdrücken. Die urbane Landschaft, das, was die Bewohner früher aus ihren alten Städten gemacht haben, bestand aus schöpferischen Unterschieden. Mit der vorgefertigten Architektur können sie das nicht. Trotzdem könnten sie es, wenn man ihnen zeigte, daß sie es könnten, wenn man ihnen Bilder

Atelier Lucien Kroll, *Umgestaltung eines Wohnblocks von etwa 1960* durch Aufstockungen, Anfügungen, Verkleidungen und Anschüttungen in Alençon-Perseigne, 1978. »Wir hatten uns ein neues Quartier erhofft, hervorgegangen aus der Umgestaltung des Bestehenden. Zu sehen sind verstreute Spuren eines langen Kampfes« (Lucien Kroll).

gäbe, wie es anders möglich wäre. Das ist das, was wir Architekten für sie tun können. Bilder, in denen sie sich erkennen können, und mit denen sie dann auf ihre Art weiterarbeiten können.

PEHNT: Sie haben also aus den Gesprächen und Diskussionen »Bilder« entwickelt und den Mietern gezeigt, was sie mit ihren Häusern anstellen können und was dann allerdings auch mehr Miete kostet: Regenschutz über den Hauseingängen, Balkons und Loggien nach Wahl, teilweise Abbrüche, teilweise Aufstockungen, Steildächer, wo gewünscht, auf die flachen Hauskisten gesetzt, Kletterpflanzen an den Fronten, Anbauten, Vorgärten.

KROLL: Für das Wohngebiet waren wir beauftragt, die Außenräume neu zu strukturieren. Die Außenräume: Das waren Straßen, die sich im rechten Winkel kreuzten –

PEHNT: Und die leeren grünen Flächen –

KROLL: Ja. In der Diskussion mit den Bewohnern ist das erste, was sie sagen, der Verkehr läuft zu schnell, er ist gefährlich für unsere Kinder. So haben wir die Wege neu geordnet, den Bürgersteig verbreitert und Erdhügel aufgeschüttet. Das war kein Ziel, das uns um seiner selbst willen wichtig gewesen wäre. Aber: Die Bewohner haben ein Bedürfnis oder eine Sorge, und diese Sorge ergibt ein Bild, und aus ihm ergeben sich weitere Bilder. Jedes Mal, wenn die Bewohner gesagt haben, hier ist ein Problem, haben wir sie gefragt, was ihre Lösung wäre. Wir haben sie diskutiert, und wir

haben – wie bei Kurzsichtigen – darauf hingewiesen: Hier ist der Plan des Quartiers, hier ist die Kreuzung, und wir können nicht die Kreuzung verändern, ohne uns mit dem ganzen übrigen Rest zu befassen. Man muß also dies ändern und das ändern, den Übergang, die Hügel, die Schule. Und dann zeigte sich der Bürgermeister beunruhigt. Wir sagten ihm: Die Bewohner haben den Instinkt, sie leben hier, sie wissen, wie man hier lebt. Sie machen keine logischen Fehler, wir dagegen wohl. Die Bewohner gehen immer den kürzesten Weg, immer schräg, in Richtungen, denen sie instinktiv folgen, wie Tiere. Der Lageplan ist orthogonal. Aber die Einwohner sind von Natur aus diagonal. Die Bewohner sind diagonal, und die Architekten sind orthogonal. Die Bewohner nehmen nie einen Umweg in Kauf, um einen rechten Winkel zu respektieren.

In der ganzen Geschichte der Bewohnerrevolte von Alençon gab es einen sehr wichtigen Augenblick: Man hat den Aufseher verprügelt, weil es verboten war, über den Rasen zu gehen. Die Leute waren selbst erschrocken darüber, aber es kam trotzdem zu Handgreiflichkeiten. Es bestand ein Verbot, der Rasen darf nicht betreten werden. Das heißt, man muß im rechten Winkel gehen, statt die Diagonale zu nehmen. Dann bekamen sie die offizielle Erlaubnis, den Rasen zu betreten. Sofort entstand ein Netz von Trampelpfaden, so etwas wie die alte Fußgängerkultur der

Kelten im Vergleich zur Rechtwinkligkeit der römischen Planungen, die ihnen von außen auferlegt worden war. Ich habe einfach gesagt: Dieser Pfad ist die wichtigste Form. Sie widerspricht allem übrigen. Aber es ist eine unendlich zeitgenössischere Form, weil sie spontan ist, eine lebendigere Form, weil es die Form der Bewohner ist, sozialer, weil es eine Gruppe ist, die sie bestimmt hat – zeitgenössischer, lebendiger, sozialer als alle italienischen Renaissanceformen, als alle Ordnungslinien, als alle Achsen, als alle runden Plätze. Es ist eine Form, die in diesem Zusammenhang essentiell ist. Sie durchschneidet die Rechtwinkligkeit. Ich will nicht die Rechtwinkligkeit auslöschen, ich will diese andere, spontanere Form darüberlegen. Ich will, daß beide Aspekte der Sache anerkannt werden.

Wir haben also einen dieser Trampelpfade aufgegriffen, der diagonal lief, sehr kompliziert in Anbetracht der Hindernisse, die man diesem Pfad in den Weg gelegt hat. Und entlang diesem Pfad haben wir die Häuser einer Schule gebaut. Man hat ihn offiziell zu einem Weg erklärt, vorher war es nur festgetrampelte Erde. Erst später haben wir herausgefunden, daß da früher ein uralter Weg herlief. Es gab ihn lange vor dem Neubaugebiet, er hieß der Pfad von St. Gilles. Die alten Bauern der Gegend kannten ihn noch sehr, sehr gut.

PEHNT: Also ein Akt der kollektiven Erinnerung?

KROLL: Absolut. Aber es ist auch ein funktionierender Verkehrsweg, der kürzeste Weg, der aus dem Zentrum Alençons in die offene Landschaft führt.

PEHNT: Wenn Sie nach allem, was Sie von den Bewohnern erfahren haben, dann Ihre Entscheidungen treffen, werden diese Entscheidungen von den Bewohnern akzeptiert? Oder gibt es auch Momente, wo die Leute sagen: Das ist fremdartig, das ist nicht das, was ich mir vorgestellt habe? Mit anderen Worten: Gibt es auch bei Ihnen einen Hiatus zwischen dem, was Sie als Architekt oder Planer machen, und dem, was die Leute wollen?

KROLL: Die Frage muß man auf zwei Arten beantworten. Um welche Leute handelt es sich? Wenn es um die Bewohner geht: Das sind einfache Leute, die wir besucht haben. Sie kommen nicht von selber, man muß zu ihnen hingehen. Sie disku-

Claude Chifflet, *Sekundarschule* in Alençon-Perseigne, Ende 70er Jahre. Im Hintergrund Teil des Gemeindezentrums. Die Schule besteht aus einzelnen Häuser, die an Platz und neuer diagonaler Gasse liegen. »Den Architekten hatten wir gebeten, eine möglichst vielfältige und auch ein wenig banale Architektur vorzusehen und die gleiche Technik und dieselben Materialien zu verwenden, die man bei tausenden von Häuschen in ganz Frankreich antrifft« (Lucien Kroll).

tieren über die Sache. Sie haben ihr kulturelles Modell, sie haben ihre Vorstellungen vom Haus. Das ist nicht die präfabrizierte kubische Architektur, beileibe nicht. Die mögen sie nicht, sie haben sie nie gemocht. Aber sie leben nun da. Wenn man sie fragt, wollt ihr, daß man kleine Kitschhäuschen auf die harten Konstruktionen setzt, dann ist es die harte Konstruktion, die sie nicht mögen, die sie merkwürdig finden. Das ist die eine Antwort. Wenn die Bewohner etwas zeichnen, dann sind es nicht Kuben.

PEHNT: Es ist immer das Häuschen mit dem steilen Dach.

KROLL: Immer. Aber man diskutiert die Veränderungen mit ihnen, und es gibt kein Problem. Sie haben das Gefühl, das ist ungefähr das, was sie sich vorgestellt haben. Die anderen, die nicht dort wohnen und die von außen urteilen, die mit der Sache nichts zu tun haben, die finden es merkwürdig, manchmal scheußlich. Also mehrere Antworten. Die Bewohner: ja. Die Leute aus der Altstadt von Alençon dagegen haben nie vorher das Neubaugebiet betreten. Man spaziert nicht freiwillig im Sozialen Wohnungsbau herum. Aber jetzt kommen sie sonntags, um sich's anzusehen. Das ist neu. Sie finden es bizarr, jedenfalls nicht schlecht, nicht gut, sicherlich nicht sehr gut, aber nun ja, schließlich doch nicht übel.

Was wir gewollt haben, ist: Es soll etwas Neues entstehen, andere Dinge sollen dazukommen. Diesen Fertigteilbau, der in meinen Augen schlecht ist, abzureißen, das wäre eine Niederlage. Es wäre auch zu teuer. Es wäre auch ein Verlust an Spielraum gewesen. Es hat Energie gekostet, Energie von kompetenten Leuten, die etwas Gutes machen wollten. Der erste Schritt, der manchmal schon hilft, ist, ein kleines Stück herauszubrechen, ein bißchen abzureißen, etwas daraufzusetzen und es bewohnbar zu machen. Alles abreißen, wie man es so oft machen will – ich glaube, das wäre ein Verlust. Ein solches System ist eine Herausforderung. Man muß sich damit auseinandersetzen, etwas dazutun, und dieser Kontrast ist ungeheuer wichtig. Es geht also vielmehr darum, daß die Leute reden, diskutieren, etwas machen oder machen lassen, was ihnen ähnlich ist von Anfang an. Und wichtig ist, daß sie es selber machen. Es ist ein komplexer Vorgang, eine Rehabilitation, und nicht *ein* Objekt oder zwölf. Der Plan, der daraus entsteht, ist sehr viel solider als ein symmetrischer Plan, der einem Schlachtfeld für Generäle gleicht: linke Schlachtlinie, rechte Schlachtlinie, da lasse ich die Kavallerie vorrücken usw. Im Inneren ergibt das eine Form, die sehr viel reicher ist. So etwas ist also möglich.

PEHNT: In Alençon ist das Experiment abgebrochen worden.

KROLL: Aus einem sehr einfachen Grund. Die Geschäftsleute haben Anstoß genommen, und die kleinen Leute haben nichts gesagt. Die Geschäftsleute haben alles gestoppt, und die Stadt hat Angst bekommen. Sie haben Demagogie betrieben – in der Architektur nennt man das Kosmetik. Man hat

mit dem Geld weitergemacht, das zur Verfügung stand. Es wird also eine richtige schöne ZUP.

Was mir wichtig scheint: Man muß die Kosten kalkulieren, man muß die Ausführungsdetails sorgfältig planen, man muß den Zeitablauf organisieren, das ist alles unerläßlich. Aber wirklich zählt nur ein einziges Motiv: an einer Entwicklung teilzuhaben, die lebendig ist, in einem Quartier oder einer Gesellschaft. Man muß in die Wege leiten, was man in einem Entwicklungsland eine integrierte Entwicklung nennen würde. Das Problem ist das gleiche. Man muß die ökonomische Entwicklung auf den Weg bringen und zugleich die kulturelle, die urbane. Dann ist es eine phantastische Sache. Wenn nicht, ist es eine Metzelei. Dann wird kaputtgemacht und stattdessen etwas hingesetzt, was die Leute nicht wollen, außer einem Dutzend Personen, dem Tiefbauamt und dem Bürgermeister.

PEHNT: Aber man muß auch die Spontaneität organisieren. Sie entsteht nicht von selbst.

KROLL: Nein. Es gibt ja auch psychologische Techniken, daß man etwa ein Beispiel zeigt, wie es in den verschiedenen Entwicklungsstadien möglich ist.

PEHNT: Partizipation ist einfach, wenn es sich um das Einfamilienhaus handelt. Das Problem des Massenwohnungsbaus liegt darin, daß die Planer und Architekten nicht die künftigen Bewohner kennen können, für die sie planen und bauen. Es ist das Problem der Leute, die noch nicht am Ort sind. In Alençon konnten Sie die Leute kennenlernen, weil sie dort schon lebten. In neu geplanten Großsiedlungen kann man sie nicht kennen.

KROLL: Aber auch die Leute, die am Ort sind, kann man nicht wirklich kennen, wenn es zu viele sind. Wir möchten vom Reichtum der Erfahrungen jener Leute profitieren – auch im eigenen Interesse profitieren –, die erreichbar sind, mit denen man Kontakt aufnehmen kann. Ein Haus zu bauen oder sechs oder fünfzehn, das ist keine Schwierigkeit. Wir hatten in Cergy-Pontoise mit 43 zu tun. Dann sind Leute wieder abgesprungen und durch andere ersetzt worden. Wir wollten keine Übergrößen herstellen, in die jeder und doch keiner genau paßt, wenn man es mit diesem Bild aus der Textilindustrie bezeichnen will. Sondern wir wollten soziales Wohnen im Serienbau, aber

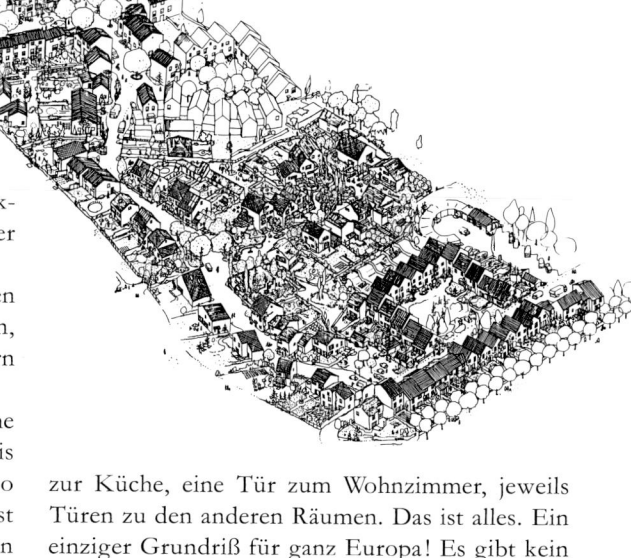

Atelier Lucien Kroll, *Siedlung Vignes Blanches* in Cergy-Pontoise, 1977-79. Einfamilienhausquartier für 150 Familien. »Je offener und zugleich entschlossener der Architekt sich verhält, desto vielfältiger wird das Resultat« (Lucien Kroll).

offen, variiert. Unser Metier ist das des Architekten, nicht das von Krankenpflegern oder Soziologen.

PEHNT: Sie wollen die Systeme den Individuen anpassen. Woher nehmen Sie Ihre Informationen, wenn Sie nicht in Kontakt mit den Bewohnern treten können?

KROLL: Es gibt genug allgemein zugängliche Informationen, die wir meist nicht zur Kenntnis nehmen. Ich denke an das Beispiel Frankreich, also ein großes Land, aber in den kleinen Ländern ist es nicht anders. Frankreich ist ein Land, das in administrativer Hinsicht sehr durchorganisiert ist, was Regeln usw. betrifft. Die Oberflächen, die Bautechnik, beinahe auch die Farben, die Finanzierung, alles das ist absolut identisch, vom Norden bis zum Süden. Und ich habe doch den Eindruck, daß die Leute in Lille ganz andere Menschen sind als die in Nizza. Ich habe den Ehrgeiz, Sachen zu bauen, die regional unterschiedlich sind, die dem Klima angepaßt sind, die im Norden anders sind als im Süden und im Westen anders als im Osten. Das ist ein großer Anspruch. Jahrhundertelang hat es eine Architektur gegeben, die sich von West bis Ost extrem unterschied. Die Alpen sind nicht die Pyrenäen. Haben das länderweite Fernsehen und die große Mobilität von Ort zu Ort die Unterschiede wirklich so eingeebnet? Ich glaube es nicht. Es ist nicht nur eine Sache der Folklore, der Geschichte oder der Ästhetik, sondern der Art und Weise, wie die Leute leben.

PEHNT: Es ist natürlich auch eine Sache des meteorologischen Klimas.

KROLL: Natürlich. Aber darüber legt sich heute ja keiner mehr Rechenschaft ab. Und was bedeutet das in der Praxis? Es gibt eine Tür zur Straße hin, einen Eingangsflur, von dem aus unabhängig die einzelnen Zimmer erschlossen werden, eine Tür zur Küche, eine Tür zum Wohnzimmer, jeweils Türen zu den anderen Räumen. Das ist alles. Ein einziger Grundriß für ganz Europa! Es gibt kein Zimmer, das zu einem anderen führte. Das ist verboten. Der ganze Reichtum der primären oder sekundären Erschließung existiert nicht mehr.

Aber zu Ihrer Frage nach den Bedürfnissen der Bewohner, die man noch nicht kennen kann: Es gibt immer Leute, die in der Nachbarschaft leben, die etwa unter denselben Umständen leben. Man kann sie zu einer Flasche Wein einladen, zehn, zwölf Personen. Ich sage zu ihnen: Tun Sie mir einen Gefallen, erzählen Sie mir, wie Sie die Sache sehen, wie Sie leben. Und sie, sie wollen erzählen. Es sind keine Soziologen, Psychologen oder Architekten. Aus dem, was sie sagen, ergeben sich keine allgemeinen Regeln, keine großen Entdeckungen, wohl aber individuelle Nuancen.

PEHNT: Aber es sind nicht dieselben Menschen, die dort später leben werden, mit ihren ganz individuellen Wünschen.

KROLL: Aber sie kommen aus denselben Gruppen. Der eine Mann will die Wand rot gestrichen haben, der andere blau. Wenn ich alle Wände blau gestrichen hätte, wäre immer einer unglücklich. Wenn es sowohl Rot als auch Blau gibt, kann er aussuchen, was ihm gefällt.

PEHNT: Man muß Vielfalt bieten, damit jeder findet, was er braucht.

Atelier Lucien Kroll, *Studentenstadt* in Woluwé-Saint Lambert bei Brüssel, 1969-82.
Ein großer Krankenhaus-Neubau der Medizinischen Fakultät Löwen sollte von studentischem Wohnungsbau flankiert werden. In den Jahren der Studentenrevolte akzeptierten die Universitätsbehörden eine partizipatorische Planung, die zugleich eine städtische Mischung der Nutzungen anstrebte – von Wohnungsbau über Restaurants, Pfarrzentrum, Kino und Ausbildungsstätten bis zu einer neuen Metrostation. Die Zusammenarbeit mit Kroll fand ein vorzeitiges Ende, wurde aber bei der Planung des Metro-Bahnhofes wieder aufgenommen.

KROLL: Wir haben eine bezeichnende Erfahrung gemacht. In Cergy-Pontoise, wo wir ein Einfamilienhausquartier gebaut haben, sagten wir den künftigen Erwerbern: Wir entwerfen nicht, Sie entwerfen. Hier ist Papier, hier sind Bleistifte. Mit anderen haben wir diskutiert: Woher kommt die Sonne, wie ist der Ausblick, wo liegt die Straße, was soll ins Haus kommen, was ist mit dem Mobiliar. Denn mit dem Mobiliar, das die Leute besitzen, haben sie eigentlich schon ihren Grundriß. Einen gab es, mit fünf Kindern, der ein großes Haus mit elsässischem Dach wollte. Ich war ein-

verstanden, weil mir recht war, daß nicht alle Dächer gleich sind. Ich war froh, daß ich diesen Mann getroffen hatte. Hätte ich ihn nicht gehabt, hätte ich vielleicht einem anderen ein solches Dach nahelegen müssen. Einige Zeit nach der Versammlung sagte er adieu. Er arbeitete bei der Air France und wurde versetzt. Ich saß nun da mit einem Haus, das für ihn speziell entworfen war, einigermaßen bizarr und viel zu groß, mit einer Aufteilung, die ganz auf diese Familie zugeschnitten war. Der Unternehmer meinte, wirf den Plan in den Papierkorb. Wir haben gesagt: Nein, wir warten erstmal ab. Wir haben bis zur nächsten Sitzung gewartet und gefragt, wer dieses komische Haus haben möchte, das wir für den Mann mit den fünf Kindern entworfen hatten. Und siehe da, eine Frau sagt, das ist genau die Zahl von Zimmern, die ich brauche, kann ich mit meinem Grundstück tauschen? Die Leute wollen nicht das Normale, das Durchschnittliche, oder zumindest: Nicht alle wollen es.

PEHNT: Ich glaube, Schwierigkeiten ergeben sich vor allem dort, wo die Leute oft wechseln, also zum Beispiel bei der Studentensiedlung von Woluwé-Saint Lambert.

KROLL: Die Studenten bleiben durchschnittlich sieben Jahre dort.

PEHNT: Sieben Jahre an derselben Universität?

KROLL: Ja, eine längere Zeit als die durchschnittliche Wohndauer in Brüssel ausmacht.

PEHNT: Gut, trotzdem werden sie irgendwann ihre Wohnung wechseln, und neue Studenten ziehen ein, die akzeptieren müssen, was sie vorfinden. Es ist das, was ich das Problem der ersten und der zweiten Generation nennen möchte. Wer zuerst da war, konnte mitmachen, als geplant und gebaut wurde. Wer später kommt, muß sich abfinden mit dem, was die Vorgänger während der Planungsphase entschieden haben. Die zweite Generation muß mit den Entscheidungen der ersten Generation leben.

KROLL: Aber das ist immer noch besser, als wenn sie mit den Entscheidungen eines Architekten leben müßten! Es ist immer schon jemand dagewesen, der entschieden hat. Auch die alten Städte, die wohnlich sind, wurden von Leuten gebaut, die nicht mehr da sind. Aber alle neuen Architekturen sind nur mit dem Blick auf die Architektur gebaut worden, nicht mit dem Blick auf die Menschen, die sie bewohnen. Ich will nicht die Architekten verdächtigen, gegen die Menschen zu arbeiten. Doch da wird für die Konstruktion entworfen, da wird die Technik bestätigt, die Präfabrikation schwerer Bauteile, die industrielle Serie. Die Ästhetik, die dabei herauskommt, kennt man. Wenn jemand eine andere Atmosphäre will, wenn er differenzieren will, dann hat er heute nur eine ganz begrenzte Auswahl, vielleicht nicht unbedingt nur größere oder längere oder höhere Teile, aber jedenfalls nicht viel mehr. Weil es eine Aus-

wahl aus immer demselben Angebot ist, interessiert mich das nicht. Aber wo ist der Reichtum der gelebten Alltagskultur in der Architektur? Die Menschen sind verschiedenartig, und warum soll man die gleiche Architektur für verschiedenartige Menschen machen?

PEHNT: Bauten aus dem Atelier Kroll, das läßt sich nicht leugnen, tragen eine unverwechselbare Handschrift. Wenn ich einen Bau von Ihnen sehe, erkenne ich ihn sofort als einen Lucien Kroll: die collageartige Zusammenstellung, die unregelmäßig gestreuten Rautenmuster bei Fliesen- oder Schindelflächen, die improvisiert wirkenden Übergänge, das scheinbar Ruinenhafte. Die Unterschiede Ihrer Bauten sind jedenfalls nicht so groß, wie man es der Theorie nach annehmen sollte.

KROLL: Es ist ja niemals eine Sache des Alles oder Nichts. So etwas gibt es nicht. Wenn man die Dinge sich selbst überläßt innerhalb eines gewissen Freiraums, ergibt es Bidonvilles, Squattersiedlungen. Die haben manchmal einen außerordentlichen Reichtum in der Architektur, in den Außenräumen. Aber der ist schlecht organisiert. Wenn man auf der anderen Seite alles selbst machen will, dann ergibt das Disneyland, so wie die Amerikaner das machen. Man kennt das. Es ist sehr gefährlich, das ergibt nur Dekoration. Zwischen diesen beiden Positionen oder – wenn man will – um beide Positionen miteinander zu vereinen, dazu habe ich meine Organisation. Da liegt meine Aufgabe, meine Autorität, meine Verantwortung. Ich habe einen Beruf, in dem ich alles auch ohne die Bewohner machen kann, wie man es gewöhnlich erwartet. Aber ich will die Architektur offenhalten. Es ist meine Architektur, aber es ist zugleich ihre Architektur. Sollte das nicht möglich sein, eine Architektur des Architekten, die allerpersönlichste Architektur, aber offen, und zugleich eine Architektur der Bewohner? Ich, ich glaube daran, daß so etwas möglich ist, und das ist es, was ich suche.

PEHNT: Wenn es nun eine Architektur Kroll gibt, wie definieren Sie es selbst? Reichtum? Differenziertheit? Das Anarchische? Vielleicht sogar Banalität?

KROLL: Ja, alles zusammen. Reichtum kommt übrigens durch die verschiedenartigsten Mittel zustande. Partizipation ist nur eines der Mittel. Es gibt andere – Entdeckerlust zum Beispiel. Wenn etwa der Metrobahnhof in Woluwé-Saint Lambert sehr unterschiedlich in sich ist – nur die beiden Bahngleise sind identisch –, so haben wir hier niemanden befragen können. Wir haben es entworfen, allein auf uns gestellt, wie es jeder andere Architekt auch tut. Wir haben mit industrialisierten Fertigteilen gearbeitet, aber deren Verbindung war jeweils unterschiedlich. An diesem Problem arbeiten wir.

PEHNT: Manchmal habe ich den Eindruck, daß Sie die Ingenieure als Ihre Feinde betrachten.

KROLL: Umgekehrt, sie betrachten mich als Feind! Ich bin Sohn eines Ingenieurs, und wir hatten im ganzen sechs Ingenieure zu Hause. Ich weiß, um was es geht. Ich habe mit Ingenieuren zusammengearbeitet, die großartig waren, und es gab andere Fälle, wo es gar nicht ging. Der Ingenieur bleibt bei seinem Objekt und will es den anderen um jeden Preis aufdrücken, und darüber gibt es dann Streit. Ich nehme ein Beispiel. Straßenbauingenieure sind die isoliertesten Menschen, die man sich denken kann. Sie arbeiten in einer städtischen Behörde oder in einem privaten Büro, und sie überlegen in der Art eines guten Installateurs, wie man Materie zirkulieren lassen kann. Das ist in diesem Fall nicht warmes Wasser, das sind Autos, manchmal Fußgänger, und es sind Röhren. Ganz einfach also. Man kann nicht mit ihnen diskutieren. Kulturell sind es Kriminelle, die die Landschaft kaputtmachen, massakrieren, Landschaften, die existieren oder die möglich wären. Es sind Kriminelle, vielleicht wissen sie es nicht. Wenn man es ihnen sagte, würden sie große Augen machen. Aber wenn sie begreifen, daß sie Präzisionsinstrumente in einem Vorgang sind, dessen Wärme sie spüren – schließlich sind es ja auch Familienväter –, oder dessen Bedeutung sie ahnen, dann sind es großartige Leute.

Anmerkung

1 Lucien Kroll. *Composants. Faut-il industrialiser l'architecture?* Brüssel, o. J. Deutsch: *CAD-Architektur. Vielfalt durch Partizipation.* Karlsruhe, 1985. – Wolfgang Pehnt (Einltg.). *Lucien Kroll. Bauten und Projekte.* Stuttgart, 1987.

Im Reich des Imam

Entwicklungshilfe in Nordpakistan

Das Flugzeug verkehrt bis Gilgit, einem Handelsplatz von 25 000 Einwohnern im nördlichsten Pakistan, wo Indien, Afghanistan, China und die Sowjetunion als Anrainer sich ein konfliktreiches Stelldichein geben. Danach ist der Hubschrauber das schnellste Transportmittel, und statt der weiß leuchtenden Gipfel und Gletscher von Hindukusch, Karakorum und Himalaja gibt der Fensterausschnitt nun die karge, trostlose Nähe wieder. Unten gleitet der Schatten des Helikopters über staubtrockene Bergflanken, über ockerfarbene und rötliche Steinhänge. Die Talsohlen sind wie leergefegt. Die kleinen Canyons der Bachläufe, die das Schmelzwasser im Sommer eingegraben hat, liegen trocken. Kein Strauch, kein Gras.

Auch die Sechs-, Sieben- oder gar Achttausender, die sich zuvor dicht an dicht hintereinander staffelten, scheinen sich vereinzelt und zurückgezogen zu haben. Nur wenn eine Bergschlucht aufreißt, tritt eine der weißen Pyramiden ins Blickfeld – nah oder fern? Das Auge hat keinen Maßstab, wie ihn sonst die Vegetation mitgibt. Allenfalls dort, wo Gletscherwasser die Hänge befeuchtet und Wachstum ermöglicht, ziehen sich weit oberhalb der Höhe europäischer Baumgrenzen Gürtel aus Nadelwäldern um die Bergmassive, die unten in kahles Felsgestein auslaufen.

Trockenheit ist ein Kardinalproblem dieser Region. Die nördlichsten Teile Pakistans liegen außerhalb der Reichweite sommerlicher Monsunregens. Die geringfügigen Niederschläge gehen im Winter nieder, als Schnee. Immerhin, wo Bewässerung möglich ist, werden Weizen und Gerste angebaut. Walnußbäume wachsen, Apfel-, Kirsch-, Pflaumen- und Aprikosenbäume, deren kleine schmackhafte Früchte zu Dörrobst verarbeitet werden. Auf den flachen Dächern der Stein- und Lehmhäuser liegen sie zum Trocknen aus. Gelegentlich gedeihen sogar Weinreben. Denn diese Überraschung hält der Hubschrauberflug immer

wieder bereit: Wo nichts mehr möglich scheint an menschlichen Kulturtätigkeiten und der kurvenreiche Pfad, der angeblich mit dem Jeep zu befahren ist, sich zu verlieren droht, schieben sich plötzlich ein, zwei Terrassen über der Schlucht vor, eine ganze Staffel kleiner Erdflächen, die wie Balkons übereinander geschichtet sind, Pappeln, Obstbäume, ganze Plantagen, Häuser, ein Dorf.

Unter dem Dach der Welt wohnen arme Leute: wenig natürliche Ressourcen, schnelles Bevölkerungswachstum (in einzelnen Dörfern fünf Prozent im Jahr), unendlich weite und mühselige Transportwege von den Höhentälern herab, auch wenn der mit Chinas Hilfe gebaute Karakorum-Highway die Route der alten Seidenstraße für moderne Verkehrsmittel geöffnet hat. Als Autobahn darf man sich den Highway nicht vorstellen. Wo die Bergflanken ins Rutschen gekommen sind, liegen die Felsbrocken noch Monate später auf der Fahrbahn. Für die Ausfuhr der meisten Landesprodukte ins südliche Pakistan oder gar ins Ausland stehen die Chancen schon wegen der Verkehrsschwierigkeiten und der Transportkosten schlecht. Fachleute schätzen das Jahreseinkommen der Hochlandbewohner auf 150 Dollar pro Kopf, weniger als die Hälfte des pakistanischen Durchschnittseinkommens – und Pakistan zählt nach wie vor zu den armen Entwicklungsländern der Welt.

In einer riesigen Staubwolke landet der Hubschrauber vor einer schweigenden Menschenmauer. Eine Kapelle auf dem nahen Dorfplatz setzt ein: Empfang für die erwarteten Gäste des Aga Khan. Zu mehr als einem Drittel bekennt sich die Bevölkerung in den pakistanischen Hochgebirgstälern zur ismailitischen Richtung des Islam. Die Ismailis sind eine schiitische Sekte von etwa zwanzig Millionen Glaubensbrüdern, die in Zaire wie in Kenya, in Bangladesch wie in Indien und Pakistan leben. Ihr geistliches Oberhaupt ist der jeweilige

Burg Baltit bei Karimabad im Hunza-Tal, Nordpakistan. Ehemaliger Sitz des Mir von Hunza, eines der Kleinkönige im Gebirgsland. Im Hunza-Tal, das neuerdings durch den Karakorum Highway zwischen Pakistan und China erschlossen ist, werden Obst, Gerste, Weizen, Hafer, Hirse und Erbsen angebaut.

Aga Khan, Sproß eines persischen Adelsgeschlechts, das im 19. Jahrhundert nach Indien auswanderte, sich um die britischen Kolonialherren verdient machte und von ihnen den Fürstentitel erhielt. Die Aga Khans führen ihre Herkunft auf den Imam Ismail zurück, einen der erleuchteten Nachfolger Mohammeds aus dem 8. Jahrhundert, und über Ali, den treuen Schwiegersohn und Vetter des Propheten, auf Mohammed selbst. Nach Überzeugung mancher kann sich der jetzige Imam sogar in 102. Generation auf Adam persönlich als Stammvater berufen, ungeachtet dessen, daß wir alle Adams Kinder sind.

Im westlichen Ausland umgibt die Aga Khans trotz ihrer Engagements bei Völkerbund und United Nations eine mondäne Gloriole, gewoben aus sagenhaftem Reichtum und Highlife, Pferdederbys und Yachtrennen und der Erinnerung an jenen längst nicht mehr geübten Brauch, nach dem zu besonderen Jubiläumsanlässen das Gewicht des jeweiligen Aga Khans von seinen Anhängern in Gold und Edelsteinen aufgewogen wurde. In Entwicklungsländern wie Pakistan hat sich die Familie dagegen dank einer Fülle sozial- und kulturpolitischer Initiativen, die weit über den Anspruch auf spirituelle Führerschaft hinausreichen, den Ruf segensreicher Wohltäter erworben. Als Eigner eines großen Wirtschaftsimperiums bedienen sie sich aller unternehmerischer Praktiken des Westens, als Häupter ihrer weltweit verstreuten Gemeinde genießen sie die Verehrung der Gläubigen, die bei Inthronisation und Hochzeit ihrer Imams farbenprächtige Spektakel wie aus lange vergangenen Feudalzeiten entfalten.

Den scheinbaren Widerspruch erklärt der gegenwärtige Aga Khan IV., Prinz Karim, mit der Weltzugewandtheit des Islam. War nicht auch Mohammed ein Geschäftsmann? Prinz Karim, der schon im zwanzigsten Lebensjahr das Imamat von seinem Großvater übernahm, hat eine moderne Ausbildung genossen, war Harvard-Absolvent und Teilnehmer an der Innsbrucker Winterolympiade. Seine Besitztümer verwaltet er von seinen Zentralen bei Paris und in Genf aus. Die Fürsorgepflicht für jene Provinzen, in denen Ismailis leben, erfüllt er mit Stiftungen und Entwicklungsprogrammen, die mit internationalen Hilfsorganisationen zusammenarbeiten und von ihnen mitfinanziert werden. Sie ermöglichen, was arme Staaten nicht leisten können. So hat die Aga-Khan-Stiftung in Karachi, der Fünf-Millionen-Metropole im Süden Pakistans, ein 720-Betten-Hospital, Keimzelle einer privaten Universität, eröffnet, das islamische Bautraditionen mit moderner Medizin-Technologie verbindet. Zu dieser 220-Millionen-Dollar-Investition gab der Staat das Grundstück und gewährte Steuerfreiheit, eine größere Zahl von Stiftern und Entwicklungshilfeorganisationen waren an der Finanzierung beteiligt. Knapp ein Drittel der Krankenbetten sind Privatpatienten vorbehalten, doch zu Gebührensätzen, die so berechnet sind, daß sie zur Finanzierung der Aufenthaltskosten anderer Patienten beitragen. Der jetzige Aga Khan liebt es, daran zu erinnern, daß einer seiner Vorfahren im Jahre 970 die Universität El Ashar in Kairo gegründet habe.

Vor allem in den nördlichen Provinzen erfreut sich der Aga Khan eines ungeschmälerten Ansehens. In den medizinischen Stationen und Schulgebäuden, die er in den Gebirgstälern aus ortsüblichem Granit errichten ließ, lächelt sein Bild von der Wand. Der Hubschrauber gehört der Stiftung und trägt seinen Namen am Rumpf. Der wichtigste Ort des Gebirgsdistrikts Hunza heißt nach seinem Vornamen Karimabad, und keine Ansprache wird gehalten, ohne daß Seiner Hoheit respektvoll Erwähnung getan würde.

Politisch war das nördliche Bergland in kleine und kleinste selbständige Feudalherrschaften aufgeteilt. Der letzte dieser Mirs und Rajas, Prinz Ghazanfar, trat seine Rechte erst 1974 an den pakistanischen Staat ab. Heute repräsentiert der Mir von Hunza sein ehemaliges Kleinfürstentum im Rat der Nordprovinzen und ist in geistlichen Dingen der Vertreter des Aga Khans. Die kleinteilige politische und ökonomische Struktur entsprach der geographischen Situation, den abgeschlossenen Tälern und ihren hoch gelegenen, schwer zugänglichen Paßwegen. 95 Prozent der Bewohner in den drei Gebirgsdistrikten sind noch heute Kleinbauern, die einen Hektar Land oder weniger bewirtschaften.

Wenn Entwicklungshilfe Erfolg haben soll, muß sie auf diese kleinteilige Struktur bezogen sein.[1] Dem Agrarprogramm der Aga-Khan-Stiftung sind drei Grundsätze vorangestellt. Jedes Dorf, das von ihm profitieren will, muß sie akzeptieren. Erstens wird die Gründung einer gemeinschaftlichen Organisation und eines auf Zeit gewählten Managements verlangt. Nur wenn das Dorf als Gesamtheit auftritt, wird es als Partner für Banken und Handelsorganisationen interessant, kann es größere Verbesserungen durchsetzen, Saatgut einkaufen und Produkte verkaufen, kann es arbeitsteilige Prozesse entsprechend den unterschiedlichen Fertigkeiten und Interessen seiner Bewohner organisieren.

Zweitens müssen die Bauern zustimmen, sich Ausbildungskursen zu unterziehen, bei denen ihre Fähigkeiten geschult werden. Es sind vierzehntägige Kurse, die in Trainingszentren der verschiedenen Täler stattfinden. Drittens haben die Dorforganisationen eigenes Kapital zu erwirtschaften und einzubringen, als Garantie, daß sie von der

Einkauf in Karimabad, dem wichtigsten Ort des Gebirgsdistrikt Hunza. Von den Bewässerungskanälen (im Bild links) hängt das Schicksal der Dörfer ab.

Stiftung oder von Dritten gewährte Darlehen nicht als Wohltaten von außen betrachten, sondern die damit zu finanzierenden Projekte als eigene Unternehmungen und als eigenes Risiko akzeptieren. Shoaib Sultan Khan, der energische Manager des Programms in Gilgit, ist stolz, daß seine Bauern die Zahlungs- und Kreditbedingungen in mehr als 99 Prozent der Fälle erfüllt haben. Pleite machen immer nur die Großen, nie die Kleinen, sagt er. Die Banken ihrerseits haben gelernt, daß es keinen Mangel an Kreditwürdigkeit bedeuten muß, wenn einer nur ein Kreuz machen kann, wo eine Unterschrift stehen sollte.

Hilfe zur Selbsthilfe ist das Prinzip, das hinter den Forderungen der Stiftung steht. Entscheidungen werden dort getroffen, wo ihre Tragweite am besten eingeschätzt, ihre Auswirkungen am sichersten bewertet werden können: am Ort. In den Versammlungen beschließen die Bewohner, was Vorrang haben soll, die Hängebrücke über die Gebirgsklamm, die zusätzliches Weideland für Ziegen, Schafe oder Rinder zugänglich macht, oder die Mauer, die das Vieh abhält, die Felder zu verwüsten, oder der Damm, der das Ackerland vor dem vordringenden Gletscher schützt. In Soust, einem Nest von sechzig Haushalten, muteten sich die Dorfbewohner die Aufgabe zu, einen vierhundert Meter langen Tunnel durch den Berg zu sprengen, damit ein Bewässerungskanal mit dem nötigen Gefälle geführt werden konnte. Die Stiftung vermittelte Know-how und Kredite, aber den mannshohen Tunnel haben die Bauern selber angelegt.

Die Dorfbewohner entscheiden auch, wer welche Pflichten übernimmt, wer sich dafür in den Kursen trainieren läßt und von der Gemeinschaft für seine Spezialistentätigkeit entlohnt wird, als Fachmann für Vieh- und Geflügelzucht, für Getreideanbau und Schädlingsbekämpfung, für Verpackung und Transport der erzeugten Produkte, als Laien-Veterinärmediziner oder als Buchhalter für die Geldgeschäfte.

Solche Arbeitsteilung besitzt in den Gebirgsdörfern Tradition. Leute, die »dhegans« genannt wurden, hatten die Aufgabe, entferntere Weidegründe zu überwachen, und wurden vom Dorf bezahlt; für Träger, die Hochgebirgsexpeditionen begleiteten, übernahmen Nachbarn gegen einen Teil des Verdienstes die Feldarbeit. An solche vorhandenen oder erinnerbaren Sozialstrukturen knüpfen die Programme an. Privater Landbesitz wird nicht angetastet. Kollektivismus wie in der Sowjetunion oder in China gilt in Pakistan als sozial wie politisch unerwünscht. Statt dessen fällt in den fernen Gebirgstälern des Karakorum ein für deutsche Ohren vertrauter Name: Raiffeisen, dessen genossenschaftliche Selbsthilfe hier als Vorbild dient.

Passu im Hunza-Tal ist eine der 450 Landgemeinden, die eine Dorforganisation gebildet haben. Vor dem Bau der Karakorum-Autostraße waren es von hier bis Gilgit drei Tagesmärsche. Früher soll der Ort, der fast 2500 Meter hoch liegt, dreihundert Haushalte umfaßt haben. Aber seitdem die sommerlichen Fluten zweier Flüsse einen großen Teil des Weidelandes fortgespült haben, sind nur noch knapp sechzig Häuser bewohnt. Die Dorfleute, die Wakhi, eine dem Persischen verwandte Sprache, sprechen und sich allesamt zum ismailischen Glauben bekennen, ha-

Payette Associates mit Moszhan Khadem, *Klinikum der Aga Khan University* in Karachi (Pakistan), 1972-85.
Der Komplex gliedert sich in teppichhaft miteinander verknüpfte Höfe, die in Größe, Proportion, Grundrißfigur und Bepflanzung unterschiedlich behandelt sind. Der Bauherr schickte seine Architekten für einige Wochen durch die islamische Welt, um sie mit Prinzipien des islamischen Bauens vertraut zu machen, und gab ihnen einen Muslim als Berater an die Seite.

ben lernen müssen, mit zwei Gletschern zu leben. Der eine, der Passu-Gletscher, hat sich vor einigen Jahrzehnten unerwartet in bedrohliche Nähe vorgearbeitet. Dem anderen, dem Batura-Gletscher, verdanken sie ihr Wasser.

Die ärmlichen Lebensumstände haben die Bewohner von Passu mit vielen Landsleuten in den nördlichen Regionen gemeinsam. Karachi und die anderen großen Städte im südlichen Pakistan wirken hier trotz ihrer riesigen Elendsviertel als verheißungsvolle Ziele. Manche Hunzakuts, wie die Bewohner des Hunza-Tals genannt werden, wandern noch weiter und erhoffen sich als Gastarbeiter im Mittleren Osten bessere Einkünfte. Zwei Dörfler aus Passu arbeiten dort im Baugewerbe, drei Brüder sind vor einigen Jahren aus Saudi-

Singal im Gebirgsdistrikt Gilgit: Eine Mädchenklasse wird in Englisch unterrichtet.

Arabien zurückgekehrt. Der eine hat einen Laden aufgemacht und fährt einen Jeep als Taxi, die beiden anderen, Mohammed Ali und Akram Shah, haben sich von ihren Ersparnissen einen Traktor und eine Dreschmaschine gekauft, die sie an die Nachbarn für Landbestellung, Ernte und Transporte vermieten. Weizen und Gerste kommen seither pünktlich in die Erde. Aber Ladenbesitzer und Traktorist werden in den kleinen Nestern leicht zu den privilegierten Herren des Dorfes, die Mirs und Rajas von heute.

Gelegentlich waren die Bewohner von Passu schon in den Genuß von Hilfsprogrammen der Regierung gekommen, die ihnen zu Saatgut, Zwergapfel-Schößlingen oder Düngemitteln verhalfen. Eine dauerhafte Änderung ihrer Situation bewirkte offenbar erst der Zusammenschluß zu der sich selbst verwaltenden Dorforganisation. In mehreren Diskussionsrunden setzten die Leute aus Passu gegenüber der anfangs skeptischen Aga-Khan-Stiftung den Bau eines langen Bewässerungskanals durch. Frühere, nicht ausreichend vorbereitete Kanalanlagen waren an den Bewegungen des Gletschers gescheitert.

In Passu mit seinem chronischen Mangel an bebaubarem Land, den Erbteilungen noch verstärkt haben, steht nun das Fünffache an bewässertem Boden zur Verfügung. Vor der Einführung des Traktors und des Dreschers hatten die Dörfler alle großen Arbeiten gemeinsam verrichtet. Jetzt hat der Kanalbau sie wieder zusammengebracht und wird sie wahrscheinlich auch weiterhin zusammenhalten. Denn der Kanal muß ständig gewartet, gereinigt und repariert werden, wenn er seinen Dienst erfüllen soll.

In einem Punkt unterscheidet sich Passu von allen anderen Orten der Nachbarschaft: Der Bildungsgrad seiner Bewohner liegt höher als anderswo. Das kleine Dorf mit seinen fünfhundert Bewohnern hat fünf Ingenieure hervorgebracht. Acht weitere studieren zur Zeit technische Fächer, zwei erwerben eine medizinische Ausbildung, fünf – darunter zwei Frauen – sind Lehrer. Offenbar hat die Knappheit an Acker- und Weideland diese Tendenz gefördert, wenn nicht hervorgerufen. Denn sonst herrscht in der Region Analphabetismus. Nur etwa zehn Prozent der Bevölkerung können lesen und schreiben. Da aber die Einführung wirkungsvollerer Kulturtechniken von Wissen und Bildung abhängt, ist sie auf den Ausbau des Schulsystems angewiesen.

In Passu wie in anderen Orten haben die Frauen, die bisher ihr Wissen ausschließlich von den Männern des Dorfes bezogen, eine Frauenorganisation gegründet, die ihnen den direkten Zugang zu Informationen sichern soll. Sie wollen Gemüse anbauen und Decken weben, die verkauft werden sollen. Eine Nußknackmaschine wurde ihnen von einer Gruppe Londoner Ismaili-Damen geschenkt. Zwei Frauen haben einen Kursus für Geflügelzucht besucht. Um solche Aktivitäten zu fördern, konzentrieren sich die pädagogischen Anstrengungen der Aga-Khan-Stiftung auf die Schulbildung der Frauen. Hier im Norden sind sie zu 98 Prozent Analphabeten, da die Regierungsschulen nur Jungen aufnehmen. »Die Eltern«, erläutert Schulinspektor Aziz Ali Najam, »schickten ihre Töchter anfangs nicht zur Schule, und wenn sie es doch taten, dann nicht zu männlichen Lehrkräften. Andererseits waren Lehrerinnen aus dem Süden für den armen Norden nicht zu gewinnen. So müssen wir sie selber ausbilden, damit sie nachher in den Gebirgsdörfern ihrerseits Unterricht geben.«

Bis tief in den Spätherbst hinein sitzen an den vielen sonnigen Tagen die Schulklassen im Freien. Der Lehrer, auf dem Kopf die wollene Kaschmirmütze mit dem eingerollten Rand, schreibt englische Vokabeln auf die Tafel: head, hair, eye, nose, mouth. Englisch wird neben Urdu, der offiziellen Nationalsprache Pakistans, gelehrt. Die privaten Schulen hüten sich aber, ein grundsätzlich anderes pädagogisches Programm zu vertreten als die nationale Erziehungspolitik. Wir möchten keine Ausbildung, bei der die Schüler von ihrer Umwelt entfremdet werden, sagt Aziz. Da es im ganzen nördlichen Pakistan kein pädagogisches College gibt, werden die Lehrer weitgehend an Ort und Stelle durch mobile Trainer instruiert. Sie wandern von Schule zu Schule und praktizieren in Grund- und Fortbildungskursen Pädagogik vor Ort. Wenn die Standards dieser privaten, vorwiegend von Mädchen besuchten Schulen höher liegen als in den staatlichen Jungenschulen, so ist es den selbstbewußten Schulleuten nur recht: Das bringt den Staat dazu, seinerseits das Niveau anzuheben.

Die Entwicklungsprogramme der Stiftung kommen aus einer Mischung von patriarchalischem Wohltätertum und einer auf Dezentralisation und Selbsthilfe bedachten Philosophie. Sie sind als Katalysatoren gedacht und sollen sich erübrigen, sobald die lokalen Strukturen sich gekräftigt haben. Über den Erfolg entscheiden viele Komponenten. Das landwirtschaftliche Hilfsprogramm, ein Kernstück der Strategie, ist erst seit 1983 im Gange, nur Zwischenbilanzen sind möglich. Andere Pläne des Aga Khans, die auf eine touristische Belebung der Gebirgsregion zielen, könnten die sozialen Verhältnisse ungünstig beeinflussen und den sehr sorgfältig ausgelegten agrarischen, pädagogischen und medizinischen Projekten zuwiderlaufen. Initiativen wie die umstrittene Erschließung der Costa Smeralda Sardiniens durch den Aga Khan wünschte man sich nicht auf das pakistanische Hochland übertragen.

Wer das Netz seiner Aktivitäten so eng und zugleich so weit spannt wie der Aga Khan, muß mit politischen Reaktionen aller Art rechnen. Konflikte mit den islamischen Fundamentalisten sind ebenso denkbar wie Kurzschlußhandlungen von der Art der Vertreibungen in Uganda, die Solidarität und Anpassungsfähigkeit der Ismailis auf eine harte Probe stellten. In Pakistan fand die hilfreiche Stiftung bei Präsident Zia-ul-Haq aus naheliegenden Gründen Unterstützung. Aber die Sympathien, die der Aga Khan gegenüber dem Mann an den Tag legte, der Pakistan viele Jahre lang nach Kriegsrecht regierte, könnten sich in den neuen politischen Konstellationen als Hypothek erweisen.

Unter Zia-ul-Haq jedenfalls wurde der Imam, wenn er mit dem eigenen Jet einschwebte, in Karachi oder Islamabad wie das regierende Haupt einer befreundeten Staatsmacht empfangen, mit Galadiners und Festbanketten, mit Toasts und Gegentoasts. Und im fernen Norden legen ihm seine Hunzakuts und Gilgitis in weißen Kieselsteinen rührende Parolen auf die unwegsamsten Berghänge: Welcome your highness, welcome our Imam.

Anmerkung

1 Vgl. *The Aga Khan Rural Support Programme. First Annual Review*. Gilgit, 1983, und folgende *Progress Reports*.

Wo die Seele fliegen lernt

Hassan Fathy und islamisches Bauen

Die Dritte Welt hat, wie die Erste, ihre Architektenpatriarchen. Der Le Corbusier oder Frank Lloyd Wright des ägyptischen Bauens heißt Hassan Fathy, und in vielen Zügen ist er ein Antipode Le Corbusiers und Wrights. Die jüngeren Architekten Ägyptens sprechen von dem Achtundachtzigjährigen wie vom Haupt eines großen Familienclans, mit Ehrfurcht und Zuneigung, ja mit Zärtlichkeit. Es gibt einen Hassan-Fathy-Mythos. Er verklärt den Greis zum weisen und gewitzten Lehrer, der die Türen zu verschütteten Zugängen öffnete, seine Landsleute vom Konformismus der Moderne befreite, die zeitlosen Werte der kulturellen Tradition ins Bewußtsein seiner Zeitgenossen hob, ihnen zu einer neuen, islamischen Identität verhalf. Hassan Bey, schrieb einer von ihnen, »hat uns Bauten gegeben, in denen die Seele wachsen kann und fliegen lernt«.[1]

Viele dieser Lektionen fanden während der Teestunden im Salon oder auf dem Dach des Stadthauses in Kairo statt, einem Kaufmannspalais aus dem 18. Jahrhundert, das Fathy mit seinen vielen Katzen bewohnt. Von hier aus sind die Kuppeln und Minaretts der islamischen Altstadt zum Greifen nahe, die persisch inspirierte Spirale der Ibn-Tulun-Moschee, die fünf mit Neonstäben dekorierten Türme der El-Ashar-Moschee, die Sultan-Hasan-Moschee, die syrische Baumeister im 14. Jahrhundert für den Mamluken-Herrscher bauten, und ihre Nachahmung, die Rifâi-Moschee, die kurz nach dem Staatsstreich des Modernisators Mohammed Ali zu Beginn des 19. Jahrhunderts errichtet wurde. Die Abstraktion und Spiritualität islamischen Bauens hatte Fathy stets vor Augen, aber auch die konfliktreiche Koexistenz von Tradition und Moderne im neuzeitlichen Ägypten.

Hinter den allermeisten muslimischen Staaten und so auch hinter Ägypten liegen die Erfahrungen kolonialisierter Länder. Die koloniale Vergangenheit hat die Verbindungen zur eigenen Vorver-

Hassan Fathy
Geb. 1900 in Alexandria. 1926-30 Tätigkeit in der Stadtverwaltung Kairo. 1930-46, 1953-57, 1975-77 Lehrtätigkeit in Kairo. Regierungsaufträge für Wohn-, Siedlungs- und Schulbau. 1957-62 Mitarbeit für Doxiades Associates in Athen. 1984 Goldmedaille der Union Internationale des Architectes.

gangenheit unterbrochen. Wo nach dem Zweiten Weltkrieg die jungen politischen Eliten der Entwicklungsstaaten nationale Identitäten formulieren wollten, entnahmen sie Planungstechnik und formales Repertoire nicht der vorkolonialen Tradition, sondern jener Moderne, mit der die Kolonialmächte großgeworden waren. Wohnungsblocks, Konferenzzentren und Universitäten, die überall aus dem Boden schossen, machten den eigenen Anspruch mit den Standards der ehemaligen weißen Herrschaft geltend. Ließ sich der indische Panjab von Le Corbusier eine neue Hauptstadt, Chandigarh verschreiben, so mußten Louis Kahn für Dakka und, in Ermangelung weiterer Genies der westlichen Welt, Konstantin Doxiades für Islamabad, die neue Kapitale Pakistans, antreten. Die politische Abhängigkeit war aufgehoben, die kulturelle blieb. Planer und Architekten gingen in den Ateliers und Technischen Universitäten des Westens zur Schule. Die wirtschaftlichen Interessen der Industriestaaten taten ein übriges, westliche Architektur zu exportieren, die allenfalls die äußerlichen Kriterien lokalen Bauens als Dekorationsmotive übernahm.

Die Krise der modernen Architektur in der westlichen Hemisphäre wurde in der Dritten Welt zur Katastrophe. Der Anstand der Armut und die Poesie der Nüchternheit, Eigenschaften der Architektur in den klimatischen Trockenzonen, sind längst verloren. Gemeinschaftliche Arbeit und wechselseitige Hilfe waren unerläßliche Bedingungen des transitorischen Bauens, das diesen Regionen angemessen war. Einheimische Bau- und Handwerkstechniken gerieten bei der Mechanisierung und Industrialisierung der Baustellen in Vergessenheit. Die schieren Abmessungen heutiger Projekte schalteten die kleinen Betriebe des örtlichen Baugewerbes aus, die für öffentliche Aufträge weder die nötige Personalausstattung noch das entsprechende Kapital noch das technische und administrative Know-how besaßen. Fähigkeiten, die nicht in Anspruch genommen werden, verfallen. So wurden die Bauhandwerker zu Hilfsarbeitern westlich orientierter Unternehmen, die mit den modernen Bausystemen auch die fremden Fachleute für Montage, Installation und Elektroanlage importierten.

Auch Bewohner übernehmen keine Verantwortung mehr für die Umwelt, wenn die Größenordnungen unüberschaubar geworden sind und sie mit Bautypen versorgt werden, die sich der Aneignung entziehen. Wo soll ein Mieter in den Wohnscheiben, die in den Außenbezirken entstehen, das Geflügel halten, das eine wichtige Nahrungsquelle der armen Bevölkerungsschichten darstellt – auf dem Balkon, sofern einer vorhanden? Islamisches Bauen war womöglich noch mehr als abendländische Architektur an die definierte Gruppe und das spezifische Territorium, an khitta, hara oder suq, gebunden und hatte Entscheidungen von Fall zu Fall getroffen. Der scheinbare Mangel an Ordnung und Übersichtlichkeit in den labyrinthischen Fuchsbauten orientalischer Städte rührte von der Vielfalt der Entscheidungen her, in denen sich das Bauen vollzog.

Nationale Emanzipation ging in Ägypten, wie auch anderswo in der Dritten Welt, mit Modernisierungsprogrammen in Landwirtschaft und Industrie zusammen. Für Hassan Fathys Versuch, eine eigenständige Baukultur des Landes neu zu begründen, war während seiner aktiven Lebenszeit eigentlich nie der rechte historische Augenblick, weder unter König Faruk und dessen von europäischen Interessen gesteuertem Regime noch in der Zeit nach der Revolte der Freien Offiziere. Denn auch der »arabische Sozialismus« Nassers und später Sadats »Politik der Öffnung« nahmen die Technologie der hochindustrialisierten Staaten in West und Ost zum Vorbild. Über viele Jahrzehnte hinweg blieb Fathy ein Außenseiter, dessen Ideen im eigenen Land als Sozialromantik und anachronistische Traumtänzerei galten.

Auch die internationale Architekturszene reagierte nicht anders. Auf lange Zeit war Regionalismus gleichbedeutend mit Rückständigkeit, Borniertheit und Provinzialismus. Wer gewohnt war, die Welt im Fortschritt auf ein einziges Ziel zu interpretieren, konnte den Eigensinn, mit dem ein kaum bekannter ägyptischer Architekt auf der Unverwechselbarkeit der Kulturen bestand, nicht leicht akzeptieren. Das Fiasko des Modernismus mußte erst in seinen Herkunftsländern und erst recht in den Entwicklungsstaaten offenbar werden, bevor eine abweichende Stimme wie die seine überhaupt wahrgenommen wurde. Erst im hohen Alter, 1984, erhielt Fathy mit der Goldmedaille der Internationalen Architektenunion eine Auszeichnung von weltweitem Prestige.

An der zögernden Anerkennung war auch der geringe Umfang seines Werks schuld. Zwar ist Fathy zeitweise auch für Behörden und Regierungsprogramme beschäftigt gewesen. Aber verglichen mit einer halbwegs effektiven Architektenfirma in den Industrienationen hat er wenig realisiert: keine dreißig Projekte. Bei den meisten handelte es sich um Einzelhäuser, für die Fathy mit einer mehr oder weniger beständigen Gruppe nubischer Handwerker zusammenarbeitete. Ein Architektenbüro im westlichen Sinn, mit kontinuierlicher Auftragsakquisition und -bearbeitung, hat er nicht betrieben. Sein Atelier war eher eine Lehr-, Lern- und Lebensgemeinschaft. Nie solle ein Architekt mehr als fünfzehn, zwanzig Wohneinheiten bearbeiten, mahnte er. Andernfalls würden Häuser zu Prototypen und individuelle Menschen zu statistischen Durchschnittswerten.

Mit wenigen Ausnahmen hat Fathy nur in heißen, trockenen Klimazonen gebaut, in Ägypten, Saudi-Arabien, Kuweit und, für eine mohammedanische Diaspora-Gemeinde, in Neu-Mexiko. Das Problem war immer, die Form zu finden, die Kühlung verschafft. Fathy griff auf ein erprobtes, aber fast vergessenes Repertoire der arabischen Architektur zurück: den Lehmziegel, der die Temperaturen innerhalb der Behaglichkeitsgrenzen hält, den Patio, die Kuppel, den überwölbten zentralen Ka'a-Raum mit seinen Alkoven, die Loggien, Windfänge und das durchlässige Holzstabwerk der Maschrabiya-Gitter. Es sind Elemente des islamischen Bauens, aber nicht notwendigerweise des konkreten Ortes, an dem Fathy baute. So verwendete er Kuppeln, die ohne Lehrgerüste in spiralförmigen Lagen gemauert werden und dem oberägyptischen Hausbau entstammen, auch in Unterägypten und ließ sie durch nubische Handwerker ausführen. Der Begriff kultureller Authentizität ist bei Fathy nicht eng gefaßt.

Klimagerechtes Bauen, dem Fathy wissenschaftliche Studien über Sonneneinfallswinkel, Wärmedurchgangswerte und Aerodynamik gewidmet hat,[2] ist für ihn eine Architektur des praktischen Zwecks und des kosmischen Zusammenhangs zugleich. Der Innenhof dient, vor allem wenn er Brunnen oder Wasserbecken enthält, der Kühlung des Hauses, weil der Wind, der über ihn hinwegstreicht, die kühlere Luft in Wirbel versetzt und im offenen Haus umlaufen läßt. Zugleich symbolisieren die vier Ecken des Hofes die vier Säulen, auf denen die Himmelskuppel ruht, und die eindringende Kühle erinnert Fathy an die allgegenwärtige Gnade Gottes. Gouachen, mit denen er den Bauherren seine Absichten verdeutlicht, enthalten Abbreviaturen der ganzen Natur: um das Haus geordnet die Kokos- und Dattelpalmen, die Fische im Fluß, die Vögel im Flug, die Fellachen auf dem Feld, der Stier mit der Sonnenscheibe zwischen den Hörnern, eine Bildersprache wie in den Königsgräbern von Theben-West.

Unweit des Tals der Könige, am Westufer des Nils, liegt der Ort, der Fathy berühmt gemacht hat. Neu-Gourna war ein soziales Experiment, ein Abenteuer mit offenem Ausgang. Das neue Dorf, im grünen Fruchtland der Talebene gelegen, sollte neunhundert Familien aufnehmen, die bisher am

Hassan Fathy, *Moschee* in Neu-Gourna, um 1948. – »Alle Elemente, die in den Entwurf eingehen, wie Dekor, Textur, Materialien, Form usw., haben einen in der Tradition begründeten symbolischen Wert. Tradition umfängt die Architektur in ihrer Gesamtheit« (Hassan Fathy).

Felsenhang des rötlichen Wüstengebirges wohnten. Die Hauskuben von Alt-Gourna staffeln sich über der Nekropole empor, in der die Großen von Theben, wenn auch nicht die Könige und Königinnen, bestattet wurden. Die Gräber unter den Häusern waren eine Einnahmequelle der Bewohner, die sich aus den Kellern in die Gewölbe hinuntergruben und mit den Funden auf dem schwarzen Markt ihren Lebensunterhalt bestritten. Schon Fürst Pückler, der 1837 in Ägypten reiste, klagte über das Völkchen von Höhlenbewohnern, das in Gourna den Grund durchwühlte.[3]

Verständlicherweise stießen die Umsiedlungspläne der Regierung, die Gourna als archäologische Zone freiräumen wollte, auf wenig Gegenliebe. Die Feindseligkeit der Gournii stand als

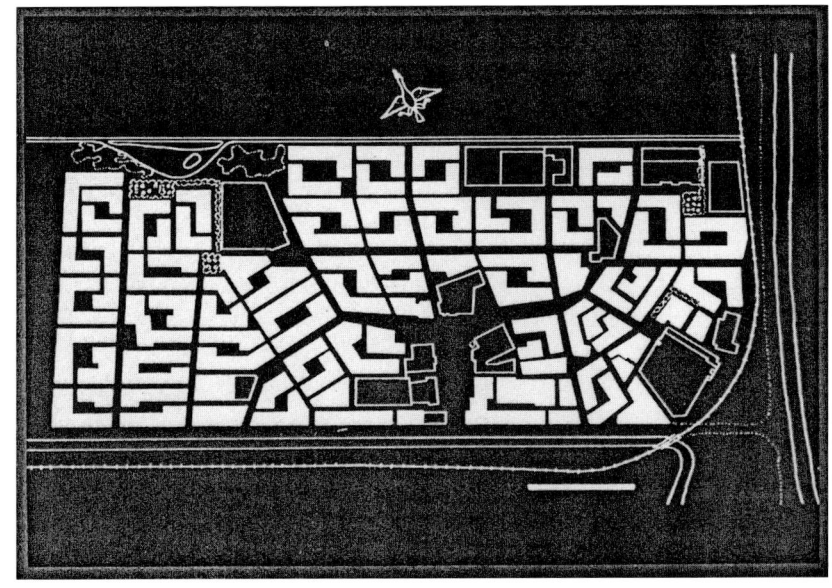

Hassan Fathy, *Neu-Gourna*, 1948 (Lageplan). Etwa ein Viertel dieses für neunhundert Familien gedachten Musterprojekts wurde ausgeführt. Aus dem alten Gourna, das in der archäologischen Zone der Gräberstadt von Theben-West liegt, siedelten zunächst nur die ärmsten Bewohner in den neuen Ort, der bereits mit Moschee, Markthaus, Gemeindezentrum und Theatergebäude üppig ausgestattet war.

Menetekel über der Planung, mit der Hassan Fathy beauftragt wurde. Ausgeführt worden ist ein knappes Viertel des Entwurfs von 1948. Fathy sah ein dichtes Gewebe zweistöckiger Hofhäuser vor, die auf Weiterbau angelegt waren.

Höfe, Gassen und Platz folgen einer Hierarchie der Außenräume, vom privaten Patio über die Wohngassen mit abgeschlossenen Perspektiven bis zum Sandplatz vor der Moschee. Es mag Tage geben, wo er sich füllt; heute, kurz vor Sonnenuntergang an einem hellen Februarnachmittag, spielt ein Vater mit seinen drei Jungen Fußball darauf. Die öffentlichen Bauten, in geradezu verschwenderischer Zahl vorgesehen, hatten ein unterschiedliches Schicksal. Ein medizinisches Zentrum für Frauen und ein Badehaus wurden gar nicht erst realisiert. Ausstellungshalle und Markthaus haben nie ihrer Bestimmung gedient und sind zu Wohnungen oder Werkstätten umfunktioniert worden.

Absurde Ausmaße hat ein halb überdachtes Theatergebäude mit einer veritablen Shakespearebühne – in einem Dorf, das es nur auf 130 Familien gebracht hat. Offenbar glaubte man damals an eine Renaissance der Volkskunst jeder Art, der kunstgewerblichen wie der theatralischen. Benutzt wurde es kaum je, verfiel, wurde kürzlich restauriert, aber den Dorfbewohnern nicht zugänglich gemacht. Ein trostloses Bild des Zerfalls bietet die Schule. Der Unterricht findet jetzt in einem der häßlichen Betonkästen statt, von denen auch die Dörfer Ägyptens nicht verschont blieben. Die Hoffnung, die Dörfler würden Verantwortung für die Gemeinschaftsbauten übernehmen, hat getrogen, und ohne ständige Pflege hat die Lehmziegelarchitektur wenig Überlebenschancen. In Neu-Gourna kamen offenbar Sabotageakte hinzu. Man munkelt von absichtlich verursachten Überschwemmungen durch die Bewässerungskanäle.

Am besten erhalten, wenn auch deutlich verändert sind die privaten Wohnhäuser. Die Bewohner empfanden die nubisch beeinflußte Architektur Fathys als fremdartig, obwohl ihr unterschiedliches Angebot den unterschiedlichen Raumverhältnissen in den Häusern Alt-Gournas nachgebildet war, und restaurierten die Häuser entsprechend dem Bild, an das sie aus dem alten Heimatort gewöhnt waren. Fenster wurden verkleinert, die Häuser tragen nun zu Fathys Mißfallen Gesimse

und verzierte Dachaufsätze. Aber was kann ein Architekt, der das Bauen mit der Arbeit eines Gärtners vergleicht, ernsthaft gegen den Willen der Bewohner vorbringen? Der Baumeister habe mit aller Umsicht den Boden zu bereiten und den Samen einzuarbeiten. Aber dann werde er die Pflanzen wachsen lassen und nicht die Blumen aus Papier und Klebstoff zusammenleimen. In Neu-Gourna gingen andere Blüten auf, als Fathy sie vorgesehen hat. Immerhin, Blüten sind es.

Ginge es nach Fathy, so müßten Dörfer wie Gourna in genossenschaftlichem Zusammenschluß errichtet werden. Das Problem des Bauens in armen Landstrichen ist das Kapital. In Gourna ist es bis zu einem gewissen Grade durch Arbeitskraft und wechselseitige Hilfe ersetzt worden. Fathy hatte Trainingskurse eingerichtet, in denen Maurer den Dorfjungen das Bauen beibrachten. Ein Mann allein, argumentiert er, kann kein Haus bauen, aber zehn Männer können mühelos zehn Häuser bauen. Früher wurden Kenntnisse und Fertigkeiten von Generation zu Generation weitergegeben. Da auch in bäuerlichen Gemeinden die Überlieferung abgebrochen ist, muß der Architekt an ihre Stelle treten: der Architekt als Vermittler des verlorengegangenen Wissens.

Fathy ist heute ein alter, müder Mann. Seine Lebensarbeit ließe sich unschwer als Scheitern beschreiben. Das Experiment in Neu-Gourna war allenfalls ein halber Erfolg. Das Projekt der Musterschulen, das in Fares begann, wurde nicht weitergeführt. Eine andere größere Planung, das Dorf Neu-Bariz im westlichen Oasengürtel, wurde durch den ägyptisch-israelischen Krieg 1967 unterbrochen und nach einer Änderung der Landerschließungspläne aufgegeben. Am besten sind die Privathäuser davongekommen, die Fathy für eine wohlhabende, kulturbewußte Klientel ausführte – bukolische Beschwörungen eines Daseins, das der Mensch und die rigide Natur dieses Landes in Übereinkunft miteinander führen. Das bekannteste Buch Fathys heißt ›Architektur für die Armen‹.[4] Sein Verfasser wird jedoch als ein Baukünstler der Reichen überdauern.

Dem Bauen in den großen Städten können Fathys Häuser nicht als Vorbilder dienen. Fathy hat für das ländliche Ägypten, nicht für die Metropolen entworfen. Die modernen Baumaterialien Stahl

Hassan Fathy, *Haus Stoppelaere* in Theben-West, 1952. – Errichtet im Auftrag der Regierung als Gästehaus und zeitweiliger Wohnsitz des Chefrestaurators der ägyptischen Denkmalpflege Alexander Stoppelaere. Es liegt auf einer Anhöhe vor dem Eingang zum Tal der Könige. »Das Haus, das uns vor Regen, Sonne, Staub und anderen elementaren Einflüssen beschützt, beschützt uns vor allem vor der Welt. Ein Haus ist keine Wohnmaschine; es ist eine private Welt« (Hassan Fathy).

und Stahlbeton hat er zwar nicht verdammt, zog ihnen aber den luftgetrockneten Lehmziegel, den gebrannten Ziegel und den Naturstein vor. Im explodierenden Kairo, wo die Türme der internationalen Hotelkonzerne das tägliche Chaos überragen, aber auch in der Altstadt eine Tradition des vielstöckigen Wohnbaus bestand, hätten die flachen Häuser im Stile Fathys keine Chance. Man muß sie an den stillen, wohlhabenden Rändern der Städte suchen gehen. An den Mittelmeerstränden bei Alexandria ersann Abdel-Wah ed El-Wakil (mit Handwerkern, die schon in Neu-Gourna tätig waren) luxuriöse Wohnhäuser, in Harraniya bei Giza schuf ein Generationsgefährte Fathys, der koptische Architekt Ramses Wissa Wassef, aus Lehmziegeln ein Handwerkerdorf für Weber und Töpfer.

Anders sieht die Bilanz aus, wenn es nicht um die Praxis, sondern um die Lehren Fathys geht. Wo seine Zeit- und Fachgenossen auf das Neue setzten, setzte er auf Kontinuität. Partizipation und Selbsthilfe waren in seiner Arbeit handgreifliche Realität, bevor sie im Westen zu Schlagworten avancierten. Daß die Wohnungsprobleme in den Entwicklungsländern nicht mit den Mitteln der Industrienationen zu lösen sind, daß sich die Baumeister der Ressourcen, der Materialien, der Arbeitskräfte wie der (zumeist verschütteten) Kennt-

nisse am jeweiligen Ort bedienen müssen, daß auch das Bauen für die große Zahl sich nicht in der plattesten Bedarfserfüllung erschöpfen muß, das hat man vor Fathys Engagement so deutlich nicht sehen können. Er hat die Bilder geliefert, die solche Einsichten plausibel machen.

In einer seiner Schriften erzählt Fathy eine Fabel, die sich ähnlich auch in anderen Kulturen findet. »Was tust Du?«, fragt ein Wanderer den Maurer, der eine Wand aus Steinen setzt. ›Ich verdiene mein Brot‹, erwidert der. Ein zweiter sagt: ›Ich setze eine Mauer.‹ Aber der dritte antwortet: ›Ich baue eine Moschee.‹« Nur ihm, meint der Autor, wird es gelingen, den Geist in die Materie zu bringen. Mit Hassan Fathy ist eine andere Moral in das Bauen der Dritten Welt gekommen.

Anmerkungen

1 Abdullah Nuridin Durkee. In: J. M. Richards u. a. *Hassan Fathy*. Singapur, London, 1985. S. 156. Vgl. James Steele. *Hassan Fathy*. London, 1988.
2 Hassan Fathy. *National Energy and Vernacular Architecture*. Chicago, London, 1986.
3 Hermann Fürst von Pückler-Muskau. *Aus Mehemed Alis Reich. Ägypten und der Sudan um 1840*. Zürich, 1985. S. 330.
4 Hassan Fathy. *Architecture for the Poor. An Experiment in Rural Egypt*. Chicago, 1973. Neuauflage von: *Gourna. A Tale of Two Villages*. Kairo, 1969. – Vgl. deutsch auch: Hassan Fathy. ›Architektur aus 1001 Stein‹. In: *arch+ 88*. Februar 1987.

Reden, aber über was?

Erzählung und Rhetorik in der Architektur

Geschichten scheint der Mensch vor allem dann zu erzählen, wenn es ihm dreckig geht. Geschichten erzählt man in steckengebliebenen Eisenbahnzügen und auf Schiffen, die in Quarantäne liegen, in Gefechtsunterständen und Luftschutzkellern. Die kluge Scheherazade erzählt, um die Aufmerksamkeit des königlichen Gemahls, der sonst jede seiner Frauen nach der Hochzeitsnacht töten ließ, dauerhaft zu fesseln. Die Geschichten, Fabeln und Parabeln des Decamerone legt Boccaccio seinen Florentinern und Florentinerinnen in den Mund, weil sie sich in der von der Pest heimgesuchten Welt eine arkadische Insel der Seligen erzählend sichern wollen. Im Heptaméron der Marguerite d'Angoulême erzählt eine Gesellschaft, die durch ein Unwetter zehn Tage lang in einem Kloster festgehalten wird. Wo Ausnahmezustand herrscht, blühen die Geschichten. Wo die Normen sich gelöst haben, lockern sich auch die Zungen.

Not lehrt Erzählen. Über welche Nöte will die gegenwärtige Architektur hinwegerzählen, da Fic-

tion offensichtlich das Ziel einer größeren Architektengruppe ist? Die große Konjunktur, die eher von der Euphorie der Unternehmer, Kommunalpolitiker und Planer als von der Aufbruchstimmung der Betroffenen getragen war, schien dahin. In den fünfziger bis frühen siebziger Jahren hieß die Devise: keine Geschichten machen, sie halten nur auf. Wohl sind manchmal Funktionen neu definiert, architekturbedingte Verhaltensweisen überprüft, gestalterische Wagnisse eingegangen worden. Aber da, wo die großen Investitionen getätigt wurden, auf den ausgedehnten Siedlungsflächen und dem abgeräumten innerstädtischen Baugrund, mußte es schnell gehen, mußten die Kosten sich rasch amortisieren. Auch gab es dringenden Wohnungsbedarf noch in allen sozialen Schichten. Die Bauwirtschaftler, Planer und Architekten suchten ihn nach einfachen, wenn auch von Jahr zu Jahr leicht geänderten Rezepten zu erfüllen. Ausnahmen waren gestattet, wenn sie den Durchschnitt

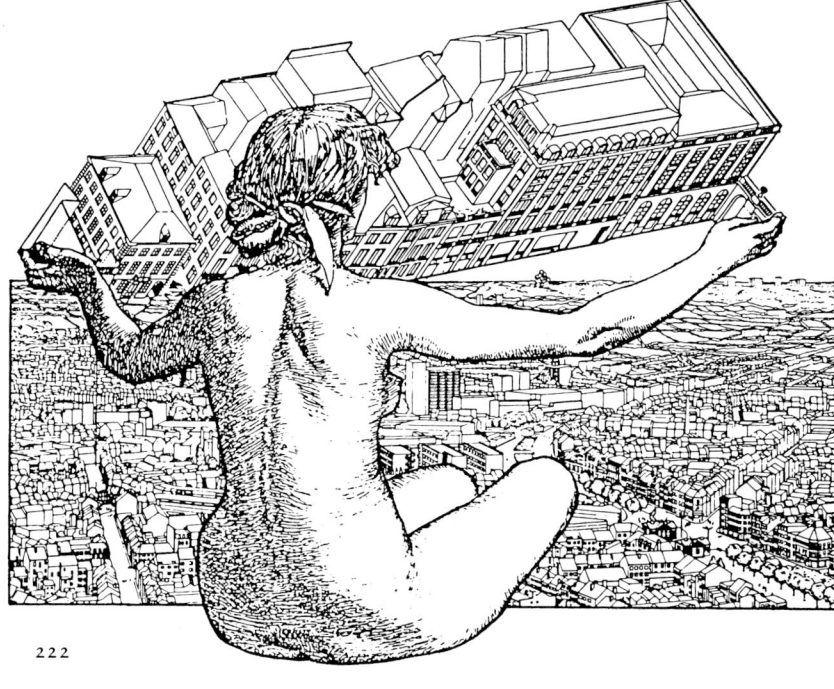

Translozierung des Vergangenen: Eine Collage als Werbung für die École Urbaine in Brüssel, 1978.

erträglicher zu machen halfen, nicht wenn sie ihn in Frage stellten.

Dieser Markt drohte zusammenzubrechen. Die Nachfrage im Wohnungsbau war in den späten siebziger Jahren rapide gesunken, nicht weil der Bedarf allenthalben befriedigt gewesen wäre, sondern weil Herstellungskosten und Hypothekenzinsen die Wohnungen unerschwinglich für diejenigen sozialen Gruppen machten, die Wohnungen benötigen. Bei vielen Bauaufgaben, die sonst die Branche nährten, ließen staatliche, kommunale und kirchliche Auftraggeber die Öffentlichen Hände sinken und wandten sich der Konsolidierung ihrer Haushalte zu. Die Zeit der Rathäuser, der Theater, der Gemeindezentren, Hochschulkomplexe, Gesamtschulen schien vorüber. Gelegentlich schaffte noch einmal ein Sporthallen-Architekt den Sprung vom Zeichenbrett in die Baugrube. Daß die Bauwirtschaft sich nicht an Autobahnen und anderen Verkehrsbauten schadlos halten konnte, dafür sorgten die Grünen in den Parlamenten. Eine hoffnungslos übersetzte Branche geriet ins Schlingern. Was bedeutete unter diesen Umständen die Schaustellung lange nicht mehr gesehener Architekturdetails, die Koketterie mit bislang verborgenen Motivreizen? Es waren Aufforderungen an die Adresse ausgebliebener Interessenten, einladende Gesten, die den zögernden Kunden Geschmack aufs Geschäft machen sollten: so schön, so traulich, so herzgewinnend kann Bauen sein.

Zu den aktuellen Problemen des Marktes kamen die langfristigen Gründe der Gesellschaft. Der Glaube an die grundsätzliche Verbesserungsfähigkeit menschlicher Verhältnisse ist irgendwann abhanden gekommen, und schwer läßt sich absehen, ob er je wieder seine optimistische Verführungskraft erlangen wird. Zeit war im großen ganzen für das Abendland eine positive Denkkategorie, ob sie in chiliastischen Endzeiterwartungen auftrat oder in den Fortschrittslehren des aufgeklärten Zeitalters. Davon ist wenig geblieben. Die Welt hat in den letzten Jahrzehnten dramatisch an Bewohnbarkeit verloren. Wälder schwinden, Bauwerke zerfallen, Meere verschmutzen, Böden verlieren ihre Fruchtbarkeit, die Erde versteppt, und die Supermächte investieren nach wie vor die größten Posten ihrer Haushalte in Mittel, die, statt die allmähliche Zerstörung abzuwenden, die finale Katastrophe aus ihr machen könnten. In den Stunden solcher Alpträume hebt Scheherazade an zu plaudern, um allen, die ihr zuhören wollen, die schwarzen Nächte zu vertreiben. Wen wundert es, daß es keine zukunftsfreudigen Fabeln sind, sondern Geschichten von ehedem, als die Menschen noch geduldig Stein auf Stein setzten, Schwellen vor ihre Pforten legten und ihre Häuser mit Söllern und Zinnen schmückten?

Freilich ist wahr, daß Architektur in den längsten Perioden ihrer Geschichte ein sprechendes Moment enthielt, das nicht im Ausdruck ihrer praktischen Zwecke und Konstruktionen aufging. Bis tief ins 19. Jahrhundert hinein hat die Metapher der Sprache eine beträchtliche Rolle in der Architekturtheorie gespielt. »Er verlangte für die Baukunst ein Recht, ... ohne welches unsere Arbeiten zu Handwerkerleistungen herabsinken würden, nämlich das Recht, zu den Menschen reden zu dürfen«, sagte Richard Lucae 1865 über Schinkel.[1] Von Goethe und nicht von einem Parteigänger der Postmoderne stammt der Satz, es sei eigentlich der poetische Teil, die Fiktion, wodurch ein Gebäude wirklich zum Kunstwerk werde.[2] Insofern kann die neue Rhetorik sich auf ein der Architektur seit

Die Popularität des Als Ob: Zeitungsanzeige, 1985.

je innewohnendes Element berufen: Architektur war fast immer auch Kommunikation und selten nur Bedarfserfüllung. Selbst die viel geschmähte klassische Moderne, ja gerade sie hat sich auf solche Redeweisen verstanden. Die erbitterte Gegnerschaft, auf die sie traf, ist nicht allein mit den Verstößen zu erklären, die sich die Avantgarde gegen die bis dahin anerkannten Regeln herkömmlichen Bauens zuschulden kommen ließ. Ihre Feinde nahmen nicht nur an leckenden Flachdächern Anstoß, sondern in erster Linie an der Botschaft, die von der Moderne vertreten wurde: an dieser strahlend von sich selbst überzeugten Verkündung einer neuen, von der Sklaverei der Arbeit und den Zwängen gesellschaftlicher Konventionen befreiten Epoche.

Erst die Minimalarchitektur der billigstmöglichen Kalkulation hat die Artikulationsfähigkeit des Gebauten bis zu ihrer nahezu vollständigen Leugnung vernachlässigt. Abermals erklärt sich der Widerstand gegen die Wohn-, Büro-, Fabrik- und Kulturcontainer auch aus einem rhetorischen Moment, oder richtiger: seiner Absenz, dem abweisenden Schweigen dieser Bauwerke. Die Architektur hatte verlernt, zu ihren Bewohnern und Benutzern zu sprechen. Die Wohnflächen waren größer denn je, der Komfort stieg, die so lange geforderte Durchlüftung und Durchlichtung waren erreicht, und die demoskopischen Erhebungen signalisierten permanente Zufriedenheit. Die Revolte gegen diese Architektur der schnellsten Bedarfsbefriedigung stieg offenbar aus Schichten empor, die von Datenforschern nicht erreicht wird.

Der Mangel ist der Architekt der Phantasie, heißt es irgendwo bei Sigmund Freud. So sehr die Bauwirtschaft sich der neuen Redseligkeit aus Gründen des Marketing bedient, so sehr nostalgische Wünsche nach einer Zeit jenseits der gegenwärtigen Komplikationen zu retrospektiven Floskeln führen, so wenig wird man auf eine architecture parlante überhaupt verzichten können. Sich in der umgebenden Welt auszudrücken und in ihr dem eigenen Ausdruck wiederzubegegnen, ist ein Vorrecht des Menschen, seit er sich die ersten Höhlen wohnlich gemacht oder jene ersten Laubhütten gezimmert hat, aus der laut dem Abbé Laugier alle Herrlichkeiten der Architekturen hervorgingen.

Nicht daß Architektur wieder erzählen möchte, ist ihr vorzuwerfen, sondern zu fragen ist, wie sie es tut, was sie erzählt und unter welchen Bedingungen es ihr heutzutage gestattet ist. Merkwürdigerweise scheint die Fiktionalisierung der Architektur als ein alle Probleme lösendes Heilmittel betrachtet zu werden, als wiederhole sich noch einmal das Wunder des Sängerdichters, das Goethe, selber zu einer Fiktion greifend, in den ›Maximen und Reflexionen‹ beschrieben hat: Unter den belebenden Tönen seiner Leier stellt sich die Harmonie der Stadt wie von selbst her.[3] Wo aber sollen die Voraussetzungen für die Rückkehr einer solchen allgemein zugänglichen Poesie liegen? Wenn die Gesellschaftswissenschaftler die postmoderne Soziität beschreiben, entwerfen sie das Bild einer Gesellschaft, das durch verabredete Spiele gekennzeichnet ist. Der amerikanische Soziologe Daniel Bell hält für ein Charakteristikum der nachindustriellen Epoche, daß die güterproduzierende zur Dienstleistungswirtschaft übergeht, daß theoretisches Wissen zur eigentlichen Quelle der Innovation wird und neue intellektuelle Techniken der Entscheidungsfindung entwickelt werden. Nicht mehr Natur ist die Realität (wie in der vorindustriellen Welt), nicht mehr Technik ist es (wie im industriellen Zeitalter), sondern die soziale Sphäre als ein Bewußtseinsgewebe. Gesellschaft stellt sich dar als ein Spiel zwischen beweglichen, wählerischen und intelligenten Glasperlenspielern.[4] Fiction wird man sich unter diesen Umständen im wörtlichen Sinn als Fiktionen vorzustellen haben, als vereinbarte Hinweise auf Assoziationshorizonte, die sich jeder sozialen Gruppe anders darstellen und für bestimmte Gruppen überhaupt nicht lesbar sind. Der Befund deckt sich ziemlich genau mit dem heterogenen Angebot, das die gegenwärtige Szene bietet.

Jean-François Lyotard, mittlerweile eine viel zitierte Berufungsinstanz architekturtheoretischer Colloquien, zieht die Konsequenz, wenn er in seinem Exkurs über das »postmoderne Wissen«[5] zu der Schlußfolgerung kommt, die Zeit der großen Erzählungen sei vorüber. Lyotard versteht darunter nicht nur die Mythen, die der Aufklärung längst zum Opfer gefallen sind, sondern auch die Erzählungen der Aufklärung selbst, die Erzählung von der Emanzipation, von der republikanischen

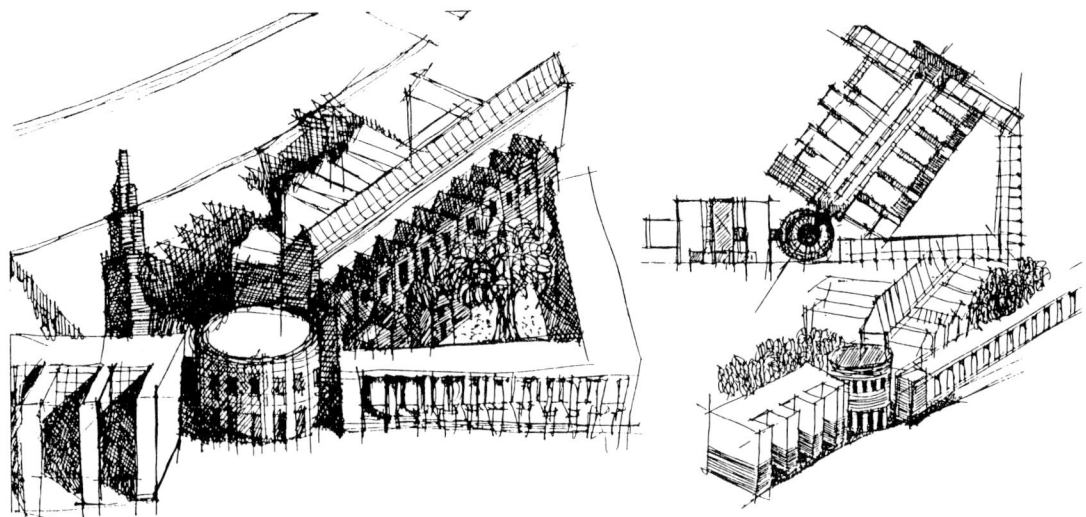

Musealisierte Geschichte: Aldo Rossi, *Wettbewerbsentwurf für das Deutsche Historische Museum Berlin*, 1988.
»Das Synthesevermögen unserer Zeit ist gebrochen, wir können allenfalls Fragmente bieten: Lebensfragmente, Geschichtsfragmente, Gebäudefragmente« (Aldo Rossi).

Tradition, die Erzählung vom Marxismus, die Erzählung vom Kapitalismus, die Geschichten, die sich mit großen Namen verbinden. Stattdessen sieht er eine aus individuellen Atomen bestehende Masse, vereinzelte Sondersprachen, parzelläre Bestätigungen hochspezialisierter Wissenschaften, Spiele nach jeweils eigenen, d. h. jeweils anderen Regeln. Die herrschende Klasse rekrutiert sich nicht mehr aus den traditionellen politischen Eliten, sondern setzt sich aus Entscheidungsträgern verschiedenster Herkunft zusammen. Man wird sich infolgedessen mit den unterschiedlichsten Geschmacksniveaus abzufinden haben, die von den unterschiedlichsten »Spielen« bedient werden und überdies den schnellen Veränderungsraten des zeitgenössischen Soziallebens unterliegen. Die Vorstellung eines einheitlichen und über längere Zeitspannen hinweg gültigen Lebensstils, der auch ein Kunststil wäre, hat von daher etwas rührend Altertümliches. Die einzigen Äußerungen, die in ihrer Einheitlichkeit – aber auch nur in ihr – dem Universalanspruch des herkömmlichen Stilbegriffs vergleichbar sind, kamen paradoxerweise von der Gegenposition zu allen Kunstleistungen, von der nacktesten, plattesten Bedarfserfüllung. So zwingend wie die Produkte der schnellstmöglichen Kapitalverwertung haben keine anderen Erzeugnisse gleich welcher Epoche das Gesicht ihrer

Zeit bestimmt. Die Trostlosigkeit von Biljermeer unterscheidet sich nur in Nuancen von der Tristesse des Barbican Centre.

Geschichten im Sinne der Lyotardschen »großen Erzählungen« sind von der heutigen Architektur nicht zu erwarten. Statt der Geschichten sind es Bonmots, die erzählt werden, Applikationen an dem, was ohnehin gebaut wird, oder aber die intelligenten, pointierten Anekdoten, die kleinen Kreisen von Kennern verständlich sind. Der Identifikationswert ist in beiden Fällen gering oder gleich Null. Offerten des derzeit modischen Formensortiments beziehen sich lediglich auf eine vage Stimmungslage und werden mit ihr durch die nächstfolgenden ersetzt, sobald die flüchtigen Reize ausgespielt und abgenutzt sind. Auf der anderen Seite verfehlen die elaborierten bauhistorischen Exkurse der intellektuellen Elite das Verständnis ihres Publikums. Daß der gebildete und begüterte Architekt und Historiker auf seinem eigenen Grundstück eine Szenerie anspielungsreicher architektonischer Follies erfindet, wie es Philip Johnson oder Charles Jencks getan haben, geht völlig in Ordnung. Die Ikonographie öffentlicher Räume aber muß man sich anders wünschen, ohne daß einem billigen Populismus das Wort geredet sein soll. Oft scheint bei zeitgenössischen Urbanisten die Berufung auf die Typologie nicht die ge-

Phantasie der Bewohner: Peter Hübner und Peter Sulzer (Projektleitung), *Studentenwohnungen im Selbstbau* in Stuttgart-Vaihingen, 1981-83. Ein Beispiel selbstbestimmten Wohnens und didaktische Maßnahme zugleich. Dieses Vier-Zimmer-Haus hat Flügel, die sich mit je einem Fenster auch ins Innere des gemeinsamen Turms öffnen.

nauere Analyse des konkreten Orts und seiner Geschichte einzuleiten, sondern von ihr fortzuführen. Da werden arkadenumsäumte Foren und Turmgebäude ersonnen, weil sie zum überzeitlichen Repertoire der Stadtbaukunst gehören, nicht aber weil sie sich aus der Tradition des unverwechselbaren Ortes oder der präzisen Aufgaben entwickeln. Die »Rede« besteht in solchen Fällen nicht im Ausdruck von Inhalten, die ihre notwendigen Formen gefunden haben, sondern aus Formen, die auf die Defizienz von Inhalten verweisen. Nicht zufällig eignet solchen Vorschlägen die Kühle der von jeder Empirie unangetasteten Formidee.

Andererseits kann eine »Fiktionalisierung« der Architektur, die sich nicht auf reale Lebensverhältnisse gründet, auch Gefahr laufen, sich in einer Plauderhaftigkeit zu verlieren, bei der niemand mehr zuhört. »Wenn ein Bauwerk sofort alles sagt, was es zu sagen hat, ist es ein krankes Bauwerk, wie jemand, der einem schon beim ersten Mal alles über sich selbst erzählt. Ein Bauwerk sollte sein Geheimnis in sich bewahren; es sollte nicht alles sagen, sondern nur Andeutungen machen, so daß derjenige, der sich dafür interessiert, sich Mühe geben muß, es besser zu verstehen«, riet Giancarlo de Carlo, einer jener Architekten, die sehr früh versucht haben, eine komplexe, auf den genauen Ort bezogene Architektur zu entwickeln.[6] Richtig ist, daß sich die zeitgenössische Architektur genötigt fühlte zu reden, weil alles stumm blieb. Aber es gilt auch, daß ein Gespräch nicht in Gang kommt, wenn immer nur der eine redet, der nicht zuhören kann, keine Fragen zu stellen weiß, auf keine Antworten neugierig ist. Die Behauptung, daß die Rhetorik der Postmoderne einem weitverbreiteten Unterhaltungsbedürfnis genüge, wird durch empirisch-psychologische Untersuchungen jedenfalls nicht gedeckt.[7] So liegt der Verdacht nahe, daß sich die oratorische Architektur unserer Tage den Erzählstoff aus den falschen Quellen besorgt.

Daß Gesellschaftstheoretiker der Nachmoderne viele Fraktionen mit unterschiedlichen Ansprüchen, Erwartungen und Verständnisniveaus ausgemacht haben, enthält auch positive Aspekte. Die Reaktion dürfte freilich nicht darin bestehen, für alle Situationen ein undifferenziertes Angebot zu unterbreiten, das sich aus der gesamten verfügbaren Historie rekrutiert. In seiner unterschiedslosen Anwendung teilt es kaum noch bestimmte Botschaften mit, sondern allenfalls eine vage antiquarische Stimmung. Die Geschichte, die die Architektur erzählt, müßte vielmehr die Geschichte ihrer Benutzer und Bewohner sein, und diese Geschichte wird sie nur erzählen können, indem sie zugleich Geschichten, Lebensgeschichten ermöglicht: Freiräume gewährt, Kommunikation fördert, zu eigenem Ausdruck ermuntert.

Zu den liegengelassenen und unaufgearbeiteten Ansätzen der modernen Architektur gehört der Versuch, übergreifende Ordnungsstrukturen mit der Freiheit individueller Variationen zu verbinden und das Wohnen zu einem aktiven Vorgang des Nutzers zu machen. »Um etwas zu besitzen«, schrieb Nicholas J. Habraken in seinem Büchlein ›De dragers en de mensen‹, »müssen wir es in Besitz nehmen. Wir müssen es zu einem Teil unserer selbst machen, die Hand danach ausstrecken. Um etwas zu besitzen, müssen wir es berühren, ergreifen, prüfen, markieren. Etwas wird zu unserem Besitz, wenn wir ein Zeichen darauf machen, weil wir ihm unseren Namen geben, es beschmutzen, ihm die Spuren unserer Existenz verleihen.«[8] Die aussagekräftigsten, erzählfreudigsten Architekturen dieser Jahrzehnte waren die der Spontanbauer, der Kleinsiedler, der Selbsthilfegruppen, die ihre individuellen Marken und Zeichen setzten.

Es gibt einige Indizien, die künftig auf eine gewisse Autonomie kleinerer Menschengruppen schließen lassen. Mehr Freizeit, gewollte oder erzwungene, könnte der Wohnung und dem Wohnquartier eine größere Bedeutung geben und ein neues Verhältnis zu handwerklichem Tun einleiten. Do-it-yourself, Nachbarschaftshilfe, Schattenwirtschaft sind stärker an den eng begrenzten Ort gebunden als alle zentral zusammengefaßten Tätigkeiten. Wie sich die Veränderungen auf dem Arbeitssektor, die uns mit den Datenbanken und Heimterminals ins Haus stehen, auswirken werden, bleibt abzuwarten. Für die USA gibt es Schätzungen, nach denen in nicht allzu ferner Zeit jeder dritte Einwohner sich sein Brot am heimischen Bildschirm verdient; für die Bundesrepublik rechnet man mit zehn Prozent. Schleifen die zentralistischen Zügel nur deshalb lockerer, weil jedermann fest im Griff der Medienbotschaften ist? Werden Isolationsängste am häuslichen Terminal die Folge sein oder vermehrte Kontakte unter Nachbarn dank der Disposition über die eigene Arbeitszeit? Und was bedeuten solche Entwicklungen für die Architektur? Denkbar wäre, daß die Macht der zentralisierten Images nachließe und damit größerer Spielraum für Pluralität, Dezentralisierung und Selbstverfügung entstünde, für Einsprüche, Widerworte, Aneignungen, Eingriffe.

Daß aber in der industriellen und nachindustriellen Gesellschaft die Arbeitsteilung, auf die viele Jahrtausende menschlicher Kulturtätigkeit zusteuerten, aufgehoben werden könnte und damit auch die zentral verwaltende Koordination der fraktionierten Abläufe, ist anarchistische Utopie. So wird auch die Verantwortung für Architektur dem Nutzer und Bewohner bestenfalls partiell zugespielt werden – da, wo er über Erfahrungen verfügt, die ihn zu Willensbekundungen legitimieren. Jenseits der Bürgerkompetenz bleibt es den Architekten aufgegeben, nach wie vor Inhalte für Andere zu artikulieren, und ihre Aufgabe wird um so schwerer, je abstrakter und weiter entfernt von ihnen die öffentlichen Räume lokalisiert sind. Erhaltung und Aneignung überlieferter Substanz, örtliche Traditionen, geschichtliche Bindungen (statt der unverbindlichen Offerten von allem und jedem) sind ihr Material ebenso wie die immateriellen Realitäten: die Vorstellungen, Erwartungen und Wünsche, die sich in den Köpfen gebildet haben. Aber diese Bestände lassen sich nicht überall aktualisieren: nicht auf den ausgeräumten Zivilisationsbrachen, wo kulturelle Anknüpfungspunkte überhaupt nicht mehr existieren, nicht auf den Fortschrittsdeponien, wo die laufenden Quadratmeter überdachter Großflächen für Lagerzwecke, Großmärkte, Fabrikationsstraßen und Fitnessübungen jeder anderen als der kurzfristigsten Renditeüberlegung Hohn sprechen. An diesen Unorten wird deutlich, welche Zuständigkeiten der Architektur entzogen bleiben, falls ihr nur noch das Spezialfach Rhetorik zugebilligt wird. Architekten werden genauer hinsehen und besser zuhören müssen, wenn sie wissen wollen, über was sie reden sollen – und was sie verschweigen, wenn sie reden.

Anmerkungen

1 Richard Lucae. ›Schinkel im Lichte der Gegenwart‹. In: Julius Posener (Hrsg.). *Festreden Schinkel zu Ehren 1846-1980*. Berlin, o. J. S. 54 f.
2 Johann Wolfgang von Goethe. ›Baukunst‹ (1795). In: *Berliner Ausgabe*. Band 19, Berlin, 1973. S. 119. – Zu Fiktion und narrativen Elementen in der Architektur vgl.: Heinrich Klotz. *Moderne und Postmoderne. Architektur der Gegenwart. 1960-1980*. Braunschweig, Wiesbaden, 1984. S. 133 ff. – Wolfgang Welsch. *Unsere postmoderne Moderne*. Weinheim, 1987.
3 Johann Wolfgang von Goethe. ›Maximen und Reflexionen‹. Nr. 776. In: *Goethes Werke. Hamburger Ausgabe*. Band 12. Hamburg, 1956². S. 474.
4 Daniel Bell. *The Coming of Post-industrial Society*. New York, 1973. S. 488.
5 Jean-François Lyotard. *La condition postmoderne. Rapport sur le savoir*. Paris, 1979. Deutsch: *Das postmoderne Wissen*. Bremen, 1982.
6 ›Giancarlo de Carlo in Urbino‹. In: *Architectural Review*. Heft 986, Jg. CCXV. April 1979. S. 211 ff.
7 Linda Groat, David Canter. ›Does Post-Modernism communicate?‹. In: *Progressive Architecture*. Heft 12, 1979. S. 84 ff.
8 Nicholas J. Habraken. *De dragers en de mensen*. Amsterdam, 1961. S. 12.

Das Museum als Ausstellungsgegenstand

Wandlungen einer Bauaufgabe

Als der achtzehnjährige Goethe im Februar 1768 die Dresdener Gemäldegalerie betrat, überwältigten ihn Gefühle der Feierlichkeit, wie er sich in ›Dichtung und Wahrheit‹ erinnert. Die Galerie, die damals im Stallgebäude auf dem Judenhof untergebracht war, gilt ihm als »Heiligtum«. Zur andachtsvollen Erhebung tragen nicht nur die einstmals sakralen Kunstgegenstände bei, denen die Verehrung der Gläubigen gegolten hatte, sondern auch die Umgebung, in der sie jetzt aufbewahrt werden: die Pracht, Reinlichkeit und Stille der Säle, der Goldglanz der Rahmen, sogar der Geruch des gewachsten Fußbodens. Das Museum war der Tempel, die Kunst anbetungswürdig.[1]

Als Tempel, in dem man in stiller und schweigender Demut und in herzerhebender Einsamkeit die großen Künstler als die höchsten irdischen Wesen bewundere, so wünschte sich auch Wilhelm Heinrich Wackenroder in seinen ›Herzensergießungen eines kunstliebenden Klosterbruders‹ das Museum. Aber: »Bildersäle werden betrachtet als Jahrmärkte.«[2] Der irritierte Seufzer wurde laut, bevor die großen Museumsbauten der Schinkel, Smirke, Klenze und Semper entstanden. Das Museum als Ziel des Massentourismus, das in unseren Tagen seine Triumphe feiert, lag noch jenseits des romantisch gefärbten Horizontes. Doch daß es beim andächtigen Gebet vor dem Kunstwerk, daß es bei der ästhetischen Kirche nicht bleiben würde, wußte auch Wackenroders Klosterbruder.

Von Weihe und Feierlichkeit ist den Besuchern der zeitgenössischen Museen[3] nichts geblieben. Wo Einzelgänger mit der Kunst und den hüstelnden Wärtern allein waren, herrscht jetzt respektloses Treiben, drinnen wie draußen. Turnschuhe und Jeans sind in den Sälen so selbstverständlich wie auf den Straßen, das Baby wird im Rucksack mitgeführt. Vor den erfindungsreich entworfenen neuen Häusern setzt sich das Leben in Szene, als habe es sich durch die Kunst dazu animieren lassen. Picknickpausen, Straßenmusik, improvisierte Modenschauen, manchmal drehen Werbefilmer ihre Spots vor den wirkungsvollen Architekturkulissen. War die Schwellenangst des Publikums je ein ernsthaft diskutiertes Problem der Museumsdidaktik?

Daß die Gemeinden und die Länder der Bundesrepublik nach den notdürftigen und manchmal auch bescheiden-würdigen Wiederaufbaumaßnahmen der ersten Nachkriegszeit erst jetzt wieder das Museum als Aufgabe entdeckt haben, hat mancherlei Gründe. Der Zyklus der kommunalen oder staatlichen Repräsentationsbauten war abgewickelt, die Rathäuser, Theater, Sportarenen und kulturellen Mehrzweckhallen stehen, nur die Museen waren vernachlässigt. Noch 1967 hatte es der Deutsche Museumsbund für notwendig befunden, auf die desolate Lage der deutschen Museen hinzuweisen. Seitdem ist die Rolle des Museums fürs Stadtimage entdeckt worden und wird in der Außenwerbung der Kommunen eingesetzt, um Touristen, aber mehr noch um das kulturbewußte Management steuerträchtiger Industriebetriebe zu gewinnen. Die Kulturverwalter handeln danach, wenn sie ihrerseits mit den Erfolgszahlen der Statistiken um höhere Subventionen für ihre Häuser werben.

Die Förderung des Kulturinstituts Museum erklärt sich auch mit dem Blick aufs Publikum. Zum einen ist das Bildungsniveau aufgestockt worden und damit auch die Zahl möglicher Museumsgänger. Mehr Bürger haben Abitur und Hochschulstudium absolviert. Zugleich hat sich das Freizeitbudget vergrößert. So wie das Museum heute organisiert ist, setzt es bei seinem Publikum ganztägig verfügbare freie Zeit voraus. Pauschal gerechnet, kommt ein Drittel der Besucher bereits am Vormittag in die Museen der Bundesrepublik. Nicht zufällig verspürt das Museum Auftrieb, seitdem die freie Zeit des Besuchers zunimmt, die freiwillig erstrebte wie die zwangsweise verhängte. Dagegen mag es zum Wunschdenken gehören, daß der gegenwärtige Museumsboom einem erwachenden Interesse am überlieferten Original zu verdanken sein könnte – die Lust am Authentischen als Gegenkur zum immer umfangreicher werdenden Medienangebot sekundär vermittelter Bilder?

Heute machen die Besuchermengen den Stolz des Kulturpolitikers aus. Zu lange hat er mit dem Argument der großen Zahl arbeiten müssen, zu hartnäckig hat er auf dem berühmten Vergleich mit den Besucherziffern der Fußballstadien bestanden, als daß er nicht selber (und die Öffentlichkeit mit ihm) die Zahlen als Erfolgsausweis einer klugen Museumspolitik verinnerlicht hätte. Nur 14 Millionen besuchten 1969 ein Museum, über 62 Millionen im Jahre 1986 registrierte das Berliner Institut für Museumskunde, das die jährlichen Bilanzen zieht. Die tatsächliche Zahl liegt mit Sicherheit noch höher, da nicht alle Institute Buch führen. Schlösser, Burgen und Klöster, soweit sie über Inventar verfügen, sind freilich mitgezählt. Museumsneueröffnungen und Sonderausstellungen haben zu den Rekordergebnissen beigetragen.

Die Entwicklung des Museums ist die der zunehmenden Veröffentlichung des Kunstkonsums. Das Museum hat die Kunst aus der Verborgenheit der Schatzkammern und der Sammlerkabinette befreit. Das Recht auf die Sichtbarkeit der Kunst war eine Forderung, die in der Vorgeschichte der Französischen Revolution eine nicht unerhebliche Rolle gespielt hat; die zunächst noch spärlichen Öffnungszeiten, zu denen die feudalen Sammler den Zugang zu ihren Besitztümern gestatteten, waren Meilensteine auf dem Wege bürgerlicher Emanzipation. Insofern sind die Erfolgsmeldungen der heutigen Statistik späte Erscheinungen eines Prozesses, der dreihundert Jahre zuvor begonnen hat, Taten der Aufklärung, deren ursprüngliche Impulse längst in Vergessenheit gerieten.

Unter seinen Bedingungen, mit seinen ihm eigenen Ritualen, suchte das Museum den neuzeitlichen Exodus der Kunst aus dem Leben wettzumachen – und beschleunigte ihn zugleich. Was einst als Werkzeug, Kultgerät, Bauschmuck oder als öffentlich lesbare Bilderlektüre Teil von Alltag und Festtag gewesen war, nahm in der Unzugänglichkeit der fürstlichen oder privaten Sammlung und dann in der beschränkten Öffentlichkeit des Museums einen anderen Charakter an: Es wurde zum ästhetischen Gegenstand. Erst die Isolation aus dem Lebenszusammenhang ermöglichte die Wahrnehmung seiner Kunsteigenschaft, erst das Sammlerkabinett und der Museumssaal machten die Kunst zur Kunst. In dieser Hinsicht war kein Museum so konsequent Museum wie die riesige

Besucherschlangen vor dem Museum: *Musée d'Orsay* in Paris, eröffnet 1986 (Inneneinrichtung Gae Aulenti).
»Die meisten Museumsbesuche werden unternommen, um in unterhaltsamer Weise eine inhaltlich relativ beliebige Bereicherung des persönlichen Allgemeinwissens zu gewinnen« (Hans Joachim Klein).

Verführung zum
Museum: Richard Meier,
Museum für Kunsthandwerk
in Frankfurt am Main,
1980-85. Ansicht vom
Garten her (Wettbewerbs-
entwurf).
Durch den Baukomplex
führt ein öffentlicher
Weg, an dem die Cafeteria
plaziert ist.

Pariser Zentralsammlung im Louvre, die das Heer der Französischen Revolution und später Napoleons auf seinen Kriegs- und Beutezügen durch Europa zusammentrug. Zu Anfang des 19. Jahrhunderts nötigte sie die Kunstfreunde des ganzen Kontinents zur Reise in die französische Hauptstadt.

Die Auseinandersetzung mit dem Museum ist eine durchgehende Komponente der neueren Kunstgeschichte, ob die Künstler nun die neu definierten Bedingungen akzeptierten, ob sie gegen sie revoltierten wie die Futuristen, die das Museum zusammen mit den Bibliotheken und den Akademien zerstören wollten, ob sie im Widerspruch zum Museum den Ausbruch ins Freie einübten, wie Surrealismus, Happening und Land Art, oder ob sie die musealen Spielregeln ironisch aufgriffen und zu unterlaufen trachteten, wie die Marcel Broodthaers, Claes Oldenburg, Daniel Spoerri oder Herbert Distel mit ihren privaten Miniaturmuseen. Das Museum bot Schutz und Widerpart zugleich, und wenn es der Kunst generell zu ihrer Definition verholfen hat, so hat es speziell die

moderne Kunst dabei unterstützt, ihre Inhalte neu zu bestimmen und ihre Botschaften wahrnehmbar zu machen. Niemand würde Marcel Duchamps Flaschentrockner, Andy Warhols Multiplikationen oder Carl Andres Stahlplatten als reflexionswürdige Künstlerprodukte betrachten, befänden sie sich nicht im entfremdeten und entfremdenden Kontext des Museums, sondern in einem Kaufhaus, an einer Plakatwand oder auf einer Baustelle. Die Regelverletzung dieser Antikunst wurde nur durch ihre Aufnahme in eine Institution wirksam, die Regeln setzt und hütet.

Im Museum läuft die Begegnung mit jenen Erzeugnissen, die wir als Kunst zu betrachten gelernt haben, nicht zuletzt unter anderen zeitlichen Voraussetzungen ab. Anders als jene Veranstaltungen, die wie Schauspiel, Oper, Konzert, Kino einen festen Zeitablauf vorschreiben, erlaubt es seinen Gästen die freie Verfügung über ihr Kommen und Gehen, den ungezwungenen Meinungsaustausch und die Geselligkeit während des Kunstkonsums. Bei manchen Häusern wie dem Kröller-Müller-Museum im holländischen Otterlo oder dem Louisiana-Museum in der Nähe Kopenhagens war der Museumsbesuch seit je als Tages- oder Halbtagesausflug gedacht, einschließlich Naturgenuß und leiblicher Restaurationsfreuden. Die neu gebauten Museen der letzten Jahre scheinen diese Auffassung auch auf die Stadtmuseen übertragen zu wollen. Spontaneität und Improvisation haben zugenommen, wie man den Untersuchungen des Karlsruher Soziologen Hans-Joachim Klein entnehmen kann.[4] Oft wird der Entschluß, ins Museum zu gehen, erst am Morgen gefaßt oder sogar erst angesichts des Eingangs. Die nie wiederkehrende Spezialausstellung scheint den Museumsbesuch besonders zu motivieren. Sie ist das Ereignis selbst, garantiert Einmaligkeit und Unwiederbringlichkeit. Was sie zeigt, ist offenbar von sekundärer Bedeutung, es mag das Gold der Skythen oder das des Tut-anch-Amun, es mögen die Idole der Kykladen oder die Pferde von San Marco sein. Nicht das bleibende, immer verfügbare Gut übt die Attraktion aus, sondern die vorübergehende Chance, die Begegnung auf Nimmerwiedersehen.

Der Gesichtsausdruck der Leute, die sich in Gemäldegalerien bewegten, zeige eine schlecht verhehlte Enttäuschung darüber, daß dort nur Bilder hingen, will schon Walter Benjamin beobachtet haben. Die Architekten haben ihre Konsequenzen gezogen, wenn sie die neuen Häuser als Bühnen anlegen, die eine fortlaufende Folge von Bewegungen auslösen. Rampen schrauben sich empor, Schrägebenen vermitteln zwischen den Stockwerken, gläserne Aufzüge schweben auf und ab. Darin unterscheiden sich die Bauten, die nach außen im Werkmannskleid auftreten, nicht von den Paradiesvögeln: Im Kölner Museumskomplex donnert eine Treppenkaskade von Außenwand zu Außenwand und sammelt alle Bewegungsvorgänge ein, da sie rechtwinklig zu den Raumrichtungen gedreht ist. Das stille Gegenüber des Einzelnen mit dem Kunstwerk scheint kein erstrebenswertes Ziel der Kunstdarbietung mehr, die Besucher werden in ständiger Bewegung gehalten. Durchblicke eröffnen sich, Terrassen und Auslage laden ein. Der Gang durch Richard Meiers Museumsbauten ist ein Vexierspiel zwischen Interieurs und Exterieurs. Selbst die herkömmliche Enfilade im Obergeschoß von Stirlings Stuttgarter Neuer Staatsgalerie gewinnt in diesem Aspekt eine

James Stirling, Michael Wilford and Ass., *Neue Staatsgalerie* in Stuttgart, 1977-84. Enfilade im Obergeschoß.
»Die Architektur müßte die Größe besitzen, sich so angelegt darzustellen, daß Kunst in ihr möglich ist, ohne daß sie durch eigenen Anspruch Kunst vertreibt« (Markus Lüpertz).

andere Bedeutung: Sie schlägt eine rasche Schneise durch die Kunstbestände. Schlemmers Triadisches Ballett? Eine kurze Ouvertüre. Picassos Badende? Eben noch der Fluchtpunkt, jetzt bereits hinter uns. Die Installation von Beuys? Schon vorbei, der Iglu von Mario Merz ist das neue Ziel. Der nicht enden wollende Ausstellungssaal der Frankfurter Kulturschirn schließlich ist nur noch Weg: einmal hin und zurück. Die Wanderschaft zählt, nicht das Verharren. Das Museum, eine Maschine zur Herstellung von Augenblicken.

Der Gesellschaft der Flaneure und Causeure, der ewigen Touristen und unterhaltungsbedürftigen Medienteilhaber, die man mit wechselhaften Raumeindrücken, Durchblicken, Lichtreizen und Promenaden bei Laune halten muß, ist ein Anteil an Empfangszonen und Verteilerflächen gewidmet, den die Rechnungshöfe früher als unstatthafte Verschwendung gestrichen hätten. Man fühlt sich an den Theaterbau des 19. Jahrhunderts mit seinen opulenten Foyers und Treppenhäusern erinnert, so anspruchsvoll sind die Publikumszonen geworden. Cafeterien und Restaurants werden an strategische Punkte plaziert.

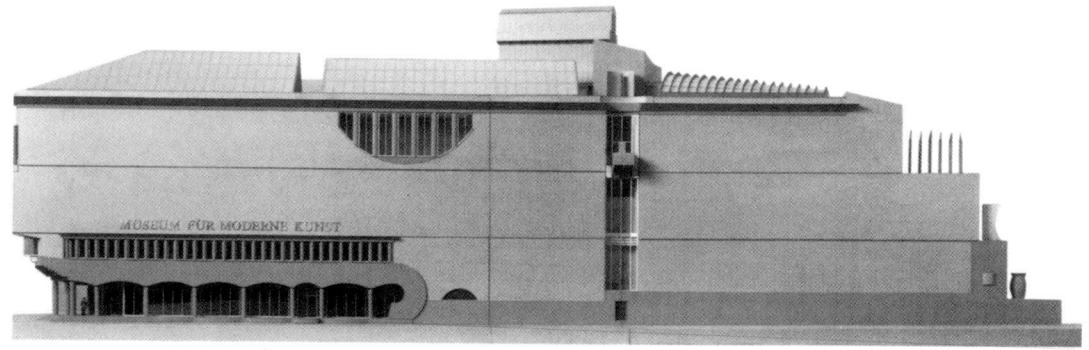

Hans Hollein, *Museum für moderne Kunst* in Frankfurt am Main (im Bau).

Keine Rede mehr vom Getränkeautomaten im bescheidenen Eingangsbereich: In Mönchengladbach beherrscht die Kanzel der Cafeteria wie eine Befehlszentrale den Mittelpunkt des Gebäudes. In der Frankfurter Kulturschirn ist ihr ein üppiger Luftraum zugebilligt, dessen sich die Ausstellungssäle nicht erfreuen können. In der Düsseldorfer Landesgalerie wurde ihretwegen einer der wichtigsten Bildersäle, der Kubistenraum, von einem diagonalen Laubengang zerteilt, damit der bedürftige Gast unverzüglich zu Spezi und Cappuccino geleitet wird.

Lernort oder Musentempel, lautete die harsche Alternative in den sechziger und frühen siebziger Jahren, als um die Bestimmung der Museen noch heftig gestritten wurde.[5] Der Streit hat sich inzwischen stillschweigend erledigt. In erster Linie ist das Museum der Stirling, Hollein, Meier eine Freizeitveranstaltung. Man sucht es auf, nicht um in die intensive Auseinandersetzung mit einem bestimmten Œuvre, einem Künstler, einer Gruppe von Werken einzutreten, sondern um eines Erlebnisses teilhaftig zu werden, bei dem die Architektur einen Hauptpart spielt. Die Museumsgebäude in Stuttgart, Mönchengladbach und Frankfurt sind Ziele in sich selbst. Nicht zufällig wurde die Stuttgarter Staatsgalerie nach der Eröffnung des Neubaus von einem aussichtslosen Platz 56 in der deutschen Besucherstatistik auf den zweiten Platz in der Jahresbilanz katapultiert.

Um die Architektur als Ereignis zu inszenieren, muß freilich eine entsprechende Offerte unterbreitet werden. Das Einmalige, ganz und gar Originelle, nie zuvor Gesehene wird aufgeboten, Räume wie Formen, Zitate in ungewöhnlichen Mixturen,

Überraschungen auf Schritt und Tritt, der unerwartete Lichteinfall, die dicke Stütze, die nichts trägt, die frappante Perspektive. Vom »Lernort« mag in dieses Amalgam ein wenig Unterrichtung eingehen, wenn es nur nicht in Belehrung ausartet. Vom »Kunsttempel« ist schon mehr erlaubt, denn die auratische Stimmung läßt sich, in ironische Anführungszeichen gesetzt, als wirkungsvolles Stimulans einsetzen. Das Konzept des gläsernen offenen Hauses, des veränderbaren Containers, der perfekten Museumsmaschine ist zu den Akten gelegt.

Bezeichnend, wenn auch immer wieder überraschend, wie wenig Sinn für die Bedeutung des Eingangs vorhanden ist. Bei den Bauten von Stirling, Meier, Busmann & Haberer, auch bei der Frankfurter Kulturschirn muß man das Schlupfloch suchen. Dissing & Weitling legten den Eingang in Düsseldorf an eine dämmerige Passage und kehrten dem Platz eine fast ganz geschlossene, abweisend polierte Granitfassade zu. Die Schwellenangst vor dem einschüchternden Kulturinstitut wurde nicht behoben, indem man die Schwelle beseitigte, sondern indem man die Lust weckte, sie zu überschreiten. Geheimnisse andeuten, lockende Signale setzen, die Architektur als Versprechen benutzen: das hat sich als die wirkungsvollere Taktik erwiesen.

Der Erfolg, den die ersten Museumsgebäude der neuen Generation als Freizeitziele und auch als publizistische Ereignisse buchen konnten, hat die Durchsetzung ihrer Nachfolger erleichtert. Als absehbar letzte große öffentliche Bauaufgabe genießt der Museumsbau Unterstützung auch bei Kommunalpolitikern, denen Kulturbauten bislang nicht am Herzen lagen. Mit dem neuen Museum ist Imagewerbung für die Städte zu betreiben, und bei der Wählerschaft stellt die Vorsorge für die Freizeitgesellschaft ein plausibles Argument dar. Bei steigendem Budget an frei verfügbarer Zeit und ebenfalls gestiegenem formalen Bildungsniveau, das mit der Häufigkeit des Museumsbesuchs in Zusammenhang steht, ist auch künftig mit hohen Besucherziffern zu rechnen. Daß der Museumsbesuch schon heute als gesellige Veranstaltung betrachtet wird, daß man vorzugsweise mit Freunden, mit dem Partner, mit der Familie kommt, haben die Untersuchungen von Klein bestätigt. So eröffneten sich den Architekten im Museumsbau Freiräume, die anderswo nicht bestehen.

Im nachhinein betrachtet, nimmt jede Entwicklung den Anschein der Notwendigkeit an. Von der Gründung öffentlicher Museen im 17. und den ersten Museumsbauten im 18. Jahrhundert bis zur einladenden Öffnung und fröhlichen Inszenierung des Museums in unseren Tagen schien die Entwicklung zielstrebig die Demokratisierung der Institution anzusteuern. Aus dem Gefühls- und Bildungserlebnis von damals wurde das Freizeitvergnügen von heute. Die Architekten haben davon profitiert. Was immer man gegen die Großtaten der reisenden Stars einwenden mag, das Ausmaß investierter Phantasie ist in keinem anderen Genre des Bauens übertroffen worden. Dieser Aufwand ging auch in den spektakulären Beispielen der letzten Zeit nicht auf Kosten der Nachbarschaft. Die Qualitäten der Häuser in Stuttgart, Frankfurt, Mönchengladbach sind zu einem guten Teil aus den jeweiligen topographischen Situationen entwickelt. Richard Meier in Frankfurt und Hans Hollein in Mönchengladbach haben gegenüber dem vorhandenen Baubestand vorbildliche Rücksichtnahme geübt. Stirling in Stuttgart hat gegenüber der klassizistischen alten Staatsgalerie zumindest die Regeln des Anstandes eingehalten. Und welche Bedenken auch das Kölner Supermuseum hervorgerufen hat, die Verbindung zwischen Strom und Kathedrale, die Balance zwischen Offenlegung und Umhüllung des Doms, die es hergestellt hat, zählt zu seinen Vorzügen.

Jedermann scheint also auf seine Kosten zu kommen. Kommt auch die Kunst auf ihre Kosten?

Dem Kunstwerk stellt die Architektur sich als Überkunstwerk gegenüber. Der Konzentration auf die einzelne Schöpfung wirkt die populäre Zerstreuung entgegen. Die Kommunikation des Einzelgängers mit den Gegenständen wird überlagert von der Kommunikation der Freizeitgesellschaft mit sich selbst. Kein Zweifel, nicht Ming-Gefäße, sondern Meier-Räume, nicht Schlemmers Figuren, sondern Stirlings Figurationen locken die Besuchermengen an. Werden die Kunstwerke ihre leise Sprache wiedergewinnen, wenn die Rhetorik der Architektur unter den unausbleiblichen Abnutzungserscheinungen an Lautstärke verliert? Niemand wird mehr die einsamen Kunsttempel zurückwünschen, in denen Wackenroders Klosterbruder seine ästhetischen Gebete verrichtete. Aber nur ein intensives dialektisches Verhältnis zwischen den Kunstwerken und den ihnen gewidmeten Bauten wird den »Bildersaal« davor bewahren, zum »Jahrmarkt« zu werden. Sonst könnte sich auf den Gesichtern der Leute, die sich in Gemäldegalerien bewegen, eine neue Enttäuschung abzeichnen: daß dort nur Architektur zu sehen ist.

Anmerkungen

1   Johann Wolfgang von Goethe. *Dichtung und Wahrheit*. Zweiter Teil, 8. Buch (1812). In: *Goethes Werke. Hamburger Ausgabe*. Band 9. München, 1982[10]. S. 320.
2   Wilhelm Heinrich Wackenroder (und Ludwig Tieck). *Herzensergießungen eines kunstliebenden Klosterbruders* (1797). Stuttgart, 1964. S. 72.
3   Vgl. Volker Plagemann. *Das deutsche Kunstmuseum 1790–1870. Lage, Baukörper, Raumorganisation, Bildprogramm. Studien zur Kunstgeschichte des 19. Jahrhunderts 3*. München, 1967. – Michael Brawne. *Neue Museen. Planung und Einrichtung*. Stuttgart, 1965. – Walter Grasskamp. *Museumsgründer und Museumsstürmer. Zur Sozialgeschichte des Kunstmuseums*. München, 1981. – Michael Brawne. *Das neue Museum und seine Einrichtung*. Stuttgart, 1982. – Heinrich Klotz, Waltraud Krase. *Neue Museumsbauten in der Bundesrepublik Deutschland. Katalog Deutsches Architekturmuseum*. Frankfurt, 1985. – Hannelore Schubert. *Moderner Museumsbau. Deutschland, Oesterreich, Schweiz*. Stuttgart, 1986. – Stephan Barthelmeß. *Das postmoderne Museum als Erscheinungsform von Architektur. Schriften aus dem Institut für Kunstgeschichte an der Universität München 26*. München, 1988.
4   Hans Joachim Klein. *Analyse von Besucherstrukturen an ausgewählten Museen in der Bundesrepublik Deutschland und in Berlin (West). Materialien aus dem Institut für Museumskunde 9*. Berlin, 1984.
5   Ellen Spickernagel, Brigitte Walbe (Hrsg.). *Museum. Lernort contra Musentempel*. Gießen, 1976.

Dem Markt gegeben, was des Marktes ist

Philip Johnson, der Architekt als Chamäleon

Philip C. Johnson
Geb. 1906 in Cleveland (Ohio). Gelernter Kunsthistoriker,
1940-43 Architekturstudium in Harvard bei Walter Gropius
und Marcel Breuer. 1932-34 Leitung der Architekturabtei-
lung am Museum of Modern Art, New York, 1946-54 Rückkehr ans MOMA. Seit 1954 selbständiger Architekt. Zusammenarbeit mit Mies van der Rohe. Seit 1967 Partnerschaft
mit John Burgee.

Das Patriarchenalter legt Attribute nahe, die auf
Philip C. Johnson[1] nicht passen wollen. Ist er
ein Nestor der amerikanischen Architektur? Auf
Weisheit hat er nie Anspruch erhoben. Er hat vielmehr das Recht auf Irrtum, ja auf Torheit für sich
reklamiert. Ein Klassiker? Das vollendet Einfache
interessierte ihn nur als flüchtiger Reiz und nicht
als endgültiger Gewinn. Er betrachtete das Klassische wie ein Manierist als Norm, die zum Verstoß
herausfordert. Seine Botschaft ist die der Nach-
richtenagenturen. Es gilt das Neueste vom Tage.

Architekten pflegen sich mit Bauten (und
manchmal auch mit begleitenden Theorien) in
die Architekturgeschichte einzuschreiben. Philip
Johnson hat gewiß ein umfangreiches Œuvre aufzuweisen. Seitdem er mit seinem jüngeren Partner
John Burgee zusammenarbeitet, explodierte es geradezu. Manche seiner Entwürfe haben Sensation
gemacht. Aber seine spektakulärsten Leistungen
waren nicht Bauten, sondern zwei publizistische
Taten, die Einführung der europäischen Moderne
in die USA und der Widerruf: die Absage an ihre
Strenge und Konsequenz.

In Akklamation und Verrat bestanden Johnsons
wichtigste Beiträge zur Architekturgeschichte.
Gefolgschaft war seine Sache nur, solange er
sich nicht langweilte. Als vierundzwanzigjähriger
Kunsthistoriker, im Jahre 1930, die Architektur-
abteilung des New Yorker Museum of Modern
Art zu gründen, auf Reisen durch Europa den
Talentscout zu spielen, die Sensation des Neuen
im eigenen Lande zu verbreiten, war Kurzweil
nach Johnsons Geschmack. Das Handwerk des
Architekten an Walter Gropius' Schule in Harvard
zu lernen und den Leuten zu zeigen, daß auch ein
Kunsthistoriker bauen kann, war ebenfalls unter-
haltend. Einen kompletten Glasschrein als Wohn-
haus zu errichten, noch bevor es der bewunderte
Mies van der Rohe getan hatte, machte wiederum
Spaß.

Und den orthodoxen Vertretern der Moderne
nachzuweisen, welche kunstgeschichtlichen Assoziationen in vier gläsernen Wänden stecken können, das war ein kapitales Vergnügen. Johnson
erteilte ihnen an Hand seines eigenen Wohnhauses
in New Canaan, Connecticut, Nachhilfeunterricht.
Er bezog sich nicht nur auf Mies oder Theo van
Doesburg, sondern auch auf Ledoux, den vorrevolutionären Architekten des 18. Jahrhunderts, auf
die Diagramme, die der französische Historiker
Auguste Choisy von der Athener Akropolis ange-

Philip Johnson, *Haus Johnson* (Glashaus) in New Canaan (Conn.), 1947-49. Auch für dieses strenge Haus im Stil Mies van der Rohes machte Johnson bereits zahlreiche historische Quellen namhaft: Ledoux für die reine mathematische Form, Schinkel für die romantische Lage, Malewitsch für den Ziegelsteinzylinder, in dem Waschraum und WC verborgen sind, Le Corbusier – und die Akropolis für die diagonale Annäherung.

fertigt hatte, oder auf die heroische Idyllik der Landschaften Nicolas Poussins. Später machte es ihm mehr Spaß, seine Zuschauer mit Anspielungen zu düpieren, die sie wahrnehmen konnten, statt mit Verweisen, die ihnen entgangen waren. Johnson wurde zum Chefeklektizisten unserer Epoche, zwanzig Jahre vor Ausrufung der Postmoderne: »Ich versuche, mir das herauszusuchen, was mir an der Geschichte gefällt.«

Zum Verräter an der reinen Lehre der Moderne brachte Johnson drei Qualifikationen mit. Er war Kunsthistoriker, er war Amerikaner, und er war reich. Der Reichtum erlaubte ihm die Distanz des Gentleman, der es sich leisten kann, den eigenen Launen nachzugehen und sie seinesgleichen schmackhaft zu machen. Sein eigenes Parkgrundstück in New Canaan wurde zu einem Experimentiergelände, auf dem er eine Musterkollektion unterschiedlicher Kleinbauten errichtete. Zu dem berühmten Glashaus von 1949 gesellten sich im Laufe der Jahre eine sakrale Schlafcella für Gäste, ein zwergenhafter Teepavillon im Miniatursee, das eingegrabene Schatzhaus der privaten Bildersammlung, ein Studio als Großskulptur. In Johnson feiert der Gentleman-Architekt des britischen 18. Jahrhunderts seine Auferstehung. Seinen »follies« konnte der wohlhabende Johnson nachgehen wie nur je ein Lord Burlington, der mit Palladios ›Quattro libri‹ in der Hand seine Projekte plante, oder ein Horace Walpole, der, gestützt auf zeitgenössische Mustersammlungen, sein gotisierendes Landhaus zu Strawberry Hill mit Altar-

tischen, Rüstzeug und Tumba-Motiven dekorierte. Was für Lord Burlington Palladio und für Walpole Langleys ›Gothic Architecture‹ war, wurden für Johnson die Musterbücher der Moderne, der Gropius, Oud und Mies van der Rohe. Er erkannte keine Regeln an, nur Geschmacksneigungen.

Mit diesem Interesse mehr am Wahlakt als an dessen Ergebnis steht Johnson in einer amerikanischen Tradition des architektonischen Liberalismus. Bevor Walter Gropius und Mies van der Rohe die Amerikaner belehrten, daß es sich bei der modernen Architektur um ernste Gesinnungsfragen handelte, haben Architekten in den Staaten es nicht als eine Schande betrachtet, die Handschriften zu wechseln. Es galt im Gegenteil als Beweis von Vielseitigkeit. Raymond Hood, William Lescaze oder George Howe, deren Arbeiten der europäischen Moderne am nächsten kamen, konnten so oder auch anders, wenn es der Auftrag erforderte. Der kommerzielle Erfolg, der die elastische Anpassung oder die Vorwegnahme von Marktbedürfnissen belohnte, wurde in Amerika nicht als moralisches Manko angesehen.

Museumsdirektor Alfred Barr tadelte zwar in der Einleitung zu dem Büchlein ›Der internationale Stil‹, das Johnson und sein Kritikerkollege Henry-Russell Hitchcock 1932 im Zusammenhang mit einer Ausstellung des New Yorker Museum of Modern Art veröffentlichten,[2] die Impresarios der Architektur und ihren zynischen Humor. Daß auch seine beiden kunstgeschichtlich versierten Autoren fast ausschließlich an den ästhetischen Aspekten der neuen Bauweise interessiert waren, entging ihm nicht. Wie selbstverständlich wandten sie das übliche Werkzeug der Kunsthistorie, den Stilbegriff, auf die weißen, reinen, undekorierten Baugebilde an, während die europäische Avantgarde ihn gemieden hatte wie der Teufel das Weihwasser. Das New Yorker Ausstellungs- und Publikationsereignis bedeutete die Inthronisation der Moderne als Stil, es war die Rache der Kunstgeschichte an der vermeintlich geschichtsfernen Baurevolution. Daß der Begriff des Stils zugleich den des immerwährenden Wandels und Wechsels enthielt, war für den Kunsthistoriker Johnson kein befremdlicher Gedanke. Der Architekt Johnson half, ihn in die Tat umzusetzen.

Die Geschichte von Johnsons Treuebruch ist die Geschichte seiner Beziehung zu Ludwig Mies van der Rohe. Johnson entdeckte die strenge Kunst des Berliner Architekten während einer Bildungsreise, die er – gleich den Kavalieren des 18. Jahrhunderts – im Jahre 1930 durch Europa unternahm. Sogleich erklärte er Mies zum besten modernen Architekten, zum Genie. Der junge Mann beauftragte den Älteren mit der Einrichtung seines Appartements in New York, lud ihn zur Ausstellung des Museum of Modern Art ein, schrieb später die erste Monographie über Mies. Nach allem, was wir wissen, scheint Johnsons wortreiche Bewunderung dem großen Schweiger auf die Nerven gegangen zu sein.[3]

Als Mies in den fünfziger Jahren – wiederum dank Johnsons Hilfe – den Auftrag für den New Yorker Seagram-Wolkenkratzer erhielt, ließ er sich dennoch auf eine befristete Partnerschaft ein. Johnson hatte schon immer in Mies den »Postfunktionalisten« gesehen (und dieses Wort bereits im Jahre 1931 geprägt!). Mit einer Serie intelligenter Wohnhäuser und elegant-gefälliger Kulturbauten arbeitete er sich rasch aus dem Schatten des Meisters heraus. Mies seinerseits hatte geglaubt, einen treuen, wenn auch redseligen Anhänger gefunden zu haben, und verzieh ihm diese Abkehr nie. Für Mies war ein Glaubensbekenntnis, was Johnson als eine auswechselbare, stilistische Möglichkeit betrachtete.

Eine Zeitlang suchte Johnson die Freiheiten, die er aus seiner kunsthistorischen Lektüre ge-

Philip Johnson und John Burgee, *AT&T Building* in New York, 1978-83.
Trotz des technologisch avancierten Firmenprogramms der American Telephone and Telegraph Corporation entschieden sich Architekten und Bauherr für eine Kombination historischer Zitate: Pazzi-Kapelle als Vorbild für die Sockelgeschosse, Granitverkleidung im Stil von 1930, Giebelaufsatz. »Philosophisch gesehen sind wir, wie mir scheint, heute weit eher anarchistisch, nihilistisch, solipsistisch, ganz sicherlich relativistisch, humorvoll, zynisch, voller Erinnerungen an die Vergangenheit, auf Mythen und Symbole erpicht, als rationalistisch oder wissenschaftlich gesonnen« (Philip Johnson).

wann, mit einem nach wie vor zeitgenössisch empfundenen Design zu verbinden. Irgendwann in den späten siebziger Jahren gab er diesen beschwerlichen Balanceakt auf. Von den Zeichenbrettern des Büros kam nun, was jeweils das cha-

Philip Johnson und John Burgee, *PPG Building* in Pittsburgh (Penn.), 1979-1985.
Neogotische Glasfassade für eine Firma, die Bauglas herstellt; zugleich eine Erinnerung an die Pittsburgher Universitätsgotik. »Heute wissen wir zu vieles zu schnell. Man braucht eine Moral und emotionale Scheuklappen, damit ein Stil entsteht. Man muß überzeugt sein, recht zu haben. Wer könnte heute aufstehen und sagen: ›Ich habe recht?‹ Und wer wollte es wirklich?« (Philip Johnson).

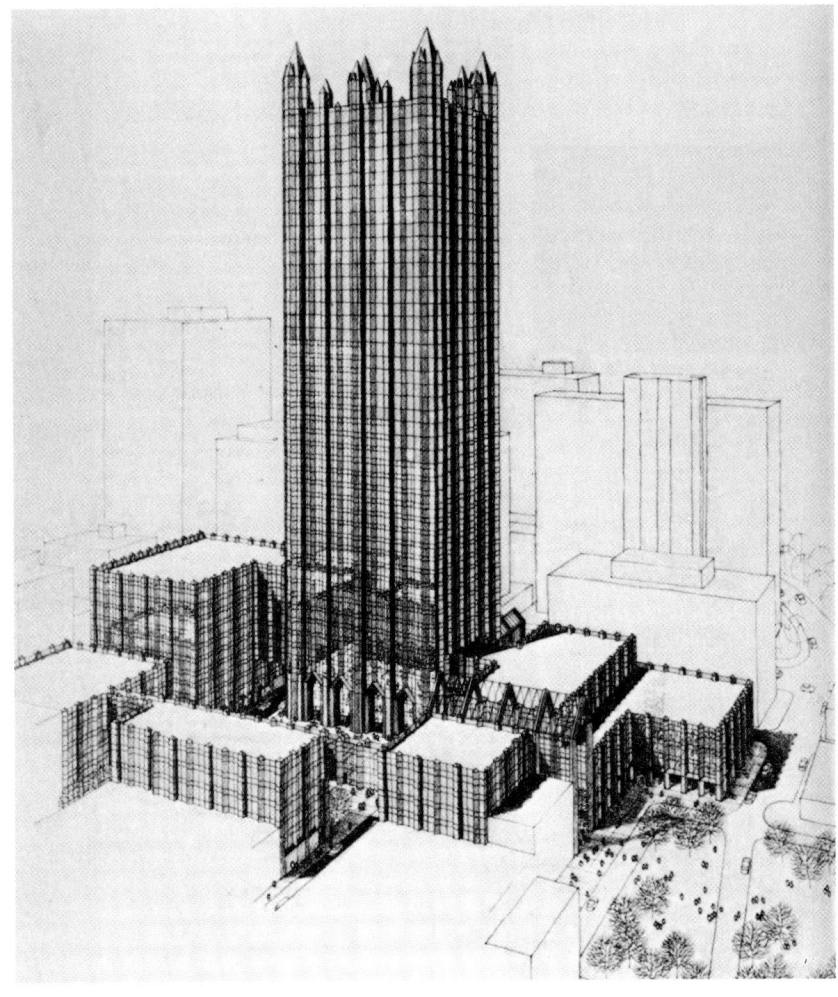

mäleonhaft wechselnde Interesse des großen Formenspielers erregt hatte: gotische Wolkenkratzer mit Glas- oder Granitfassaden für Pittsburgh und Houston, die römisch-frühchristliche Collage dreier Theaterbauten für seine Geburtsstadt Cleveland, ein Geschäftszentrum für Honolulu und eine Architektenschule für Houston, die wörtlich der Stichsammlung des Ledoux entnommen sind, Art Déco hier, mittelalterliche Rundtürme dort. Stimmten die Vorbilder nicht mit den erforderlichen Dimensionen überein, wurden sie bis zur gewünschten Größe aufgeblasen. Die vereinfachte Pazzi-Kapelle Brunelleschis bildet den siebengeschossigen Sockel für das New Yorker AT & T-Hochhaus, französische Chateaux gaben das

Muster für einen Büro- und Hotelkomplex in Dallas ab.

Zusammengenommen enthält das Werk Philip Johnsons ironische Widersprüche in Hülle und Fülle. Der einzelne Bau dagegen ist innerhalb der jeweils gewählten Stilmittel von größerer Einheitlichkeit als bei anderen postmodernistischen Zeitgenossen. Johnson und Burgee (oder John Burgee mit Philip Johnson, wie die Firma seit einigen Jahren heißt) bauten vielfach für Bauherren, die auf gediegenes Design Wert legten, auf solide Ausführung, wertvolle Materialien und respektvolle Behandlung des Publikums in den öffentlich zugänglichen Räumen, den Foyers, Galerien, Passagen und Hallen. Manchmal machen nur wenige

Dekorationen die Originalität des Bauwerks aus. Ohne den Fialenkranz wäre der Glasturm von Pittsburgh, ohne den vertikoartigen Aufsatz wäre das AT & T-Gebäude in Manhattan ein Allerweltsprodukt.

Von der Qualität und dem Aufwand des Ornaments, den die Eklektizisten des 19. und frühen 20. Jahrhunderts sich gestatteten, ist wenig geblieben. Die Einfälle pro Quadratmeter Grund- und Fassadenfläche sind auf jenes Maß reduziert, das kühlen Rechnern noch wirtschaftlich vertretbar gilt und andererseits den Anstrich von Unverwechselbarkeit sichert: ein Historismus von der preiswerten Art. Johnson und sein Juniorpartner haben sich in diesem Punkt von anderen überholen lassen. Im Vergleich zum frappierenden Ägyptizismus eines Michael Graves oder zur einfallsreichen Haute Couture eines Helmut Jahn steuern sie einen Kurs, der Neuartigkeit mit déjà-vu-Erlebnissen verbindet. Ihre architektonischen Szenarios sind so temperiert, daß ihre Auftraggeber darin beruhigt auch konservative Geschäftsfreunde empfangen können.

Was ist der Architekt?, fragt Johnson und antwortet kokett: eine Hure. Er bietet seiner Kundschaft, was sie wünscht, nicht ohne ihre Wünsche vorher stimuliert zu haben. Wenn in Johnsons Arbeit ein Moment der Kritik verborgen liegt, dann steckt es paradoxerweise in dieser absoluten Willfährigkeit. Johnson ist nicht nur unbegrenzt wandlungsfähig, er führt diese Wandlungsfähigkeit auch vor. Er erfüllt alle Repräsentations- und Originalitätsbedürfnisse, und zugleich stellt er die Erfüllung dieser Bedürfnisse dar, dienstfertig, routiniert, perfekt. Auf seine gepflegte Weise hält er es mit dem einstigen Popstar Andy Warhol und dessen Trivialphilosophie, jeder Tag sei ein neuer Tag. Eigene Identität wird nicht mehr erkennbar, es sei denn in der Meisterschaft, mit der allerunterschiedlichste Effekte inszeniert sind. All is pretty, alles ist möglich, alles gefällt.

Anmerkungen

1 John M. Jacobus. *Philip Johnson.* New York, 1962. Deutsch: Ravensburg, 1963. – Philip Johnson. *Writings.* New York, 1979. Deutsch: *Texte zur Architektur.* Stuttgart, 1982. – Nory Miller. *Johnson/Burgee: Architecture.* New York, 1979. – Charles Knight. *Philip Johnson/John Burgee: Architecture 1979-1985.* New York, 1985.
2 Henry-Russell Hitchcock, Philip Johnson. *The International Style. Architecture since 1922.* New York, 1932, 1966[2]. Deutsch: Braunschweig, Wiesbaden, 1985.
3 Philip Johnson. *Mies van der Rohe.* New York, 1947, 1978[3]. Deutsch: Stuttgart, 1956. – Über Johnsons Verhältnis zu Mies van der Rohe vgl.: Franz Schulze. *Mies van der Rohe.* Chicago, London, 1985. S. 178 ff., 281 ff. Deutsch: Berlin, 1986.

Orte der Erinnerung

Neue Parks und Plätze in Barcelona

Wer die Irrwege durch Barcelonas Altstadt, durch den Barrio gótico, zurücklegt, den erwartet eine Überraschung. Erst die geschwärzten Gassen mit Namen, die Geschichte und Geschichten versprechen: Zu den drei Lilien, Zur Löwin, Zu den Schildknappen; heute sind hier Prostitution und Rauschgifthandel zu Hause. Dann der Durchlaß in einen lichten Arkadengang. Und plötzlich die Öffnung, das Gefühl der Befreiung, die Entlassung aus Enge und vermeintlicher Gefahr, die Erleichterung, die Ordnung bedeuten kann, die Geselligkeit eines großen Salons unter freiem Himmel: die Plaça Reial, der königliche Platz. Entstanden ist sie in einem planerischen Kraftakt, als Implantat ins Stadtgewebe wie das Palais Royal in Paris – nur ohne Palais.

Der unvorbereitete Kontrast ist nicht die einzige Attraktion der Plaça Reial. Bewundernswert ist das Geschick, mit dem die Unregelmäßigkeiten des Grundstücks, auf dem ehemals ein Kapuzinerkloster stand, überspielt wurden, und wunderbar ist das Erlebnis des körperhaft fühlbaren Raums. Nur zu den Ramblas hin öffnet eine schmale Straße den Platz, sonst ist er ringsum fest gefaßt von pilastergeschmückten Wänden. Die Plaça Reial ist eine Schöpfung erst des mittleren 19. Jahrhunderts, das anderswo nicht mehr in geschlossenen Stadträumen gedacht hat. Ihr Architekt, Daniel i Molina, hatte sie nicht nur mit Palmen, einem Brunnen und den Kandelabern Antoni Gaudís, sondern auch mit eingezäunten Blumenrabatten bestückt. Die Großzügigkeit des Platzes ist erst sichtbar geworden, seitdem die kleinteilige Vegetation zusammen mit dem Autoverkehr verbannt, die Fläche geordnet, im Niveau differenziert und mit Steinplatten von den Steinbrüchen am nahen Montjuic belegt wurde. Mit denkmalpflegerischer Behutsamkeit hatte diese Maßnahme nichts zu tun. Es war eine zeitgenössische Interpretation des überlieferten Bestandes. Steinerne Härte und ord-nende Kraft bestimmen nun auch die Platzfläche, während die Urheber im 19. Jahrhundert das künstliche Paradies eines subtropischen Gartens gegen die kraftvoll artikulierten Platzfassaden gesetzt hatten. Diese Neugestaltung war eine der ersten Taten, mit denen Barcelona Aufsehen in der internationalen Fachwelt erregte.[1]

Plätze wie die Plaça Reial hat die Moderne nicht gewollt und nicht gekonnt. Die allermeisten Architekten der letzten hundert Jahre gingen von den Bauten aus und nicht von den Stadträumen. Wer anderes forderte, wie der Wiener Städtebauer Camillo Sitte, galt als romantischer Nostalgiker. Außenräume waren die Reste, die übrigblieben, wenn die Gebäude nach allen Erfordernissen der Hygiene, der Besonnung und Belüftung entworfen waren. In den verbleibenden Zonen wehte der Wind, woher und wohin er wollte. Das unbebaute Terrain hatte den rollenden und ruhenden Verkehr aufzunehmen, sanitäres Grün zu bieten und die unerläßlichen Kinderspielplätze aufzuweisen. Ein eigener Charakter kam ihm nicht zu.

Der Verzicht auf die alte abendländische Institution von Agora und Forum fiel der Moderne um so leichter, als der öffentliche Raum seine öffentlichen Aufgaben verloren hatte. Fest und Alltag finden zwischen vier Wänden statt. Recht wird nicht mehr im Angesicht der Menge gesprochen, Strafe nicht mehr vor aller Augen vollzogen. Für das Angebot von Waren und Menschen gibt es wirkungsvollere Medien. Selbst die öffentliche Demonstration gewinnt Wirklichkeit erst, wenn das Fernsehen über sie berichtet und die Platzkulisse ihre Pflicht als TV-Freilichtstudio erfüllt hat. Immerhin hat der mediterrane Süden, anders als der kalte Norden, noch Reste der Platzkultur bewahrt. In den meisten Monaten des Jahres erlaubt das Klima Feilschen und Flanieren, den Markt und die Prozession, den abendlichen Paseo, das Spiel a las bochas und, wenn die Touristenzentrale es organisiert hat, auch dann und wann den Sardaña, den geselligen Rundtanz. Und nicht immer wird auf der Bühne der Plaças und Ramblas touristisches Amüsement geboten. Die Alte, die auf der Plaça Reial zeternd ihren apathischen Sohn aus der Runde seiner Fixer-Freunde zu zerren sucht, gehört in die Kategorie des tragischen Volksstücks.

Die Hauptstadt Kataloniens, Mittelpunkt eines städtischen Ballungsgebiets von über drei Millionen Einwohnern, ist durch ihre verschiedenen Wachstumskrisen gezeichnet. Zwischen dem Felsen von Montjuic und der (längst geschleiften) Zitadelle eingeklemmt, war der befestigten Stadt bis tief ins Industriezeitalter jede Erweiterung versagt. Erst 1859 wurde der Ingenieur Ildefons Cerdà beauftragt, einen Stadtplan vorzulegen, der die sich stürmisch vergrößernden Vororte und die alte City miteinander verband.[2] Cerdà fand eine verblüffende Formel. Er schlug ein endlos erweiterbares Raster vor, dessen Quadrate an den Ecken abgeschrägt sind. So ergab das nur von wenigen Diagonalen durchschnittene Netz zwar übersichtliche Straßenkreuzungen, aber keine Plätze im herkömmlichen Sinn.

Cerdà dachte modern. Er stellte sich seine Quadrate variabel, jedoch immer nur an zwei Seiten bebaut vor: Bauten in freier, durch wenige Regeln bestimmter Aufstellung. Die Spekulation hielt sich nicht daran. Heute ist der gesamte Landstreifen zwischen der Küste und der kahlen, von Observatorium, Hochspannungsmasten und Funktürmen besetzten Bergkette dicht aufgefüllt. Die Kapitale bordet mit ihren Trabantenstädten, ihren Verkehrsbauwerken, Fabrikschuppen und Steinbrüchen bis weit in die Seitentäler über. Diese letzte und chaotischste Expansion, die Barcelona einen großen Teil seiner Identität gekostet hat, fiel in die späten Jahre Francos. Daß die Stadt sich für ein Programm der Plätze und Parks, für ordnende Planung überhaupt, entschied, verstanden ihre Politiker und Bürger auch als eine Abrechnung mit dem kastilischen Zentralismus der Falange. Nicht zufällig wurden Denkmäler der katalanischen Geschichte wiederhergestellt, die unter Franco beseitigt oder vernachlässigt worden waren.

Der Versuch, Barcelona über die Festsetzungen seines Generalplans, des PGM von 1976, hinaus

Antoni Gaudí, *Parque Güell* in Barcelona, 1900-03. Aufstieg zum überdachten Platz der geplanten und nur zum kleinen Teil realisierten Wohnkolonie.
Wie die heutigen Stadtplaner im Falle der neuen Plätze hatte sich auch Gaudís Bauherr, Graf Güell, von der Investition in die öffentlich nutzbaren Anlagen einen Katalysatoreffekt für die Erschließung des Terrains und den Verkauf der vorgesehenen Villen versprochen.

mit Hilfe von Plätzen, Parks und Skulpturen zu regenerieren, hängt mit einem Mann zusammen, der nicht nur ein Architekt von Rang, sondern zugleich ein glänzend informierter Bauhistoriker ist. Oriol Bohigas wurde 1980 zum Planungsdirektor und Architekturberater des Bürgermeisters berufen und übte dieses Amt mehrere Jahre aus. Auf ihn und seine Mitarbeiter geht das Projekt zurück, das der Stadt über ihre öffentlichen Räume wieder zu einer Idee von sich selbst verhelfen soll.[3] Da aber auch in Barcelona die Zeiten der schrankenlosen Expansion vorüber sind, kann von großflächigen Umstrukturierungen nicht die Rede sein. Bohigas spricht von »der maximalistischen Ideologie des großen Plans«.[4] Dagegen setzt er die punktuellen Eingriffe, denen er, wenn sie an den Nerven-punkten des Stadtgewebes ansetzen, erneuernde Kraft für ganze Quartiere zutraut.

Vor der Verabschiedung des PGM hatten auch in Barcelona die Planungstechniker über lange Jahr-zehnte hinweg das Sagen. Den Veränderungen der Stadt suchten sie mit einem Instrumentarium bei-zukommen, das von Dichteziffern und Verkehrs-flußdiagrammen bestimmt war. Die Gesetzgebung war nach den Bedürfnissen expandierender Ge-meinden ausgelegt, anwendbar auf die Erschlie-ßung neuer Satellitenstädte, aber nur mit Not und Zwang auf innerstädtische Strukturverbesserun-gen. Die neuen Plätze von Barcelona sind so etwas wie ein Etappensieg der Urbanisten über die Obras Públicas, über die Verkehrsfachleute, Tiefbaufana-tiker, Verkehrs- und Entsorgungsspezialisten und Grünversorgungsexperten. In beschränktem Um-kreis wird Integration versucht, individuelle Ge-stalt gegen abstrakte Normen verteidigt.

Abstrakte Normen sind ein Schicksal, das den Bürgern von außen verordnet wird. Für oder ge-gen Flächenbedarfsziffern, Verkehrsentwicklungs-prognosen und Wirtschaftsentwicklungsexperti-sen geht niemand auf die Straße. Dagegen sind in Barcelona kommunale Wahlkämpfe mit der Frage bestritten worden, ob die Betonwände des ameri-kanischen Bildhauers Richard Serra auf der Plaça

de la Palmera erhalten oder abgerissen werden sollten. Für den Parc de l'Espanya Industrial in seinem jetzigen Umfang hat sich eine Bürgerinitia-tive stark gemacht, die auf Hallenschwimmbad, Kindergarten und Kulturzentrum für ihr Quartier am Bahnhof Sants bestand. Die Problematik, aber auch der Reiz dieses Parks, der Konflikt zwischen der »städtischen« Seite oben am Bahnhof und dem Landschaftscharakter unten am benachbarten Stadtteil, geht nicht zuletzt auf die Widersprüche in seiner Entstehungsgeschichte zurück. Die Ent-scheidung fürs Konkrete, Detaillierte, Einzelne und Gestalthafte bedingt größere Konfliktträch-tigkeit, ermöglicht aber auch Mitwirkung und En-gagement.

Das Programm der Barcelonenser Parks und Plätze zeugt von Optimismus ebenso wie von Skepsis. Zum einen wird der Stadtverschönerung ein verwandelnder Einfluß zugetraut, an den hier-zulande kaum jemand glauben würde. Zum ande-ren geht die Theorie der städtebaulichen Aku-punktur von einem fragmentierten Begriff der Stadt aus. Nicht mehr das Ganze, sondern nur seine Partikel geraten in den Blick. Da die großen Strategien gescheitert sind, müssen kurzfristig rea-lisierbare Veränderungen weiterhelfen in der Hoff-nung, daß vom Einzelnen ein Weg zurück zum Allgemeinen, zur Reparatur der Stadt führt. Nicht

Pedro Barragán und Ber-nardo de Sola, *Plaça de la Palmera* in Barcelona, 1983-85.
Richard Serras Beton-wände teilen die Fläche in eine ruhige und eine aktive Zone.

weniger wichtig als die Verlagerung des Hafenbetriebes und die Neuordnung und -bepflanzung des großen Boulevards entlang der Docks sind den Planern in Barcelona die kleinen Quartiersplätze der Vororte draußen in Alella, Badalona oder Santa Coloma de Cervelló. Manchmal ist es nur der Schnitt einiger Steinstufen, die Führung einer Rampe, die Anlage einer schmalen Terrasse, die verraten, daß sich hier jemand Gedanken jenseits aller Routine gemacht hat.

Was mit der Strategie der kleinen Interventionen zu erreichen ist, zeigt die Plaça de la Palmera im Osten der Stadt, abseits der großen, trostlosen Ausfallstraße. Selbst der Taxifahrer hat Mühe, sie zu finden. Nach dem Abriß kleiner Gewerbebetriebe war nur die große Palme übriggeblieben, die dem Platz seinen Namen gab. Zehnstöckige Mietshäuser der sechziger Jahre umstehen ihn. Richard Serra, der amerikanische Bildhauer, stellte zwei konzentrische Wandsegmente aus Beton auf. Das robuste Stück Kunst teilt die Platzfläche in ein Davor und ein Dahinter, in den »campo« und den »bosco«. »Davor« liegt ein Spielfeld mit radial gelegten Trittsteinen, die in die Sandfläche gelegt sind und Spielterritorien abgrenzen. In die südöstliche Ecke ist ein schräger stählerner Lichtmast gestellt, der »Sportstadion« (und für die Eingeweihten: El Lissitzky) assoziiert. »Dahinter« wurden ins Kleinpflaster Gruppen von Birken, Robinien, Kiefern und Weiden gesetzt, die einen Pavillon umstehen, als Abkürzungen für: Birkenwäldchen, Robiniengehölz, Pineta. Natur

wird hier nicht gespielt, sondern zitiert. Der »campo« ist die Zone der Aktivitäten, der »bosco«, mit Holzbänken bestückt, die Zone der Ruhe. Finanziert wurde die Anlage mit einem Bußgeld, das auf die Klage eines Bürgers hin ein Hotelbesitzer zahlen mußte, weil er in der Innenstadt das genehmigte Volumen eines Neubaus überzogen hatte.

Einen Platz zu entwerfen bedeutet im heutigen Barcelona nicht, einen Freiraum von seinen Wänden her zu bilden. Die Planer müssen sich mit der Umgebung bescheiden, die sie vorfinden. Zu Anfang der Aktion, als es um die klassizistische Plaça Reial oder um den Platz vor der barocken Kirche de la Mercè ging, waren es Plätze, die von alten Häuserfronten gesichert sind. Seit die Aktivitäten auf die Industriebrachen und den Außengürtel der Stadt übergriffen, ist die Aufgabe der Architekten schwieriger geworden. In aller Regel müssen sie den Platz aus sich selbst definieren, ihm Grenzen setzen und die Zentren bestimmen.

Die Architekten eines der ehrgeizigsten Projekte, der Plaça dels Països Catalans, bekennen, die kahle Fläche am Bahnhof Barcelona Sants habe ihnen zunächst ein Gefühl der Ohnmacht eingeflößt. Ein Platzrand existierte nicht, nur ein zerfaserter Stadtsaum aus Hochhäusern, Hotels, niedrigen Autowerkstätten und Straßenmündungen. Von dem geplanten, westlichen Stadtzentrum, das sich um den neuen Bahnhof bilden soll, ist vorerst nur das Chaos als Vorbote sichtbar. Vegetation

Helio Piñón und Albert Viaplana, *Plaça dels Països Catalans* in Barcelona, 1982-84.
Der Platz am Bahnhof Sants war von seinen Urhebern als ein Kunstwerk gedacht, das »an den Abenteuern der Modernität« teilnimmt. Es nimmt auch an den Gefährdungen der Modernität teil, wirkt abweisend und trostlos, wenn es nicht ständig gepflegt und gewartet wird.

war auf der wenig tragfähigen Betondecke nicht möglich, unter der Eisenbahn- und Metrozüge fahren. Nicht einmal Fußgängerwege überqueren dieses verkehrsumzingelte Stück Niemandsland. Helio Piñón und Albert Viaplana, die Architekten, machten daraus eine minimalistische Komposition. Was sie errichteten, sind eher Installationen als Bauten: ein hohes quadratisches Schattendach und eine wellenförmige Pergola, einige Drahtschirme an der meistbefahrenen Straße, labil wirkende Stahlkugeln statt der ewigen Poller, ein paar subtile Abstufungen und Aufwölbungen des Bodenbelags, zwei Serien Wasserspeier, eine geschweifte Linie aus größer und kleiner werdenden Pfosten, granitbelegte Rampen und Sitze. Von den leicht lesbaren Elementen der klassizistischen Tradition haben sich die Architekten ferngehalten. Ihre Ahnherren sind in jener Moderne zu suchen, die das povere Material liebte, mit Fundstücken wirtschaftete, symbolische Maschinen ersann. Transparenz, das durch Schattenraster gefilterte

Antoni Solanas, Màrius Quintana, Beth Galí und Andreú Arriola, *Parc de l'Escorxador* in Barcelona, 1981-89. Auf der obersten Plattform ragt Joan Mirós Monumentalplastik *Frau mit Vogel* empor.
»… eine Reihe einzelner Entwicklungen, die als Zentren der Regeneration für die umgebenden Stadtteile dienen können – in der Überzeugung, daß diese praktische Arbeit oft schnellere und radikalere Ergebnisse hat, als sie aus einer systematischen, großräumigen Planung zu gewinnen wären« (Oriol Bohigas).

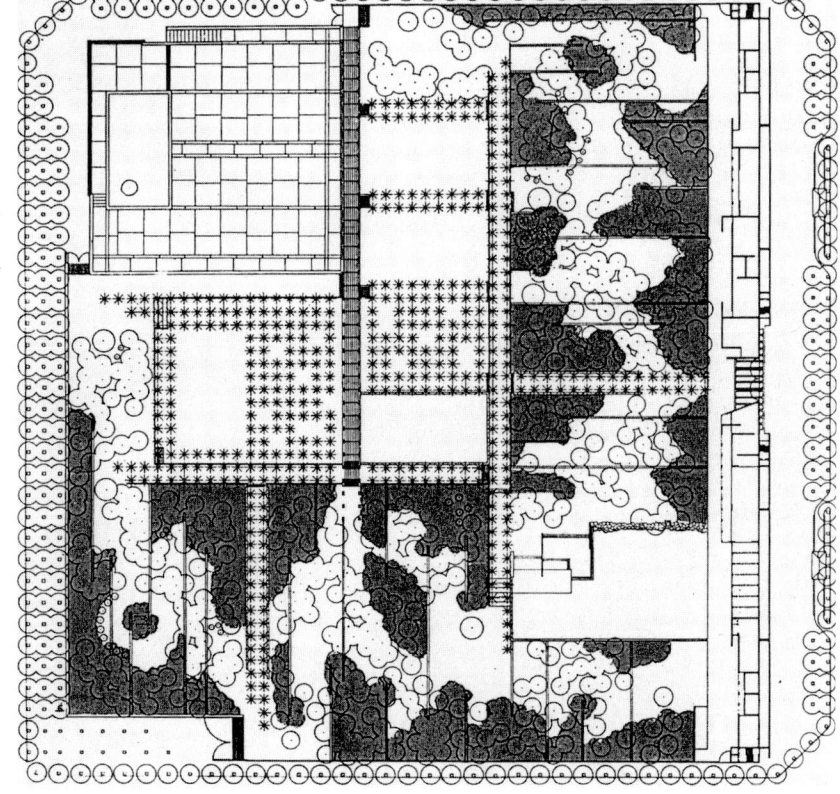

Antoni Solanas, Màrius Quintana, Beth Galí und Andreú Arriola, *Parc de l'Escorxador* in Barcelona, 1981-89 (Lageplan).

Luis Peña Ganchegui und Francesc Rius, *Parc de l'Espanya Industrial* in Barcelona, 1981-87. Leucht- und Beobachtungstürme überragen den Park unmittelbar südlich des neuen unterirdischen Bahnhofs Barcelona-Sants. Auf dem Terrain stand früher eine Textilfabrik, von der einige Gebäude erhalten blieben.

Licht, das sich wandelnde Spiel von »sol y sombra« bestimmen diese künstliche Topographie.

Wie der wenig begangene Platz im späten Nachmittagslicht daliegt, ein verspäteter Skateboardfahrer seine Kurven zieht und ein paar Clochards auf den Bänken den Inhalt ihrer Plastiktüten ausgebreitet haben, geht die Poesie der Leere und Tristesse von ihm aus. Seine strenge Ästhetik der Armut ist leicht irritierbar. Aus der Vogelschau offenbart sich die sublime Balance der Elemente, eine Komposition wie vom späten Kandinsky; aus der Nähe stellt er sich in vielen Perspektiven als Gewirr von Stangen dar. Die Gittermaschen der Dächer haben Rost angesetzt, Papierkörbe quellen von Abfällen über. Die Fontänen sind nicht in Betrieb. Ein abgestellter kanariengelber Müllcontainer läßt darauf schließen, daß das Städtische Reinigungsamt wenig vertraut ist mit den Intentionen der Kollegen im Planungsamt.

Die Plaça dels Països Catalans wurde auf einer ehemaligen Auto-Abstellfläche angelegt. Andere Plätze entstanden, wo sich die Chance zu Grundstückskäufen ergab. Der Zufall spielt mit und wird planmäßig genutzt. Der noch unvollendete Parc de l'Escorxador kam zustande, als der Schlachthof auszog und vier Quadrate des Cerdàschen Stadtrasters freigab, der Park am Nordbahnhof und der Parc del Clot, als die Eisenbahn auf Terrain verzichtete, der Parc de la Pegaso und der Parc de l'Espanya Industrial, als die Stadt Gelände von aufgegebenen Industriebetrieben erwerben

konnte. Quartierverbesserungen waren das erklärte Ziel. Offenbar hat aber auch der Blick auf das Olympiadejahr 1992 die Mittel lockerer gemacht; der Platz zwischen den olympischen Sportstätten am Montjuic stellt einen der größten Posten im derzeitigen Programm dar. Es gehört zur Taktik des flexiblen Antwortens, wie sie in Barcelona erprobt wird, nicht nur die sich abzeichnenden Veränderungen in der Stadtstruktur zu nutzen, sondern auch Impulse von außen. Schon die internationalen Ausstellungen von 1888 und 1929 gaben den Anlaß zu großen urbanistischen Interventionen. Der Park der Zitadelle und das Messegelände um die Plaça de L'Espanya waren die Ergebnisse.

Wenige Schritte von der Minimal art der Plaça dels Països Catalans entfernt, an der Flanke des Bahnhofs Sants gelegen, zeugt der Parc de l'Espanya Industrial von einem offenkundigen Geschmackswandel. Wo der ältere Platz rigoros und schweigsam wirkt, gibt sich der neue Park bunt, populistisch, phantasiereich, überschwenglich. Eine Parade von Leuchttürmen, die den Rand des Geländeabfalls markiert, zitiert die Seestadt Barcelona. Oder wirken sie nicht eher wie Ritter aus einer Space Opera? Der Hang ist zu einer halsbrecherisch steilen Betonkaskade geworden, über die partienweise Wasser rauscht und Felsbrocken gestürzt sind. Zugleich bildet sie den seitlichen Abschluß, wenn man so will: die Seitenfassade der dahinter verborgenen unterirdischen Bahnhofsanlagen. Auf den Stufen dieser Freiluftränge sitzen Menschen, plaudern, beobachten. Was immer auf dem unten gelegenen See, auf den Wiesen mit ihren geschlängelten Pfaden oder unter den Platanen an den Ballspielplätzen geschieht, es geschieht unter den Augen vieler hundert Zuschauer. Kinder rudern in farbig gestrichenen Booten, sausen im Inneren eines riesigen Drachens aus Stahlblech Rutschbahnen hinunter. Sankt Georg ist der Schutzheilige Kataloniens und der Drache ein Nationalsymbol. Das Kinderspielgerät funktioniert zugleich als Monument.

Der Urheber dieses Parks, der baskische Architekt Luis Peña Ganchegui, zitiert Michel Foucault, der für den Außenraum als eine »Gemengelage der Beziehungen« plädiert hat.[5] Seine Schöpfung will er als einen jener Orte verstanden wissen, wie jede Stadt sie brauche, einen Ort der Träume, Phantasien und Wünsche. In einer Stadt, die von den verwegenen Kathedraltürmen Antoni Gaudís überragt wird, klingen solche Worte vertraut. Peña Ganchegui sieht seinen Park zugleich als »Salon«, als »Theater«. Das Problem der Inhalte und Bedeutungen stellt sich hier wie überall, wo mehr als der Grünflächenbedarf der Quartiere befriedigt werden soll.

Hat man sich deshalb der Mithilfe von Künstlern in einem Maße versichert, das kaum irgendwo seinesgleichen findet? Es sind international renommierte Namen darunter, wie Anthony Caro, Chillida, Ellsworth Kelly, Lichtenstein, Serra, Tàpies und zahlreiche weitere, katalanische Künstler. Oriol Bohigas spricht von der »aggressiven und progressiven Aktualität«.[6] Er will die Stadt als Kunstwerk, das am Abenteuer der Modernität teil-

nimmt. Doch als Sinnstifter sind Künstler überfordert. Nach der Rhetorik der falangistischen Monumente verhalten sich viele ihrer Arbeiten schweigsam. Wo sie reden, wie Joan Mirós bunte Säule im Parc de l'Escorxador, ist ihre Botschaft auslegungsbedürftig. Ist es eine zum Mond gereckte Faust? Ein gehörnter Phallos als Anspielung auf die männlichen Rituale des Stierkampfs in der alten Arena nahebei? Oder, wie der Künstler es wollte, eine »Frau mit Vogel«?

Mit größerem Erfolg trägt eine andere Praxis zur Tiefendimension der Parks und Plätze bei. Viele Architekten haben die Spuren der Vergangenheit beibehalten. Im Parc del Clot wurden Fabrikschlot und Reste einer aufgelassenen Eisenbahnwerkstätte einbezogen und wirken in ihrem ruinösen Zustand wie Obelisk und Aquädukt aus römischen Zeiten. Auch im Parc de l'Espanya Industrial, dem Terrain einer ehemaligen Textilfabrik, sind Gebäude aus dem industriellen Vorleben des Geländes bewahrt worden. Solchen Lösungen geht die bürgerliche Selbstsicherheit des 19. Jahrhunderts wie auch die Gedankenlosigkeit der jüngsten Vergangenheit ab. Diese Eingriffe geben nicht vor, die allerersten oder allerletzten zu sein. Sie sind Phasen in einem Prozeß, Fixierungen eines gegenwärtigen, aber nicht notwendigerweise endgültigen Zustandes, prekäre Balanceakte zwischen Forum und Garten, zwischen Altvertrautem und Nochniegesehenem, zwischen Zweckprodukt und Kunstleistung. Die anspruchsvollsten unter ihnen sind vieldeutig und fragwürdig. Zu ihrer Fragwürdigkeit gehört, daß sie Fragen an das Vorher und Nachher des Ortes zulassen.

Anmerkungen

1 Ajuntament de Barcelona. *Spaces and Sculptures (1982-1986)*. Barcelona, 1987. – Peter Buchanan. ›Regenerating Barcelona‹. In: *Architectural Review*. Heft 6, 1984. S. 33 ff. – ›4 more Plazas & Parks Barcelona‹. In: *Architectural Review*. Heft 9, 1985. S. 60. ff.
2 Ildefonso Cerdà. *La théorie générale de l'urbanisation*. Paris, 1979. – Juan Rodriguez-Lores. ›Die Grundfragen der Grundrente. Stadtplanung von Ildefonso Cerda für Barcelona und James Hobrecht für Berlin‹. In: *Stadtbauwelt 65* (= *Bauwelt*. Heft 12, 1980). S. 29 ff.

3 Oriol Bohigas. *Reconstruccion de Barcelona*. Barcelona, 1986. – Oriol Bohigas. ›Strategic Metastasis‹. In: Ajuntament de Barcelona. *Spaces and Sculptures*. A. a. O. S. 11 ff.
4 Oriol Bohigas. *Reconstruccion de Barcelona*. A. a. O. S. 199.
5 Luis Peña Ganchegui. ›El parque de la Espana Industrial‹. In: *El Pais*. 26. 10. 1985. S. 20.
6 Oriol Bohigas. *Reconstruccion de Barcelona*. A. a. O. S. 185.

Scharf wie ein Rasiermesser

Katastrophenästhetik, zu einer gegenwärtigen Stimmung

Spitz fährt ein mehrfach geknicktes Stahlblechrohr aus der Fassade des neunzehnten Jahrhunderts, zuckt an der Außenwand entlang, bohrt sich seinen Weg wieder in das Innere: eine Wiener Straßenszene. Das Haus in Transvaal sieht aus, als wäre ein Sturmwind über einen Lagerschuppen gerast und hätte das Wellblech in Fetzen gerissen. Das Turmcafé auf dem Tempelhofer Feld zu Berlin hinge, würde es je gebaut, in bedenklichen Schräglagen an schmalem Mast. Das aus dem Lot gekippte Restaurant in der Arkade des Innsbrucker Bahndamms oder das für Frankfurt-Sachsenhausen gedachte Atelierhaus, dessen Stockwerke schon auf dem Zeichenblatt wie ein Kartenhaus zusammenzustürzen scheinen, künden eine neue Manier im Zeichnen, Denken und manchmal auch schon im Bauen an.

Eben erst wird das Ende der architektonischen Postmoderne proklamiert. Wir sind aus dem Panoptikum entlassen, das sein Publikum seit einem Jahrzehnt mit seinen Zier- und Zitierkünsten zunächst verblüfft und dann gelangweilt hat. In der gebauten Konfektionsware ist der Geschichtsplunder noch en vogue, aber die Insider der Szene gehen bereits mit gerümpfter Nase an diesem Angebot vorüber. Das Schema entspricht Thorstein Veblens ›Theorie der feinen Leute‹.[1] Der modische Trend, der bei den Vielen angekommen ist, verschafft den privilegierten Wenigen nicht mehr die Genugtuung sozialer Auszeichnung; sie müssen sich nach neuen Geschmacksnormen umsehen.

Wie diese Welt der gesellschaftlichen Torheiten nun einmal eingerichtet ist, scheint ein neuer Komment fällig. Wäre nach der angekündigten Abdankung der Postmoderne die allerjüngste Katastrophenästhetik ein Anwärter auf den verwaisten Thron? Schon hat sie sich avantgardistischer Schulen bemächtigt, schon kann sie Erfolge auch in der Provinz verbuchen. Nicht nur in Londons Architectural Association werden scharfe Linien

und zustoßende Winkel gezogen, sondern auch in Frankfurts Städelschule und in den Städelschulen vielerorts. New Wave in der Architektur? Neue Häßlichkeit? Punk-Baukunst? Seit 1988 hat der Trend dank der Bemühungen des einschlägig bewährten Museum of Modern Art auch einen Namen: Dekonstruktivismus.[2] Die allerglücklichste Wortprägung ist es nicht, denn die Beziehungen zum philosophischen Dekonstruktivismus eines Jacques Derrida sind schütter (auch wenn Derrida selbst sich auf Architektur bezog), und der Hinweis auf den russischen Konstruktivismus bezeichnet nur eine der Quellen.

Ein verwandter Geist geht im Möbelbau seit einigen Jahren um. Er läßt pinkfarben bezogene Sofas zu unförmigen Schaumstoffgebilden aufschwellen, versieht die Stühle mit Knick- und Schlotterbeinen, die Sessel mit Lehnen aus verbeultem Maschendraht und erhellt die unwirtlichen Szenen mit dem kältesten Neonlicht, das die Firmenprospekte bieten. Von bewohnbarem Zynismus sprach Ettore Sottsass in seiner Eigenschaft als Haupt der italienischen Memphis-Gruppe. Den Affekt gegen die verbreitete Gemütlichkeit, gegen die falsche Fachwerkseligkeit und das pollergeschützte Pflasterglück traulicher Fußgängerzonen, das Abrupte, Dissonante, Schneidende, Heftige, kurz: den schrägen Blick teilen die neuen Architekturentwürfe mit dem Antidesign der jungen Möbelmacher. Aber die größeren Dimensionen verleihen der Architektur ein größeres Gewicht. Ein Haus, das zusammenzubrechen droht, signalisiert schlimmeres Unheil als ein Stuhl, der in sich zusammenzusacken scheint. Das eine ist eine Katastrophe, das andere ein komisches Mißgeschick.

Die Neuen Wilden in der Malerei setzen Subjektivität, Spontaneität und die Spuren der eigenen Hand als Stilmittel ein. Auch die verwegenen Einrichtungsobjekte, die sich auf den Fotos kühl und glatt präsentieren, sind, als handwerklich herge-stellte Unikate, in der Realität oft sehr wenig per-fekt. Die Architekten der Neuen Heftigkeit lassen sich dagegen auf eine provokante Auseinanderset-zung mit der Technik ein, die ihnen zunächst da-durch erleichtert wurde, daß diese Konflikte sich anfangs weitgehend auf dem Papier abspielten. Gitterträger, räumliches Tragwerk, Hängebauten, Seilverspannungen, weit ausladende Gerüste, komplizierte Abfangkonstruktionen werden wie selbstverständlich eingesetzt. Es sind Entwürfe, die aktuelle Technologien ausschöpfen und gleich-zeitig deren Scheitern simulieren wollen.

Tatsächlich geht von diesen Projekten ein Af-front aus, der nicht ausschließlich mit Neuerungs-sucht und Sensationslust zu tun hat. Oft schneiden sie tief ins Vorhandene ein, in die Naturformen wie ins Stadtgewebe. Anpassung ist nicht ihr Thema. Verwundungen und Verletzungen werden nicht verdeckt, sondern demonstriert. Der optimistische Anspruch der klassischen Moderne, ihr Verspre-chen (oder ihre Drohung) totaler Lösungen wer-den hier genausowenig akzeptiert wie in den gefäl-ligen Retrospektiven der Postmoderne. Die jüngere Generation will Interventionen in das he-terogene Ganze und nicht das Ganze selbst. Sie will die Abkehr von Harmonie, Einheit, Perfek-tion und Konsequenz.

Aber wenn die nachmodernen Historisten ihre Häupter von der Gegenwart abwenden, so fassen die Designer des fingierten Unfalls sie scharf ins Auge. Sie beschwichtigen nicht sich und andere, sondern geben ihrer Aggressivität die Sporen. Sie zerlegen jedes einheitliche Bild in Splitter und Seg-mente. Sie suggerieren den Bruch, den Zusam-menstoß, die Kollision. Sie inszenieren die Trep-pen und Rampen wie Pfeile, die Wege und Straßen wie Vorstöße in den unendlichen Raum. Sie neh-men die Mittel der alten Avantgarden auf, um sie gegen sie zu kehren. Aus dem Projekt der Mo-derne machen sie ein Projektil der Antimoderne, gleichgültig ob ihr Motiv ein primär formales ist (der Verstoß gegen einen Formenkanon) oder ob sie Skepsis, Leidenschaft und Zerstörungssucht zum Ausdruck verhelfen wollen.

Auch diese jüngsten Phänomene haben ihre Vorgänger und ihre Quellen. Sie sind zu suchen in den technischen Pionierbauten des 19. und 20. Jahrhunderts, in den Hängebrücken, Portal-kränen und Sendemasten, im Maschinenkult des russischen Konstruktivismus aus den zwanziger Jahren, in den Leistungen einzelgängerischer In-genieurgenies wie des Amerikaners Buckminster Fuller. Mit den Megastrukturen, die britische oder japanische Avantgardegruppen in den sechziger Jahren über die Kontinente zu ziehen gedachten, haben sie die Neigung zur technologischen Fiktion gemeinsam.

Manchmal gehen die Übereinstimmungen bis ins einzelne. So spielt die Diagonale wieder eine große Rolle. In der frühen Sowjetunion hatte sie, wie Adolf Max Vogt nachgewiesen hat,[3] Aufleh-nung und Fortschritt gegen alle Widerstände be-deutet, bisweilen auch geophysikalische Verhält-nisse wie die Neigung der Erdachse symbolisiert. Von solchen zukunftsfreudigen und weltumspan-nenden Assoziationen ist nicht mehr die Rede. »Schräg« meint jetzt nicht: emporsteigende Ent-wicklung, sondern heißt wörtlich: aus dem Lot gekommen, auf die schiefe Ebene geraten. Denn die Zuversicht des Machbaren, die technikbewuß-tes Bauen bis in unsere Jahre hinein verbreitete und in seinen geglückten Beispielen weiterhin ver-breitet, wäre das letzte, was unseren Desillusioni-sten in den Sinn käme.

Wenn sich mit dieser New-Wave-Architektur dennoch Vitalität und nicht Resignation verbin-det, so liegt es an der Dynamik, mit der sie ihren Crash-Kurs steuert, nicht an ihren erklärten Zie-len. Sie hat die Bedenkenlosigkeit und Inkon-gruenz von der alten Dada-Bewegung, reagiert mit ihren fragmentarischen Eingebungen auf den Augenblick und wendet rationales Spielmaterial auf die irrationalste Weise an. Ihr Verhältnis zur Technik erinnert an das der Hippie-Bewegung vor zwei Jahrzehnten, als sich die langhaarigen Drop-Outs von damals Buckminster Fullers geodätische Kuppelbauten aneigneten und in den amerikani-schen Wüstenregionen daraus eine Art Ad-hoc-Architektur machten, logisch in den Prinzipien, anarchisch und spontan in der Anwendung.

Die neue Stimmung läßt sich an Daten und Namen festmachen. Einer ihrer Veteranen ist der in Kalifornien lebende Frank O. Gehry. Sein Haus in Santa Monica hat er über die Jahre hinweg in immer neuen Etappen immer neuen Operationen unterworfen. Sie muten wie Zerstörungsaktionen an, obwohl sie tatsächlich neue Elemente hinzufügten; Oberlichter, Vordächer, Balkons, eine Balkenkaskade brechen die Oberflächen gleichsam von innen her auf. Gehry befolgt in seinen Häusern eine Ästhetik der Armut, die sich in der Bricolage-Architektur von Venice weniger absonderlich ausnimmt als ihre Filiationen im gesitteten Mitteleuropa.

1983 war das Jahr, in dem erstmals ein internationaler Wettbewerb zugunsten eines dekonstruktivistischen Projekts entschieden wurde. Zaha Hadid, gebürtige Irakerin, Schülerin der Londoner Architectural Association School, früher mit dem Londoner Office for Metropolitan Architecture verbunden, gewann die Konkurrenz um eine Bebauung des Peak in Hongkong. Für den Felsgipfel, der ein Wahrzeichen der (vorläufig noch) britischen Kronkolonie bildet, schlug die Architektin Decks mit Klub- und Wohnräumen vor, eine ineinandergeschobene, miteinander verkeilte Gemengelage von Stockwerksschichten. »Die Architektur ist wie ein Messer, das in ein Stück Fleisch schneidet und dabei die alte Ordnung aufhebt und eine neue schafft.«[4] Die studierte Mathematikerin treibt in ihren Architekturdarstellungen ein zusätzliches Verwirrspiel. Die verschiedenen Horizontalschnitte kombiniert sie zu einer einzigen, anarchischen Collage, die, wie viele Grundrisse der Katastrophenarchitekten, an Bilder des späteren Kandinsky erinnert, oder projiziert fliegende Bauteile auf die gekrümmte und heftig fluchtende Erdoberfläche.

Vor allem in Österreich gibt es Architekten, deren Werk wie eine Vorwegnahme wirkt. Es scheint, als sei im reduzierten Nachfolgestaat der Donaumonarchie der Sinn für Untergänge besonders ausgeprägt. An Günther Domenigs Sparkassenfiliale in Wien-Favoriten, entworfen schon im Jahre 1975, wirkt die Blechfassade wie von der Faust eines Giganten zusammengepreßt. Das eigene Haus am Ossiacher See in Kärnten baut er, als habe die Erde Felsschollen entlang einer Verwerfungszone aus ihrem Inneren emporgeschleudert. Die Gruppe Coop Himmelblau hat sich seit vielen Jahren einer unangepaßten Ästhetik verschrieben, für die auch sie die Metapher der schneidenden Klinge verwendet: »rasiermesserscharf wie ein Skalpell«. Die Stoßrichtung ist nicht zuletzt politisch gemeint: »Je härter die Zeiten, um so härter die Architektur.«[5] Peter Cook in London, als Lehrer auch in Frankfurt tätig, greift auf seine Archigram-Anfänge zurück und damit auf das Diskussionsklima in der Architecture Association

Frank O. Gehry, *Haus Gehry* in Santa Monica (Calif.). Erstes Umbaustadium 1978.
Das vorhandene Holzhaus unterwarf Gehry immer neuen Zerstörungs- und zugleich Erweiterungsprozessen. In der ersten Veränderungsphase umstellte er den Kernbau mit Wandkulissen und ließ verkantete Würfelformen aus dem Inneren hervorbrechen.

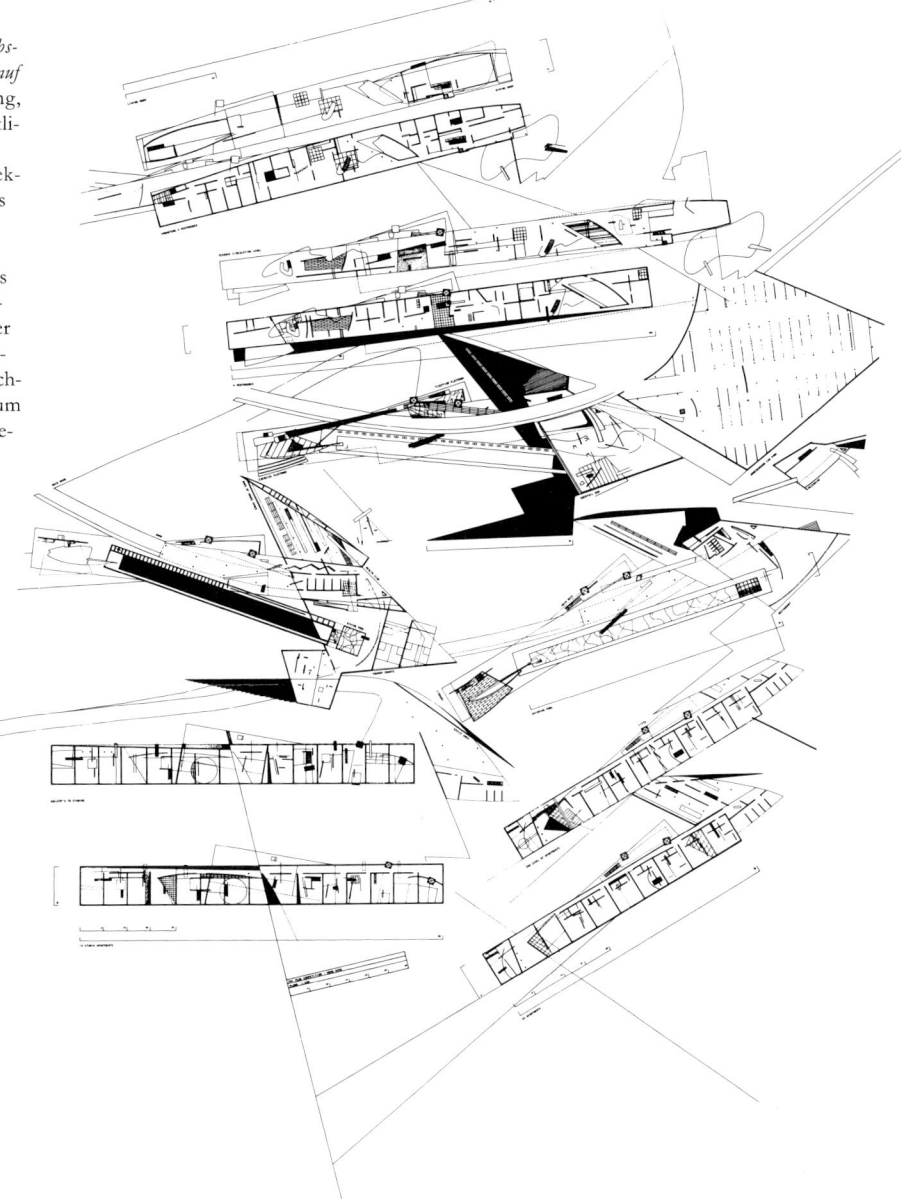

Zaha Hadid, *Wettbewerbs-entwurf eines Klubhauses auf dem ›Peak‹* in Hongkong, 1982 (Darstellung sämtlicher Grundrisse).
1983 erhielt die Architektin den Ersten Preis des Wettbewerbs für ihre »suprematistische Geologie« (Hadid). Das Bauwerk sollte aus aufeinander liegenden, aber schiefwinklig voneinander abweichenden Schichtungen bestehen, die zum Teil in den Felsen eingegraben, zum Teil hoch aufgeständert werden sollten.

School, einem wahren Zentrum für die Kreation neuer Stile. Von den Projekten, die er zusammen mit seiner Partnerin Christine Hawley entwirft, geht weniger der Spaß der frühen Jahre aus als eine raffinierte Mischung von Lust und Angst. Auch bislang berechenbare Büros wie Behnisch & Partner entwickelten plötzlich eine unvermutete Neigung zu den Fragilitäten und Frivolitäten dieser Kollisionsarchitektur und mischten sie mit Elementen der fünfziger Jahre.

Sofern sie bisher überhaupt realisiert wurde, konzentrierte sich die Architektur des technologischen Blackouts auf wenige Bauaufgaben. Straßen und Quartiere kann man mit ihr nicht bestreiten, sie ist auf Solitäre verwiesen. Es hat seine kuriose Logik, daß Freizeiteinrichtungen an erster Stelle standen. Bei Klubs, Bars, Diskotheken oder Boutiquen sind Bauherren und Benutzer am ehesten geneigt, die schräge Abweichung von der Norm hinzunehmen. Schließlich ist bei der derzeitigen

Coop Himmelblau (Wolf D. Prix, Helmut Swiczinsky), *Dachausbau eines Mietshauses in Wien.* Entwürfe seit 1984 (im Bau). Die Renovierung eines vierhundert Quadratmeter großen Dachraums war der Anlaß zu dieser Struktur, die sich wie in einer plötzlichen Karambolage in den vorhandenen Bau verkeilt hat. »Dieser Augenblick, wo Architektur gelebt wird, wo man Architektur spürt, das ist der Augenblick des ›Ent-Wurfs‹« (Coop Himmelblau).

Seltenheit solcher Spektakel der Publizitätswert nicht zu unterschätzen. Andererseits liegt es im Sinne der Urheber, den Konsumenten dort, wo sie aus der Alltagsroutine entlassen sind, die Gemütlichkeit auszutreiben und sie dem Schockerlebnis imaginärer Karambolagen auszusetzen. Daß die Katastrophendesigner sich inzwischen auch Aufträge wie Fabriken und wissenschaftliche Institute, ja sogar Aufgaben aneignen konnten, bei denen man eine Verherrlichung der Technik erwartete, spricht für ihr Talent zur listigen Unterwanderung. In der Tat wirkt Gehrys Luftfahrtmuseum in Los Angeles eher wie eine Illustration möglicher Betriebsunfälle, als daß es das Vertrauen in die Zuverlässigkeit des Verkehrsmittels Flugzeug stärkte.

Der historisierende Flügel der Postmoderne erfreute und erfreut sich noch immer populären Zuspruchs. Er gibt sich bequem, applizierbar, dekorativ, harmonisierend, irgendwie vertraut, und er ist gut verkäuflich. Der New Wave in der Architektur läßt sich dieses Kompliment (wenn es eines ist) nicht machen. Wer lädt sich gern so schrille Gäste ins Haus oder in die Stadt? In ihrer Unzugänglichkeit liegt eine Hoffnung. Man möchte ihnen und uns wünschen, daß dieser Spezies die weite Verbreitung erspart und damit den einzelnen Exemplaren ihre Aussagekraft erhalten bleibt. Die Wahrscheinlichkeit spricht dafür. Katastrophenästhetik ist eine Ästhetik des Häßlichen, und Häßlichkeit schützt bekanntlich vor dem Sündenfall.

Anmerkungen

1 Thorsten Veblen. *The Theory of the Leisure Class.* New York, 1899. – Deutsch: *Theorie der feinen Leute.* Köln, 1957.
2 Die erste Fassung dieses Aufsatzes wurde im März 1987, vor der namenstiftenden New Yorker Ausstellung, veröffentlicht. Vgl.: E. M. Farrelly. ›The New Spirit‹. ›Architecture is on the Wing again‹. In: *Architectural Review.* Heft 8, 1986. S. 7 ff. – Philip Johnson (Hrsg.). *Deconstructivist Architecture.* Katalog Museum of Modern Art. New York, 1988. Deutsch: *Dekonstruktivistische Architektur.* Stuttgart, 1988. – Gert Kähler. ›… es artet sonst in Manier und Schwulst aus‹. In: *Daidalos 30.* 1988. S. 25 ff.
3 Adolf Max Vogt. *Russische und Französische Revolutionsarchitektur 1917/1789.* Köln, 1974.
4 Zaha Hadid. ›Bebauung des Peak in Hongkong‹. In: *archithese.* Heft 5, 1983. S. 15.
5 Coop Himmelblau. ›Die härtere Architektur‹ (1980). In: *Architektur ist jetzt.* Stuttgart, 1983. S. 51.

Anhang

Quellennachweis

›In der Vorratskammer der Kostüme. Architektur als Mode betrachtet‹. In: *Werk und Zeit*. Heft 4, 1984. S. 6 ff.

›Verstummte Tonkunst. Musik und Architektur in neuerer Zeit‹. In: Karin von Maur (Hrsg.). *Vom Klang der Bilder. Die Musik in der Kunst des 20. Jahrhunderts.* Kat. Staatsgalerie Stuttgart. München, 1985. S. 394 ff.

›Die bewohnte Säule. Brauch und Mißbrauch einer Form‹. In: *Frankfurter Allgemeine Zeitung*. 15. Februar 1986.

›Rom am Potomac. Washington und der Geist der Antike‹. In: *Frankfurter Allgemeine Zeitung*. 26. März 1988.

›Der Westen im Norden des Ostens. Leningrad und der Geist Venedigs‹. In: *Frankfurter Allgemeine Zeitung*. 20. September 1986. – *Merian. Leningrad*. Dezember 1988. S. 34 ff.

›Schinkel und über Schinkel hinaus. Bindung und Freiheit im Umgang mit Geschichte‹. Vortrag auf dem 13. Godesburger Gespräch des Bundes Deutscher Architekten. 29. November 1984. – Festvortrag auf dem 130. Schinkelfest in Berlin. 13. März 1985. – In: *Der Architekt*. Heft 1, 1985. S. 27 ff. – *Schriftenreihe des Architekten- und Ingenieur-Vereins zu Berlin.* Berlin, 1985. S. 23 ff.

›Verwerfungen im Untergrund. Zur Psychopathologie von Otto Wagners Architektur‹. In: Gustav Peichl (Hrsg.). *Die Kunst des Otto Wagner*. Kat. Akademie der Bildenden Künste. Wien, 1984. S. 46 ff.

›Altes Ägypten und neues Bauen. Der Einfluß der Pharaonenkunst auf die Moderne‹. In: *Pantheon. Internationale Jahreszeitschrift für Kunst*. Jg. 45, 1987. S. 151 ff.

›Automobilmachung. Zur Geschichte einer Faszination‹. In: Reimar Zeller (Hrsg.). *Das Automobil in der Kunst. 1886-1986.* Kat. Haus der Kunst. München, 1986. S. 298 ff.

›Wir Künstler. Hans Poelzig als Zeichner‹. In: *Hans Poelzig. Ein großes Theater und ein kleines Haus.* Kat. Aedes, Galerie für Architektur und Raum. Berlin, 1986. unpag.

›Besuch in der Kartause. Eine Episode im Leben Le Corbusiers‹. In: *Frankfurter Allgemeine Zeitung*. 3. Oktober 1987.

›Das architektonische Opfer. Ein Motiv der klassischen Moderne‹. Vortrag auf der Internationalen Bauausstellung Berlin. 9. Oktober 1984. In: *Architektur in Deutschland '85. Deutscher Architekturpreis 1985*. Stuttgart, 1986. S. 12 ff.

›Die Manipulation des Menschen. Albert Speer im Gespräch‹. Gespräch in Heidelberg, 6. April 1977. Auszüge gesendet im *Deutschlandfunk*. 1. Juni 1977. In: *Der Architekt*. Heft 4, 1983. S. 184 ff.

›Die Dienstbarkeit der Kunst. Architektur und Plastik in den zwanziger und dreißiger Jahren‹. In: Magdalene Bushart, Bernd Nicolai, Wolfgang Schuster (Hrsg.). *Entmachtung der Kunst. Architektur, Bildhauerei und ihre Institutionalisierung 1920 bis 1960*. Berlin, 1985. S. 55 ff.

›Esperanto oder Dialekt. Internationalität im modernen Bauen‹. In: *Architektur in Deutschland '83. Deutscher Architekturpreis 1983*. Stuttgart, 1984. S. 46 ff.

›Retter in der Not. Der National Trust, eine britische Institution‹. In: *Frankfurter Allgemeine Zeitung*. 28. Juli 1984.

›Im Dialog mit der Natur. Frei Otto im Gespräch‹. Gesendet im *Deutschlandfunk*. 31. Mai 1981. In: *Architektur Innenarchitektur Technischer Ausbau AIT*. Heft 4, 1982. S. 301 ff., 342.

›Selbstbewußte Nachbarschaft. Zum Werk Gottfried Böhms‹. In: Ulrich Weisner (Hrsg.). *Zusammenhänge. Der Architekt Gottfried Böhm*. Kat. Kunsthalle. Bielefeld, 1984. unpag.

›Den Ort suchen, den Ort setzen. Günter Behnisch und Oswald Mathias Ungers im Gespräch‹. Gesendet im *Deutschlandfunk*. 10. Mai und 17. Mai 1981. In: *Bauwelt*. Heft 19-20, 1981. S. 774 ff.

›Rückkehr in die Stadt. Stadt- und Wohnungsbau in der DDR‹. In: *Frankfurter Allgemeine Zeitung*. 21. April 1983, 14. Juli 1983, 31. Oktober 1988.

›Die Erfindung der Denkmäler. Zeitgenössisches Rekonstruktionswesen am Beispiel Xanten‹. In: *Frankfurter Allgemeine Zeitung*. 30. Januar 1985.

›Anarchitektur. Lucien Kroll im Gespräch‹. Auszüge gesendet im *Deutschlandfunk*. 2. Februar 1984.

›Im Reich des Imam. Entwicklungshilfe in Nordpakistan‹. In: *Frankfurter Allgemeine Zeitung*. 5. April 1986.

›Wo die Seele fliegen lernt. Hassan Fathy und islamisches Bauen‹. In: *Frankfurter Allgemeine Zeitung*. 22. Oktober 1988.

›Reden, aber über was? Erzählung und Rhetorik in der Architektur‹. In: Heinrich Klotz (Hrsg.). *Jahrbuch für Architektur 1985/86*. Braunschweig, Wiesbaden, 1986. S. 9 ff.

›Das Museum als Ausstellungsgegenstand. Wandlungen einer Bauaufgabe‹. In: *Frankfurter Allgemeine Zeitung*. 7. September 1985. – *Das Kunstwerk*. Heft 1, Jg. 39, 1986. S. 3 ff. – *Deutsche Bauzeitung*. Heft 1, 1987. S. 10 ff.

›Dem Markt gegeben, was des Marktes ist. Philip Johnson, der Architekt als Chamäleon‹. In: *Frankfurter Allgemeine Zeitung*. 7. Juli 1986.

›Orte der Erinnerung. Neue Parks und Plätze in Barcelona‹. In: *Frankfurter Allgemeine Zeitung*. 16. Januar 1988. – *Public Design. Jahrbuch zur Gestaltung öffentlicher Räume. 1988*. Gütersloh, 1989. S. 36 ff.

›Scharf wie ein Rasiermesser. Katastrophenästhetik, zu einer gegenwärtigen Stimmung‹. In: *Frankfurter Allgemeine Zeitung*. 14. März 1987.

Personenregister

Kursive Seitenzahlen verweisen
auf Abbildungen

Fotonachweis

Die Bildvorlagen stammen aus den Archiven des Autors, des Verlages oder, sofern in den Bildlegenden nicht erwähnt, aus folgenden Sammlungen, Publikationen und Ateliers: ›Bauwelt‹ 1988, Heft 47, Bertelsmann Fachzeitschriften GmbH 8-9 – Coll. Ned. Doc. centrum v. d. Bouwkunst, Amsterdam 20, 145 – Le Corbusier, ›Mein Werk‹, Verlag Gerd Hatje 27 (unten), 91, 92 – Michael Schuyt, Joost Elffers, ›Phantastische Architektur‹, Köln, 1980 32 – Martin Pehnt, Köln 35, 143, 151, 152 – Edmund N. Bacon, ›Stadtplanung von Athen bis Brasilia‹, Verlag für Architektur 39 – Arnold Toynbee, ›Städte der Entscheidung‹, Wien und München 1970 44-45 (unten) – ›Karl Friedrich Schinkel…‹, Rembrandt Verlag 51, 53, 55, 57, 60 – Landesbildstelle Berlin 55 (unten), 135 – Finlands arkitekturmuseum, Helsinki 70 – Fritz Hoeber, ›Peter Behrens‹, Georg Müller und Eugen Rentsch Verlag 72 (unten), 74 (oben) – S. Giedion, ›Walter Gropius‹, Verlag Gerd Hatje 74, 88 – Foto E. Böhm, Mainz 75 – ›Le Corbusier‹, Les Editions d'Architecture 78 (oben), 139 – Jean Leclant (Hrsg.), ›Ägypten‹, München 1979 78 (unten) – Bildarchiv Foto Marburg 79 (oben rechts) – Marcel Breuer, ›Neue Bauten und Projekte‹, Stuttgart 1970 83 – S. Giedion, ›Raum, Zeit, Architektur‹, Otto Maier Verlag 96 – Colin Buchanan, ›Verkehr in Städten‹, Essen, 1964 98 – Kat. ›Stadt und Utopie. Modelle idealer Gemeinschaften‹, Neuer Berliner Kunstverein, 1982 99 – Michael Fehr, Diethelm Koch, ›Umbau der Stadt. Beispiel Bochum‹, Bochum 1975 101 (unten) – Carola Giedion-Welcker, ›Paul Klee‹, Büchergilde Gutenberg 117 – Otto Haesler, ›Mein Lebenswerk als Architekt‹, Berlin 1957 119 – Werner Mantz, Köln (Museum Ludwig, Köln – Photoslg.) 120 (rechts) – Ullstein – Bildarchiv, Berlin 129 – ›Albert Speer. Architektur‹, Propyläen Verlag 130 (Zeitgeschichtliches Bildarchiv Heinrich Hoffmann, München), 134, 146 (Süddeutscher Verlag, Bilderdienst, München) – Inge Goertz-Bauer, Düsseldorf 147 – Ingrid Otto, Leonberg 155 – ›Natürliche Konstruktionen‹, DVA 156 (oben), IL-Studienarbeit 12/79, Rainer Barthel/Klaus Rückert 156 (unten) – Foto Wilkhahn, Bad Münder 161 – Svetlozar Raèv (Hrsg.), ›Gottfried Böhm. Vorträge, Bauten, Projekte‹, Karl Krämer Verlag 162 (Ingrid von Kruse, Wuppertal), 164 (rechts) (Inge + Arved von der Ropp, Köln) – ›Dominikus Böhm‹, Verlag Schnell & Steiner 163, 164 (links) – K. H. Schmölz, Köln 168 – Kövesdi Presse Agentur, München 171 – Kat. ›Architekten Behnisch & Partner. Arbeiten aus den Jahren 1952-1987‹ 175 (Gottfried Planck, Stuttgart), 177 (Christian Kandzia) – ›Bauwelt‹, 1978, Heft 1, Bertelsmann Fachzeitschriften GmbH 176 (oben) – Christian Kandzia, Stuttgart 178 – Susanne Rogozinski, Lippstadt 179 – Ulrich Conrads/Werner Marschall, ›Neue deutsche Architektur‹, Verlag Gerd Hatje (Walter Ehmann, Köln-Klettenberg) 181 – ›Bauwelt‹ 1978, Heft 1, Bertelsmann Fachzeitschriften GmbH 183 – Thorsten Rodiek, ›James Stirling. Die neue Staatsgalerie Stuttgart‹ 185 (unten) – Werkfoto Tubag, Kottenheim 196 – ›Architecture and Community. Building in the Islamic World Today‹, New York, 1983 216, 218 – Ted Kussmann Studios, Frankfurt/M. 230 – Peter Walser, Stuttgart 231 – Franz Schulze, ›Mies van der Rohe. Leben und Werk‹, Wilhelm Ernst & Sohn 235 – Nory Miller, Richard Payne (Photogr.), ›Johnson/Burgee: Architecture‹, Random House 236, 237 – Philip Johnson und Mark Wigley, ›Dekonstruktivistische Architektur‹, Verlag Gerd Hatje 248 (Tom Bonner), 249